基本労働法 I

三井正信
MITSUI Masanobu

成文堂

はしがき

　労働法は雇用社会でワーキングライフを送っている人たち，あるいはこれからワーキングライフを送ることになる人たちにとって非常に重要なルールであるといえる。そして，人を雇用する立場の者や企業にとっても同様であることはいうまでもない。とにかく，国民の多くが雇用社会に何らかの関係を有する現代においてはわれわれひとりひとりが十分な労働法の知識と理解を有しながらルールに即して雇用社会で活動していくことが求められる状況にあるのである。しかし，21世紀に入り社会経済が構造変動するにともなって雇用社会も大きく変化して複雑化・多様化を示す傾向にあり，したがって労働法のルールも膨大なものとなるとともに複雑化し，その全体像をとらえることは相当に困難で内容も容易には理解しがたいものとなってきている。そこで，変化を踏まえつつ労働法の基礎・基本骨格を明らかにしてその体系的理解を促すとともに実際の雇用社会において労働法を基本を押さえながら身近なツールとして使えるようにすることを目指して，いわば雇用社会のリーガル・ガイドマップとでもいうべき全3巻からなる『基本労働法』を執筆することとした。

　本書はその第1巻であり，具体的には，労働法の基礎と労働契約の成立・展開・終了を取り扱う。まず，総論的に労働法とはいかなる特色と構造をもったルールであるかとその基本的考え方を示した後に，雇用関係・労働関係の基礎をなす労働契約の成立とその成立の場である労働市場，労働契約の基礎と基本構造，労働契約に基づいて行われるワーキングライフの展開過程とその終了までの一連の動的な流れを法的に分析して解説する。そして，続刊の第2巻では，労働契約の重要な内容をなす労働条件について，そのあり方をめぐる基本原理，決定・変更システム（個別合意・就業規則・労働協約），法的保護の仕組みを取り上げて検討し，第3巻では，集団による労働者の地位向上と労使対等性確保を狙いとしまさに労働法の特色を色濃く有している労働組合を中心とした集団的労使関係の法システムと本書全体のまとめの意味で労

働法における紛争解決手続・制度を論ずる予定にしている。

　なお，たしかに，『基本労働法』が全巻完結した場合には合計で相当な頁数となることが予想される。しかし，「基本」と銘打ったように，本シリーズは内容を精選してあくまで必要十分な情報に絞り込みつつも，それを読者に体系的に理解してもらうための解説に十分に意を用いることを旨としており，決して膨大な内容を詰め込もうとしているのではないことをご理解いただきたい。実は，筆者は2004年から3年間勤務校のロースクールで教鞭をとっていた。当時，純粋未修者や社会人経験者はいうまでもなく，旧司法試験からロースクールに鞍替えしたような法律学習が進み一定の法的知識は有する学生でもこれまで学部も含めて一度も労働法を学んだことがないという者が非常に多かった。幸い広島大学のロースクールでは労働法は「労働契約法」，「雇用関係法」，「労使関係法」という2単位科目が3つ用意されていたので，労働法の内容を体系的・構造的な側面にも留意して3つに分け雇用社会の変化や判例や学説の紹介にも意を尽くした詳細な教材を準備し，単に試験合格だけではなく将来法曹となった時に実践的に役立つことも念頭におきながら，労働法のイロハから始めて徐々に高度な理解や応用的な段階にもって行くように工夫しながら授業を行った。おかげさまで，ロースクールの学生による筆者の授業評価は3年間いずれも極めてよく，筆者の狙いは功を奏し教育効果を発揮したようである。そこで，今回，『基本労働法』を執筆するにあたっては，ここ数年間の新たな立法・判例・学説の動きを織り込みリニューアルをはかりつつ，このロースクールで使用していた教材をもとにそれを学生に一から語りかけるようなスタンスでもって文章化することを基本とした（したがって，ロースクールの科目に対応して全3巻の構成をとっている）。しかし，いうまでもなく労働法は法曹関係者だけのものではなく，これから社会に出てゆく学部学生や現に働く労働者，労働者を雇用する使用者（そして，企業の人事・労務関係者）など雇用社会でプレーするすべてのプレーヤーにとって必須のものであり，これらの人たちにも筆者がロースクールで用いた方法が同様に妥当するはずである。したがって，直接間接に雇用社会に関係するすべての方々が本書を繙き，つつがなく雇用社会が動いていくことを祈念する次第である。

　ちなみに，労働法の領域においては制定法の存しない分野が数多く存する

とともに，新たな問題が日々生起してきており，したがって判例ないしは判例が作り出したルールが非常に重要な地位を占めている。そこで，本書は基本的と思われる判例ないし裁判例を本文に組み込める場合には本文中で引用し，本文に組み込めなかったりあるいは本文とは別に取り出して一定の範囲にわたって紹介する必要があると思われる場合には「基本判例」という項目を設けて示しておいた（したがって，基本判例として取り上げられていないからといってその判例・裁判例が重要ではないということではない点にご留意いただきたい）。少しでも多くの人に法律の条文だけでなく裁判所の示す判例を知り慣れていただければと思う。また，コラム欄を設けて授業での「脱線」の雰囲気を伝えるとともに，少し難しいかあるいは高度な問題は「アドバンスト・イシュー」という形で別項目で取り扱うこととした（したがって，初学者は最初はこの部分は飛ばして読んでいただいても結構である）。そして，これまでの教育経験を踏まえて，読者の理解を促すため，重要事項については，もちろん表現や検討視角等を変えたうえではあるが，何度も繰り返し論ずることともした。くどいと思われるかもしれないが，これにより労働法の基本的特徴や基本骨格がしっかりと理解できることになると思われる。

　とにかく，本書はまだ第１巻にすぎず，上述の趣旨を踏まえできるかぎり早く第２巻・第３巻を完成させ，筆者の責めを果たしたいと考える。

　最後に，筆者に初めての単著となるモノグラフ（『現代雇用社会と労働契約法』）をまとめるよう励ましいただくのみならず引き続きできるだけ早く労働法の体系的な書物を執筆するようお勧めいただいた渡辺直行先生（弁護士・広島修道大学大学院法務研究科教授），本書の出版の機会をお与えいただくとともに前著に引き続き丁寧な編集作業をしていただいた土子三男氏（成文堂取締役）に深く感謝申し上げさせていただく。お二人のおかげで本書もまたこのような形で世に出ることができた次第である。そして，何よりもここで大学院以来一貫して厳しくかつあたたかくご指導賜ってきた恩師片岡曻先生（京都大学名誉教授）の学恩にも感謝の意を表させていただかねばならない。

　2012年1月

三　井　正　信

〔追記〕　広大のロースクールにおける開講科目「労働契約法」は，労働契約法が制定される以前のことであったので，あくまで労働契約の成立・展開・終了に関するルールを対象としており，現在では制定法たる労働契約法がカバーする就業規則については労働条件の決定・変更をめぐる問題として労働条件法とでもいうべき「雇用関係法」で取り扱っていた。また，労働法を体系的に考察・講述しようとする場合には，規定が労働基準法と労働契約法にまたがることもあり，就業規則は労働条件をめぐるルールという観点から労働条件保護の基本法とでもいうべき労働基準法などと併せて論じた方が有効であると考えられる。したがって，本シリーズでは就業規則に関しては第2巻で検討を加えることにしている。しかし，読者のなかに，制定法たる労働契約法の知識を一通り得たいと考えられる方もおられることと予想される。そこで，そのような方は，本シリーズの第2巻が刊行されていない現状においては，筆者が執筆した「就業規則と労働条件の変更」が角田邦重ほか（編）『新現代労働法入門〔第4版〕』（2009年，法律文化社）に所収されており，さしあたりこれを本書と併せ読めば筆者が解説を加えた2007年制定の労働契約法の内容を一貫してすべて習得できることになるので，お手数でも図書館等でご参照いただければ幸いである。

凡　例

1　裁判例

最大判（決）	最高裁判所大法廷判決（決定）
最一（二・三）小判（決）	最高裁判所第一（二・三）小法廷判決（決定）
高判（決）	高等裁判所判決（決定）
地判（決）	地方裁判所判決（決定）
支	支部

2　判例集・命令集

民集	最高裁判所民事判例集
刑集	最高裁判所刑事判例集
行集	行政事件裁判例集
集民	最高裁判所裁判集民事
労民集	労働関係民事裁判例集
判時	判例時報
判タ	判例タイムズ
労判	労働判例
労経速	労働経済判例速報
命令集	不当労働行為命令集
中労時	中央労働時報

3　法令（法令は原則としてできるかぎり正式名称をフルネームで記すように心掛けたが、長い名称のものや一般的に通用しているものなどは下記の略称を用いた）

育児介護休業法	育児休業，介護休業等育児又は家族介護を行う労働者の福祉に関する法律
憲法	日本国憲法
個人情報保護法	個人情報の保護に関する法律
個別労働紛争解決促進法	個別労働関係紛争の解決の促進に関する法律
高年齢者雇用安定法	高年齢者等の雇用の安定等に関する法律
出入国管理法（入管法）	出入国管理及び難民認定法
障害者雇用促進法	障害者の雇用の促進等に関する法律

スト規制法	電気事業及び石炭鉱業における争議行為の方法の規制に関する法律
男女雇用機会均等法	雇用の分野における男女の均等な機会及び待遇の確保等に関する法律
賃金支払確保法	賃金の支払の確保等に関する法律
パート労働法	短時間労働者の雇用管理の改善等に関する法律
労災保険法	労働者災害補償保険法
労働契約承継法	会社分割に伴う労働契約の承継等に関する法律
労働時間等設定改善法	労働時間等の設定の改善に関する特別措置法
労働者派遣法	労働者派遣事業の適正な運営の確保及び派遣労働者の就業条件の整備等に関する法律
労働者派遣令	労働者派遣事業の適正な運営の確保及び派遣労働者の就業条件の整備等に関する法律施行令

4　通達・行政解釈等

厚労告	厚生労働省告示
労告	労働省告示
発基	通常次官通達の名称で呼ばれるもので労働基準局関係の通達
基発	労働基準局長名で発する通達
基収	労働基準局長が疑問に答えて発する通達

目　次

はしがき
凡例

第1篇　労働法の基礎―総論―

第1章　雇用社会の法ルール………………………………………………3
第1節　雇用社会とその法的規制………………………………………3
Ⅰ　雇用社会とワーキングライフと労働法………………………………3
1　雇用社会における規律・ルールの必要性　3
2　労働法の現代的重要性　4
　　アドバンスト・イシュー　労働法の定義
　　コラム 1-1-1　労働法と社会保障法
Ⅱ　社会経済の変化と労働法………………………………………………6
　　アドバンスト・イシュー　労働法の基本骨格とそのリニューアルの
　　　　　　　　　　　　　　必要性
　　コラム 1-1-2　労働法の国際化
Ⅲ　労働法の基本的な内容…………………………………………………9
　　コラム 1-1-3　労働法の基本分野・領域をめぐる議論の補足
　　アドバンスト・イシュー　労働契約法理と労働契約法
　　基本判例　日本食塩製造事件
第2節　労働法の基本理念と憲法上の基礎……………………………15
Ⅰ　労働法の基本理念………………………………………………………15
1　従来の考え方：生存権説　15
　　アドバンスト・イシュー　市民法の基本原理と「市民法から社会法へ」
2　新しい考え方：個人としての労働者とその自己決定の重視　17
3　なぜ労働法か　19

　　　　　　アドバンスト・イシュー　労働法の集団主義的傾向
　Ⅱ　労働法の憲法的基礎……………………………………………22
　　1　13条：個人の尊重の理念と自己決定権　22
　　2　25条：生存権　23
　　3　27条1項：労働権　24
　　4　27条2項：労働条件法定の原則　26
　　5　28条：労働基本権　28
　　　　　　基本判例　三井美唄労組事件
　　　　　　基本判例　日本食塩製造事件
　　　　　　コラム 1-1-4　統制権とユニオン・ショップ協定
　　　　　　アドバンスト・イシュー　積極的団結権と消極的団結権
　　6　その他憲法の人権規定　32
　　　　　　アドバンスト・イシュー　企業と労働者の間の平等
第2章　雇用社会の登場人物たち……………………………………34
　第1節　労働者………………………………………………………34
　　1　基本的な問題状況　34
　　2　個別的労働関係法上の労働者概念(1)　34
　　　　　　アドバンスト・イシュー　労働基準法における「事業」の意味
　　　　　　基本判例　横浜南労基署長（旭紙業）事件
　　　　　　コラム 1-2-1　非労働者化と労働法の適用問題
　　　　　　コラム 1-2-2　社員・従業員と労働者概念
　　　　　　アドバンスト・イシュー　グレーゾーンにある者の保護
　　　　　　アドバンスト・イシュー　人的従属性・経済的従属性・組織的従属性
　　3　個別的労働関係法上の労働者概念(2)：労働契約法上の労働者概念
　　　　――労働基準法上の労働者概念との関係・異同　42
　　　　　　アドバンスト・イシュー　雇用・請負・委任と労働契約
　　4　集団的労働関係法上の労働者概念　44
　　　　　　基本判例　CBC管弦楽団事件
　　　　　　コラム 1-2-3　プロ野球労働組合

アドバンスト・イシュー　労働組合法上の労働者概念をめぐる問題
解決のためのさらなる検討

第2節　使用者 ………………………………………………………………… 50
 1　基本的な問題状況　*50*
 2　労働基準法上の使用者概念　*51*
  アドバンスト・イシュー　使用者と事業主
 3　労働契約法上の使用者概念　*53*
  アドバンスト・イシュー　労働者派遣と黙示の労働契約の成立
 4　労働組合法上の使用者概念　*58*
  基本判例　兵庫県・兵庫県労委（住友ゴム工業）事件
  コラム 1-2-4　使用者団体

第3節　労働組合 ……………………………………………………………… 63
第4節　その他の登場人物 …………………………………………………… 67
 1　過半数代表と労使委員会　*67*
  アドバンスト・イシュー　従業員代表制をめぐる問題
 2　国・地方自治体　*70*

第2篇　労働契約関係法

第1章　労働契約の成立 …………………………………………………… 73
第1節　労働市場の法規制 …………………………………………………… 73
 Ⅰ　労働市場と法 ………………………………………………………… 73
 Ⅱ　多様な働き方（雇用の複雑多様化）と労働法 …………………… 76
  コラム 2-1-1　正規労働者と非正規労働者の区分
  コラム 2-1-2　非正規社員の正社員化についてのある労働組合の取り組み
  コラム 2-1-3　「パート」の定義

第2節　労働契約の締結をめぐる法規制 …………………………………… 83
 Ⅰ　労働契約の成立要件 ………………………………………………… 83

Ⅱ　労働契約の成立過程………………………………………… 86
　　　　　　アドバンスト・イシュー　職業紹介の法的規制
　　　　　　アドバンスト・イシュー　求人票の記載と労働契約内容
　　　　　　アドバンスト・イシュー　採用過程における応募者の真実告知義務と
　　　　　　　　　　　　　　　　　　プライバシー

　　　　　　基本判例　HIV 千葉解雇事件
　　　　　　アドバンスト・イシュー　労働契約締結上の過失

　　第 3 節　採用内定・試用………………………………………………… 93
　　　Ⅰ　採用内定・採用内々定……………………………………… 93
　　　　　　基本判例　大日本印刷事件
　　　　　　アドバンスト・イシュー　採用内定・内定取消と労働基準法・職業安定法
　　　　　　基本判例　宣伝会議事件
　　　　　　コラム 2-1-4　雇用対策法 10 条による募集・採用における年齢差別の
　　　　　　　　　　　　　禁止と学卒定期採用の場合における採用活動・就職活
　　　　　　　　　　　　　動の早期化

　　　Ⅱ　試　用………………………………………………………… 101
　　　　　　基本判例　三菱樹脂事件

第 2 章　労働契約の基礎………………………………………………… 108
　　第 1 節　労働契約の基本的特徴………………………………………… 108
　　　Ⅰ　概　説………………………………………………………… 108
　　　Ⅱ　労働契約の特徴……………………………………………… 109
　　　Ⅲ　労働契約の意義と重要性…………………………………… 111
　　　　　　アドバンスト・イシュー　労働契約法 7 条・10 条と「周知」
　　　　　　基本判例　中部カラー事件
　　　　　　基本判例　東武スポーツ（宮の森カントリークラブ）事件

　　第 2 節　労働契約法と労働契約の基本原則・ルール………………… 117
　　　Ⅰ　労働契約法の基本的性格と労働契約の基本ルール……… 117
　　　Ⅱ　労働契約法理の法的特徴…………………………………… 123
　　第 3 節　労働契約上の義務……………………………………………… 127
　　　Ⅰ　概　説………………………………………………………… 127

Ⅱ　労働者の義務 …………………………………………………… *127*
　　　　1　労働者の主たる義務（基本義務）：労働義務　*127*
　　　　　　基本判例　片山組事件
　　　　　　基本判例　学校法人亨栄学園（鈴鹿国際大学）事件
　　　　　　コラム2-2-1　指揮命令権と業務命令権の関係
　　　　2　労働者の付随義務　*133*
　　　　　　アドバンスト・イシュー　就業規則における兼業（兼職）許可・禁止めぐる問題
　　　　　　基本判例　小川建設事件
　　　　　　アドバンスト・イシュー　兼業と労働基準法38条1項
　　　　3　義務違反の効果　*136*
　　　　4　労働者の義務に関連する諸問題　*137*
　　　　　　基本判例　エー・シー・シープロダクション事件
　　　　　　基本判例　茨城石炭商事事件
　　　　　　基本判例　大阪いずみ市民生協事件
　　　Ⅲ　使用者の義務 …………………………………………………… *143*
　　　　1　使用者の主たる義務（基本義務）：賃金支払義務　*143*
　　　　2　使用者の付随義務　*145*
　　　　　　基本判例　陸上自衛隊事件
　　　　　　基本判例　川義事件
　　　　　　基本判例　システムコンサルタント事件
　　　　　　基本判例　電通事件
　　　　　　アドバンスト・イシュー　労働者に対する就労拒否と会員代表訴訟（株主代表訴訟）
　　　　　　基本判例　渡島信用金庫（会員代表訴訟）事件
第4節　懲戒処分 ………………………………………………………… *154*
　　Ⅰ　概　説 …………………………………………………………… *154*
　　Ⅱ　懲戒処分の法的基礎 …………………………………………… *155*
　　　　1　正当性（適法性）根拠：共同作業秩序＝企業秩序の迅速な維持・回復の必要性と懲戒処分　*155*

　　　　　　　基本判例　目黒電報電話局事件
　　　2　懲戒処分の法的性格：労働契約上の根拠の必要性　*156*
　　　　　　　基本判例　フジ興産事件
　　　3　共同作業秩序＝「企業秩序」の基本的性格　*157*
　　　　　　　基本判例　東山谷家事件
　　　　　　　基本判例　富士重工業事件
　　　　　　　基本判例　国鉄札幌運転区事件
　　　　　　　基本判例　関西電力事件
　　Ⅲ　懲戒処分の種類……………………………………………… *160*
　　　　　　　アドバンスト・イシュー　即時解雇と懲戒解雇
　　　　　　　アドバンスト・イシュー　懲戒解雇と退職金の不支給
　　　　　　　基本判例　小田急電鉄（退職金請求）事件
　　Ⅳ　懲戒事由……………………………………………………… *165*
　　　　　　　基本判例　日本鋼管事件
　　Ⅴ　懲戒処分の有効要件………………………………………… *167*
　　　　　　　基本判例　ダイハツ工業事件
　　　　　　　基本判例　ネスレ日本（懲戒解雇）事件

第3章　人事異動 …………………………………………………… *171*
第1節　概　説 …………………………………………………… *171*
第2節　配　転 …………………………………………………… *172*
　　　　　　　コラム 2-3-1　配転をめぐる一断面
　　　　　　　基本判例　東亜ペイント事件
　　　　　　　コラム 2-3-2　単身赴任と賄い付き下宿―使用者の配慮の一側面―
第3節　出　向 …………………………………………………… *183*
　　Ⅰ　出向の定義と法的根拠・限界 ……………………………… *183*
　　　　　　　コラム 2-3-3　出向あれこれ
　　　　　　　基本判例　新日本製鐵（日鐵運輸第2）事件
　　Ⅱ　出向労働をめぐる法律関係 ………………………………… *189*
　　Ⅲ　出向復帰 ……………………………………………………… *191*
　　　　　　　基本判例　古河電機工業・原子燃料工業事件

第4節　転　籍 ………………………………………………………… *192*
　　　　　　　コラム 2-3-4　出向から転籍への切り替え

第4章　労働者派遣 …………………………………………………… *195*
　　第1節　問題状況 ………………………………………………………… *195*
　　　　　　　コラム 2-4-1　「派遣切り」の衝撃
　　第2節　派遣労働の定義と法律関係 ………………………………… *199*
　　第3節　派遣対象業務と労働者派遣事業の種類 …………………… *202*
　　第4節　労働者派遣の規制構造 ……………………………………… *203*
　　第5節　派遣期間・受入の制限 ……………………………………… *206*
　　　　　　　コラム 2-4-2　専門26業務
　　第6節　適正な労働者派遣確保のための規制 ……………………… *209*
　　第7節　2010年労働者派遣法改正法案の概要 ……………………… *209*

第5章　合併・事業譲渡・会社分割と労働者の地位 ……… *212*
　　第1節　概　説 …………………………………………………………… *212*
　　第2節　合　併 …………………………………………………………… *213*
　　　　　　　コラム 2-5-1　合併時代
　　第3節　事業譲渡 ………………………………………………………… *214*
　　第4節　会社分割 ………………………………………………………… *216*
　　　　　　　基本判例　日本アイ・ビー・エム事件
　　　　　　　コラム 2-5-2　会社分割と労働協約

第6章　休職・昇進・昇格・降格 ……………………………… *220*
　　第1節　休　職 …………………………………………………………… *220*
　　　Ⅰ　休職の定義・種類・法的根拠 ……………………………………… *220*
　　　Ⅱ　休職をめぐる法的問題 ……………………………………………… *222*
　　　　　　　基本判例　エールフランス事件
　　　　　　　コラム 2-6-1　病気休暇と病気休職
　　第2節　昇進・昇格・降格 ……………………………………………… *225*
　　　Ⅰ　人事考課・査定 ……………………………………………………… *225*
　　　Ⅱ　昇進・昇格・降格 …………………………………………………… *227*
　　　　　　　基本判例　マナック事件

第7章　労働契約の終了 … 230
第1節　労働契約の終了事由 … 230
第2節　解　雇 … 230
Ⅰ　解雇規制の基礎理論 … 230
- コラム 2-7-1　有期労働契約の雇用保障機能と労働者拘束機能
- 基本判例　エース損害保険事件
- 基本判例　角川文化振興財団事件
- 基本判例　ナショナル・ウエストミンスター銀行（第3次仮処分）事件
- コラム 2-7-2　2003年労働基準法改正の意義
- アドバンスト・イシュー　労働権保障と解雇権濫用法理
- アドバンスト・イシュー　労働協約の解雇同意条項・解雇協議条項に違反する解雇の効力

Ⅱ　法律による解雇規制 … 244
Ⅲ　整理解雇 … 249
- 基本判例　ナショナル・ウエストミンスター銀行（第3次仮処分）事件
- コラム 2-7-3　「リストラ」という言葉
- アドバンスト・イシュー　解雇の承認

Ⅳ　変更解約告知 … 256
- アドバンスト・イシュー　有期契約の更新と変更解約告知

Ⅴ　有期労働契約の更新拒絶 … 260
- アドバンスト・イシュー　有期労働契約の更新拒絶に対する制定法のコントロール
- アドバンスト・イシュー　期間満了後の黙示の労働契約の更新
- 基本判例　東芝柳町工場事件
- 基本判例　日立メディコ事件
- 基本判例　三洋電機事件
- アドバンスト・イシュー　不更新条項の効力
- コラム 2-7-4　非常勤の大学教員・予備校教師と雇止め

第3節　定年制 … 270
- 基本判例　秋北バス事件

　　　　　　基本判例　アール・エフ・ラジオ日本事件
　　　　　　コラム 2-7-5　定年制と再雇用慣行
第 4 節　辞職・労働契約の合意解約 …………………………………… *276*
　　　　　　コラム 2-7-6　「辞めてやる！」の法的意味
第 5 節　労働関係終了後の保護 ………………………………………… *280*
第 6 節　転職に関連してのトラブルの処理 …………………………… *281*
　　　　　　基本判例　東京リーガルマインド事件
　　　　　　基本判例　ラクソン事件

事項索引　*286*
判例索引　*295*

第 1 篇

労働法の基礎

―総論―

第1章　雇用社会の法ルール

第1節　雇用社会とその法的規制

Ⅰ　雇用社会とワーキングライフと労働法

1　雇用社会における規律・ルールの必要性

(1) **ワーキングライフの法としての労働法**　読者の多くは，将来，社会に出て就職して企業に雇用され，ワーキングライフを送ることになるか，あるいは現在，すでにワーキングライフを送っている人たちであると思われる(学生アルバイトやパートであっても法的にはれっきとした労働者であり(労働基準法9条，労働契約法2条1項，労働組合法3条を参照)，ワーキングライフを送っているといえる)。このような雇用やワーキングライフをめぐる社会を雇用社会というが，雇用社会に規律をもたせたり，トラブルを回避・解決したりして，継続的にせよ断続的にせよ人生の中で長期間にわたってワーキングライフを送ることになる人々を保護し安心して働くことができる環境を整えるための法的ルールが労働法と呼ばれるルールである。この労働法をそのエッセンスを中心にできるだけわかりやすく解説して理解していただくとともに労働法の基本的な考え方やセンスを身につけていただき，もしものときに役に立つようにとの思いを込めて執筆されたのがこの『基本労働法』である。『基本労働法』は全3巻で労働法のルールを全般的に一通り解説することを目的とするが，本書Ⅰでは，労働法の総論と個別的労働関係法のうち採用内定に始まり退職に至る労働契約関係の展開を規律する労働契約関係法を，続くⅡでは個別的労働関係法のうち労働条件の決定・変更と保護に関する労働条件法を，最後のⅢで

は労働組合と使用者の関係を取り扱う集団的労働関係法と労働紛争処理の法的仕組みを解説することとする。

(2) **企業法としての労働法**　なお，もしも読者が人を雇う立場であったとしても雇用社会の一員であることに変わりはなく，したがって雇用社会のルールである労働法が使用者側の観点からかかわってくる。特に，これまで企業に雇われて働いていた人が独立してベンチャー企業などを立ち上げて人を雇う場合などは，労働法によって保護されていた立場から労働法のルールを遵守すべき責任を負う立場に変わるのであり，適切なルールの運用と遵守が求められる。また，企業は，コンプライアンス（法令遵守）やCSR（企業の社会的責任）といった観点からも労働法のルールを守ることが求められており，労働法はビジネスローの一環として企業法務の重要な領域を構成するといえる。

2　労働法の現代的重要性

(1) **現代雇用社会におけるルールと規律**　通常，社会においては多くの人が暮らし活動しているため，それらの人々が守るべき，そしてトラブルが起きたときにその解決のよりどころとなるべきルールが必要となる（たとえば，交通ルールや犯罪をめぐるルール，お金の貸し借りや契約のルール）。雇用社会もひとつの社会であり同様といえるが，雇用社会やワーキングライフには次にみるような特徴が存しているので，それを十分に踏まえたうえで，われわれが安心して働くことができるための特有のルールが必要となるとともに，現代においてはその重要性が大いに高まってきている。

① 　現在においては，国民の大多数が雇用社会でワーキングライフを送っている人かあるいはその家族であるといえ，雇用は，人格の展開や生き甲斐，職場のつきあい・人間関係，あるいは生活スタイルといった観点から人生や生活における重要問題となっている。

② 　われわれのワーキングライフは，通常，キャリア展開をともないつつなされる数十年にもわたる長期のものであって，しかもそれによって本人と家族の生活の糧を得るという重要な意味を持っている。また，そのための前提として就職や転職といったことも重要でありスムーズにことが進むことが

求められるが，実際はなかなか大変であるというのが実情である（特に，不況期など）。

③　われわれがワーキングライフを送ることになる企業は，通常，われわれ個人に比べて単なる交渉力や情報の格差の問題にとどまらない大きな社会的経済的な，そして組織的な力（これを「社会的権力」といってもよいであろう）をもち，個々人に仕事（労働）に関して指揮命令を行う（つまり，働く個人がさまざまな点でまた色々な意味で相対的に弱い立場に立ちつつ，企業の指揮命令下に実際に身をおいて他人決定労働＝従属労働に従事する）ことになる（労働の従属性が存しているといえる）ため，企業の力（社会的権力）の不当・不適切な行使がなされたり，労使間の取引や労働条件，あるいは安全や職場環境に関してトラブルが起こったりすれば，働く個人の側に看過できない大きな影響や弊害が生じるおそれがある。

> アドバンスト・イシュー　　**労働法の定義**
>
> 通常，「労働法」とは労働関係を規律する法の体系であると定義される。労働関係は，雇われて働く者（労働者）とこれを雇う者（使用者）との間の個別的労働関係（これは自営業や自作農などの独立労働と区別する意味から労使間の指揮命令関係に着目して従属労働関係とも呼ばれる）と労働者によって結成された労働組合などの団結＝集団と使用者との間で形成される集団的労働関係の２つからなる。これら個別的労働関係および集団的労働関係をそれぞれ規律する法領域が伝統的な労働法の２大領域をなすが，現在では，これに（個別的）労働関係にはいる前提となる（外部）労働市場での労働力取引を規律する法領域も加えて労働法が形成されていると，一般的に説かれている。そうすると，労働法とは労働関係の成立・展開過程を規律する法の体系であるといった方がより適切であろう。この点について詳しくは，後述Ⅲを参照。

> コラム 1-1-1　　**労働法と社会保障法**
>
> ワーキングライフを送る人たちは，当然，プライベートライフ＝私生活も同時に送っている。私生活を安心して送ることができなければワーキングライフもなりたたない。そこで，毎日の生活を保障しサポートする法領域である社会保障法が重要になってくる。両者の関係について，具体的に育児や介護といった問題を例に挙げてみてみれば，育児・介護とワーキングライフが両立できるように，労働法では育児介護休業法が育児休業や介護休業といった制度を設けるとともに，

社会保障法では児童福祉法や介護保険法が保育サービス（保育所）や介護サービスの提供についての整備と規制を行っている。このように労働法と社会保障法は車の両輪としてわれわれの生活全体を支えているのであり，両者はいわば兄弟的な関係にあるといってもよい。特に，雇用における男女の平等やワーク・ライフ・バランスを実現するためにはこれら2つの法領域の連携が必要不可欠である。このようなことから，かねてから，両者は憲法25条の生存権理念のもとにあり，これを具体化するものであると一般的に考えられてきた（ただし，労働法に関しては後にみるように生存権理念から離れて考えようとする見解がみられるようになるとともに，社会保障法についても生存権のみならず憲法13条の自己決定の理念も重要であるとする見解が登場してきている）。

Ⅱ 社会経済の変化と労働法

(1) **社会経済の変化とワーキングライフ** 現在，社会や経済が急速に大きく変動しつつある。特に，雇用社会を取り巻く変化として，第2次産業から第3次産業へのシフトないしサービス経済化・金融経済化やそれにともなう労働者のホワイトカラー化の進展はいうまでもないが，経済のIT化，経済のグローバル化や国際競争の激化，バブル経済崩壊以降の先行きの不透明な経済状況（経済の長期停滞），リーマンショック以降の世界同時不況下での経済の冷え込み，キャッチアップ型経済からフロントランナー型経済への移行（経済の成熟化），産業空洞化などを挙げることができよう。また，大学進学率や高校進学率の上昇にみられる高学歴化，女性の社会進出の著しい増加，少子高齢化の急激な進展，ひとびとの間における豊かな生活の広がりと一定の定着，物的な豊かさよりも精神的な豊かさや私生活を重視する傾向なども見逃すことはできない。同時に，その反面で，ワーキングプアや格差社会の出現なども大きな社会問題となってきている。このような変化につれて雇用の形態や仕組み，われわれのワーキングライフや働き方も大きく変化してきている。

これにともなって，従来はみられなかったような雇用をめぐる新しい法的問題がたくさん生じてきている。いまや雇用はホット・イシューであって，新聞・テレビなどのマスコミでも毎日多くの問題が取り上げられ，それらはいずれも世間の注目と関心を集めている。たとえば，2008年のリーマン

ショックに端を発した世界同時不況下での「派遣切り」は記憶に新しいところだが，それ以外にも，ワーキングプア・格差社会と最低賃金，セクハラやパワハラの横行，職場におけるプライバシーと個人情報保護，内部告発と公益通報者保護，過労死や過労自殺の深刻化，偽装請負，偽装管理職，ワーク・ライフ・バランスの重要性，女性の社会進出にともなう男女雇用平等の実現，次世代育成支援，フレックス・タイム制，裁量労働制，ホワイトカラー・エグゼンプション，ニート・フリーター問題，「就活」の早期化・激化と若年失業者の増加，雇用形態の多様化・複雑化とパートタイマーの公正処遇問題，非正規従業員の増加，労働力の流動化（転職）の進展，年俸制に代表される成果主義賃金システムの広範な普及，少子高齢化時代の労働者の就業援助（育児・介護のサポート），高齢者雇用・生涯現役社会と年齢差別問題，障害者雇用とノーマライゼーション，在宅勤務，テレワークやサテライト・オフィスなど挙げれば枚挙にいとまがない。

(2) **変化する労働法**　雇用社会とワーキングライフを支える労働法は非常に重要なルールであるといえるが，雇用やワーキングライフの新たな動きにつれて労働法も大きく変わろうとしている。労働法はいわば社会経済の変化を映し出す鏡であるといってもよく，したがって，本書で説明しているルールもあくまでいま現在のものであって，なにも固定的な不変のものではないといえ，今後も変化し続けることが予想される。そこで，読者も変化を見抜きどのようなルールが新しい雇用社会にふさわしいのか，そしてどのようなルールがあればこの21世紀の雇用社会において安心してワーキングライフを送ることができるのかを考える力やセンスを身につける必要がある。要は，21世紀の雇用社会とそのルールのあり方，つまり雇用社会の（法的）構成原理はどのようなもの（であるべき）かを（雇われる側，あるいは雇う側，いずれの立場であれ）雇用社会を構成するわれわれひとりひとりが絶えず考えてゆかなければならないのである（これは一般論としてだけではなく，ワーキングライフのなかで実際にトラブルに遭遇したときにどのようなルールを用いて妥当な解決をはかればよいのかといった問題に誰もが遭遇するため，非常に重要となってくるといえよう）が，本書にはそのための基礎（見取り図ないし基本的な考え方）を提供するとの意図も込められている。

> アドバンスト・イシュー　労働法の基本骨格とそのリニューアルの必要性

(i) **労働法の基本骨格・基盤と社会の変化**　わが国において労働法の基本骨格が整備されたのは第2次大戦後すぐの時期であった。1945年にはやくも（旧）労働組合法が，翌年に労働関係調整法が，そして1947年には労働基準法，労災保険法，職業安定法，失業保険法などが制定され，現在みられるような労働法の基礎ないし基盤が確立したといってよい。そして，1949年には労働組合法が全面改正され現行の労働組合法が整備された。たしかに，それ以後，雇用社会の変化にともなって法改正が行われたり，新たに多くの労働関係立法が制定されたり，判例法理が形成されたりしてきた（したがって，労働法の姿も新たな課題や時代に応じて変化した）のであるが，それはあくまで戦後すぐに確立された基本骨格・基盤を踏まえてのことであって，これが現在に至るまで続いてきている。しかし，戦後すぐの時期と現在とでは大きく状況が変化してきており，このような法の基本骨格・基盤が現在の，あるいは21世紀の今後の雇用社会とって必ずしもふさわしいものとはいいがたくなってきていることも事実である。比喩的にいえば，戦後すぐに建てられたビルが繰り返し改修や増築を付され，そして何度も化粧直しを行われながらもそのまま現在まで利用されてきたが，もはや狭くて古くなって利用しづらいので，根本的かつ全面的に建て替える必要があるといった状態に似ているといえよう。

(ii) **労働者像の変容**　たとえば，第2次大戦後すぐの時期においては，雇われて働くといえば，典型的に想定されるのは，主として成年・男子・フルタイム・正社員・ブルーカラーモデルであり，これはいいかえれば定時から定時まで現業作業を行いながら同じように働く正社員の成人の男性工場労働者（ブルーカラー労働者）であり，いわば統一的・集団的な姿で捉えられた労働者が主流であったといえる。そして，このような労働者像が各種立法の前提とされていたのである（要は，同様な形の労働者を頭に描いて法律を作ればよかった）。しかし，高度経済成長期を経て現在においてはこのような労働者像は大きく変化してしまった。ブルーカラーが減少し，事務職などのホワイトカラーが増大したことや雇用社会における男女平等の進展はいうまでもないが，加えて，たとえば，裁量労働制や年俸制で「自立的」に働く労働者もいれば「派遣切り」や「有期切り」で生存の危機に瀕している労働者もおり，期間の定めのない契約で雇用される正社員もいれば有期契約を繰り返しながら働くパート，アルバイトもおり，自由な働き方を希望する労働者もいれば1社で正社員として働き続けることを望む労働者もおり，より高度の処遇と職務を求め戦略的転職を繰り返す労働者もいれば長期の失業にあえぐ労働者もおり，大企業に内定し正社員の道を歩む労働者もいれば就活が成就せずフリーターやニートとなり格差社会やワーキングプアの増加などを背景に貧困にあえぐ労働者もいるなど労働者をとりまく状況や事情は極めて多様化しているといってよく，もはや同じような労働者を頭に浮かべているだけでは雇用社会の諸問題に適切に対処することはできないといえよう。

(iii) **21 世紀の労働法へ向けて**　そこで，これら多様な現代的状況に対処するためには，21 世紀の雇用社会のあり方を見据えた根本的な立法のリニューアルが求められているといえよう。以下，本書（そして，続刊であるⅡ巻・Ⅲ巻）においてはこのような問題意識も踏まえて論述を行うこととしたい。

コラム 1-1-2　労働法の国際化

　近年，労働法の分野でも経済のグローバル化や多国籍企業の活動の増大などにともなって国際化について語られることが多いが，国際化という場合，次の3つの意味があり，それぞれ関連はしているものの基本的に別個の問題であることに注意することが必要である。まず第1は，労働法の国際的統一化傾向である。1919年に設立されたILO（国際労働機関）は戦前から条約や勧告によってそのような方向に向けて尽力してきているが，近年では，EUが域内の国に対して指令などにより労働法の統一化を試みてきていることが注目される。第2は，外国法人に雇われるなど労働関係の国際化の進展にともなっていずれの国の労働法規が適用されるのかという問題（たとえば，フランスの会社とアメリカで労働契約を締結した日本人が赴任した日本で解雇された場合，解雇権濫用法理を定めたわが国の労働契約法16条が適用されるのかといった問題）である。これは，準拠法＝国際私法の問題であり，具体的には，法の適用に関する通則法7条以下の規定に従って処理されるが，労働契約をめぐっては特則（12条）がおかれている。第3は，外国人労働者をめぐる問題である。これは基本的に，出入国管理及び難民認定法（通称：出入国管理法ないし入管法）が，専門的労働者の場合を除いて外国人が日本で労働することを原則として認めていない。しかし，在留資格上は就労することができないのにもかかわらず就労している不法就労外国人が数多くみられる現状がある。ちなみに，これらの不法就労外国人労働者にも基本的に労働法規の適用があることに注意する必要がある。また，事業活動に関し外国人に不法就労させた使用者や不法就労をあっせんした者などは不法就労助長罪として処罰の対象となる。なお，かつて，外国人の研修・技能実習制度に関し，労働法が適用される技能実習生とは異なり来日1年目の研修生は労働法が適用されないとされてきたが，2009年の入管法改正により最長3年の「技能実習」という在留資格が認められ1年目より労働法が適用されることになった。

Ⅲ　労働法の基本的な内容

(1) **労働法の3分野・領域**　実は，雇用社会に規律を与えるとともに働く

人々のワーキングライフの展開を支えるためのルールとして労働法という1つの法律（法典）があるのではく，労働法は多くの法律や裁判所が作り上げたルールから成り立っている（つまり，労働法とはそれらのルール全体の総称なのである）。それらは規制対象の性格に応じて大きくは次のような3つのグループに分けることができる。

① 労働市場を整備するなどして，われわれが首尾よく就職や転職することで雇用社会に参入するのをサポートしたり，雇用社会への参入やワーキングライフの展開（雇用の維持）に必要な職業能力を向上させたり，あるいは雇用の安定や失業の防止をはかり，失業しても安心して職探しができるように失業時の生活保障を行ったりする法ルールのグループ（個別の法律としては，雇用対策法，雇用保険法，職業能力開発促進法，職業安定法，高年齢者雇用安定法，障害者雇用促進法などがある）：これらは一括して雇用保障法，労働市場法，雇用政策法などと呼ばれる。

② われわれが雇用社会において送るワーキングライフの展開を支えるとともに労働条件や人事や退職や職場における人権に関して保護をはかる法ルールのグループ（個別の法律としては，労働基準法，労働安全衛生法，労災保険法，最低賃金法，賃金支払確保法，男女雇用機会均等法，労働者派遣法，育児介護休業法，パート労働法，労働契約法などがある）：これらは一括して，個別的労働関係法，労働者保護法，雇用関係法などと呼ばれる。

③ われわれひとりひとりではなかなか企業と対等の関係に立つことが困難であるため，実際に企業と対等の立場に立って交渉を行い公正な労働条件を決定することが可能となるように，労働組合＝集団を結成し運営し活動すること，そして団体交渉や争議行為を行うことをサポートする法ルールのグループ（個別の法律としては，労働組合法，労働関係調整法，スト規制法などがある）：これらは一括して，集団的労働関係法，労働団体法，労使関係法などと呼ばれる。

なお，本書では，分量と重要性，そして読者の理解しやすさを考えて，この3分法にそのまま従うのではなく，①を②のなかに組み込んで説明するとともに，②を労働契約の成立・展開・終了の部分（第2編：本書）と労働条件の決定・変更および保護の部分（第3編：『基本労働法Ⅱ』）に分けて説明すること

にし，それに引き続き最後に③を解説する（第4編：『基本労働法Ⅲ』）という構成をとっていることをお断りしておく。

(2) **判例法理と就業規則・労働協約の重要性**　なお，労働法を構成する法律は非常にたくさんあるが，それでも雇用社会の一部をカバーするにすぎない。そこで，裁判所が作り上げてきた判例（裁判所の判断）のルール（とりわけ，最高裁が示したルールが重要である）が法律の隙間を埋めており，実際，この判例のルールが雇用社会で非常に重要な役割を果たしている（特に，②と③の領域において極めて重要となっている）。したがって，労働法の全体像を知るためには法律だけではなく判例のルールを体系的に学ぶことも必要となってくる（六法や法律の条文の注釈書に目を通すだけでは不十分である！）点に注意する必要がある（そこで，以下では，重要な判例のルールについてもポイントを押さえてできるだけ分かりやすく解説することにしている）。また，ここで併せて，使用者が作成する就業規則や労働組合と使用者が締結する労働協約も企業社会において労働関係や雇用をめぐる重要な具体的ルールを提供していることが労働法の大きな特色となっていること（自主的ルールの重要性）を指摘しておく。

コラム 1-1-3　**労働法の基本分野・領域をめぐる議論の補足**

　以上本文でみてきたように，労働法を構成する基本分野あるいは基本領域は3つのものからなるという考え方が一般的となっているが，これに民間とは異なる法規制がなされている公務員労働法を加えて4分野ないし4領域とする立場もある（なお，本書では民間企業における労働法のあり方を検討し，わかりやすく解説することに主眼をおいているため，公務員労働法についての解説は割愛することをお断りしておく）。また，近年，個別的労働関係をめぐるトラブルを簡易・迅速に解決することを目指して，個別労働紛争解決促進法や労働審判法が制定されてきたこともあり，従来の労働委員会を中心とする集団的労働関係の紛争解決手続とあわせて労働紛争解決手続法（ないしは，労働争訟法）という分野・領域を付け加えようとする見方も有力となってきている（本書では，これらの紛争解決手続に関しては，関連する個所でそれぞれ簡潔に触れることとしつつ，最後に『基本労働法Ⅲ』でまとめて第5編として労働紛争解決の仕組みを全体的に取り上げて論ずる）。

> **アドバンスト・イシュー**　労働契約法理と労働契約法

　(i)　**労働契約のルールに関する制定法の隙間**　通常、学校を卒業してから（そのまま1社にとどまるか転職を行うかは別にして）長期間にわたって生活の糧を得るべく企業内でワーキングライフを送ることになるわれわれにとって、3つの労働法の基本領域・分野のうちで、賃金や労働時間などの労働条件を保護し労働契約の成立・展開・終了を支えるルールを提供してくれる個別的労働関係法が特に重要となることが理解できるであろう。すでに述べたように、この分野では非常に多くの個別の法律が制定されているが、それらは主として労働条件に関するものであって、雇われてからの山あり谷ありのワーキングライフの出来事、つまり労働契約の成立・展開・終了に関しては制定法上のルールは、近年まで、ほとんど存しなかった。法律によって賃金、労働時間、安全衛生などの主要な労働条件の保護はかなりの程度はかられてきたのだが、重要問題であるにもかかわらず、採用内定、試用、業務命令、配転、出向、転籍、昇進・昇格・降格、休職、辞職・退職、解雇などについては法律はいわばほぼ知らんふりをしていたのである。

　(ii)　**判例によるルールの形成—労働契約法理の基本的特徴—**　しかし、これら労働契約の成立・展開・終了に関するトラブルや紛争が次第に増加していった。そこで裁判所がこれは放ってはおけないとして、高度経済成長の過程において、裁判を通じてルール形成を行うことになった（そしてそれ以降においても、ルール形成が続けられてきていることはいうまでもない）。

　さて、このようなルール形成にあたっては終身雇用制（長期雇用システム）、年功処遇制、企業別組合といった日本的雇用慣行（これはかつて3種の神器とも呼ばれた）、特にそのうちの前2者が考慮に入れられた。このような日本的雇用慣行のもとでは労働者が解雇されれば、学卒定期採用が中心であるため（しかも、ひとつの企業内で形成された職業能力は他の企業では通用しないことも多いため）再就職（中途採用）が非常に難しく、また再就職できても新たな企業での一からのスタートであるため年功がゼロにリセットされ賃金面で大幅にダウンを被るなどの大きな不利益が生ずるおそれがあった。そこで、このような労働者側の不利益を考慮して、これをできるだけ回避すべく解雇権濫用法理により労働者の解雇を厳しく制限する（使用者の解雇権を大幅に制約する）方向が探られた（労働者雇用安定化機能の重視）。しかし、その反面、業務命令、人事、労働条件の決定・変更（就業規則の作成・変更）に関して使用者に大きく裁量を認める法理も示された。これを単純化していえば、労働者はよほどのことがないかぎりそう簡単にはクビにはならない（使用者はそう簡単には労働者をクビにはできない）かわりに、労働者は使用者に命じられれば時間外労働やさまざまな仕事（業務）を行い、辞令一本で転勤や配置換えなどの人事異動に従い（ただし、例外的にとはいえ裁量権の行使があまりにもひどいなど極めて問題である場合には業務命令や人事異動命令が権利濫用で違法・無効とされる余地は認められる）、一定の労働条件の不利益変更を甘受（ガマン）しなければならない（ただし、これにも合理性が必

要であるという形で一定の歯止めはかかっている）という構図となっているのである。つまり，労働者雇用安定化機能と使用者裁量権容認機能はギブ・アンド・テイクないしトレード・オフの関係に立っているといえる。このような労働関係の継続性と柔軟性を重視するという特徴を有する一群の判例ルールが労働契約法理と呼ばれるものである（代表的なものとして，採用内定法理，試用法理，就業規則法理，業務命令権濫用法理，配転命令権濫用法理，出向命令権濫用法理，懲戒権濫用法理，解雇権濫用法理，整理解雇法理などがある：これらについては後に関連各所で解説する）。

　(iii)　**労働契約法理の問題点と労働契約法の制定**　　労働契約法理は重要問題について法律の隙間（法律のルールのない部分）を埋めたという点では大きな意義を有するのだが，あくまで判例法理であって法律の条文の形とはなっていないのでルールとしての明確さに欠け，したがって，また，事件が起こった場合，労使双方ともそのルールをあてはめれば結果はどうなるのかを予測することが難しいという問題点があった。要は，法的安定性に欠けていたのである。そこで，ようやく2007年に労働契約法が制定されたが，これはあくまで一部の重要事項についてのみ確立された判例法理を確認して条文化しただけであって（ちなみに，これは労働契約法の制定をめぐり審議会で労使委員の間で議論が紛糾した結果，争いのない部分だけが立法化されることになったためである），先に見た問題点は解消されていないばかりか，多くの問題はいまだ判例のルールに委ねられた（つまり，裁判所に任された）ままなのである。しかも，労働契約法理の基盤を提供していた日本的雇用慣行も大きく変化してきている（自発的―「ビッグになりたい！」―・非自発的―「リストラされた！」―を問わず転職が増え労働力の流動化傾向が進展したり，アルバイト，パート，臨時社員・契約社員，派遣など非正規労働者が増加してきていることが終身雇用制を縮小させてきており，また，多くの企業で年俸制に代表される成果主義賃金システムが普及してきていることが「年功から成果へ」―たとえばプロ野球の選手などと同様に，いくら年功を積んで勤続年数が増えても成果が上がらなければ給料も上がらないが，年功がなくても成果が上がれば給料も上がる―という動きを示しているといえる）ため，今後，裁判所が法理を変容させる可能性もある。

　なお，以上の説明は，若干詳しいとはいえいまだ一般的なものにとどまっているので，労働契約法理に関する法的観点からの具体的な分析・検討は改めて第2編で行うが，とにかくここで述べたことは後に労働契約のルールを学ぶための基礎として重要であり，しっかりと頭にとどめておいてほしい。また，いずれ徐々に検討するが，そもそも大きな社会的経済的力を持つ使用者＝企業＝社会的権力に対してはその力を制限して労使対等を実現すべきである（労働基準法2条1項，労働契約法3条1項参照）のに，また現在においてはワーク・ライフ・バランスの実現が大きな社会的課題となってきている（労働契約法3条3項参照）のに，使用者に大きな裁量権を認める法理をこのままの形で肯定し続けることは問題ではないのかという疑問についてもこの段階で各自考えてみてほしい。

基本判例 日本食塩製造事件・最二小判昭 50.4.25 民集 29 巻 4 号 456 頁

> 「使用者の解雇権の行使も，それが客観的に合理的な理由を欠き社会通念上相当として是認することができない場合には，権利の濫用として無効になると解するのが相当である。」

　本書では，労働法における判例の重要性を考慮して，問題となる項目の説明に際して関連する重要な基本判例について，本文中であるいはこのような別項目を立てて原文の抜粋を行う形で読者に紹介を行っていくが，ここではトップバッターとして労働契約法理のなかで極めて重要な地位を占める解雇権濫用法理を最高裁判所が初めて正面から確認した日本食塩製造事件を取り上げることにする。

　期間の定めのない雇用契約の解約に関する民法 627 条 1 項は，契約当事者はそれぞれ 2 週間前に予告すれば自由に契約を解約することができると規定している。これは働く側にとっては退職の自由を意味する（イヤな会社にいたくないという人にとっては非常に重要な規定であることがわかるだろう！）が，人を雇う側にとっては解雇の自由を意味する（要するに，雇う側は自由な解雇権をもっているのであり，あくまでこれが法の「タテマエ」であったことに多くの読者がびっくりされることであろう！）ことになる。しかし，働く側にとっては解雇にともなう不利益は大きく，しかも労使の力関係の差を考えると使用者が解雇の脅しをちらつかせて労働者に無理な要求や過酷な労働を押しつけるという弊害も生ずるおそれがある。そこで，裁判所は，権利を持っていてもひどい使い方はいけませんよということ（権利濫用の禁止）を規定している民法 1 条 3 項を用いて，①合理性のテスト（解雇にキチンとした合理的な理由があるかどうか）と②相当性のテスト（解雇に合理的な理由があるとしてもそれが本当に解雇に値する程度のものといえるのか）という 2 つのテストをクリアしないかぎり解雇の意思表示は権利濫用で無効だという形で雇う側の解雇権を大きくかつ厳しく制約することにしたのである。これによって，働く側はよほどのことがないかぎり解雇されないことが明らかにされ，安心してワーキングライフを送ることができることになったといえる（ただし，権利濫用というのはあくまで権利—ここでいえば，解雇

権＝解雇の自由—があるということが前提となっているのであるから，解雇権濫用法理は「タテマエ」として一応は民法 627 条 1 項を出発点としている点に注意してほしい）。したがって，ここで紹介したのは短いものであるがわが国の労働法の根幹をなすともいえる非常に重要な判例法理なのである。なお，この解雇権濫用法理は，現在では，条文化され，ほぼそのままの形で労働契約法 16 条において確認されている（ちなみに，2003 年の労働基準法改正で新たに設けられた 18 条の 2 が 2007 年の労働契約法の制定にともなって同法 16 条に移されたものである）。

第 2 節　労働法の基本理念と憲法上の基礎

Ⅰ　労働法の基本理念

以上で労働法の概略についてみてきたが，そのような労働法を支えるとともに労働法に統一性を与える基本的な理念は何であろうか。

1　従来の考え方：生存権説

(1) **労働法の発展と生存権理念**　　ヨーロッパ諸国やわが国の歴史を振り返れば，かつておおむね次のような状態が共通してみられたといってよい。当初，労働関係は雇用契約に基づくものとして市民法＝私法の一般法たる民法によって規律された。民法の大原則（基本原則）である私的自治ないし意思自治のもと，雇用関係は「平等」の法人格を有する個別労使の「自由」な契約に委ねられた。しかし，実際には，資本主義の発展期，特に産業革命以降において，労働する以外に生活の糧を得る手段をもたないひとびと（労働者）は，労働力は通常の商品とは異なり取っておいて売り惜しみすることはできないため生活の必要に迫られて，また一般的に使用者＝企業に対して経済的に弱い立場に立つことから，極めて不公正で不利益な労働力の取引を行い，そのため，低賃金で長時間，しかも危険で衛生状態が悪いなど過酷で劣悪な条件で従属的に労働することを余儀なくされる（わかりやすくいえば，食うに困った雇われる側は，使用者＝雇う側に足もとをみられて，まだ幼いうちから，ひどい条件で 1 日

中過酷な労働でこき使われ，職場は不衛生で危険がいっぱいという状態であったのである）とともに，常に解雇＝失業の脅威にもさらされることとなった。また，労働者は労働災害に遭遇した場合，使用者に対して損害賠償を請求しようとしても過失責任原則のもとで大きな困難に直面した。まさに労働者の生存（生命・身体・健康など）が脅かされていたのである。その結果，労働者の生存が危機に瀕するという事態が歴史的に出来し，それは，たとえば，『イギリス労働者階級の状況』や『女工哀史』などといった内外の古典的書物が示すところといえる。

そこで，特にヨーロッパなどにおいて19世紀の過程を通じて，労使の契約関係を自由な契約に委ねるのみにしておくことはできないとして，民法とは別個に，労働者を保護するために労働条件（労働時間や賃金など）の最低基準や労災の場合の使用者の無過失責任などを法定して労働条件を保護・規制する立法と労働者が団結を結成し使用者と対等な立場に立って労働条件等を決定することができるようにする立法が形成され展開していった。そして，これに労働者の雇用の保護・保障や安定をはかる立法を加えたものが20世紀型の労働法の基本的スタイルとなった。その理念とされたのが労働者の生存権の擁護ないし保障であった。

アドバンスト・イシュー　市民法の基本原理と「市民法から社会法へ」

市民社会の基本的な法的構成原理を定める法を市民法というが，その基本法とでもいうべき法が民法である。たとえば，フランスでは，1789年のフランス革命を経て身分制に基礎をおく封建制が廃絶され，国民はすべて自由平等な市民と捉えられることになった（抽象的人間像）。そのような市民相互間を規律する法律として，1804年に民法典（Code Civil）が制定された。市民法の基本原理ないし原則は，通常，法人格の平等に加えて，契約自由の原則（私的自治の原則・意思自治の原則），所有権絶対の原則，過失責任の原則の3つが挙げられる。しかし，これらの諸原則が，社会的経済的に大きな力の格差が存する労使の間では，労働者に極めて不利に，そして悲惨な影響をもたらす形で作用したため，労働法が，労働者という具体的人間像を踏まえつつ，実質的に労使対等を実現し，労働者の生存権保護をはかる形で市民法原理を修正することとなったのである。労働法は生存権理念に支えられた社会法の代表的な法律であり（他に社会保障法などが含まれる），（人間像も含めた）このような労働法による市民法の修正という現象を捉えて「市民法から社会法へ」と呼ばれることがある。

(2) **労働法の理念としての生存権**　後に詳しくみるように，わが国の労働法は憲法に根拠ないし基礎を有し（27条，28条），それらは25条の生存権を総則とする社会権規定として位置づけられている。先にみた労働法発展の経緯に加え，この憲法の条文配列のゆえもあって，かつて，わが国の労働法学の通説は，労働法の目的・理念を一貫して従属的地位におかれた（従属労働を行う，あるいは従属性を基本特徴とする）労働者の生存権保護に求めてきた。そこに，さらに憲法全体の根本理念である憲法13条の人間の尊厳の理念を反映させて労働者の「人たるに値する生存」を確保し保障するのが労働法であると通例説かれていた。これは，たとえば，憲法27条2項の労働条件法定の原則に基づいて制定された個別的労働関係法の基本法とでもいうべき労働基準法の冒頭におかれた1条1項が「労働条件は，労働者が人たるに値する生活を営むための必要を充たすべきものでなければならない。」と宣言し，また憲法28条の労働基本権を具体化するものであり集団的労働関係法の基本法と位置づけられる労働組合法が2条で労働者の「労働条件の維持改善その他経済的地位の向上を図ること」が労働組合の主たる目的であると規定しているところが端的に示していると考えられた（ただ，この目的につき広く団結を通じての労働者の経済的地位一般の向上ととらえる説（労働者地位向上説）と狭く団体交渉の促進を通じての対使用者の関係における地位向上と解する説（団交中心説）が対立しており，詳しくは『基本労働法Ⅲ』で分析・検討を加えることとする）。

　以上をまとめると，他人決定労働を行う弱者たる（国家による保護を必要とする―その意味で，消極的・受動的といえる―）労働者（そして，このような労働者像は8頁のアドバンスト・イシューで述べたような集団的・統一的労働者像と結びついていた）は従属状態にあり放置すれば生存の危機に瀕することになるので，このような状況を回避し労働者の生存権を保障するために国が労働法を制定して，労働条件を保護したり，あるいは生存権実現のための自主的団結である労働組合を擁護したりすることになるという基本構図となっているといってよい。

2　新しい考え方：個人のとして労働者とその自己決定の重視

(1) **時代状況の変化と生存権理念**　高度経済成長期を経て，労働者において，生活の一般的向上，物質的な豊かさよりも精神的な豊かさを求める傾向，

個人主義的傾向，多様化傾向，私生活重視の傾向などの変化がみられた。また，労働組合の組織率もほぼ一貫して低下してきている。以上のような状況下において人間像も含めて生存権理念が必ずしも現実にアピールするものではなくなってきたといえるが，これを踏まえ，1990年代に入り労働法の理念に関し新たな考えを示す学説が本格的に登場してきた。

(2) **自己決定権説**　まず，最初に登場してきたのが，労働者の自己決定の理念（憲法13条参照）を労働法の基礎に据える新たな労働法理論＝自己決定権説である。わかりやすくいえば，労働者はそのままでは従属性ゆえに力において優位に立つ使用者との間においては十分に自己決定することができず契約自由の原則が形式的なものとなってしまう（力の差から使用者に言い負かされてしまう結果，使用者の言い分をのまざるをえず，労働契約が当事者の合意であるといっても実際には形だけのものとなる）が，憲法28条の労働基本権を行使して労働組合を結成し使用者と対等の立場に立つことで集団的に自己決定を行い契約自由の原則を実質化する（これを支えるのが労働組合法などの集団的労働関係法である）とともに，労働基準法などの法律（個別的労働関係法）が労働者保護の観点から一定レベルの労働条件を規定して労働者が使用者から望まない低いレベルの労働条件を押しつけられることを回避することにより労働者の真の自己決定の実現に助力するというのがこの説の骨子である。以上からも読み取れるように，労働法によって支えられることで労働者は自己決定を行うことが実質的に可能となるのであり，その意味でこの説は「規制が支える自己決定」ということを強調する。また，この説においては，従属状態におかれながらもこれを克服しようと努力する一定積極的・能動的な労働者像を前提として理論展開がなされている。

(3) **サポートシステム説**　これとは別に，もはや弱者ではない個人としての労働者が労働市場において使用者と取引をするのをサポートするのが労働法であるというサポートシステム説とでもいうべき新たな労働法のとらえ方も提示されるに至った。この説は，もはや現在においては生存権が問題となるような状況ではなく，強くなるとともに個人主義的傾向を強める労働者があくまで情報と交渉力とに格差がある企業と市場取引を行うことをサポートするのが労働法であると考える。このため，個人やその取引（自己決定）を重

視するといっても，その前提とする人間像（たしかに，積極的・能動的ではある）と労働法の役割（市場システムが重視されることになるため規制緩和と結びつきやすいとともにもはやそれほど労働組合は重視されない）は自己決定権説が提示するものとは大きく異なっているということができる。

(4) **新たな学説の特徴**　これらの説はいずれも，生存権理念から抜け出して個人としての労働者や労働者の自己決定を理念的基礎に据えて新たな労働法の存在意義を探ることによって労働法の再生（労働法を現代社会に適合した実効性あるものへ再編すること）とパラダイム転換（労働法をめぐる基本的なものの見方・考え方の転換）をはかろうとする試みであるということができる。これらの説は変化した社会経済状況を踏まえて展開された斬新なものであって大いに注目を浴び，以後これらが現代労働法および労働法学のあり方を領導するように思われた。また，転職の増加（労働力の流動化の進展）や成果主義人事の進展，労働条件の個別化や個別的労働契約の役割・重要性の増大といった傾向もこれらの説にリアリティーと現実適合性を付与するかにみえた。

(5) **新たな学説の問題点**　しかし，現時点からみれば，個人としての労働者や自己決定を強調するのみでは，失業率を改善したり，労働者の二極化に歯止めをかけたり，格差社会を是正しワーキングプア（現代の貧困）問題を解消するなどの課題を実現することは不可能であり（特に，2008 年のリーマンショックを契機とする世界同時不況により「派遣切り」が横行したが，これが引き起こした問題を思い起こしてみれば以上述べたことは明らかだろう），また，リストラやセクハラ，パワハラ，企業内いじめ，過労死・過労自殺，偽装請負といった現代的問題にも有効に対処できないであろう。とはいえ，職場における労働者の自立やプライバシー保護の必要性，個人のキャリア展開の重要性，年俸制の広範な普及に代表される成果主義人事の進展や労働条件の個別化なども労働法の重要論点となっているため，個人としての労働者や自己決定といった視点も必要となり，もはや単純にかつてのように生存権理念に立ち戻ることでことが解決するものでもないといえる。

3　なぜ労働法か

(1) **企業の社会的権力制限装置としての労働法**　では，ではどのように考

えるべきか。以下では私見として若干の試論を述べよう。

　経営状況や経済状況を踏まえつつ雇用を提供したり，基本的な労働条件や雇用形態を決定するのは企業（使用者）であり，市場競争の激化によりリストラや合理化を決定したり成果主義人事制度を導入するのも企業である。セクハラ，パワハラ，企業内いじめ，偽装請負といった問題も労働者に比べ社会的経済的に優勢・優位な立場にある企業がその力を不当に行使した結果であるということができよう。そうすると，そのような力の行使を抑制しコントロールすることなしに雇用問題・労働問題が根本的に解決することはありえない。また，経済のグローバル化の進展のもと競争が激化し先行きも不透明ななか，企業は経済や市場の状況に左右され，さらに一層労働者に対して不当な権力行使に走るおそれがある。労働者が強かろうと弱かろうとそのままでは対等の契約当事者として自己を遙かに凌駕する企業の社会的経済的な力に立ち向かうことはできない。従来，従属労働の問題点として指摘されてきた事柄の本質はまさに以上の点に存するといえよう。そこで，労働者が人格的に独立した対等の契約主体として労働契約を締結し展開していくためには，このような企業の力を制限・コントロールし，それを適正かつ合理的な範囲内に整序しなければならないし，企業権力制限のために（労働）市場の公正さを確保するための制度的装置や支えを設けることも必要となろう。

　したがって，労働法とは，一種の社会的権力とでもいうべき企業の力を適正な範囲内に整序しコントロールすることによって，企業の不当な権力行使を抑制し，その悪弊・弊害・影響を除去・軽減しつつ，公正な労働市場や労働環境を形成し，労働者が自己の生存を含めて自己決定を行い主体的にワーキングライフやキャリアを展開していくことを可能とするために必要な法的装置であると考えるべきではないだろうか（企業の社会的権力制限による労働者の自己決定実現・実質化の理念：したがって，自己決定権説と同様に労働法の基本理念を憲法13条に求めることができるが，後にⅢ2で検討するように，憲法25条を自己決定の理念と相容れる形で再構成できるならば，それも理念とすることができよう）。このような企業の社会的権力性はいつの時代にもどこにおいてもみられる一定の普遍的なものであり，それがかつては労働者の生存権を侵害する形で現象化し，近年に至り労働者の自己決定や自立に看過できない影響を及ぼすことが問題

とされ，そして現在においては，成果主義人事から「派遣切り」やワーキングプアに至るまで，そしてセクハラ・パワハラやいじめ，過労死・過労自殺や偽装請負に至るまで複雑な形でさまざまに問題を噴出させているのであり，これらに対処するためにはその時代の状況や課題等に応じた形で企業の社会的権力をコントロールしその弊害等を除去・軽減するための法的装置＝労働法が必要不可欠となるのである。

　ちなみに，労働者像についていえば，サポートシステム説の前提とするような労働者はいるとしても非常に少数であると考えられ，自己決定権説が措定する労働者像が労働者の自主性・主体性と従属性の間でバランスのとれた形を示すものとして妥当であると考えられる点を最後に付け加えておく。

　アドバンスト・イシュー　**労働法の集団主義的傾向**

　労働法の新たな理念が求められたり，労働法のパラダイム転換が試みられたりするのには，実は，もう一つ大きな理由がある。それがかつて労働法および労働法理論の大きな特徴としてみられた「労働法の集団主義的傾向」と呼ばれるものである。これは主として次の２点において顕著であった。

　まず第１に，たとえば，個別的労働関係法の基本法である労働基準法は，全国一律に強行的に労働条件の最低基準を定めるという性格を強くもっているが，これはみんな同じ条件という点において集団的・統一的労働者像（つまり，同じような働き方をしているという労働者像）に基づいていたということができる。しかし，現代においては，労働者は多様化しており，もはやみんな同じといった集団主義的観点から画一的に捉えることはできないといえよう。

　また，第２に，かつて，労働者の生存権を実際かつ具体的に実現するのは労働組合であるとして個別的労働関係法よりも集団的労働関係法が優位におかれ，かつ生存権実現のための強固な団結という観点から組合員である労働者個人やその意思よりも労働組合という集団（団結）が重視されるという理論傾向が支配的であった。しかし，個人としての労働者の重要性および労働者の多様化傾向・個人主義的傾向，転職の増加や成果主義人事の進展にともなう労働条件の個別化，労働組合の組織率低下と組合員数の大幅な減少，労働組合の機能低下といった近年の傾向のもとではもはや労働法の集団主義的傾向は全面的な形では貫徹・妥当しえないといえよう。

　以上が「個人としての労働者」をきちんと捉え法の体系と構造のなかに的確に位置づける新たな理論が必要とされるゆえんである。特に，集団的労働関係法においては個人と集団の適正な均衡ないしバランスを踏まえて考察することが重要であり，個人としての労働者が主体的・自主的に多様なニーズに即しつつ労働者的公共

性の観点から自己決定に基づき連帯するという形で労働組合が結成・運営される（団結する）という方向において労働組合が一般的に再生しうるような法理論を追求することが今後の課題となろう。

Ⅱ 労働法の憲法的基礎

　労働法は，直接かつ具体的にその方向性を示し基礎を提供する憲法上の根拠規定（27条・28条）に基づいて制定され展開されてきている。また，そのような根拠規定に対してさらに理念を付与する憲法規定も存している。そして，直接には労働法の制定を命じているのではないが，ワーキングライフを行っていくうえで重要となる平等やプライバシーや人格権といった問題も憲法の人権規定と深くかかわっている。とにかく，国の最高法規である憲法が労働法の制定およびその内容を直接間接に規定しているのであって，その意義を十分に理解しなければならない。

1　13条：個人の尊重の理念と自己決定権

　(1)　**憲法全体の根本理念としての「個人の尊重」**　　憲法13条前段の個人の尊重の理念は憲法全体の根本理念であり，したがって労働法の直接の根拠規定である憲法27条および28条も当然この理念に規定されることはいうまでもない。つまり，憲法は個人ひとりひとりが尊いがゆえに人権を保障し，そのなかに労働に関するものも含めているのである。かつて，通説は，社会権の総則規定である憲法25条の生存権が憲法27条と28条の理念的基礎であると説いていたが，その場合でも，憲法13条前段を人間の尊厳の理念を宣言するものと捉えてさらに25条に反映させ，人たるに値する生存の理念が労働法の理念であると解されてきた。

　(2)　**労働法の新たな理念としての自己決定（権）**　　問題は，憲法13条が後段で規定している幸福追求権をめぐって生ずる。Ⅰ2でみたような新たな学説は，生存権理念から離れ，労働法の基本理念を憲法13条後段の幸福追求権に含まれる自己決定権の保障に注目し，新たな労働法の理念を自己決定の理念に求めようとしている。ただ，自己決定権説は，近年，労働法の理念を自己

決定のみに求めるのではなく，生存権理念も一定重要であるという方向を示している。また，Ⅰ3で述べた私見によっても，憲法13条前段（個人の尊厳）・後段（自己決定権ないし自己決定の理念）がそれぞれ労働法の重要な基本理念となるが，労働者の自己決定を重視するといってもそのなかには当然のこととして労働者の生存権的自己決定（労働者が使用者との間で自分が人間らしく生活していくことができる労働条件を決定することができること）が含まれるのであって，依然として生存権理念が重要であることになる。

2　25条：生存権

(1) **労働法における生存権理念の位置づけ**　憲法25条は，生存権という権利を規定するのみならず，社会権規定の総則でもある。したがって，かつて，通説は，生存権規定が憲法の社会権規定全体に対して，そしていうまでもなく27条・28条に対して，理念的基礎を提供するものであると解してきた。そして，近年，労働法の基本理念としての生存権理念が揺らいできていることもすでに述べたとおりである。しかし，ワーキングプアや2008年のリーマンショックに端を発する世界同時不況のもとで頻発した「派遣切り」などの問題をみれば，憲法13条の自己決定の理念とともに，生存権的発想は労働法の理念的基礎として依然として考慮されなければならないようにも思われる。

(2) **生存権理念の再検討**　ただ，労働法において生存権理念が一定の重要性を有するとしても，それは従来のままの最低生活保障に主眼をおいた生存権理念ではなく新たな観点から再検討され，現代社会にアピールし十分に適合した（そして，労働者の自己決定の理念とも相容れる）ものでなければならないであろう。そのためには労働に関する最低「生存」保障ではなく，労働（ワーキングライフ）も含めた健康で文化的な「生活」を自己決定に基づき自立的に送ることの保障（自己決定生活権の保障）という点が重要となるように思われる。つまり，個人が自己決定に基づく生活展開を送るなかでワーキングライフを行うことを選択し，そのワーキングライフによって自立的に生活の糧を得て生活基盤を形成していくことを支え保障するという視点が必要なのである。そのための法的装置が労働法であり，憲法25条1項の社会権規定としての理念的意義はこのような法律の制定をオーソライズするところにあるといえ

よう。つまり，憲法25条1項は自己決定生活の権利（自由）と理念を定めたものであり，したがって一方で同項の述べる「最低限度の生活」という部分は，各人の自己決定に基づき展開される国民の生活に対して健康で文化的な最低限度を営むことができないような形で国が介入してはならないことを示しつつ，他方でこれを受けて，憲法27条1項・2項や28条がこのような権利（自由）や理念をワーキングライフに関し実質的に支え保障すべく労働法的装置を設けるべきこと（そして，いうまでもなく，憲法25条2項がわれわれの自己決定に基づく自立的な生活展開を支える社会保障法を整備すること）を国に命じたものと考えるべきである。

3　27条1項：労働権

(1) 労働権と雇用保障法　憲法27条1項は，「すべて国民は，勤労の権利を有し，義務を負ふ。」と規定しており，通常，これは労働権と呼ばれている。

まず，国がこのような権利を妨げてはならないという自由権的効果（労働の自由の保障）を内包していることには異論がない。ちなみに，この点を敷衍すれば，労働権の保障は，第2次大戦中にみられた徴用などの強制労働はもはや現在ではできないことを宣言するとともに，国民が労働「義務」を負うのはあくまで労働契約という契約を通じてであるということを意味しよう。つまり，雇用関係ないしは労働関係の基礎はあくまで労働契約であり，それには当然，労働者（国民）による使用者選択の自由も含まれるということを示しているのである。

また，社会権としては，一般的に，この条文は，国が，①すべての国民が労働することができる完全雇用体制の実現と，②もしも労働者が失業した場合には生活に困ることなく職探しができるための失業時の生活保障に向けて政策的努力を行う旨（責務）を説いたものであるというプログラム規定説的理解が有力であった。しかし，これに労働者の適職選択権保障という観点を組み込むという方向から抽象的権利説的にとらえようとする考え方も存している。

いずれにしても，これらの考えによれば，労働権が具体化するためには立法が必要となるといえよう。なお，そのような諸立法は高度成長期以降多く

みられるようになってきているが、労働関係成立に向けてのプロセスやサポート、あるいは雇用の安定などを規整するという観点から労働法の一分野をなす。この法分野は、従来は雇用保障法と呼ばれていたが、近年の労働力の流動化の進展（転職の増加）傾向や外部労働市場（転職市場）の重要性の高まりを受け、労働市場を整備し規整することで労働力取引の円滑化をはかるという観点から労働市場法という名称も用いられてきている。また、その時々の雇用情勢に合わせて政策的に立法的対応が求められることから、雇用政策法といわれることもある。とにかく、どのような名称を用いるにしても、労働権保障には単に就職・転職をめぐる労働市場の規整にとどまらず、かつて雇用保障法という呼び方が示したように、現在就いている雇用（職）の保障のもとで労働を行っていくことを支えサポートするという側面（当然これには解雇規制や職業能力開発なども含まれる）も存している点に留意する必要がある。

　(2)　**労働権をめぐる新たな傾向**　　近年、労働者の自己決定に基づく戦略的転職（自発的な労働力の流動化）が多くみられるようになってきたが、それのみならずリストラや企業の倒産などにより転職を余儀なくされること（非自発的な労働力の流動化）も増加してきている。このような傾向を踏まえ、企業（1社）における職の保障（雇用の安定）よりもむしろ転職も含め生涯にわたる個人のキャリア展開を保障することが重要であるとの認識のもと、憲法27条1項をキャリア権と捉え直そうという興味深い主張が登場してきている。

　ちなみに、生涯にわたるキャリア展開の保障ということと憲法27条1項が「すべて国民」に対して労働権を保障しているということを考え合わせると、この条文から雇用における年齢差別の禁止、あるいは高年齢者の雇用保障の確保・促進という問題（政策課題）が導き出されるように思われる。急激な速度で高齢社会が進展しているわが国の状況を踏まえるならば、かかる方向における労働権概念の新たな展開が急務となっているといえよう。

　(3)　**労働権と労働者の能力発揮を可能とする職場環境の保障**　　また、労働者の自己決定に基づく労働の権利の行使（労働の自由の実現）とそれを可能とする法的装置の整備という観点から労働権をとらえることが今後は必要になるかもしれない。労働は単に職業選択の自由の行使にとどまらず、企業＝使用者の指揮命令下において労働義務の履行として継続的に行われる活動として

の性格も有している。この点からずれば，労働権の保障には，力において優位に立つ企業が不当な権力行使を行わず，労働者が能力発揮することができる適正な（快適な）就労環境（職場環境）のもとで労働することができることに対する保障も含まれていると解すべきであって，次に述べる労働条件法定の原則と有機的に関連づけて検討することが今後の大きな課題となろう。もしも，このような考え方に妥当性が存するならば，憲法27条1項は雇用保障法のみならず，同条2項と相まって個別的労働関係法の基礎を提供することにもなる。

4　27条2項：労働条件法定の原則

(1) **労働条件法定の原則と個別的労働関係法**　憲法27条2項は，「賃金，就業時間，休息その他の勤労条件に関する基準は，法律でこれを定める。」と規定している。従来，この規定は労働条件法定の原則を定めたものであると説かれてきた。労働条件保護立法の存しない状況下で力において優位に立つ使用者が労働者に過酷で劣悪な労働条件を押しつけ，その結果，労働者にとって生命・身体・健康などの生存を脅かす悲惨な結果が生じたという状態が19世紀のヨーロッパで広くみられた。明治維新以降わが国においても同様の状況が出来した。そこで，このような過去の歴史的経緯を踏まえ反省し，過酷で劣悪な労働状態を除去し労働者の生存権保障を行うために労働者が健康で文化的な生活を送ることができる（その意味で公正な）労働条件の最低基準を定める法律を制定すべきことを憲法が国に要請することになったと理解されたのである。以上の見地から憲法27条2項の要請に基づいて制定された諸法律を総称して個別的労働関係法というが，その基本法が人たるに値する生活を営むことができるように全国一律の労働条件の最低基準を定める労働基準法である（同法1条1項・2項参照）。

(2) **憲法27条2項をめぐる新たな理解と今後の課題**　労働基準法は，それが定める最低基準に違反する労働契約条項を無効とし，無効となった部分をその基準でおき換えるという強力な私法的効力（強行的効力と直律的効力：13条参照）によってのみならず，公法的に行政監督（95条以下参照）と刑罰（117条以下参照）によっても最低基準を使用者に遵守せしめようとの構造になってい

る。しかし，すべての個別的労働関係法がこのような構造になっているとはかぎらず，強行的効力のみで直律的効力が規定されていなかったり，私法的効力が規定されていなかったり，刑罰規定がなかったり，努力義務規定によってソフトに規制を行おうとしたりといった多様性をみせている。また，2007年に制定された労働契約法は民法の特別法であると位置づけられ労働条件の最低基準というよりは労働契約の成立・展開・終了をめぐる各種の私法的ルールのみからなっている。これらの法律も個別的労働関係法である以上，憲法27条2項に基づいて制定された法律であると考えるべきであり，そうすると憲法27条2項のいう「勤労条件に関する基準」とは「勤労条件（労働条件）の最低基準」というように狭くではなく「勤労条件（労働条件）の決定・変更に関するルール」というように広く解する必要があろう。

また，憲法27条1項に関して述べたように，この1項の規定が労働の自由に関連して労働契約による労働の原則を説き，労働者が能力発揮することができる適正な（快適な）就労環境（職場環境）のもとで労働することができることに対する保障も含んでいると解することができるならば，個別的労働関係法の基礎は憲法27条2項のみならず併せて1項もであるということになる。しかも，公正な労働条件を法定するということは，現に働いている労働者を保護するのみならず，労働市場における労働力取引のための公正な条件を設定するという意義も有しているといえよう。そうすると，この点からも憲法27条1項・2項の両者が合わさって雇用保障法（労働市場法）の基礎をなすということもできよう。したがって，今後の理論的検討課題は，これまでのように，憲法27条1項と2項を分離して考察するのではなく両者を有機的に関連づけて，公正な労働条件のもとで労働力取引が行われるとともに労働関係が展開していく（つまり，公正な法的規制に支えられて労働の自由やキャリアが展開していく）ことを総合的に保障するという法的意義を引き出し明確化することとなるであろう。

なお，憲法27条2項がある以上，個別的労働関係法の分野につき，制定法の規制が存しない部分については法規定を設けるとともに，規制が古くなった部分については規制を新たな状況に適合させることが要請されることになる。また，すでに法規制がある分野について，一定限度を超えて規制緩和を

行ったり，あるいは規制を廃止することも憲法27条2項との関係で問題となろう。ちなみに，個別的労働関係に関する制定法の存しない分野については，憲法27条2項の規定趣旨を踏まえて，私法の一般法たる民法の規定を労働条件の決定・変更に関するルールという（労働法的）観点から活用することも可能といえよう。

5　28条：労働基本権

(1) **労働基本権の保障と集団的労働関係法**　憲法28条は，「勤労者の団結する権利及び団体交渉その他の団体行動をする権利は，これを保障する。」と規定している。この権利は労働基本権と呼ばれるが，具体的には，①団結権，②団体交渉権，③団体行動権の3つの権利からなっている。団結権は，労働組合に関して結成・加入・運営を行うことを労働者に保障する権利である。なお，労働組合のみならず争議団のような一時的（つまり，目的が達成されれば解散することを予定する）団結についても団結権保護の対象となる。団体交渉権は団結の力を背景に労働者が代表者を通じて対等の立場において使用者と労働関係上の問題について交渉を行うことを保障する権利である。団体行動権には，組合活動権と争議権が含まれている。要は，労働者は経済的地位の向上をはかるために労働組合の結成ないし労働組合への加入をなし，組合を自主的に運営しながら諸活動を展開しつつ，使用者と団体交渉を行って対等の立場で労働条件の決定を実現し，交渉を有利に展開したり交渉の行き詰まりを打開するなどのためストライキなどの争議行為を行うという一連の過程が憲法上の権利として保障されているのである。なお，労働基本権の第1次的権利主体は「勤労者」，つまり労働者個人であるが，権利の性格上，集団的に行使されるという属性を有している（集団的に行使される個人の権利）。また，労働者の権利行使の結果結成される団結それ自体にも権利保障が及ばないと権利保障の意味がないとして，団結自体も権利主体となるとするのが通説的な考えとなっている。このような考え方に基づき，労働組合は，団結強化の観点から憲法28条に基づいて，統制を乱した組合員に対して統制処分を行う権利を有する（三井美唄労組事件・最大判昭43.12.4刑集22巻13号1425頁）とともに，組織強制の一種であるユニオン・ショップ協定も有効である（日本食塩製

造事件・最二小判昭 50.4.25 民集 29 巻 4 号 456 頁）とされている。しかし，憲法 28 条の権利名宛人はあくまで労働者個人であって（この点については，個人の尊重の理念をうたう憲法 13 条も参照），しかも，次項で述べるように，労働基本権の性格として自由権的側面が強いことを考慮すれば，団結が権利主体となるという考え方については再検討の余地があるか，あるいは個人の権利との関係も含めたより説得的な説明が必要となるといえよう。

> **基本判例** 三井美唄労組事件・最大判昭 43.12.4 刑集 22 巻 13 号 1425 頁
>
> 「労働者が憲法 28 条の保障する団結権に基づき労働組合を結成した場合において，その労働組合が正当な団体行動を行なうにあたり，労働組合の統一と一体化を図り，その団結力の強化を期するためには，その組合員たる個々の労働者の行動についても，組合として，合理的な範囲において，これに規制を加えることが許されなければならない（以下，これを組合の統制権とよぶ。）。およそ，組織的団体においては，一般に，その構成員に対し，その目的に即して合理的な範囲内での統制権を有するのが通例であるが，憲法上，団結権を保障されている労働組合においては，その組合員に対する組合の統制権は，一般の組織的団体のそれと異なり，労働組合の団結権を確保するために必要であり，かつ，合理的な範囲内においては，労働者の団結権保障の一環として，憲法 28 条の精神に由来するものということができる。この意味において，憲法 28 条による労働者の団結権保障の効果として，労働組合は，その目的を達成するために必要であり，かつ，合理的な範囲内において，その組合員に対する統制権を有するものと解すべきである。」

> **基本判例** 日本食塩製造事件・最二小判昭 50.4.25 民集 29 巻 4 号 456 頁
>
> 「ユニオン・ショップ協定は，労働者が労働組合の組合員たる資格を取得せず又はこれを失った場合に，使用者をして当該労働者との雇用関係を終了させることにより間接的に労働組合の組織の拡大強化をはかろうとする制度であり，このような制度としての正当な機能を果たすものと認められるかぎりにおいてのみその効力を承認することができる」

(2) **労働基本権の基本的性格**　憲法 28 条は他の社会権規定とは異なって，基本的に自由権的な色彩が強いといえる。かつて，欧米諸国において労働者の団結や労働組合（そして争議行為など）は，労働者の個人的自由や使用者の営

業の自由を侵害するものとして禁止され厳しい刑事責任・民事責任の対象となった。その後，団結の必要性が認識され，これらは民刑事責任から解放されて法認される段階を経て，現在では法による助成の段階にはいっている。このような流れからわかるように，労働者の団結に関してはまずなによりも国家による禁圧からの解放という側面が重要であり，この意味で労働基本権を「拡大された自由権」と捉える見解も存している。したがって，自由権的効果を強調することは極めて重要である。そして，このことから，組合の結成・加入（選択）・脱退の自由（脱退の自由を正面から認める判例として，東芝労働組合小向支部・東芝事件・最二小判平 19.2.2 判時 1988 号 145 頁），組合内部運営に関する団結自治の原則，労使が自主的に交渉や合意を通じて自分たちの問題に対処していくことを基本原則とする労使自治の原則などが導き出される。

　また，労働基本権は，社会権として，労働組合法や労働関係調整法をはじめとする集団的労働関係法を国家が制定することの根拠となり，労働組合の結成・活動，円滑な労使自治の展開・促進，簡易・迅速で公正な紛争解決などに関して国が法律に基づいてサポートを行っている（なお，17 頁以下でも触れたように，労働基本権や労働組合法の基本趣旨・目的をめぐっては，労働者地位向上説，団交中心説，自己決定権説といった根本的な説の対立がみられる状態にある点に注意する必要がある）。加えて，他の人権規定とは異なり，憲法 28 条は，権利の性格上，その行使の相手方として使用者が想定されており，したがって労使間で直接適用されるというのが労働法学および憲法学における通説的理解となっている（私人間効力の肯定）。つまり，労働基本権の権利保障それ自体が労使関係への国家の直接的な具体的関与であり，この点こそが労働基本権の社会権的特色を示すものといえよう。直接適用が認められるならば，憲法 28 条から団結に対する妨害排除請求権・妨害予防請求権，団交請求権などの権利を積極的に引き出す解釈を行う可能性も存することになる。なお，これに対し，憲法 28 条についても他の人権規定と同様に使用者との間では公序良俗違反（民法 90 条）などの民法の一般条項等を通じた間接適用しか認められないとの見解も有力に主張されている。とにかく，いずれの立場においても，正当な組合活動等に対する民事免責・刑事免責，不利益取扱の禁止などの効果を認めることができることには異論はない。

ちなみに，公務員は法律により一定労働基本権を制限されており（特に，争議行為の禁止が重要である），その合憲性をめぐっては学説上激しい議論がなされてきており，最高裁の判断も変化をみせたが，この点については『基本労働法Ⅲ』において集団的労働関係法を解説する際に併せて論じることとする。

コラム 1-1-4　統制権とユニオン・ショップ協定

　統制権とは，労働組合の統制や内部秩序を乱した組合員に対して組合が制裁（統制処分）を加える権利のことをいい（つまり，労働組合の自己の組合員に対する懲戒権と考えればよい），労働者の生存権実現のために強固な団結を必要とする労働組合にとって不可欠のものであると考えられている。通常は統制事由，手続，処分等については組合規約に規定が存するが，もしも規約に定めがない事由により組合員が組合規律や団結秩序を乱した場合であっても団結権説によれば労働組合は憲法28条に基づき有する統制権によりこのような組合員に統制処分を加えることができることになる。

　また，ユニオン・ショップ協定とは，従業員はすべて組合員でなければならないという組合締付条項と組合に加入しない者，組合を脱退した者，組合を除名された者を使用者が解雇する義務を負う解雇条項からなる労働協約（ないしは協約条項）のことをいう。これによって企業別組合が主流のわが国においては従業員の一括加盟が実現されることになる。なお，労働者の組合選択の自由や他組合の団結権尊重の観点から，非加入者，脱退者，被除名者が合理的な相当期間内に別組合に加入したり新組合を結成した場合にはユニオン・ショップ協定の効力が及ばないとするのが通説・（次の最高裁判決が出されるまでの）下級審裁判例（たとえば，京都全但タクシー事件・京都地判昭37.11.30労民集13巻6号1140頁）の立場であり，最高裁も三井倉庫港運事件・最一小判平元.12.14民集43巻12号2051頁において，「ユニオン・ショップ協定のうち，締結組合以外の他の労働組合に加入している者及び締結組合から脱退し又は除名されたが，他の労働組合に加入し又は新たな労働組合を結成した者について使用者の解雇義務を定める部分は，右の観点からして，民法90条の規定により，これを無効と解すべきである（憲法28条参照）。」と判示し，一部無効の法理により同様の結論を導いている。ちなみに，ユニオン・ショップ協定が存しても，労働者が組合に加入するにはあくまで組合との加入契約が必要であり，したがって，労働者は解雇のリスクのもと（一応は）加入しない自由を有していることになる。なお，以上については，いずれも労働組合自体の団結権の観点から認められるものであると説かれているが，詳しくは『基本労働法Ⅲ』で解説し検討を加える。

アドバンスト・イシュー　**積極的団結権と消極的団結権**

　これまで通説は，労働基本権は，労働者の生存権を保護するために認められたものであるから，組合の結成・加入（選択）を行う積極的団結権のみを保障したもので組合に非加入のままでいることを認める消極的団結権を含むものではないとか，たとえ消極的団結権が認められるとしても積極的団結権が優越する等の理由で，団結強制を行うユニオン・ショップ協定は有効であると解してきている（判例も同旨と思われる）。しかし，労働者の自己決定を重視するとともに，労働組合も私的任意団体の一種である以上，消極的団結権は認められるべきであるとする見解（この場合，消極的団結権の根拠としては，憲法13条，21条，28条などが考えられる）も近年有力に主張されてきており，この説に立てばユニオン・ショップ協定は消極的団結権を侵害し違法・無効ということになる。

6　その他憲法の人権規定

　通常，企業は社会的経済的に大きな力を有しているため，ひとつの社会的権力といってもよく，しかも労働は企業の指揮命令下において企業組織内で継続的に行われるため，職場において使用者や上司，あるいは同僚によって，たとえば，人格権，プライバシー，私生活の自由，平等，表現の自由，人身の自由，職業選択の自由など労働者の人権一般が侵害されるケースが多くみられるところである。しかし，職場における労働者の人権侵害は私人間の問題であるので，原則として憲法を直接用いて解決することはできないと解される。そこで，労働基準法が，法の下の平等（3条，4条），人身の自由（5条，6条，14条～18条），公民権（7条）に関し，若干の保護規定をおくとともに，男女雇用機会均等法，個人情報保護法，公益通報者保護法などが制定されるに至っている。しかし，いまだ不十分な立法状況にあり，職場における労働者の人権を統一的・総合的に保護するための法律は存しない。したがって，労働者の人権侵害が問題となる場合には，信義則（民法1条2項），権利濫用の禁止（民法1条3項），公序良俗違反の禁止（民法90条），不法行為（民法709条）など民法の一般条項（ちなみに，現在では，信義則と権利濫用に関しては労働契約法においても3条4項・5項で規定が設けられるに至っている）を用い憲法規定を間接適用して紛争解決がはかられることになる。最高裁は，三菱樹脂事件・最大判昭48.12.12民集27巻11号1536頁において間接適用の枠組み自体は認めた

が，結論的には事実上間接適用を否定するに等しい判断を示した。しかし，後に，日産自動車事件・最三小判昭56.3.24判時998号3頁において正面から間接適用の枠組みを用いて，5歳の男女間の定年年齢差を公序良俗違反で違法としている（憲法14条の法の下の平等の民法90条を通じての間接適用）。

> アドバンスト・イシュー　**企業と労働者の間の平等**

　憲法14条の法の下の平等を受け，労働基準法3条は国籍，信条，社会的身分により労働条件を差別することを，同法4条は男女賃金差別をそれぞれ禁止し，賃金以外の男女平等（性差別禁止）は男女雇用機会均等法がカバーしている。また，近年では労働契約法3条2項が設けられたり改正パート労働法で規制が強化されたりといったように正規労働者と非正規労働者の間の平等や処遇の均衡，あるいは年齢差別の問題，障害者雇用をめぐる問題など労働者（従業員）間の平等が多方面において広がりをみせてきている。これらはいずれも使用者が労働者に対して公正・均等な処遇をなすことを目指す動きであるといえるが，労働法にとっては労使間の平等こそがまず何よりも重要であることを見失ってはならないであろう。労働基準法2条1項と労働契約法3条1項は労働条件労使対等決定の理念を法の基本原則として宣言しているが，このことが示すように，使用者，つまり社会的権力たる企業の力を制限するとともに労働者に法的な保護や支えを提供することによって労使の実質的平等（したがって，契約関係の実質化）を実現することこそがそもそも労働法の基礎をなすといえるのである（この点については，労働組合法1条1項も参照）。

第2章　雇用社会の登場人物たち

　雇用社会には色々な登場人物が入れ替わり立ち替わり現れパフォーマンスを繰り広げているが，そのうちで労働法に関係するところの特に主要かつ重要と思われる登場人物についてみておくことにしよう。

第1節　労働者

1　基本的な問題状況

　労働法は労働者の保護を目的とする法領域である以上，労働法にとって労働者概念が重要となることはいうまでもない。しかし，法律はそれぞれ具体的な規制目的ないし趣旨を異にするため，労働法を構成する各法律ごとに労働者概念がカバーする範囲が異なっている（正確にいえば，ズレているといった方がよいかもしれない）。以下，個別的労働関係法と集団的労働関係法にわけて，そして，個別的労働関係法上の労働者概念についてはさらに労働基準法上の労働者概念と労働契約法上の労働者概念の異同に注意して検討してみることにしよう。

2　個別的労働関係法上の労働者概念(1)

(1)　**労働基準法上の労働者概念**　　個別的労働関係法の基本法は労働基準法であり，労働基準法は9条で「この法律で『労働者』とは，職業の種類を問わず，事業又は事務所（以下「事業」という。）に使用される者で，賃金を支払われる者をいう。」と述べて労働者概念を規定している。そして，最低賃金法，労働安全衛生法，賃金支払確保法，公益通報者保護法の労働者概念は労基法

9条によるとされ，労災保険法，男女雇用機会均等法，育児介護休業法，労働者派遣法の労働者概念も労基法9条と同じであると解されている。したがって，労働基準法9条が定める労働者概念を明らかにすることが個別的労働関係法上重要な意味をもつことになる。なお，2007年に労働契約法が制定されたが，それ以前においては，労働基準法が「第2章　労働契約」という章をおくなど労働契約という言葉を用いており，労働基準法上，労働者が使用者と締結する契約が労働契約と解されたので，労働者概念は労働契約概念とも密接な関連性のもとで議論されてきた。そこで，以下で検討する労働基準法上の労働者概念についての裁判例は，単に労働基準法等の個別的労働関係法の適用をめぐってのみならず，問題となる労務供給契約が労働契約か否かをめぐって争われたものも含まれている（したがって，次項「3　個別的労働関係法上の労働者概念(2)」で検討するのは，あくまで2007年に制定された労働契約法の労働者の定義規定に基づいて生ずる法的問題点についてである）点をお断りしておく。

　労働基準法9条によれば，職業の種類を問わないとされるので，労働者かどうかは，①「事業」に使用され，②賃金を支払われているかどうかが重要なポイントとなる。①を使用従属性というが，労働者が他人（使用者）の指揮命令（なお，この言葉は指揮監督と同義であり，以下，本書では指揮命令という言葉をもっぱら用いて説明を行うこととする）を受けて労務を提供していることを意味する。すでに第1章で論じた労働の従属性が実定法の定義において実際に考慮されているのである。ちなみに，「事業」とは，「工場，鉱山，事務所，店舗等の如く一定の場所において相関連する組織のもとに業として継続的に行われる作業の一体」（昭和23・9・13基発17号）のことをいい，基本的には同一場所かどうかによって決まる。つまり，具体的にいえば，企業それ自体ではなく企業を構成する本社・本店，支社・支店，工場などのことを指すのである。しかし，同一場所でも会社内や工場内にある診療所とか食堂といった労働の態様を異にし独立した労務管理を行っているものについては別の事業とされ，場所的に若干離れていても独立性を有しない小規模の出張所などは直近の事業と合わせて1つの事業と取り扱われる。また，②からすれば賃金の支払を受けないボランティアは指揮命令を受けて活動している者であっても労働者ではないことになる。なお，賃金については労働基準法11条に定義がある。

| アドバンスト・イシュー | 労働基準法における「事業」の意味

ここでいう事業とは事業場と同義であると解してよいが、なぜ労働基準法は「事業」を問題とするのか。実は、労働基準法は事業（場）単位の適用の原則をとっているからである。たしかに、労働基準法は労働者の重要な労働条件を保護し強行的効力と直律的効力によって労働契約を規律する私法的効力を有する法律である（13条）が、同時に法の実効性を確保するために行政監督と刑罰という公法的規制によって使用者に労働条件の最低基準を遵守させようという構造にもなっている。特に、行政監督を行う場合、実際の労働現場である事業場を単位としていわば集団的に監督を行うことが実効性をもち効率的といえる。また、就業規則や労使協定などの形で集団的労働条件を整備するには企業レベルではなく具体的に関連する組織的一体性をもって労働がなされている事業場単位で行うことが適切であり、あるいは一定の事業に対してその特性を踏まえて他の事業とは異なる特別の取扱いを必要とする場合もある（たとえば、労働時間規制の適用除外に関する労働基準法41条1号など）。それゆえ、労働基準法においては「事業」が重視されることになるのである。これに対して、後に述べるように、労働契約法はあくまで個別の契約関係を重視する契約法であるため、特に「事業」の要件を規定しておらず、労働契約の一方当事者をストレートに労働者とする立場をとっている。

(2) **労働者の判断基準**　以上を、わかりやすくいえば、読者も企業などに雇われてワーキングライフを送り給料をもらうようになれば、労働基準法上、労働者ということになる。普通は「労働者」といえば工場労働や現場・現業労働等を行う人をイメージしがちだが、法律上はそれにはとどまらずどんな職業であっても企業等と雇用関係にあれば労働者である。したがって、たとえば、丸の内のサラリーマンや大学の先生も労働者であり、またパートや学生であっても店や事務所や工場などでアルバイトをしている者はれっきとした労働者であって法律の保護を受けることができる。

さて、正規・非正規を問わず社員、従業員、職員と取り扱われているような人々が通常は労働者であることには間違いがない。しかし、労働者かどうか判断しがたいいわばグレーゾーンも存しており、そのよう場合に具体的にどうやって労働者か否かを判断するのかが問題となる。つまり、使用者が労務提供を行う者を社員、従業員、職員として取り扱っていなくてもその労務提供者が法的に労働者と判断されることがあるのか、あるとすればどのような場合かという問題である。

たとえば，自分のトラックを所有し請負契約を結んである会社の資材や物資などを運搬する傭車運転手について，この運転手がもっぱらその会社の仕事のみを行い，その会社からの具体的な指示に従って運送業務を行うような場合に，このような運転手は(独立の)事業者かそれとも労働者かということが争われるケースがしばしばみられる。労働基準法が従属労働者を保護するという実質的な観点(つまり，従属性にともなう，あるいは企業の社会的権力性にともなう弊害・悪弊を除去・軽減・緩和するという観点)から規制を行っていることからすれば，労働者性の存否をめぐっては，形式的な契約の名称いかんにかかわらず，現実に「使用従属性」が存するかどうかという実質的な観点から判断を行う必要がある。しかし，単に指揮命令の有無というだけでは，実際には判断が困難な場合があることも事実である。そこで，通説・裁判例は，①専属性の有無，②仕事の依頼・業務に対する許諾の自由の有無，③勤務時間の拘束・勤務場所指定の有無，④第三者による代行性の有無，⑤業務遂行過程での指揮命令の有無，⑥材料・生産器具などの所有いかん，⑦報酬の性格(報酬が仕事の成果に対してではなく，労務の給付そのものに対する対価として支払われているかどうか)，⑧公租公課の負担はどうなっているのかなど判断基準をいくつかの細かな具体的指標にして示し，その総合判断(特に，②，③，⑤の指標が重要である)によってケースバイケースで労働者かどうかを決しようと試みている(初期の代表的事例として，大塚印刷事件・東京地判昭48.2.6 労判179号74頁(印刷所の筆耕者の労働者性を否定)，重要な最高裁判例として，横浜南労基署長(旭紙業)事件・最一小判平8.11.28 労判714号14頁)。

　(3)　**問題となる具体的判断事例**　　このような指標の総合判断により，労働者性が争われた事例として，自分の所有するダンプカーを用いて業務に従事する傭車運転手(北浜土木砕石事件・金沢地判昭62.11.27 労判520号75頁(労働者性を肯定)，大阪トヨタフォークリフト事件・大阪地判昭59.6.29 労判434号30頁(労働者性を否定)，前掲・横浜南労基署(旭紙業)事件・最判(労働者性を否定))，運送委託契約に基づき配達車両の貸与を受け配送業務を行っていた配送員(アサヒ急配事件・大阪地判平18.10.12 労判928号24頁(労働者性を肯定))，一人親方の大工(藤沢労基署長事件・最一小判平19.6.28 労判940号11頁(労働者性を否定))，大学病院臨床研修医(関西医科大学研修医事件・最二小判平17.6.3 労判893号14頁(労働者性を肯

定)),証券会社外務員（山崎証券事件・最一小判昭 36.5.25 民集 15 巻 5 号 1322 頁（労働者性を否定）),NHK 受信料集金業務受託者（NHK 西東京営業センター（受信料集金等委託者）事件・東京高判平 15.8.27 労判 868 号 75 頁,NHK 盛岡放送局（受信料集金等委託者）事件・仙台高判平 16.9.29 労判 881 号 15 頁（いずれも労働者性を否定）),業務委託契約を締結しパンフレット配布業務に従事する県民共済普及員（国・千葉労基署長（県民共済生協普及員）事件・東京地判平 20.2.28 労判 962 号 24 頁（労働者性を肯定)),映画撮影のフリーカメラマン（新宿労基署長（映画撮影技師労災）事件・東京高判平 14.7.11 労判 832 号 13 頁（労働者性を肯定)),テレビ局タイトルデザイナー（東京 12 チャンネル事件・東京地判昭 43.10.25 労民集 19 巻 5 号 1335 頁（労働者性を肯定)),新聞社のフリーランス記者（朝日新聞社事件・東京高判平 19.11.29 労判 951 号 31 頁（労働者性を肯定)),予備校の非常勤講師（河合塾（非常勤講師・出講契約）事件・福岡高判平 21.5.19 労判 989 号 39 頁（労働者性を肯定)),劇場を運営する財団と出演基本契約を締結していたオペラ歌手（新国立劇場運営財団事件・東京高判平 19.5.16 労判 944 号 52 頁（労働者性を否定)),クラブのホステス（第三相互事件・東京地判平 22.3.9 労判 1010 号 65 頁（労働者性を肯定)),宗教法人に雇用される僧侶（妙應寺事件・東京地判平 22.3.29 労判 1008 号 22 頁（労働者性を肯定)),運送請負契約書を取り交わし自転車で配送業務に従事するバイシクルメッセンジャー（ソクハイ事件・東京地判平 22.4.28 労判 1010 号 25 頁（バイシクルメッセンジャーについては労働者性が否定されたが、バイシクルメッセンジャーのなかから選ばれて営業所長となった者については労働者性を肯定)）などがあるが、いずれもケースバイケースの微妙な判断となっている（ちなみに、前掲・ソクハイ事件・東京地判とは異なって、バイク便ライダーについては労働者とする通達（平成 19・9・6 基発 0927004 号）が出されており、まさにこれが労働者性判断の困難性を示しているといえよう）。

　なお、会社の取締役等の役員は会社と委任契約を結んでおり（会社法 330 条）、通常は労働者性が否定されるが、その権限が形式的、名目的であって会社の指揮命令を受けて従業員と同様の業務を行っているとか、取締役兼〇〇部長というように部長の職務において会社の指揮命令を受けているといった場合には労働者と認められる（前者の例として、興栄社事件・最一小判平 7.2.9 労判 681 号 19 頁、後者の例として、前田製菓事件・最二小判昭 56.5.11 労経速 1083 号 12 頁）。また、執行役員については、その権限や指揮命令の有無につき実質的にケース

バイケースで判断する必要があり，純粋に委任契約を結んでいるとみるべき場合もあれば労働者と判断される場合もあろう（執行役員の労働者性が肯定された例として，国・船橋労基署長（マルカキカイ）事件・東京地判平 23.5.19 労判 1034 号 62 頁）。

ちなみに，労働基準法 116 条 2 項は「この法律は，同居の親族のみを使用する事業及び家事使用人については，適用しない。」という適用除外規定をおいているが，これらの者も要件をみたすかぎり労働者であり，あくまで労働基準法の適用が除外されているにすぎないと解すべきである。

基本判例　**横浜南労基署長（旭紙業）事件・最一小判平 8.11.28 労判 714 号 14 頁**

「原審の適法に確定した事実関係によれば，上告人は，自己の所有するトラックを旭紙業株式会社の横浜工場に持ち込み，同社の運送係の指示に従い，同社の製品の運送業務に従事していた者であるが，(1)同社の上告人に対する業務の遂行に関する指示は，原則として，運送物品，運送先及び納入時刻に限られ，運転経路，出発時刻，運転方法等には及ばず，また，1 回の運送業務を終えて次の運送業務の指示があるまでは，運送以外の別の仕事が指示されるということはなかった，(2)勤務時間については，同社の一般の従業員のように始業時刻及び終業時刻が定められていたわけではなく，当日の運送業務を終えた後は，翌日の最初の運送業務の指示を受け，その荷積みを終えたならば帰宅することができ，翌日は出社することなく，直接最初の運送先に対する運送業務を行うこととされていた，(3)報酬は，トラックの積載可能量と運送距離によって定まる運賃表により出来高が支払われていた，(4)上告人の所有するトラックの購入代金はもとより，ガソリン代，修理費，運送の際の高速道路料金等も，すべて上告人が負担していた，(5)上告人に対する報酬の支払に当たっては，所得税の源泉徴収並びに社会保険及び雇用保険の保険料の控除はされておらず，上告人は，右報酬を事業所得として確定申告をしたというのである。

右事実関係の下においては，上告人は，業務用機材であるトラックを所有し，自己の危険と計算の下に運送業務に従事していたものである上，旭紙業は，運送という業務の性質上当然に必要とされる運送物品，運送先及び納入時刻の指示をしていた以外には，上告人の業務の遂行に関し，特段の指揮監督を行っていたとはいえず，時間的，場所的な拘束の程度も，一般の従業員と比較してはるかに緩やかであり，上告人が旭紙業の指揮監督の下で労務を提供していたと評価するには足りないものといわざるを得ない。そして，報酬の支払方法，公租公課の負担等についてみても，上告人が労働基準法上の労働者に該当すると解するのを相当

とする事情はない。そうであれば，上告人は，専属的に旭紙業の製品の運送業務に携わっており，同社の運送係の指示を拒否する自由はなかったこと，毎日の始業時刻及び終業時刻は，右運送係の指示内容のいかんによって事実上決定されることになること，右運賃表に定められた運賃は，トラック協会が定める運賃表による運送料よりも1割5分低い額とされていたことなど原審が適法に確定したその余の事実関係を考慮しても，上告人は，労働基準法上の労働者ということはできず，労働者災害補償保険法上の労働者にも該当しないものというべきである。」

コラム 1-2-1　非労働者化と労働法の適用問題

　現在，企業が，労働法上の責任や社会保険の使用者（事業主）負担などを免れるために，これまで自己の従業員（＝労働者）であった者に独立を促し，独立の自営業者（事業者）であるとしてそれらの者と請負契約や（準）委任契約を結んでこれまでと同様の業務を行わせるといったケースが増加している。これらの場合であっても，先に述べた総合判断を行った結果，指揮命令関係，つまり使用従属性が認められれば，独立の自営業者（事業者）とされた元従業員は相変わらず労働者と判断されることになり，労働基準法をはじめとする労働者保護法の適用を受けることになる。

コラム 1-2-2　社員・従業員と労働者概念

　一般的には，会社＝企業が社員や従業員として取り扱っている者が労働者と考えられがちであるが，これまでの説明からおわかりのように，むしろ会社が社員や従業員ではないと取り扱っているけれども指揮命令関係がみられるような場合に，労働法規の適用や労働法的保護をめぐってこれらの者が労働者かどうかが争われることになるのである。また，正社員（正規従業員）とパートやアルバイト，臨時雇，契約社員などの非正社員（非正規従業員）を区別して労務管理を行っている企業も多いが，これはあくまで労務管理上の区分にすぎず，企業がいかなる対応をとろうとも定義をみたす以上は非正社員（非正規従業員）も労働者であることには変わりはない。しかし，これまでの労働法には非正規従業員に十分に目配せした規制がほとんど存しなかったので，労働者派遣法やパート労働法などの法律が設けられたり，有期労働契約をめぐる法律の制定が検討されたりすることになるのである。

第1節　労働者　*41*

> アドバンスト・イシュー　　グレーゾーンにある者の保護

　これまで述べてきたように，限界事例においては，企業に対して労務を提供する者が労働者かどうかという判断を行うことが非常に困難となる場合がある。同じような事例でありながら，諸指標に基づく総合判断の結果，ある者は労働者であると認められて労働法（労働者保護法）の保護を受け，他のある者は労働者でないと判断されて労働法の保護を受けないということが生じうる。紙一重でありながら労働法の適用ないし労働法による保護についてオールオアナッシングということになってしまうのである。そこで，このような問題点とグレーゾーンにおける判断の困難性を踏まえ，今後は，たとえ独立の自営業者（事業者）とされても，特定の企業に専属して継続的に労務を提供しており，その企業に経済的に依存しているといった労働者と類似する状態が認められれば一定の範囲で労働法の保護を受けるという立法政策を探るべきであろう。なお，労働法であっても労働契約法や労働契約法理のような純粋に民事的なルールについては，これらの者に対しても必要に応じて類推適用を行うことは可能であり，一定の場合においては類推適用を試みるべきであろう（たとえば，合理的な理由のない突然の契約解約の場合における解雇権濫用法理の類推適用など）。

> アドバンスト・イシュー　　人的従属性・経済的従属性・組織的従属性

　労働者の判断基準である「使用従属性」は基本的には労使の指揮命令関係を指すが，これは人的従属性とも呼ばれることがある。しかし，指揮命令だけでは判断が困難であることから，学説には，すでに述べた使用従属性を補強・補充する多くの指標による総合判断を理論的に説明するために，労働者か否かの判断にあたっては人的従属性に経済的従属性と組織的従属性を加味して判断すべしと説くものがある。経済的弱者性，あるいは労働条件の使用者による一方的決定性ないし経済的に企業に依存して生活しなければならないということを示す経済的従属性は，たしかに労働法の保護ないし労働者概念の基礎において考慮されているということができるが，それは事実的特徴にとどまるものであり，法的にはあくまで労働契約を締結して使用者の指揮命令下におかれるかどうかが重要となるのである。また，経済的従属性の意味内容も論者によって異なっており，明確な概念とはいい難い。組織的従属性についても曖昧な概念であるということができる。たしかに，近年，専門職や裁量労働制のもとで働く労働者のケースなどにみられるように具体的な指揮命令を受けることなしに裁量をもってある意味では「自由」に労働する労働者も数多くみられるようになってきていることを考慮すると，企業組織内での労働か否かといった指標が重要となるが，専門職や裁量労働制の場合であっても使用者は基本的指揮命令権（基本的労務指揮権）を有し，これらの労働者もそれに従って労務提供することが義務づけられているのである。以上からすれば，労働者かどうかの判断

基準はあくまで人的従属性を基礎とすべきであると考えられるが，立法論的に経済的従属性を考慮すべきであることを示唆したり（一つ前のアドバンスト・イシュー「グレーゾーンにある者の保護」を参照），人的従属性を考える場合に，厳格な指揮命令ということにかぎられず，企業内で企業目的に拘束されつつ使用者の基本的指示に従って労務を提供していればよい（基本的労務指揮権に従って組織された労務がみられればよい）というように緩く解すべきとの方向を示したりといった意味において，3つの従属性概念の複合的判断を説く学説は意義を有したといってよい。

3　個別的労働関係法上の労働者概念(2)：労働契約法上の労働者概念—労働基準法上の労働者概念との関係・異同

2007年に制定された個別的労働関係法のもう一つの基本法というべき労働契約法は，その2条1項において「この法律において『労働者』とは，使用者に使用されて労働し，賃金を支払われる者をいう。」という形で労働者の定義を行っている。これは基本的に労働基準法上の労働者概念と同一である（つまり，「使用される」ということは使用従属性を意味する）と解されている（したがって，実質的判断が要求される）。ただ，労働契約法は労働基準法と異なって「事業」に使用されるという要件を求めてはいないので，労働者の範囲が若干広くなっているということができる。たとえば，大学教授に個人的に雇われる秘書は「事業」に使用されるものではないから労働基準法上は労働者ではないが労働契約法上は労働者ということになる。要は，労働契約をめぐる私法的ルールを提供する労働契約法にとっては労働契約の一方の当事者という観点が重要となるのであって，したがって，労働契約法上の労働者であると認められれば，労働契約法のみならず判例が展開してきた労働契約のルールである労働契約法理も適用されると考えてよい。

なお，2007年に労働契約法が制定される以前から，労働基準法において「労働契約」という言葉と概念が使用されてきていた。そこで，両法における労働契約概念の関係が問題となる。基本的には，労働基準法にいう労働契約は労働契約法における労働契約と同じものであるが，「事業」に使用されているのではない場合には労働契約が存しても労働基準法が適用されないことになると考えるべきであろう。

ちなみに，労働基準法は刑罰法規でもあるため厳格解釈が要請されるが，

労働契約法は民法の特別法であり，また労働契約法理は民法の一般条項をもとに形成されているので，これらについては，必ずしも労働者でなくともグレーゾーンにある者を含めて企業に対して経済的に依存し弱い立場にあり労働者に類似する側面を有する個人事業者などに一定柔軟に類推適用できる余地があると解すべきであろう（たとえば，安全配慮義務については後に第2編第2章で詳しく触れるが，労働者と認めるのは困難とされた傭車運転手につき，運送会社の指揮監督のもとに労務を提供するという雇用契約に準じる使用従属関係があったことから，運送会社が，信義則上，安全配慮義務を負うとされた例として，和歌の海運送事件・和歌山地判平16.2.9労判874号64頁，同様の視点から，会員と請負契約ないし（準）委任契約を締結しているとされるシルバー人材センターが会員に対して安全配慮義務を負うとされた例として，大阪市シルバー人材センター事件・大阪地判平14.8.30労判837号29頁）。

アドバンスト・イシュー　雇用・請負・委任と労働契約

　民法は労務供給契約として雇用・請負・委任の3種類の契約類型を用意している（正確にいえば，もう一つ寄託があるが，これは物の保管を目的とする特殊なものであるので，ここでの議論では省略する）。雇用は相手方当事者の指揮命令に服して労務を提供することを目的とする契約類型である。これに対し，請負は相手方当事者の指揮命令を予定しない独立労働であり，しかも労務の提供それ自体ではなくあくまでも仕事の完成を目的とする点において，また委任（準委任も含めてここでは委任と呼ぶ）はたしかに労務の提供を目的とはするがそれは受任者が指揮命令を受けずに独立して行う労務（統一的な労務）であるという点において，それぞれ雇用と区別される。これらと労働契約（すでに述べたように，従来から労働基準法は「労働契約」という言葉を用いてきており，2007年にはまさに正面から労働契約のルールを規定する労働契約法が制定されている）とがどのような関係に立つのかがかねてより学説によって議論されてきている。

　同一説と呼ばれる考えは，2004年に現代語化されるまえの民法623条が雇傭を当事者の一方が相手方の「労務ニ服スル」ことを約するところの契約類型であると規定していた（ちなみに，現在ではその部分は「労働に従事する」と，そして雇傭も雇用と表現が改められたが，基本的に何ら実質的な変更はないと解されている）ことを踏まえ，これは指揮命令下での労務の提供，つまり使用従属性を示すもので，したがって民法の雇用と労働契約は契約類型としては同一であると説く。労働契約法6条が民法623条と同趣旨の規定を設けたこともあって，この説に対する支持が近年増加している。もっとも，同一説に立っても，民法は労働者保護の理念を含まないが労働基準法（そして労働契約法）は労働者保護をその基本理念とするものであって，この理

念面においては雇用と労働契約の違いを認める点に注意する必要がある。

これに対しては、峻別説というもう一つの考えが対立している。雇用と労働契約は法理念の面で差異が存するのみならず、民法には単に形式的に契約を類型化するという問題意識しか存しないのに対し、労働基準法（そして、現在では、併せて労働契約法も援用することができるであろう）は従属状態にある労働者を保護するという目的を有するため、労働契約については契約名称にとらわれずに実質的な判断を行う必要がある。したがって、雇用と労働契約は類型的にも峻別され、雇用のみならず従属性が認められるかぎり契約形式上は請負、委任とされていても労働契約に該当すると考えるのである。

裁判例の傾向をみれば、一方で雇用契約という名称を労働契約と同義で用いるものがある反面、雇用、請負、委任といった契約名称にとらわれずに従属性の有無で実質的に判断するものも存している。労使の力関係から契約が形のうえでは委任や請負とされるケースも多く、また労働者保護の必要性を踏まえれば、基本的に実質的判断を重視する峻別説が妥当であると考えられるが、近年の同一説はそもそも民法の雇用に該当するか否かのレベルにおいて実質的判断を行うことが必要であると説くに至っており、結論的に峻別説に接近する傾向を示している。そして、とにかくいずれの立場においても民法の雇用に関する規定が基本的に労働契約に適用（正確にいえば峻別説をとれば一定の場合には類推適用ということになろう）される（あるいは労働契約をめぐる議論の前提と位置づけられている）という点で見解は一致をみせている。

4　集団的労働関係法上の労働者概念

(1)　**労働組合法上の労働者と労働者概念の相対性**　　労働組合法3条は「この法律で『労働者』とは、職業の種類を問わず、賃金、給料その他これに準ずる収入によつて生活する者をいう。」と規定している。労働組合法は「使用される」（現に雇用されて働いている）ということを求める労働基準法や労働契約法などの個別的労働関係法とは異なり、あくまで集団的労働関係を規律する法律であるため、その独自の法目的にそった形で労働者概念を規定したものである。つまり、労働組合を通じて問題解決が可能か否かという視点が重要となり、「賃金、給料その他これに準ずる収入によつて生活する者」と認められれば求職者や失業者や被解雇者・退職者もここでいう労働者に含まれると解されている。たとえば、求職者が労働組合を通じて職業紹介を受けるとか、被解雇者や退職者が労働組合を通じて解雇撤回を要求したり未払退職金を請

求したりするといったことを考えれば，それらの者を労働者に含めて考えることの必要性が理解されるであろう（したがって，解雇されたり退職したりした後で労働組合に駆け込み訴えを行い，組合員となって労働組合を通じて団体交渉等でトラブルを解決することもできることになる）。その意味で，労働組合法上の労働者概念は労働基準法や労働契約法のものよりも広い範囲をカバーしており，このように法律の規制目的・趣旨に応じて労働者概念を確定していこうという考えを労働者概念の相対性という。

(2) **労働組合法上の労働者概念の判断基準**　では労働組合法上の労働者かどうかをどのように判断すればよいのだろうか。手がかりは，「賃金，給料その他これに準ずる収入」という文言である。賃金，給料とは他人の指揮命令下で労務提供を行ったことに対する対価であり，この意味において（そしてこの限度において）労働組合法も「使用従属性」を考慮しているということができる。したがって，従属性判断にあたっては，基本的に労働基準法や労働契約法と同様の基準，指標によって判断を行うことになる（もっとも，この考え方によった場合でも，後にアドバンスト・イシューで検討するように個別的労働関係法よりも広く労働者をとらえることは可能であるとともに，実際，広くとらえるべきである点を念のためここで注記しておく）。ただし，労働者概念の相対性を強調する考えのなかには，経済的に弱い地位に立つので団体交渉による保護を及ぼすべきものはどのような者であるかの観点から労働者概念をとらえるべきであるとの考えもあり，有力に唱えられている状況にある（むしろ，現在では，こちらが多数説といってもよい）。

(3) **労働者概念の相対性の射程**　労働組合法上の労働者概念につき，求職者や失業者や被解雇者・退職者を含むという意味において個別的労働関係法上の労働者概念より広いとしても，いわば中核的労働者とでもいうべき「現に雇用されて働いている者」についてはどうなのか。現在における多くの学説は，これに関しても，労働組合法の目的を踏まえ法政策的観点から団体交渉による保護を及ぼす必要性と適切性が認められる者（つまり，使用者と団体交渉を行わせて問題解決をはからせるのがふさわしい者）はどのような者かという観点からこれも広く解する傾向にある。これに加え，労働組合法が労働者概念の判断要素として「賃金，給料」のみではなく併せて「その他これに準ずる収

入」を挙げていることもその形式的根拠とされている。労働委員会の実務も同様で，自宅でヘップサンダルの賃加工を行う職人（東京ヘップサンダル工事件・中労委命令昭 35.8.17 中労時 357 号 36 頁）やプロ野球の選手（1985 年の東京都地方労働委員会（現東京都労働委員会）によるプロ野球選手会の資格認定）を労働組合法上の労働者と認めている。また，最高裁も，放送局との自由出演契約下におかれていた管弦楽団員の労働者性が争われた事例において，あくまで事例判断という形ではあるが，①事業遂行上不可欠の労働力として会社の事業組織への組入れがみられる，②楽団員には原則としては発注に応じて出演すべき義務がある，③会社が必要とするときは一方的指定により楽団員に出演を求めることができ楽団員は原則としてこれに従うべき基本的関係がある以上，楽団員の演奏労働力の処分につき会社が指揮命令の権能を有しないものということはできない，④出演報酬は演奏という労務の提供それ自体の対価であるとみるのが相当である，として労働者性を認めた（CBC 管弦楽団事件・最一小判昭 51.5.6 民集 30 巻 4 号 437 頁）。しかし，近年，下級審において個別的労働関係法上の労働者と同様の基準により判断を示す（その結果，労働者概念を狭く解する）裁判例が登場してきており（国・中労委（新国立劇場運営財団）事件・東京高判平 21.3.25 労判 981 号 13 頁（（劇場と 1 年ごとに出演基本契約を締結したうえで，個別公演ごとに個別公演出演契約を締結して公演に出演するオペラ歌手の労働者性を否定），国・中労委（INAX メンテナンス）事件・東京高判平 21.9.16 労判 989 号 12 頁（企業と業務委託契約を締結して住宅設備機器の修理等に従事するカスタムエンジニアの労働者性を否定），国・中労委（ビクターサービスエンジニアリング）事件・東京高判平 22.8.26 労判 1012 号 86 頁（企業との業務委託契約に基づいて音響機器の修理業務に従事する個人代行店の労働者性を否定）），学説から批判を受けていた。ところが，前 2 者につき，最高裁は，高裁の判断を覆して労働者性を肯定し（国・中労委（新国立劇場運営財団）事件・最三小判平 23.4.12 労判 1026 号 6 頁，国・中労委（INAX メンテナンス）事件・最三小判平 23.4.12 労判 1026 号 27 頁），注目を集めている。具体的には，最高裁は，前者については，①公演の実施に不可欠な歌唱労働力として財団の組織に組み入れられていた，②基本的に財団からの個別公演出演の申込みに応ずべき関係にあった，③出演基本契約の内容は財団により一方的に決定され，契約メンバーがいかなる態様で歌唱の労務を提供するかについてももっぱら

財団が年間シーズンの公演の件数，演目，公演の日程および上演回数，稽古の日程，演目の合唱団の構成等を一方的に決定していて，交渉の余地があったということはできない，④財団により決定された公演日程等に従い，個別公演および稽古につき財団の指定する日時，場所においてその指定する演目に応じて歌唱の労務を提供していたのであり，歌唱技能の提供の方法や提供すべき歌唱の内容については財団の選定する合唱指揮者等の指揮を受け，稽古への参加状況については財団の監督を受けていたから，財団の指揮監督の下において労務を提供していたものというべきである，⑤報酬は，歌唱の労務の提供それ自体の対価であるとみるのが相当である，といったことを総合考慮して労働者性の判断を行った。また，後者については，①事業の遂行に不可欠な労働力としてその恒常的な確保のために会社の組織に組み入れられていた，②会社が契約内容を一方的に決定していた，③報酬は労務の提供の対価としての性質を有するものということができる，④基本的に会社による個別の修理補修等の依頼に応ずべき関係にあった，⑤会社の指定する業務遂行方法に従いその指揮監督の下に労務の提供を行っており，その業務について場所的にも時間的にも一定の拘束を受けていた，といったことを総合考慮して労働者性の判断を行っている。ただ，いずれも事例判断であるため最高裁の判断基準自体も必ずしもいまだ明確なものではないが，この判断はソクハイ事件に関する中央労働委員会の救済命令（中労委命令平22.7.15別冊中労時1395号11頁）が示した労働者性の判断基準（①労務供給者が発注主の事業活動に不可欠な労働力として事業組織に組み込まれているか，②労務供給契約の全部または重要部分が発注主により一方的・定型的・集団的に決定されているか，③労務供給者への報酬が労務供給に対する対価ないしは対価に類似するものとみることができるかなどの観点から，そして①を補完する要素として，(a)労務供給者が諾否の自由を有しないこと，(b)労務供給の日時・場所・態様についての拘束・指示，(c)発注主に対する労務供給者の専属性を考慮して労働組合法上の労働者性を判断すべきというもの）に類似していることが指摘されている（もっとも，そもそもこの中央労働委員会の基準自体が前掲・CBC管弦楽団事件・最判にある程度類似しているともいえる）。この判断手法は，まさに，「労働者とは団体交渉による保護を及ぼす必要性と適切性が認められる者であるが，それをどのような基準によって判断すべきか」ということを具体的に示そう

としたものと考えられ，その重要な要素（指標）として特に事業組織への組入れに着目したといえる。つまり，（労働基準法・労働契約法上の労働者が労働組合法上の労働者であることはいうまでもないが）たとえ請負契約や委任契約を締結して労務を提供する者であっても契約の相手方の事業組織に実質的に組み込まれることによって対等の事業主（＝独立の事業ないし企業）としての実体を失い（対等性・独立性喪失の徴表が労働条件の一方的決定性や報酬の労務提供の対価性ということになるのであろう），したがってそのような者が対等性を確保するために団結し団体交渉を行うことが必要かつ適切であるとの結論に至ったと解されるのである。ちなみに，以上のような問題状況を受けて，2011年7月25日に厚生労働省『労使関係研究会報告書』が公表され，労働組合法上の労働者性を明確にすべく，労働組合法の立法趣旨，学説，これまでの労働委員会命令・裁判例の状況等を総合的に検討・考慮し基準を示している。

基本判例　CBC管弦楽団事件・最一小判昭51.5.6民集30巻4号437頁

「本件の自由出演契約が，会社において放送の都度演奏者と出演条件等を交渉して個別的に契約を締結することの困難さと煩雑さとを回避し，楽団員をあらかじめ会社の事業組織のなかに組み入れておくことによって，放送事業の遂行上不可欠な演奏労働力を恒常的に確保しようとするものであることは明らかであり，この点においては専属出演契約及び優先出演契約と異なるところがない。このことと，自由出演契約締結の際における会社及び楽団員の前記のような認識とを合わせ考慮すれば，右契約の文言上は楽団員が会社の出演発注を断わることが禁止されていなかったとはいえ，そのことから直ちに，右契約が所論のいうように出演について楽団員になんらの義務も負わせず，単にその任意の協力のみを期待したものであるとは解されず，むしろ，原則としては発注に応じて出演すべき義務のあることを前提としつつ，ただ個々の場合に他社出演等を理由に出演しないことがあっても，当然には契約違反等の責任を問わないという趣旨の契約であるとみるのが相当である。楽団員は，演奏という特殊な労務を提供する者であるため，必ずしも会社から日日一定の時間的拘束を受けるものではなく，出演に要する時間以外の時間は事実上その自由に委ねられているが，右のように，会社において必要とするときは随時その一方的に指定するところによって楽団員に出演を求めることができ，楽団員が原則としてこれに従うべき基本的関係がある以上，たとえ会社の都合によって現実の出演時間がいかに減少したとしても，楽団員の演奏労働力の処分につき会社が指揮命令の権能を有しないものということはできな

い。また，自由出演契約に基づき楽団員に支払われる出演報酬のうち契約金が不出演によって減額されないことは前記のとおりであるが，楽団員は，いわゆる有名芸術家とは異なり，演出についてなんら裁量を与えられていないのであるから，その出演報酬は，演奏によってもたらされる芸術的価値を評価したものというよりは，むしろ，演奏という労務の提供それ自体の対価であるとみるのが相当であって，その一部たる契約金は，楽団員に生活の資として一応の安定した収入を与えるための最低保障給たる性質を有するものと認めるべきである。

　以上の諸点からすれば，楽団員は，自由出演契約のもとにおいてもなお，会社に対する関係において労働組合法の適用を受けるべき労働者にあたると解すべきである。」

コラム 1-2-3　プロ野球労働組合

　1985年にそれまで任意団体として位置づけられていたプロ野球選手会が組織を整え，東京都地方労働委員会（現東京都労働委員会）の資格審査（労働組合法5条参照）をパスして，正式の労働組合（したがって，いうまでもなく，そのメンバーであるプロ野球選手が労働者である）と認められ，翌年3月に選手会会長の巨人軍の中畑選手ら組合役員とプロ野球機構側とで団体交渉が行われ世間の注目を浴びた。また，2004年における近鉄とオリックスの球団合併やそれにともなう1リーグ制移行をめぐって選手会が会長であるヤクルトの古田選手のもと機構側との団交（これに関しては，日本プロフェッショナル野球組織事件・東京高決平16.9.8労判879号90頁を参照）やストライキなどの動きをみせたことはいまだ記憶に新しいところである。

アドバンスト・イシュー　労働組合法上の労働者概念をめぐる問題解決のためのさらなる検討

　労働組合法上の労働者概念を広く解そうとする学説や労働委員会実務については，結論的には妥当であると考えられるが，はたして立法政策的観点から労働者概念を理解しようとする発想それ自体は妥当なものといえるのだろうか。労働組合法は憲法28条の労働基本権を具体化するものであり，したがって労働組合法3条の労働者も憲法28条がいう「勤労者」と同義であるといえる。憲法27条1項は「すべて国民」に勤労権，すなわち労働権を保障しているが，この権利を行使した者が「勤労者」＝労働者となって同条2項の予定する労働条件に関する立法の保護を受け，さらにこのような「勤労者」が28条に基づき労働組合の結成・加入をなすことでそれを上回る条件を獲得することが憲法上は想定されているということができる。そうすると，労働者概念の相対性自体は否定できないとしても，「現に雇用され

て働いている者」という意味でのいわば中核的労働者概念については憲法の権利保障の趣旨を踏まえて確定されなければならないといえ，これを団交による保護を及ぼすことがふさわしいという曖昧かつ不明確な立法政策的観点から融通無碍に広げることには問題があろう。したがって，労働組合法上の労働者性を個別的労働関係法上の労働者と同様の判断基準により一定厳格に判断しようとする近年の下級審のアプローチそれ自体にはそれなりに合理性が存しており，（結論の当否は別として）必ずしも（すべてが）誤ったものとはいうことができない。しかし，そうはいっても，労働契約の展開や労働条件の保護といったすでに存する労働契約を基礎とした個別的労働関係上の法的問題と団結の力により（そして場合によっては団体交渉を通じて）解決をはかろうとする集団的労働関係をめぐる問題にはずれがあり，両者をまったく同様に考えることにも抵抗を感じざるをえない。そこで，著者としては，近年下級審においては労働者性が否定されたが最高裁が労働者性を肯定したケースについては，専属性や企業（事業）への組入れがみられる（これはまさに筆者の観点からすれば企業の社会的権力性のもとにあることを示す指標といえよう）ことから，業務委託契約のなかに実質的に一定の労働契約的要素が含まれており（つまり請負契約・委任契約と労働契約の混合契約となっているので），労務を提供する者が団体交渉を通じて法律関係の明確化を求めている（つまり，業務委託関係を（全部もしくは一部）適正に労働契約関係として取り扱ってほしいとの要求を行っている）として，労働者性を認めるべきではないかと考える次第である（このような見方は，現代の雇用社会で広くみられる非労働者化の傾向への対処・歯止めとしても有効であろう）。あるいは，このような労務提供者を「部分的労働者」ととらえ，その部分について労働組合法上の手段を用いて問題解決を行うことができると考えることも可能であろう。わかりやすくいえば，これらの業務委託契約に基づいて業務に従事している（労務を提供している）者を，①「現に雇用されて働いている者」という中核的労働者概念の側面からではなく，職（労働契約の締結あるいは労働契約部分の拡大・明確化）を求める一種の求職者と位置づけて，あるいは②一部分中核的労働者的な側面を有する労務提供者がその部分に関する問題について解決を求めているとして，労働組合法上の労働者性を認めることとするのである。

第2節　使用者

1　基本的な問題状況

　通常，労働契約の相手方当事者である事業主が使用者ということになる（労働契約法2条2項）。しかし，労働基準法では，法遵守の責任をはっきりさせる

ため，事業主と並んで労働者の上司なども使用者とされている（労働基準法10条）。なお，法律に規定はないが，裁判例においては，子会社が倒産したような場合や，事業場内の業務の委託を行う発注元企業が事業場内で働く業務を請け負った発注先企業の労働者（社外労働者）に対して直接に指揮命令をしているような場合には，一定の要件が存すれば，親会社や発注元企業が使用者として労働契約上の責任を負い，子会社や発注先企業の労働者に対して未払賃金を支払わなければならない，あるいは自己の従業員として取り扱わなければならないとの処理がなされることがある（法人格否認の法理や黙示の労働契約成立の法理）。また，労働組合と向かい合う使用者も労働者の契約の相手方が原則となるが，親会社などと話し合った方がスムーズに問題解決をはかることができるため，親会社や社外労働者を受け入れる事業場内業務の委託を行った発注元企業なども使用者となる場合があると解されている。ただし，労働組合法には使用者の定義を定めた規定が存しないので，労働基準法のように上司などは使用者とはならないというのが判例の考え方となっている（済生会中央病院事件・最三小判昭60.7.19民集39巻5号1266頁）。以上概略をみたように，使用者概念は法律の規定や法律の趣旨や問題となる事項の法的性質に応じてそれに適切に対処するという観点から異なりうる相対的なものであるということができる。

2 労働基準法上の使用者概念

(1) **労働基準法による使用者概念の対内的拡張**　労働基準法10条は，「この法律で使用者とは，事業主又は事業の経営担当者その他その事業の労働者に関する事項について，事業主のために行為をするすべての者をいう。」という形で使用者概念を規定している。事業主とは労働契約の相手方当事者であり，具体的には，法人企業であればその法人，個人企業であれば個人事業主のことを指す。これらの者が使用者とされることには問題がないが，労働基準法は刑罰法規でもあり，その違反に対して労働基準法に関する事項について権限と責任を有する者に刑罰を科すことによって実効性を確保しようとしている。そこで，社長や役員等の「事業の経営担当者」や部下に対して指揮命令や人事労務管理上の権限・責任を有する上司等（部長や課長など）も使用者

と規定しているのである。これは労働基準法による使用者概念の対内的拡張と呼ぶことができる。なお、部長や課長が使用者とされる場合であっても、通常は、これらの者も労働基準法9条の労働者に該当するため、使用者として責任を負うと同時に労働者として労働基準法等の保護を受けることになる点に注意する必要がある。

なお、労働者保護法のなかには責任主体をはっきりさせる意味で「使用者」ではなく「事業主」（男女雇用機会均等法、高年齢者雇用安定法、障害者雇用促進法など）あるいは「事業者」（労働安全衛生法）という言葉を用いているものが多くみられる。この場合、労働基準法とは異なり部長や課長など事業主のために行為をする者は直接には使用者として規制対象とはなっていない。しかし、労働安全衛生法については違反に対して行為者処罰主義をとるとともに両罰規定をおいているため、刑事責任の点に関し、労働基準法と同様の責任確保の仕組みがとられている。

アドバンスト・イシュー　使用者と事業主

すでに述べたように、労働基準法10条の使用者のなかに挙げられている「事業主」は労働契約当事者であり、労働契約法の規定する使用者もこの意味であると解される。しかし、労働基準法は121条において事業主という言葉を広げて使っており、若干注意を要する。この条文は、労基法違反の刑罰に関する両罰規定であり、1項は「この法律の違反行為をした者が、当該事業の労働者に関する事項について、事業主のために行為した代理人、使用人その他の従業者である場合においては、事業主に対しても各本条の罰金刑を科する。ただし、事業主（事業主が法人である場合においてはその代表者、事業主が営業に関し成年者と同一の行為能力を有しない未成年者又は成年被後見人である場合においてはその法定代理人（法定代理人が法人であるときは、その代表者）を事業主とする。次項において同じ。）が違反の防止に必要な措置をした場合においては、この限りでない。」と規定している。たしかに、但書のかっこの前までの事業主は同法10条と同じ意味であるが、かっこ内の事業主の範囲は法人の代表者等にまで広げられている。これを受けて、121条2項は「事業主が違反の計画を知りその防止に必要な措置を講じなかつた場合、違反行為を知り、その是正に必要な措置を講じなかつた場合又は違反を教唆した場合においては、事業主も行為者として罰する。」と規定している。つまり、部長や課長などが労働基準法違反を行った場合には、これらの者が処罰の対象となるとともに法人が罰金刑を科せられることに加えて、さらに法人の代表者等の自然人も「事業主」として懲役刑を含め

た刑罰の対象となりうるものとされ，労基法の実効性がはかられる仕組みとなっているのである。

3 労働契約法上の使用者概念

(1) **労働契約の相手方当事者としての使用者**　労働契約法は民法の特別法であると解され，あくまで契約法に位置づけられるので，労働契約法上の使用者とは労働者と労働契約を締結した相手方当事者(法人あるいは個人の事業主)ということになる。「この法律において『使用者』とは，その使用する労働者に対して賃金を支払う者をいう。」と定める労働契約法2条2項は，「労働契約は，労働者が使用者に使用されて労働し，使用者がこれに対して賃金を支払うことについて，労働者及び使用者が合意することによって成立する。」(労働契約法6条)との規定を受けて，上述のことを確認した規定である。なお，グループ雇用の場合においては，企業グループに法人格は存しないので，採用を担当したグループの中核企業が労働者と労働契約を締結していると解される。したがって，あくまでグループ内において労働者と労働契約を締結した相手（企業）が労働契約法上の直接の使用者であり，グループ内異動は出向や転籍などの法形式をとることになる（労働者と出向先・転籍先との関係などについては，労働基準法の適用関係も含め，のちに第2編第3章人事異動で詳しく解説するところを参照されたい）。

(2) **労働契約上の使用者概念の対外的拡張**　労働者が雇われた会社がある会社の子会社であり，親会社がその子会社を解散させた結果，従業員が解雇されたような場合，労働者は直接の労働契約当事者ではない親会社に対して未払賃金を請求したり，従業員としての地位の確認を求めたりすることができるのか。あるいは，業務委託契約により一定の業務を事業場内下請という形で他企業に委ねている会社（発注元）が，自己の事業場内で働く委託先（発注先）の労働者（社外労働者）に対し指揮命令を行ったりしている場合に，このような労働者は業務委託を行った発注元に対し従業員としての地位確認を求めることができるのか（業務委託契約が打ち切られて，業務委託先（発注先）の企業から労働者が解雇されたような場合に問題となるケースが多い）。これらのケースは，労働契約上の権利請求や労働契約上の地位確認（つまり，労働契約上の責任追及）をも

ともとの労働契約相手である使用者を超えて行うものであり，いわば労働契約上の使用者概念の対外的拡張をめぐる問題ということができる。前者のケースでは，法人格否認の法理，後者のケースでは，黙示の労働契約成立の法理がそれぞれ問題となる。

(3) **法人格否認の法理**　親子会社の事例や実質的に同一事業が継続していると考えられるいわゆる偽装解散の事例などで形式的に親会社と子会社，あるいは旧会社と新会社が別の法人格であると認めることが正義公平に反する場合には，そのかぎりで子会社や旧会社の法人格を否認し，背後にある親会社や新会社が子会社や旧会社の労働者に対して労働契約上の責任を負うと判断されることがある。これが法人格の否認の法理と呼ばれるもので，①法人格の形骸化のケースと②法律の適用を回避する目的でなされる法人格の濫用のケースの2種類がある（山世志商会事件・最一小判昭44.2.27民集23巻2号511頁）。前者は，たとえば，親会社が子会社の株式の相当部分を有していて役員を派遣しているといった状況に加えて，子会社が事実上親会社の事業の一部門であって，両者の事業や財産等が混交しており，株主総会も開かれないなど子会社がまったくの形骸にすぎないといった要件の存する場合であって（したがって，単なる親子会社というだけでは法理は適用されない），この子会社が倒産したり解散したりしたケースにおいて問題となる（法人格の形骸化のケースの代表的な裁判例として，川岸工業事件・仙台地判昭45.3.26労民集21巻2号330頁，黒川建設事件・東京地判平13.7.25労判813号15頁）。後者は，そこまで（形骸化まで）はいかないが，たとえば，親会社が子会社を実質的に支配しており（支配の要件），かつ子会社の法人格を違法・不当な目的で利用する（目的の要件）という要件が存する場合で，具体的には経営者が一事業場に労働組合が結成されたのを嫌悪してその事業場を別会社（別法人）にしたうえでその別会社を解散して従業員を解雇し会社から組合を放逐するなどといったようなケースが問題となる事例ということができる（法人格の濫用のケースの代表的な裁判例として，中本商事事件・神戸地判昭54.9.21労判328号47頁，長尾商事事件・大阪高判昭59.3.30労判438号53頁，新関西通信システムズ事件・大阪地決平6.8.5労判668号48頁，日本言語研究所ほか事件・東京地判平21.12.10労判1000号35頁）。ちなみに，偽装解散の場合には，親会社を新会社と，そして子会社を旧会社とおき換えて，形骸化（実質

的同一性）の有無や濫用目的の存否を探り法理の適用をはかることになろう。

　法人格が否認される場合には，子会社や旧会社の労働者が親会社や新会社に対して未払賃金の請求を行うことができることはいうまでもない（なお，偽装解散の事例で，法人格否認の法理により，新会社ではなく支配を行っていた親会社に対し労働契約上の責任があるとして旧会社の従業員からの未払賃金等の請求を認めた例として，第一交通産業ほか（佐野第一交通）事件・大阪高判平 19.10.26 労判 975 号 50 頁がある）。しかし，法人格否認の法理は問題となる特定事案にかぎって法人格を否認するという個別例外的なものであるとされるため，はたして子会社や旧会社の労働者に親会社や新会社の従業員の地位まで（継続的に）認めることができるのかという論点が生ずる。法人格の濫用の場合には認められるとする見解が強い（肯定した例として，前掲・中本商事事件・神戸地判，前掲・新関西通信システムズ事件・大阪地決，否定した例として，前掲・長尾商事事件・大阪高判，前掲・日本言語研究所ほか事件・東京地判）が，単なる法人格の形骸化にすぎない場合にまでこれを認めるべきかについては争いがある（肯定した例として，北九州空調事件・大阪地判平 21.6.19 労経速 2057 号 27 頁）。この点に関しては，次項で述べる黙示の労働契約成立をめぐる問題とも境を接しており，その法理とも関連させて考察する必要があるように思われる。

　なお，近年の裁判例には，要件をみたさないとして容易には法人格否認の法理の適用を認めない傾向（厳格な判断を行う傾向）が一定みられるところである（大阪空港事業（関西港業）事件・大阪高判平 15.1.30 労判 845 号 5 頁，ワイケーサービス（九州定温運送）事件・福岡地小倉支判平 21.6.11 労判 989 号 20 頁）。

(4)　黙示の労働契約成立の法理　　たとえば，A 社（発注元）が自分の事業場内の業務の一部を別企業である B 社（発注先）に業務委託契約を締結して請け負わせ，B 社の労働者 C が A 社の事業場内で働くことになったが，本来直接の契約関係がないのでできないはずであるにもかかわらず A 社が直接 C に指揮命令を行っていたようなケースにおいて，B 社が解散したり，あるいは A 社と B 社の業務委託契約が終了し仕事がなくなったとして B 社が C を解雇したような場合に，C は A 社に対して従業員としての地位を主張することができるかが問題となることがある（社外労働者と受入企業をめぐる問題であり，これは現在では違法派遣と位置づけられる偽装請負の事例で注目を集めている）。この場

合に争点となるのが，A社とCの間に黙示の労働契約が成立しているかである。

さて，黙示の労働契約が成立したと解すべきケースとして，①法人格の形骸化に該当するような場合，すなわち発注先が何ら企業としての実体を有しないような場合，②採用した企業（発注先）は独立性・実体を有するが，現実には労働者受入企業（発注元）の募集（ないしは労働者の紹介）・賃金支払の代行にすぎないと解される場合，③採用した企業（発注先）が企業としての独立性・実体を有するが，労働過程で社外労働者と受入企業（発注元）との間で黙示の労働契約が締結されるに至ったと考えられる場合という３つの場合が想定できる。ただ，労働契約の成立に関する労働契約法６条は「労働契約は，労働者が使用者に使用されて労働し，使用者がこれに対して賃金を支払うことについて，労働者及び使用者が合意することによって成立する。」と規定しており（なお，労働契約法が制定される以前は雇用契約の要素を定める民法623条が同様の定めをおいていることが根拠とされ），したがって，黙示の労働契約が成立していると認定できるためには，単にA社とCの間に指揮命令関係が存するのみならず，A社がCに対して賃金を支払う意思を有していることが必要となる（代表的な，裁判例として，サガテレビ事件・福岡高判昭58.6.7労判410号29頁（否定例），安田病院事件・最三小判平10.9.8労判745号7頁（肯定例））点に注意を要する。①，②のケースにおいてはそのような実態から受入企業（発注元）の賃金支払意思が認められ（推定され）やすいといえる（たとえば，センエイ事件・佐賀地武雄支決平9.3.28労判719号38頁）が，③のケースにおいてこれをいかに認定するが争点となる。この点につき，偽装請負の事例である松下プラズマディスプレイ（パスコ）事件・大阪高判平20.4.25労判960号5頁は，労働者が業務委託を受けた社会から給与等として受領する金員は社外労働者受入企業が業務委託料として支払った金員から利益等を控除した額を基礎とするものであると認定し，社外労働者受入企業が労働者が給与等の名目で受領する金員の額を実質的に決定する立場にあったとして黙示の労働契約の成立を認めた。これに対し，上告審のパナソニックプラズマディスプレイ（パスコ）事件・最二小判平21.12.18労判993号5頁は，社外労働者受入企業が社外労働者の給与等の額を事実上決定していたといえるような事情もうかがわれないとして黙示

の労働契約の成立を認めなかった。このような最高裁の立場からすれば，今後，③のケースにおいて受入企業（発注元）の賃金支払意思の存否の認定は厳格なものとなる（したがって，黙示の労働契約の成立が認められる余地が極めて狭くなる）ことが予想されるが，労使の力関係の差異と労働者保護の必要性を考えると大阪高裁の立場が妥当なように思われる。

なお，黙示の労働契約成立の法理は，社外労働者と受入企業（発注元）の事例のみならず親子会社の事例などでも問題となりうることを補足しておく（法人格否認の法理のところで引用した北九州空調事件・大阪地判平21.6.19労経速2057号27頁は，むしろ黙示の労働契約の成立に近い事例であったということができる）。ちなみに，ウップスほか事件・札幌地判平22.6.3労判1012号43頁は，同族経営による企業グループ内において，P社に採用されQ社に出向する形で労務を提供していた労働者がP社の解散後にQ社との間に実質的な雇用関係があると主張した事例であるが，上述の判断方法とは異なり，労働者の実質的な使用従属関係はQ社との間で存在しており，この客観的な事実関係から推認しうる労働者とQ社の「実質的な合理的意思解釈」として，特にQ社の賃金支払意思に言及することなく労働者とQ社の間に黙示の労働契約の成立を認めており，実態を重視した判断として注目される。

> アドバンスト・イシュー　**労働者派遣と黙示の労働契約の成立**

これまで黙示の労働契約成立をめぐる問題に関し社外労働者のケースとして論じてきたのは，許可や届出なしになされた違法派遣と位置づけられる偽装請負の事例における法的処理のあり方であった。では，許可や届出の要件をみたした派遣会社が正面から労働者派遣を行うケースにおいても同様に考えることができるのだろうか（ちなみに，この場合でも禁止業務への派遣や派遣期間を超えての派遣など違法派遣が存しうることはいうまでもない）。つまり，労働者派遣の場合においては，派遣労働者は派遣元（派遣会社）に雇用されて派遣先に派遣されその指揮命令を受けて労働するが，派遣労働者と派遣先との間にはそもそも労働契約が存しないとされている（労働者派遣法2条1号）ので，このような前提のもと，派遣労働者と派遣先の間に黙示の労働契約が成立する可能性は存するのかが争点となるのである。一般的に，裁判例は，成立の可能性自体は認めつつも，厳格な要件を示しているといってよい。たとえば，伊予銀行・いよぎんスタッフサービス事件・高松高判平18.5.18労判921号33頁においては，「派遣元と派遣労働者との間で雇用契約が存在する以

上，派遣労働者と派遣先との間で雇用契約締結の意思表示が合致したと認められる特段の事情が存在する場合や，派遣元と派遣先との間に法人格否認の法理が適用ないしは準用される場合を除いては，派遣労働者と派遣先との間には，黙示的にも労働契約が成立する余地はない」（この事件では労働者の主張が認められず，労働者側が上告・上告受理申立をしたが，上告棄却・上告申立不受理となった（最二小決平 21.3.27 労判 991 号 14 頁））と，あるいはマイスタッフ（一橋出版）事件・東京高判平 18.6.29 労判 921 号 5 頁においては，「労働者が派遣元との間の派遣労働契約に基づき派遣元から派遣先へ派遣された場合でも，派遣元が形式的存在にすぎず，派遣労働者の労務管理を行っていない反面，派遣先が実質的に派遣労働者の採用，賃金額その他の就業条件を決定し，配置，懲戒等を行い，派遣労働者の業務内容・期間が労働者派遣法で定める範囲を超え，派遣先の正社員と区別し難い状況となっており，派遣先が，派遣労働者に対し，労務給付請求権を有し，賃金を支払っており，そして，当事者間に事実上の使用従属関係があると認められる特段の事情があるときには，上記派遣労働契約は名目的なものにすぎず，派遣労働者と派遣先との間に黙示の労働契約が成立したと認める余地があるというべきである」（同旨，積水ハウスほか（派遣労働）事件・大阪地判平 23.1.26 労判 1025 号 24 頁）とそれぞれ判示されている。

4 労働組合法上の使用者概念

(1) **法律上の定義の不存在と使用者概念の拡張をめぐる問題**　労働組合法上，使用者概念を規定した条文は存しないが，不当労働行為の禁止を定めた労働組合法 7 条が禁止の名宛人を「使用者」としているため，そこで言う使用者とはいかなるものであるかが問題となる。これについては，①労働契約の相手方当事者とする契約主体説，②労働関係に影響を及ぼしうるすべての者とする説，③団結と対抗関係に立つすべての者とする説などがあり，裁判例・労働委員会命令・学説は，当初は，労働契約の契約主体を使用者と考える傾向にあったが，およそ昭和 40 年代 (1965 年) 以降，労使関係が複雑化・多様化し，むしろ，②説や③説的な観点から，支店長，工場長，部長，課長などを使用者と位置付けたり (対内的拡張)，親会社，役員を派遣してきている融資銀行，社外労働者の受け入れ企業 (油研工業事件・最一小判昭 51.5.6 民集 30 巻 4 号 409 頁) などを使用者ととらえたり (対外的拡張) することを認める傾向がみられた。つまり，集団的労働関係の性格に則して，労働組合に対して実質的に影響を及ぼしうる立場にあったり，団体交渉を行って労働関係上の問題を解決することができる立場に実際にある者が広く「使用者」と解されること

になったのである。しかし，最高裁は，1985年の済生会中央病院事件・最三小判昭60.7.19民集39巻5号1266頁において，「労働組合法27条の規定による救済命令の名宛人とされる『使用者』は，不当労働行為を禁止する同法7条の規定にいう『使用者』であり，かつ，不当労働行為の責任主体として不当労働行為によって生じた状態を回復すべき公法上の義務を負担し，確定した救済命令（労働組合法27条9項）又は緊急命令（同条8項）を履行しないときは過料の制裁を受けることとされているのであるから，右の『使用者』は，法律上独立した権利義務の帰属主体であることを要するというべきである。したがって，企業主体である法人の組織の構成部分にすぎないものは，法律上独立した権利義務の帰属主体ではないから，右の『使用者』にはあたらず，これを救済命令の名宛人として救済命令を発することは許されないものというべきである。」と判示し，対内的拡張を否定した。しかし，これは，後述するように，必ずしも対外的拡張までを否定する趣旨のものではない（ちなみに，この判決よりも後に出された団交拒否の不当労働行為の成否が争われた阪神観光事件・最一小判昭62.2.26労判492号6頁は，キャバレーで演奏する楽団の楽団員につき当該キャバレーを経営する会社を使用者と認めたものであり対外的拡張の事例である）。なお，労働組合法上の使用者概念をめぐるより新たな学説として，先に示した諸説に加えて，④労働契約関係ないしはそれに近似ないし隣接する関係を基盤として成立する団体的労使関係上の一当事者とする説があるが，これはこの最高裁判決の判旨を考慮して対内的拡張を排除した（しかし，依然として対外的拡張は認めようとする）見解であるといえよう。

(2) **対外的拡張の判断基準と部分的使用者概念** では，対外的拡張についてはどのように判断するのかであるが，これに関しては，請負契約により番組制作を請け負った下請会社から社員の派遣を受け，それらの者に指揮命令を行っていた放送会社が下請社員の所属する労働組合からの団交を拒否したことが不当労働行為にあたるかが争われた事例である朝日放送事件・最三小判平7.2.28労判668号11頁において，最高裁は，「一般に使用者とは労働契約上の雇用主をいうものであるが，同条が団結権の侵害に当たる一定の行為を不当労働行為として排除，是正して正常な労使関係を回復することにかんがみると，雇用主以外の事業主であっても，雇用主から労働者の派遣を受け

て自己の業務に従事させ，その労働者の基本的な労働条件等について，雇用主と同視できる程度に現実的かつ具体的に支配，決定することができる地位にある場合には，その限りにおいて，右事業主は同条の『使用者』に当たる。」と判示し，放送会社の使用者性を認めた。要は，(ア)労働組合法上の使用者は労働組合法（ここでは具体的には不当労働行為制度）の趣旨を踏まえて判断すべきであって，(イ)労働者を自己の業務に従事させており，(ウ)基本的な労働条件等を現実的・具体的に決定・支配することができる（ちなみに，このなかには実質的に指揮命令することができるということを含めて考えることができよう）ならば使用者とされるのであり，労働契約関係の有無というよりは労働関係に影響力を有することから労働組合と向かい合う立場にあり，団体交渉等を通じて実質的に労働関係上の問題や紛争を解決することができる地位にある事業主（企業）が使用者ということになるのである。ちなみに，この判示によれば社外労働者や派遣労働者のケースはストレートに処理することができるが，必ずしも直接に自己の業務に労働者を従事させているのではないが労働関係に与える影響力・支配力からして「使用者」ととらえる必要性が高い親会社や持株会社，あるいはメインバンクであって社長・役員等を派遣してきており会社経営を一定コントロールしている融資銀行などのケースにおいては妥当な結論を導くことができないように思われる。そこで，事案の違いを考慮して，後者の場合には，(イ)を緩く（広く）解するか，(イ)と(ウ)をいずれかが強ければ他方は弱く（あるいは(ウ)が強ければ(イ)はなく）てもよいとして相補的・相関的に捉えるか，あるいは(ウ)が使用者性判断の本質的要素であると解する必要があろう（朝日放送事件・最高裁判決を引用しつつも，もっぱら(ウ)の観点から使用者性判断を行う立場を示したものとして，中労委（大阪証券取引所）事件・東京地判平16.5.17労判876号5頁）。学説においては最後の見解が有力であり，この考えが妥当であるといえる。

　なお，朝日放送事件・最判は，あくまで労働条件等につき現実的・具体的に支配・決定できるという「その限りにおいて」使用者性を認めるという判断を示しており，全面的に使用者とはいえなくても問題となっている事項についてのみ使用者であるとする部分的使用者概念を承認した点においても特色を有している（なお，前掲・中労委（大阪証券取引所）事件・東京地判は，朝日放送

事件・最高裁判決とは異なり，部分的使用者概念に依拠せず使用者性を否定した点に問題がある）。

(3) **行為主体としての使用者と帰責主体としての使用者**　対外的拡張により団交（あるいは団交拒否）の問題には親会社等を使用者とすることで適切に対処することができても，企業内部の役職者，たとえば部長や課長が組合潰し等の支配介入行為を行ったような場合はどうなるのか。このような事例においては，これらの者の行為が使用者たる事業主に帰責されることになるため，使用者は不当労働行為の行為主体ではなく帰責主体と位置づけられる。具体的には，帰責の判断にあたって，行為を行った者が企業内においてどのような権限を与えられていたかが重要となるが，権限の性格上，社長や役員の行為は基本的にストレートに使用者の不当労働行為とされ，部長・課長などの管理職の行為も原則として使用者の不当労働行為と評価されるといえよう。また，係長などの下級職制の行為は使用者の意を受けて行われたか，あるいはその意を体してなされたことが必要といえよう（JR東海（新幹線東京運転所）事件・最二小判平18.12.8判時1959号163頁）。（役職のない）労務課員などの行為については使用者から命じられて行ったような場合に帰責可能とすることができるであろう。

(4) **使用者概念の時間的拡張**　これまで論じてきた使用者概念の拡張はどの範囲の者が使用者に含まれるのかという空間的拡張とでもいうべき問題であった。しかし，拡張をめぐる問題はこれにはとどまらず，さらに時間的拡張を検討することが必要になる。たとえば，退職した従業員が在職中に生じていた問題につき解決を求めるとか，被解雇者が解雇の効力を争ったり，未払賃金を求めたりするとか，1年のうち一定期間のみ同一企業で働く季節雇用を繰り返してきた者が，来年度の労働条件の改善を求めるとか，あるいは吸収合併される予定の企業の従業員が合併予定の相手方企業に合併後の労働条件の維持・改善を求めるとかいった場合に，これらの者が加入する労働組合が問題となる企業と団体交渉を行うことができるか（その企業が団交に応じない場合には団交拒否の不当労働行為が成立するか）が焦点となるのである（ちなみに，それ以外にも合併を予定する先が組合潰しなどを行ってきたような場合（支配介入のケース）にも問題が生ずるといえよう）。つまり，過去に労働契約関係が存在していた

場合や近い将来に労働契約関係成立の可能性があれば，その過去あるいは将来の労働契約の相手方当事者を「使用者」とすることができるかであるが，裁判例や労働委員会実務はこれを認める傾向にある。具体的には，被解雇者の解雇後の駆け込み訴えの事例における従前の雇主（日本鋼管鶴見造船所事件・最三小判昭 61.7.15 労判 484 号 21 頁），会社分割の場合の分割会社（国・中労委（モリタほか）事件・東京地判平 20.2.27 労判 967 号 48 頁），季節雇用の事例において季節労働者を繰り返し雇用してきた企業（万座硫黄事件・中労委命令昭 27.10.15 命令集 7 集 181 頁），退職した元従業員が退職後に加入した労働組合が元従業員の勤務期間中の石綿使用・曝露や退職者に対し企業補償制度を設けることなどにつき団交を求めた元の雇主たる企業（兵庫県・兵庫県労委（住友ゴム工業）事件・大阪高判平 21.12.22 労判 994 号 81 頁），直接雇用化を予定している派遣労働者との関係における派遣先会社（クボタ事件・東京地判平 23.3.17 労経速 2105 号 13 頁）などの使用者性が認められている。ちなみに，先に挙げた使用者概念をめぐる学説のうち，④説は空間的拡張のみならず時間的拡張も意識的に包摂しうる概念構成をとるものとなっている。

基本判例　兵庫県・兵庫県労委（住友ゴム工業）事件・大阪高判平 21.12.22 労判 994 号 81 頁

「団体交渉を通じ，労働条件等を調整して正常な労使関係の樹立を期するという上記労組法の趣旨からすれば，使用者が，かつて存続した雇用関係から生じた労働条件を巡る紛争として，当該紛争を適正に処理することが可能であり，かつ，そのことが社会的にも期待される場合には，元従業員を『使用者が雇用する労働者』と認め，使用者に団体交渉応諾義務を負わせるのが相当であるといえる」

コラム 1-2-4　使用者団体

　労働組合法 14 条には労働組合の相手方として，使用者だけではなく使用者団体というものが出てくる。これは労働協約に関しての規定であるが，当然，労働協約締結の前提として団体交渉にも使用者団体が当事者として出てくることが予定されているといえる。ただ，団体交渉の主体というためには，単に使用者の団体というだけではなくて，団体交渉を行うことを目的とし（規約に記載することが必要であろう），かつ構成員である各使用者に対して統制力を有するものでなけれ

ばならない。ちなみに、ヨーロッパでは産業別組合が主流であり、産業別組合が産業の使用者団体と団体交渉を行うことになるが、企業別組合が主流のわが国では、交渉も労働協約の締結も企業レベルで行われるのが通常であり、複数使用者が加入する使用者団体が団体交渉の場に登場してくることはほぼみられないといってよいであろう。

第3節　労働組合

(1) **憲法28条・労働組合法と労働組合**　一般的に、労働組合とは労働者が主体となって自主的に労働条件の維持改善その他経済的地位の向上を主たる目的として組織する団体のことをいうと解される（労働組合法2条本文）。労働者はひとりひとりでは使用者＝社会的権力たる企業と対等の立場に立って労働条件等を話し合うことができない（あるいは困難である）ため、労働組合を作って集団で対等の立場に立つとともに、社会的権力からの個人の防壁として集団の力で使用者の不当な権力行使を抑止することを目指すことになる。労働組合の結成・加入を行ったり、団体交渉をしたり、場合によってはストライキなどの争議行為を実施したりすることは憲法で労働者の人権として認められており（憲法28条）、また労働組合は労働組合法によって特別の保護を受けるとともに、一定の要件（事業場の労働者の過半数を組織）をみたせば労働基準法などにおいても職場の代表（過半数代表）として多くの重要な任務を行うことが認められている。

　なお、わが国では労働組合については自由設立主義がとられている。つまり、①人数は2人以上であれば自由である（労働者が最低2人いれば組合を作ることができる）、②どのような範囲の労働者で組織するかも自由である（利害の共通する労働者同士が自己決定により組合員の範囲を決定できるということであり、最近では、これまで主流であった企業の従業員だけで組織する組合（企業別組合）だけではなく、地域で企業を超えて広く労働者を組織したり、パートや女性や管理職をそれぞれ組織したりする労働組合なども現れている（合同労組、パートユニオン、女性ユニオン、管理職ユニオンなど））、③行政への届出・許可・認可なども不要である、という3点にお

いて労働組合の設立は自由ということができるのである。ただし，②に関連しては人種・信条・性別・社会的身分などによる組合加入制限・拒否は許されるのか，③に関連しては「労働組合は，労働委員会に証拠を提出して第2条及び第2項の規定に適合することを立証しなければ，この法律に規定する手続に参与する資格を有せず，且つ，この法律に規定する救済を与えられない。」と規定する労働組合法5条1項（資格審査）との関係をどう考えるのかといった問題があるが，この点については『基本労働法Ⅲ』で詳しく解説することとする。

(2) **憲法上の労働組合概念**　労働組合法2条本文は，「この法律で『労働組合』とは，労働者が主体となつて自主的に労働条件の維持改善その他経済的地位の向上を図ることを主たる目的として組織する団体又はその連合団体をいう。」と述べて労働組合の要件を規定しているが，これは憲法の趣旨を確認したものであると解されている。したがって，この要件をみたす団体は憲法上労働組合であると認められ，憲法28条の保護を享受することができる。なお，上述のように，労働組合法の課す特別の要件をみたせばさらなる保護を受けることができるので，そのような労働組合法上の労働組合と区別する意味で，ここで問題とする労働組合は憲法組合と呼ばれる。なお，労働組合は恒常的な団体（長期にわたり継続して存続することを予定する団体）であるが，一時的な団結である争議団も同様に憲法28条の保護を受けるので，団体性の要件については若干緩和した形で解する必要があるものの，基本的にはこの労働組合法2条本文の要請をみたす必要があるといえよう。

(a) **労働者の要件**　労働組合法3条の規定する労働者のことであるが，これについてはすでに本章第1節4で論じたところを参照されたい。

(b) **主体性の要件**　組合員の大多数が労働者であることを要するということであるが，労働組合である以上当然のことといえよう。あくまで大多数ということであるから，若干，労働者以外の者（たとえば，支援者や組合員の配偶者など）が加入していても労働組合と認められる。

(c) **自主性の要件**　労働組合の主たる任務は使用者に対して労働者の利益を擁護することにあるから，特に対使用者との関係で労働組合がその結成・運営につき影響や支配を受けていないことが求められる。自主性は，具

体的には，①労働組合は純粋に利害の共通する労働者のみで構成されるという純粋性と②労働組合の結成・運営・活動が使用者の影響や支配から免れているという独立性の2つからなるといってよい。

(d) **目的の要件** 労働組合は労働者の経済的地位の向上をはかることを主たる目的としなければならない。あくまでも主たる目的であるから，経済的地位の向上がメインに据えられていれば，従（サブ）として共済や社会活動などを目的としてもよい。労働組合法2条但書3号・4号はこのことを形を変えて確認した規定である。なお，この主たる目的は，憲法28条の保障趣旨と同義と考えてよいが，第1章第2節Ⅰ・Ⅱでみたように，それをどうとらえるかについては争い（労働者地位向上説，団交中心説，自己決定権説などの対立）のあるところである。

(e) **団体性の要件** 労働組合は2人以上で結成できるとはいっても，団体である以上，社団性が必要であり，構成員，規約，機関（意思決定機関と執行機関），財政的基礎を有する必要がある。ちなみに，団体（労働者を構成員とする単位組合）が団体を結成する連合団体も団体性の要件をみたすことはいうまでもない。なお，団体性の要件との関係では，使用者の切り崩し等により組合員が1人となってしまった場合などにおける労働組合性をいかに考えるかという問題（一人組合をめぐる法的問題）があるが，①組合員の増加の可能性があれば組合性を認める説と②組合性を認めず組合結成行為と解する説に分かれている。前者が妥当であろう。

(3) **労働組合法上の労働組合概念** 労働組合法は憲法28条の労働基本権保障を具体化するものであるが，「具体化」という場合，(a)憲法の規定内容を確認した部分と(b)憲法を踏まえつつ労働組合法が独自に設けた部分があり，両者を区別して論ずる必要がある。(a)については憲法上の要件をみたせば適用されることはいうまでもないが，(b)の適用についてはそれに加えてさらに労働組合法が独自に設けた要件をクリアし（関門を突破し）「労働組合法上の労働組合」であると認められる必要がある。しかも，労働組合法上の要件は，同法2条但書1号・2号の要件と，同法5条の要件の2段階からなり，まず前者をクリアし，そのうえで後者に進むことになるが，段階ごとに保護のあり方も変わる（上乗せされる）ことになっている（要は，政策的見地から，労働組合法

の要請をみたせばその度合いに応じて，憲法上の保護にプラスして一定の特別の法的保護を与えようとしているのである）。具体的な説明に入る前に，その基本構造を次に示してみよう。

① 労働組合が労働組合法2条と5条2項の要件をみたし資格審査を受ければ同法上のすべての保護等を享受することができる（5条1項）。

② 但書を含めた労働組合法2条の要件をすべてみたせば5条の要件をみたさなくとも（つまり，資格審査を受けなくとも）同法上の労働組合として，法人格の取得（11条）・労働協約の地域単位の拡張適用の申立（18条）・労働委員会の労働者委員の推薦（19条の3，19条の12，19条の13）・不当労働行為の行政救済（27条）以外の労働組合法上の保護を享受する。

③ 労働組合法2条本文の要件は憲法を確認したものであって，これをみたせば，たとえ労働組合法2条但書1号・2号に該当しても憲法上の保護（憲法28条の確認規定であると解される労働組合法1条2項（刑事免責）・8条（民事免責），憲法28条が規定する団結権，団交権，団体行動権ないし争議権）を享受する（憲法組合）。

まず，労働組合法2条但書1号・2号をみてみよう。これらは，労働組合の自主性を制度的に担保するために政策的な見地から設けられたものである（これらは自主性が存しない場合についての例示であると説く説もあるが，条文の構造上，本文のように解さざるをえないと考えられる）。これらの規定に該当しても必ずしも実際に組合の自主性が失われているとはいえない場合もあるが，その場合にはあくまで憲法組合にとどまる。さて，同条但書1号は，「役員，雇入解雇昇進又は異動に関して直接の権限を持つ監督的地位にある労働者，使用者の労働関係についての計画と方針とに関する機密の事項に接し，そのためにその職務上の義務と責任とが当該労働組合の組合員としての誠意と責任とに直接にてい触する監督的地位にある労働者その他使用者の利益を代表する者の参加を許すもの」を労働組合法上の労働組合ではないと規定し，人的側面から自主性の担保をはかろうとしている。この規定との関係では，部長や課長といった管理職が加入している管理職組合をいかに考えるかが利益代表者の範囲とも絡んで問題となる（詳しくは『基本労働法Ⅲ』で検討を加える）。また，同条但書2号は，「厚生資金又は経済上の不幸若しくは災厄を防止し，若しくは救済するための支出に実際に用いられる福利その他の基金に対する使用者の

寄附及び最小限の広さの事務所の供与を除」き、「団体の運営のための経費の支出につき使用者の経理上の援助を受けるもの」を労働組合法上の労働組合から除外し、財政面からの自主性の制度的担保をはかっている。

次に、但書も含めて労働組合法2条の要件をすべてみたす組合が、法人格の取得、労働協約の地域単位の拡張適用の申立、労働委員会の労働者委員の推薦を行い、また、不当労働行為の行政救済を申し立て救済を受けようとする場合には、同法5条1号に従って、2条と5条2項の要件をみたす労働組合であることについての労働委員会の資格審査を受けなければならない。ちなみに、同法5条2項は組合民主主義の観点から組合規約に一定事項を記載することを求めており、資格審査との関係で、2条の要件が自主性の要件、5条2項の要件が民主性の要件と呼ばれることがある。なお、一般に、労働組合法の求める要件をすべてみたし資格審査を受けた組合は法適合組合、5条2項の要件を欠き2条の要件のみをみたす組合は規約不備組合と呼ばれることがあるが、いずれも適切な用語法とは思われない。後者については、規約が不備のケースと単に資格審査を受けていないケースの双方が含まれるといえる。

第4節　その他の登場人物

1　過半数代表と労使委員会

(1)　**過半数代表**　たとえば、労働基準法90条1項は、「就業規則の作成又は変更について、当該事業場に、労働者の過半数で組織する労働組合がある場合においてはその労働組合、労働者の過半数で組織する労働組合がない場合においては労働者の過半数を代表する者の意見を聴かなければならない。」と規定しているが、ここで問題とされている過半数組合ないし過半数代表者のことを一括して過半数代表と呼ぶ。これは不完全ながらも従業員代表の一種であると考えられており、使用者による意見聴取、使用者との協議、労使協定締結、委員指名など個別的労働関係法を構成する各種の法律に定められた一定の限定された権限を、問題となる事項ごとに、その都度行使するもの

である。このような過半数代表制は，使用者が就業規則により労働条件の決定・変更を行う場合や，事業場の都合に応じて法の定める最低基準に一定抵触する措置をとらざるをえない場合（たとえば，急な仕事量の増加により労働基準法32条が定める法定労働時間を超えて労働者を働かせることが必要となる場合）などに，それらに関して，過半数以上の多数の労働者の集団的意思に支えられた代表の関与を通じて労働者の声を反映させることにしたものである。

かつて，過半数代表は労働基準法上の極めてかぎられた事項について問題とされるにすぎなかったが，1987年の労基法改正において労働時間に関する労使協定が新たに多く導入されて以降，過半数代表制が多用されることとなり，現在では，労働基準法以外にも労働安全衛生法，労働契約承継法，労働者派遣法，高年齢者雇用安定法など多くの個別的労働関係法で活用されるに至っている。しかし，上述したその基本的な性格は変わらないままであり，依然として問題となる事項ごとにその都度選出・対応することが予定されたアドホックで一定のかぎられた権限しか有しないものにすぎない。

過半数代表の選出単位は，企業ではなく，（あくまでその構成要素である）事業場（労働基準法でいう「事業」と同義）であり，過半数代表はその範囲を超えて権限を行使しえない（ひとつの事業場で締結された労使協定の効力が他の事業場の労働者には及ばないとされた例として，ドワンゴ事件・京都地判平18.5.29労判920号57頁）。また，事業場に労働者の過半数で組織する労働組合（過半数組合）がある場合には選挙等の選出手続を要することなくこの組合が過半数代表となる。たとえ，選挙等を行ってもこのような組合（正確にいえば，組合から出された候補者）が過半数を得ることが予想されることを考慮してである。事業場に労働組合が存しても過半数を擁しない場合や，そもそも労働組合が存しない場合には，過半数代表者を選出することになるが，選出に関しては労働基準法施行規則6条の2に若干の規定があり，過半数代表者は，労働基準法41条2号の管理監督者であってはならず，法に規定する協定等をする者を選出することを明らかにして実施される投票，挙手等の方法による手続により選出された者であることを要する（親睦団体の代表が自動的になるという形で不適切に選出された代表の締結した労使協定が「協定当事者が労働者の過半数を代表する者ではないから」として無効とされた例として，トーコロ事件・最二小判平13.6.22労判808号11頁）。なお，

この手続は，労働者の話し合いや持ち回り決議等の労働者の過半数が選任を支持していることが明確になる民主的手続でもよいとされている（平11・3・31基発169号）。また，使用者は，労働者が過半数代表者であること，過半数代表者になろうとしたこと，過半数代表者として正当な行為をしたことを理由として不利益な取扱をしないようにしなければならない（労働基準法施行規則6条の2第3項）。ちなみに，選出手続等については現状では不明確な部分も多く，過半数代表制が大いに活用されてきている現状を踏まえるならば，今後はより明確で統一的な法規制が必要になるといえよう。

　なお，最後に，過半数代表制はあくまでも個別的労働関係法上の制度であり，過半数組合が過半数代表となる場合には，法によって事業場の全労働者の代表と位置づけられるため，自己の組合員の範囲を超えて活動する（したがって，過半数組合の締結した労使協定の効力は事業場の全労働者に及ぶ）ことになる点に注意を要することを付言しておく。

　(2)　**労使委員会**　　1998年の労働基準法改正により新たに設けられた38条の4において企画業務型裁量労働制実施のための要件である決議を行う機関として導入されたのが労使委員会である。これも一種の従業員代表と位置づけることができるが，労働者のみから構成されるのではなく，労使同数の委員からなる点に特徴を有している。ちなみに，労働者委員については，過半数代表によって任期を定めて指名される。

　なお，労使委員会は，企画業務型裁量労働制実施のための決議（委員の5分の4以上による決議：以下同じ）を行う権限を有するのみならず，その他労働時間に関して行った決議は労使協定と同様の効力を持つものとされ，加えて，労基法38条の4自体においてそもそも「賃金，労働時間その他の当該事業場における労働条件に関する事項を調査審議し，事業主に対し当該事項について意見を述べることを目的とする委員会」と性格づけられており，法定の権限を越えてより広範に本格的活動を行うことが期待されているといえる。ちなみに，労使の委員からなる委員会としては，他に，労働時間等設定改善委員会（労働時間等設定改善法6条），安全衛生委員会（労働安全衛生法19条）などがある。

| アドバンスト・イシュー | 従業員代表制をめぐる問題

近年，労働組合の組織率や機能が低下し，使用者に対して労働者の利益擁護が十分にはかられていない状況が広くみられる。反面，労働基準法をはじめとして過半数代表の出番が多くなってきているが，それはあくまで問題となる事項ごとにその都度選出される権限の限られた従業員代表にすぎない。そこで，職場において労働者の利益擁護をはかり一般的な代表機能を恒常的に発揮することができる集団的利益代表システムである本格的な従業員代表制度を設けるべきであるとの考えが，近年，一定強くみられるようになってきている。しかし，本格的な常設の従業員代表制を導入する場合，労働組合類似の機能を有する（あるいは労働組合と競合する）法定の従業員代表を設けることは組合機能を侵害し憲法28条と抵触しないのか（あるいは労働組合のさらなる弱体化を招くのではないか），労働組合と従業員代表制との関係や役割分担をどうするのか，代表者型にするのか委員会型にするのか，委員会型にするとしても労働者のみを構成員とするのか労使双方を構成員とするのかといった解決すべき困難な問題が山積している。とりあえず当面は，強制（義務的）設立ではないが労働基準法38条の4で規定された労使委員会が本格的な従業員代表制の先駆をなすものとして多くの事業場で設立され活用されることが期待されるといえる。

2 国・地方自治体

労働法においては，国は立法をなすのみならず，雇用政策・労働政策の立案・実施をはじめとして行政監督，助言・指導・勧告，サービスの提供，補助金の支給，一定の給付など労働行政を通じても大きな役割をはたしている。また，裁判所や行政機関における紛争解決も極めて重要である。そして，地方自治体も労働行政や紛争解決において見逃すことができない活動を行っている。これらについては，必要に応じて，本書および『基本労働法Ⅱ・Ⅲ』の各所で触れることにする。

第 2 篇

労働契約関係法

第1章　労働契約の成立

第1節　労働市場の法規制

Ⅰ　労働市場と法

(1) **労働市場の法規制の基本的特徴**　われわれが就職を希望したり，転職したり，失業したりして職探しをする場合，最終的には労働市場において企業と労働契約を締結することになる。ただ，求職・求人のマッチングが難しい（求職者にとってはどこが求人をしていて，どこが自分をほしがっているか，あるいはどこに適職が存しているかがわからないことが多く，また，求人を行う企業もどこに自社に適した人材がいるのかわからず，しかもそのような人材がいても求人に応募してくれるとはかぎらないという一般的状況にあるといえよう）とともに，労働市場での労働力の取引においては，企業は交渉力や情報などを含めさまざまな点において求職者に比べて大きな力を有しており，また，労働力はとっておくことができない（売り惜しみできない）ので，生活の必要に迫られるわれわれ個人（求職者）は取引において弱い立場に立たされることになる。その結果，一人で対処するのは困難な多くの問題が生じる。したがって，一方で求職・求人のマッチングの困難さやミスマッチを解消し労働契約締結（成立）の円滑化を促進する措置を講ずるとともに，他方で職を求める者のおかれた立場を改善し，企業との力の差異を埋め，適職を探しだし労働市場で公正な労働力取引がなされるように求職者個人をサポートする必要がある。後者のサポートについて言えば，たとえば，職業紹介をしたり，職業訓練や能力開発を行ったり，雇用・就職情報を提供したり，あるいは求職中の適切な生活保障システムを整備す

ることが不可欠といえる。このような状況を踏まえ，国は職業安定法という法律を制定し，ハローワーク（公共職業安定所）を設置して求人・求職情報などをはじめとして職業紹介に関する各種サービスを提供したり，職業能力開発促進法により個人の職業能力を磨いたり，雇用保険法により失業の防止や失業時の生活保障を行ったりしている。そして，雇用政策をめぐる基本法として雇用対策法がある。これらの法律は総称して雇用保障法ないし労働市場法と呼ばれる。また，労働基準法や最低賃金法などの労働者保護法は，公正な労働条件（の最低基準）を法定することによって，現に労働している労働者を保護するのみならず，労働市場において不当な労働条件で労働契約が締結される（労働力が取引される）ことを防止している点にも注意する必要がある。そして，募集・採用に関し性別（男女雇用機会均等法5条），年齢（雇用対策法10条）などを理由とする差別を禁止する法規制がなされており，それらは公正な労働市場取引を確保しサポートするという観点からみても重要であるといえるが，いまだ質・量ともに不十分であり，今後，さらに法規制を整備・強化する必要があろう（なお，従来，通説・裁判例は，組合員であることや組合活動を行ったことを理由とする採用差別は労働組合法7条1号の不利益取扱の不当労働行為に該当すると解していたが，最高裁は，JR北海道・日本貨物鉄道（国労北海道）事件・最一小判平15.12.22民集57巻11号2335頁においてこれを原則として否定した）。

　ちなみに，1999年に職業安定法が改正されたが，これによりそれまで国が独占していた職業紹介事業が原則自由化され，許可を受ければ民間の人材ビジネス企業が職業紹介を行うことが認められるようになった。したがって，現在では，転職したい場合などには，民間の人材ビジネスと国のハローワークの両方を利用できるようになっている（つまり，職業安定法はハローワークと人材ビジネスによる職業紹介の基本的な法律と位置づけられるのである（職業安定法1条参照））。

　このような就職市場・転職市場，すなわち労働市場（外部労働市場）は，わが国ではこれまであまり転職などが盛んではなかった（つまり，かつて高度経済成長期においては終身雇用制のもと学校を卒業したら定年まで勤め上げる慣行が大企業を中心に広く定着し，また一般的に景気もよかったので，失業や転職も比較的少なかった）ため十分に整備されてこなかった（そして，それを支える法規制についても同様にいう

ことができる)。しかし，平成バブル（バブル経済）がはじけて以降，倒産やリストラなどにより失業者が増加するとともに，経済のグローバル化などにともなって戦略的転職を繰り返す労働者もみられるようになり，一定，労働力の流動化が進展することとなった（つまり，非自発的と自発的を含めて転職が増加傾向を示した）。また，バブル崩壊後の時期に，学業を終えたにもかかわらず就職できなかった多くの人たちが，長期にわたって正社員としての職に就けず，非正規雇用かニート・フリーターとなり，そのままその地位にとどまっているという問題もある。したがって，社会保障法とも連携しながら，雇用保障法ないし労働市場法の分野の法律を整備して就職・転職および失業時のサポートや生活保障システムを充実させ，あるいは職業訓練・能力開発やより積極的な職業紹介・雇用（職業生活）参入のためのシステム構築を行い，労働市場を整備しつつセーフティーネットを張りめぐらせていくことがこれからの大きな課題となっている（なお，これらの規制が実効性を有するためには雇用を提供する新たな産業を育成するなど産業政策との連携ないしリンクも必要かつ不可欠となろう）。

　また，派遣労働者保護の観点から設けられた労働者派遣法も人材ビジネスに関わる法律という側面をもっているため，個別的労働関係法だけではなく労働市場法にも含まれると解されている（ただ，派遣労働者の地位の不安定さなどを考えると，雇用「保障」法と呼ぶには問題があるように思われる）。最近では，紹介予定派遣（ジョブサーチ派遣）といって，労働者を派遣先企業に紹介する目的で派遣を行うケースも増加してきており（労働者派遣法2条6号），この型の派遣は，労働者派遣と職業紹介がミックスされたものと考えることができる。

(2) **内部労働市場と労働契約法理**　これまでは外部労働市場があまり整備されてこず，法規制も不十分であった反面，企業内部において柔軟な人事異動を通じて人材活用が行われる内部労働市場が機能（発達）してきた。つまり，終身雇用制（入社から定年までの安定した長期雇用システム）のもと，学卒一括採用され年功的処遇を受ける正社員がOJTを含む企業内教育訓練を通じて能力形成・開発を行いつつ，必要に応じて柔軟に企業内で異動・配置され，企業のニーズに対応してきたのである。このような内部労働市場を正面から規律する法律は存しなかったが，判例が大企業と中堅企業で広範にみられた日本

的雇用慣行を踏まえて，労働契約法理と呼ばれる一群の判例法理を形成してきた。労働契約法理については，すでに第1編第1章第1節Ⅲのアドバンスト・イシューで若干触れたところだが，労働者雇用安定化機能と使用者裁量権容認機能を取り入れて形成されているという特徴を有しており，労働関係の継続性と柔軟性を基礎とする内部労働市場の基本構造に適した法理であったのである。

しかし，近年，労働力の流動化の進展や非正規従業員の増加，成果主義人事の広範な普及などにみられるように日本的雇用慣行が変容しつつあり，内部労働市場も変化してきている。したがって，このような状況を踏まえた法規制を設けることも今後の大きな課題といえよう。

Ⅱ 多様な働き方（雇用の複雑多様化）と労働法

(1) **非正規労働者の増加** すでに述べたように，かつては，学校（中学，高校，大学，大学院）を卒業して定年まで正社員として会社に勤め，毎年毎年給料もアップしてゆくというのがわが国における基本的な働き方のスタイルであった（終身雇用制と年功賃金制を軸とした日本的雇用慣行）。しかし，最近，社会の変化や経済のグローバル化，経済競争の激化の進展，経済の不透明化・長期停滞化・成熟化などにより，こういった働き方のスタイルが大きく変化してきており，労働力の流動化が進展するとともに成果次第で給料（賃金）額が毎年大きくアップ・ダウンする年俸制に代表される成果主義人事（成果主義賃金）システムの導入などが雇用社会で広くみられるようになってきた。このような変化につれて，（労働者側の働き方をめぐる意識の変化も一部は理由としてあげることはできるとしても）主としては職を提供する側の企業の雇用戦略によって（たとえば，日経連が1995年に公にした『新時代の「日本的経営」』を参照），それまでは企業において縁辺的・周辺的であると位置づけられてきた非正規労働者として働く（つまり，正社員（正規労働者）ではない）働き方（パート，アルバイト，期間付の契約で働く社員などの非正社員や外国人労働者）も増加してきており，現在では，全労働者の3分の1を超え4割近くを占めるにまでに至っている。これらの非正規労働者たちも労働者の定義にあてはまるので正社員と同じように労働法が適用されることはいうまでもない（ただし，雇用保険や被用者を対象とする年金・

医療などの社会保険（被用者保険）では労働時間により適用対象とされない場合がある点に注意する必要がある）。しかし，その労働力取引は基本的に外部労働市場に委ねられており，募集・採用を行う企業に対して交渉力と情報の格差をはじめ非常に弱い立場に立たされている。また，これらの非正規労働者は内部労働市場における企業の人材運用・活用の外におかれ，雇用の安定性と労働条件の2つの側面において正規労働者と大きな違いをみせている（雇用の安定性の欠如と賃金をはじめとする労働条件の大きな格差）。このような諸問題を考慮してこれらの非正規労働者に対する特別の法律が制定されたり特別の保護法理が展開されたりしている場合があるが，いまだ不十分な状況となっている（とにかく，正社員の場合であろうと非正社員の場合であろうと，労働者保護法のみならずⅠでみた労働市場の法ルールとその整備・充実が現在，非常に重要になってきているということができる）。

なお，今後においては，もっぱら企業側の雇用施策の観点からのみではなく，ワークシェアリング，高齢者の雇用や活用，あるいは労働者が自由に自分のライフスタイルと多様な働き方を選び取って行くことができることの必要性などを勘案すると，雇用形態いかんにかかわらず働き方に中立で公正な労働条件のもとでワーキングライフを展開することができるように均等待遇の確保と差別禁止が重要課題となるといえよう。

ちなみに，以上のように，企業が非正規労働者として直接雇用を行うのではなく，派遣労働者の活用や，外部への業務委託，アウト・ソーシングなどをはかる傾向が増大していることにみられるように労働力の外部化も大幅に進展してきており，それにともない違法派遣と位置づけられる偽装請負なども社会問題化してきている。

(2) **非正規労働者をめぐる法規制の現状**　詳しくは，本書『基本労働法Ⅰ』と続刊の『基本労働法Ⅱ』の関連する各所においてその都度解説を加えるが，とりあえずはここで全体状況を俯瞰するために非正規労働者をめぐる法状況に概括的に触れておこう（なお，外部労働力と位置付けられる派遣労働者も非典型雇用の一形態であり，また派遣先が先の社内で直接に指揮命令を行うことが予定されており非正規的側面も存しているといえるので，以下で併せて触れておくことにする）。

① パート労働者（定義については，後述コラム2-1-3を参照）については，これ

まで，1993年に制定されたパート労働法が正社員（「通常の労働者」）との労働条件の均衡をはかるよう事業主に努力義務を課してきた（（旧法）3条）が，2007年の改正により，一定，規制が強化され，その数は実際にはいまだ非常に少ないとはいえ通常の労働者と同視すべき短時間労働者に対しては差別的取扱の禁止（8条）が実現した（ちなみに，多くのパート労働者に関しては依然として基本的に均衡処遇の努力義務を事業主に課すにとどまるままである（9条から11条））。なお，従来から，正規従業員（正社員）とパートなどの非正規従業員との間には，通常，給料・賞与・退職金をはじめ大きな労働条件格差が存しているため，現在，何とかしてこれを解消し，公正な労働条件を実現すべきではないかがホットな問題となっており，それが裁判で争われ一定範囲で公正な処遇をなすべきことが認められた注目すべき事例もある（丸子警報器事件・長野地上田支判平8.3.15労判690号32頁）。ちなみに，パート労働法の改正により，併せて，12条で，通常の労働者への転換を推進するための措置を講ずることを，そして，13条で，パート労働者から求められた場合に待遇の決定にあたって考慮した事項の説明をなすことを，それぞれ事業主に義務づけたことは一定の進展であり注目すべきといえよう。また，2007年に制定された労働契約法は3条2項でパートのみならず他の非正規従業員も視野に収めつつ使用者に均衡処遇の努力義務を課している（詳しくは労働契約法の原則に関連して第2章で後述する）。

② 派遣労働者については，登録型と常用型の2種類のタイプがあり，いずれにせよ自分の使用者（派遣会社＝派遣元）とは異なる派遣された別の企業（派遣先）でその指揮命令を受けて働くという特殊事情（雇用と使用の分離）を考慮して，労働者保護の観点から労働者派遣法が派遣会社の許可・届出の必要性や労働条件や労働基準法の適用関係などを含めて特別の規定をおいているが，規定内容は非常に複雑になっている。なお，労働者派遣をめぐっては，近年，地位の不安定さや賃金からの不当な控除などがクローズアップされた日雇派遣をめぐる問題，リーマンショック以降において物の製造業務で多発した「派遣切り」をめぐる問題などが注目を浴びたところである。このような諸問題が発生したことを背景に，2008年に労働者派遣法改正法案が国会に提出されたが，審議未了により廃案となった。さらに，2009年民主党政権誕

生により労働者派遣法改正問題（マニフェストで宣言）が正面からクローズアップされ，2010年に国会に，均衡を考慮した待遇の確保，労働者派遣料金の明示，違法派遣の場合の派遣先の労働契約の申込みのみなし制度，登録型派遣の原則禁止，物の製造業務派遣の原則禁止，日雇派遣の原則禁止などを内容とする改正法案が新たに提出されたが，現時点では未成立となっている（注：なお，労働者派遣法改正問題については，本書の校正中に動きがみられたところであり，詳しくは「第4章 労働者派遣」の最後に記した〔追記〕を参照いただきたい）。

③ 有期契約については，労働基準法14条1項が，期間を定める場合には原則3年，専門知識等を有する労働者や60歳以上の労働者については5年を超えてはならないとの規制を設けている。これは長期の雇用期間が定められると労働者の退職の自由が制限され企業への足どめがなされることになるので，それを防止するための規定である。ただ，わが国の場合，ドイツやフランスなどとは異なって有期雇用を利用する一定の理由の必要や更新回数・更新限度期間の制限に関する規制は存しないので，短期の契約が何度も繰り返し更新され，不況が来るなどすれば雇用の調整弁として契約期間満了により雇止めがなされるということがこれまでしばしばみられるところである。そこで，期間の定めのある労働契約の締結時および当該労働契約の期間の満了時において労働者と使用者との間に紛争が生ずることを未然に防止するため，2003年の労働基準法改正において14条に新たに2項・3項が設けられ，厚生労働大臣が使用者が講ずべき労働契約の期間の満了にかかる通知に関する事項その他必要な事項についての基準を定めることができ（このような基準として，「有期労働契約の締結，更新及び雇止めに関する基準」平成15・10・22厚労告357号，平成20・1・23厚労告12号），これに基づいて労働基準監督署長は使用者に対し助言および指導ができることになった。また，2007年に制定された労働契約法は17条2項に，「使用者は，期間の定めのある労働契約について，その労働契約により労働者を使用する目的に照らして，必要以上に短い期間を定めることにより，その労働契約を反復して更新することのないよう配慮しなければならない。」との規定をおいた（ただし，これは訓示規定であり，法的効果や有効性については疑問がある）。そして，反復更新されてきた有期労働契約があたかも期間の定めのない契約と実質的に異ならない状態で存在しているか，あ

るいは雇用関係がある程度の継続が期待されるものとなっていれば（合理的な雇用継続の期待が存すれば），労働者保護の観点から雇止めに対して解雇権濫用法理が類推適用されるとするのが判例の立場となっている（東芝柳町工場事件・最一小判昭49.7.22民集28巻5号927頁，日立メディコ事件・最一小判昭61.12.4労判486号6頁）。なお，有期雇用労働者の雇止めではなく，契約期間中の解約（＝解雇）については，労働契約法17条1項が，「使用者は，期間の定めのある労働契約について，やむを得ない事由がある場合でなければ，その契約期間が満了するまでの間において，労働者を解雇することができない。」という規定をおき，厳格に期間中の解雇を規制している。リーマンショックに端を発する世界同時不況のもとで社会問題化した「派遣切り」や「有期切り」は多くが期間途中での有期労働契約の解約＝解雇が問題となった事例であるが，それらは相当程度においてまさにこの労働契約法17条1項違反となるケースであったと考えられる（この点については，プレミアライン（仮処分）事件・宇都宮地栃木支決平21.4.28労判982号5頁参照）。ちなみに，2010年に厚生労働省の有期労働契約研究会が報告書を公表し，最新回数と利用期間制限の規制を行う方向での立法的提言を行った。これを受け2011年12月に労働政策審議会が建議を行い，有期契約が5年を超えて反復更新された場合の無期契約への転換や判例の雇止め法理の決定化などが立法の方向性として示された。今後の立法動向が注目されるところである（ちなみに，新聞報道によれば，厚生労働省は2012年の通常国会での法改正を目指すとのことである）。

④　外国人労働者については，基本的に第1編第1章のコラム1-1-2で述べたところを参照されたいが，それに一点だけ補足しておけば，外国人差別については，国籍による労働条件差別を禁止する労働基準法3条が重要となっている点に注意する必要がある。

⑤　低くなりがちな非正規労働者の賃金を下支えするものとして最低賃金法がある。最低賃金の種類としては，都道府県ごとに最低賃金額が定められる地域別最低賃金と特定の業種に適用される特定最低賃金の2種類がある。これまで，パートやアルバイトなど非正規労働者は，縁辺的労働者と位置づけられ，しかも（あくまで世帯主たる男性正社員労働者が家族を養う生活賃金を獲得することを前提に）主婦や学生などが家計補助や学資稼ぎのために従事してきた

という事情もあって，これらの労働者に大きく関わる最低賃金額（主として地域別最低賃金の額）も極めて低いレベルにとどまっていた。しかし，非正規労働者が増加し，もはや縁辺的でも，家計補助的や学資稼ぎ的でもなくなってくるにつれて，働いても生活保護以下の収入しか得られない状態がひろく問題となり，ワーキングプアが深刻な社会現象として認識されるようになってきた。このような状況を踏まえて，2007年に最低賃金法が改正され，地域別最低賃金の決定にあたっては労働者が健康で文化的な生活を営むことができるよう生活保護にかかる施策との整合性に配慮するものとするとされた（9条3項）。ちなみに，本書刊行時点において筆者の住んでいる広島県の地域別最低賃金額は1時間あたり710円，全国最高は東京都の837円，最低は岩手県，高知県，沖縄県の645円であり，いまだ北海道，宮城県，神奈川県では生活保護水準を下回っている。

コラム 2-1-1　正規労働者と非正規労働者の区分

　正規労働者（正社員）と非正規労働者（非正社員）を区別する基準とは何であろうか。実は明確な基準は存しないといえるが，通常は，多くの企業では，フルタイムかどうかという指標と雇用期間の定めがあるかどうかという指標を縦軸と横軸にしてクロスさせ，フルタイムで無期雇用の象限に位置づけられる労働者が正規労働者，それ以外の3つの象限（フルタイム・有期，パートタイム・無期，パートタイム・有期）に位置づけられる労働者が非正規労働者とされている。また，従来，正規労働者が典型的な雇用形態と考えられてきたことから，非正規労働者は非典型労働者と呼ばれることもある。ちなみに，正規・非正規の区別は，単に雇用形態の区別というにとどまらず，両者間に雇用の安定の度合いの違いと労働条件の大きな格差が存している点に特徴と問題点を有している。また，現在，非正規労働者の割合が急激に増加してきていて，全労働者の4割近くにまで達してきており，もはや「非典型」ということはできなくなってきているといえよう。他方，近年，ワーク・ライフ・バランスの観点から正社員としての地位を保持しながら短時間勤務に移行して育児・介護等を行う労働者も増えてきており，パート＝非正規という図式が必ずしもなりたたなくなってきている点にも注意する必要がある。そして，今後は，発想やコンセプトを根本的に見直し，高年齢者のワーキングライフ（労働権）の保障（企業からみれば高年齢者の有効活用）という観点からもパートなど柔軟な働き方を検討し導入していく必要があろう。

コラム 2-1-2　非正規社員の正社員化についてのある労働組合の取り組み

　先般，ある行政の委員会で，ゲストでこられた広島電鉄労働組合（正式名称は私鉄中国労働組合広島電鉄支部であり，以下では組合と略する）執行委員長佐古正明氏の広島電鉄における非正規社員の正社員化と賃金制度一本化（それにともなって，旧正社員の賃金引下げと旧非正規社員の賃金引上げがなされた）の実現へ向けてのお話を聞いた。非正規化や労働力の外部化・非労働者化が進展してきている現代においては，広島電鉄のケースは極めて注目すべきものであり，一般的にも世間の注目を浴びたが，直接に具体的な話を伺うことで，正規と非正規の格差是正のためには法改正を座して待つのみならず，公正処遇を実現するための労働組合の覚悟と積極的な取り組み（実践）が必要であることが改めて身にしみてわかった。

　かつて広島電鉄（路面電車やバスを運行している広島の会社である）にはほとんど非正規従業員がいなかったが，利用者の落ち込みや規制緩和にともなう路線廃止・撤退などを理由として経費削減をはかり会社が身軽になることが必要であるとの観点から，2001 年 6 月に運転士と車掌に契約社員制度が導入された。非正規従業員である契約社員は 1 年契約（更新は可能）で昇級なしの固定給であり，退職金もなかった。これに対し，組合は，非正規が増えれば正社員の労働条件は一体どうなるのかという危機意識をもち，まず契約社員の採用 3 年経過後における正社員への登用とユニオン・ショップ協定による組合員化を会社に要求し，これらを実現にこぎ着けることとなる。しかし，契約社員の正社員化は，契約期間が無期になり定年まで働くことができるが，労働条件は従来のままという形にとどまるものであり，組合員となった旧契約社員は依然として不満と不安を抱えていた。そこで，組合は，さらに旧契約社員とそれまでの正社員の賃金体系の一本化（つまり，旧契約社員も年功に応じて昇給できる賃金体系の実現）に粘り強く取り組み，ようやく 2009 年 3 月に春闘と同時決着に持ち込むことができた。しかし，そのためには組合はそれまでの正社員であった従業員の賃下げ（昇給カーブの引き下げ・ねかせと昇給の一定年齢での頭打ち）を飲まざるをえず（つまり，賃金原資の増加が見込めなければ一方の給料が増えれば他方を減らさざるをえないということであろう），実現へ向けての過程で組合内部でも激しい議論があったとのことである。結局，それまでの正社員であった者の賃下げは一挙にではなく 10 年かけて行うという緩和措置が組み合わされることになり（そのため毎年の引き下げ額は低額に抑えられ生活への影響も小さなものにとどまることとなった），定年が 60 歳から 65 歳と引き上げられるとともに退職金制度も全社員を対象とするものとなった。その結果，かつて契約社員であった者も含め組合員の勤労意欲が高まり接客マナーも向上するとともに，事故件数も減少し，また，住宅取得など生活向上もみられ，結婚する社員（組合員）も増えていると佐古氏は語った。職の安定が仕事の安全と生活の安

心を生むのであろう。筆者はこのことに非常に心が動かされた。また，佐古氏が，企業の理解がなければ上記のようなことは実現できなかったとおっしゃったことも深く心に残っている。連帯と分かち合いと公正処遇の重要性を含め多くの教訓を得ることができたお話であった。

コラム 2-1-3　「パート」の定義

　パート労働者，パートタイム労働者，あるいはパートタイマーとは具体的にはどのような労働者のことを指すのであろうか。一般には，非正規従業員で一日のうち正社員より少ない時間を働く労働者であり，スーパーのレジ打ちなどを行う主婦パートが連想されがちである。しかし，公に使われている定義はこれとは異なり，まず，総務省が毎年行っている労働力調査では「週間就業時間が35時間未満の雇用者」となっている。また，パート労働法では，「短時間労働者」と呼ばれ，「この法律において『短時間労働者』とは，1週間の所定労働時間が同一の事業所に雇用される通常の労働者（当該事業所に雇用される通常の労働者と同種の業務に従事する当該事業所に雇用される労働者にあっては，厚生労働省令で定める場合を除き，当該労働者と同種の業務に従事する当該通常の労働者）の1週間の所定労働時間に比し短い労働者をいう。」とされている。つまり，かりに1日の所定労働時間が正社員と同じあるいは正社員より長くても，週の所定労働時間が正社員よりも短ければ「短時間労働者」（パート労働者）ということになる（たとえば，正社員の所定労働時間が1日7時間30分で週5日勤務であるのに対し1日の所定労働時間は8時間だけれども4日勤務といった場合，パート労働者に該当することになる）。そして，企業が単に「パート」ないし「パートタイマー」などと呼んでいる場合である。このケースでは，パートという場合，どちらかといえば短時間というよりも非正規従業員という意味合いの方が強く，たしかに前2者の定義に該当し労働時間が短い場合も多いが，正社員と所定労働時間が同じという場合もある。特に，最後のものは擬似パートと呼ばれている。

第 2 節　労働契約の締結をめぐる法規制

I　労働契約の成立要件

(1) **労働契約の成立**　労働契約も契約である以上，労使の個別の合意に

よって成立する（締結されることになる）のであり，労働契約法6条は成立要件として「労働契約は，労働者が使用者に使用されて労働し，使用者がこれに対して賃金を支払うことについて，労働者及び使用者が合意することによって成立する。」と規定している（この点に関連して，雇用契約の要素を定める民法623条も参照）。労働の提供と賃金支払が労働契約の要素をなし，成立のためにはこれらが合意内容となっていなければならないのである（黙示の労働契約の成立との関係については，前述・第1編第2章を参照）。

ただ，これらの基本要素について合意があれば，具体的な賃金額や労働義務の内容が具体的に決まっていなくても（一定抽象的なままであっても）労働契約自体は成立する（したがって，近年の裁判例である日本ニューホランド事件・札幌地判平22.3.30労判1007号26頁が，「雇用契約において賃金の額は契約の本質的要素であるから，再雇用契約においても当然に賃金の額が定まっていなければならず，賃金の額が定まっていない再雇用契約の成立は法律上考えられない」と判示するところ（控訴審（札幌高判平22.9.30労判1013号160頁）も同旨）は疑問であるといわざるをえない）。つまり，労働契約は諾成・不要式の契約である。

もっとも，労使の力関係の差を考慮し，あとで労働条件をめぐるトラブルが起こることを防止し労働条件や権利義務の明確化をはかるために，次にみるように一定の法規制がなされている（ちなみに，これらの規制があるからといって労働契約が要式契約になるのではなく，規制に違反すれば法違反の効果が生ずるのみであり，労働の提供と賃金支払についての合意さえあれば労働契約自体は成立する点に注意する必要がある）。

① 労働基準法15条1項は労働契約の締結に際し使用者に労働条件を明示することを義務づけ，そのうち労働契約の期間，就業の場所および従事する業務，賃金，労働時間，（解雇事由を含む）退職に関する事項については書面による明示が求められている（明示すべき労働条件については，以上を含め，労働基準法施行規則5条を参照）。明示すべき事項は，労働契約の期間，就業の場所および従事する業務を除き就業規則の記載事項（労働基準法89条）と一致するので，通常，一般には明示は就業規則の交付等によりなされるといえる。

② 労働契約法4条は，1項で「使用者は，労働者に提示する労働条件及び労働契約の内容について，労働者の理解を深めるようにするものとする。」と

規定し，単なる明示を超える説明等を行うことを使用者に求めている。ただし，これは努力義務規定ないし訓示規定であると解されており，この規定に違反したからといって直接的になにか法的効果が生ずるものではない。しかし，この規定が信義則によって媒介されることにより，使用者の労働者に対する説明義務・情報提供義務や誠実交渉義務が導き出される余地は存するといえよう。また，労働契約の締結・変更は労使対等の立場で自主的交渉により行われることが労働契約法の法理念とされていること（労働契約法1条，3条1項）を踏まえるならば，（特に労働条件に関し）有効な労使合意が存するということができるためには，使用者が十分な説明や情報提供を行い，それを踏まえて労働者が理解と納得のうえ合意に及んだということが必要であるといえよう（特に，労働契約成立時＝採用時には労働者は弱い立場にあるので，契約内容をめぐる合意の認定は慎重を要するものといえよう）。次に，同条2項は，「労働者及び使用者は，労働契約の内容（期間の定めのある労働契約に関する事項を含む。）について，できる限り書面により確認するものとする。」と規定し，労働基準法15条1項（そして，次に説明するパート労働法6条1項）が義務づける範囲を超えて書面化を求めている。これも努力義務規定ないし訓示規定であると解されており，違反に対して直接の効果は生じないが，労働契約の解釈や労働条件をめぐる合意の有無等をめぐり問題が起きた場合には書面化されなかったことのリスクは使用者が負うと解すべきであろう。ちなみに，この労働契約法4条1項・2項の規定のカバーする範囲は労働契約の締結時にかぎられず，労働契約展開の全過程にまで及ぶ点に注意する必要がある（個別合意による労働条件の変更（賃金減額）につき労働契約法4条の趣旨に照らし労働者の黙示の承認が認められないとされた例として，技術翻訳事件・東京地判平23.5.17労判1033号42頁）。

③　パート労働者の場合には，正規従業員の場合とは異なり労働条件が不明確となりがちであるので，労働基準法15条1項に加えて，パート労働法は6条1項において特定事項（昇給の有無，賞与の有無，退職金の有無）について文書の交付，ファクシミリの送信，電子メールの送信によって明示しなければならないとする（以上については，パート労働法施行規則2条参照）とともに，同条2項で，1項の特定事項と労働基準法15条1項で文書による明示が求められている以外の事項についても併せて文書の交付等により明示すべき努力義務を

事業主に課している。

なお，詳しくは後述するが，以上に加えて，募集に関して労働条件の明示を義務づける職業安定法5条の3第1項にも注意する必要がある。

Ⅱ 労働契約の成立過程

(1) **採用の自由の原則**　労働契約も契約である以上，締結に関して基本的に契約自由の原則（そのうち，特に，契約締結の自由の原則）が妥当する（なお，労働基準法は契約によっても下回ることができない労働条件の最低基準を定めているが，基準以上の労働条件を労働契約で定めることは可能であり，契約自由の制限というよりはその実質化ととらえるべきであろう）。たしかに，労働契約締結に関する契約の自由は労働者にとっては使用者選択の自由を意味するが，使用者からみれば採用の自由を意味することになる（憲法22条・29条が保障する企業の経済活動の自由から採用の自由を導き出す判例として，三菱樹脂事件・最大判昭48.12.12民集27巻11号1536頁）。しかし，労使の社会的な力関係の差異や，通常，労働者は企業に経済的に依存して生活せざるをえない状況（言い換えれば経済的弱者としての立場）にあることを勘案すると，採用（の自由）に関して一定の法的規制が必要であることが理解されるであろう。

(2) **使用者の採用の自由・選択の自由**　使用者は採用の自由として，具体的には，雇入れ人数決定の自由，募集方法の自由，選択の自由，契約締結の自由などを有するといえる。使用者自らが労働者を募集する場合は，新聞・雑誌の広告，インターネットを使っての募集，くちこみ，縁故，学校やハローワーク（公共職業安定所）への求人などいかなる方法によるかは基本的に自由とされる。なお，募集に関して，職業安定法5条の3第1項は，使用者に，応募者が従事すべき業務の内容および賃金，労働時間その他の労働条件を明示すべき旨を義務づけている。

ちなみに，職業安定法は，労働者を食い物にしたり，第三者の介入で近代的な労使関係の成立が妨げられたり，報酬目当てで不当な募集がなされたりすることを防止するために，募集に関して以下にみるような一定の規制を設けている。36条は，委託募集に関する規定であり，労働者を雇用しようとする者が，被用者以外の者に労働者の募集に従事させようとするときは，報酬

を与える場合には厚生労働大臣の許可が，無報酬の場合には厚生労働大臣への届出が必要としている。39条は，労働者の募集を行う者および労働者の募集に従事する者は，募集に応じた労働者からその募集に関しいかなる名義でも報酬を受けてはならないとして報酬受領の禁止を定めている。なお，この規定については，「何人も，法律に基いて許される場合の外，業として他人の就業に介入して利益を得てはならない。」と規定し中間搾取の禁止を定める労働基準法6条との関係に留意する必要がある。40条は，労働者の募集を行う者は，その被用者で当該労働者の募集に従事するものまたは募集受託者に対し，賃金，給料その他これらに準ずるものを支払う場合または認可された報酬表により報酬（36条2項参照）を与える場合を除き報酬を与えてはならないとして，報酬の供与の禁止を定めている。

アドバンスト・イシュー　職業紹介の法的規制

　ちなみに，職業紹介に関しては，1947年に制定された職業安定法が，戦前の口入れ屋，タコ部屋，監獄部屋などにみられた人権や人身の自由を侵害する悪弊を除去すべく，一定の場合を除いて有料職業紹介事業を禁止し，公共職業安定所を通じて国が一元的に職業紹介を行うという職業紹介国家独占の原則を規定していたが，1999年の改正によりこの原則が放棄され有料職業紹介事業が原則として解禁（自由化）された（ただし，許可が必要であり，ネガティブリスト方式により職業紹介が認められない場合がリストアップされている）。したがって，現在では，職業紹介に関し，従来の公共職業安定所に加えて民営の職業紹介事業（人材ビジネス）が共存・競合・協力する（1条，5条の2）こととなっている（職業紹介の法的定義については，職業安定法4条1項が「求人及び求職の申込みを受け，求人者と求職者との間における雇用関係の成立をあつせんすることをいう」と規定しており，人材スカウトも含まれる（東京エグゼクティブ・サーチ事件・最二小判平6.4.22民集48巻3号944頁））。

　職業紹介の基本原則として，職業安定法は，職業選択の自由（2条），差別禁止（均等待遇）（3条），労働条件の明示（5条の3），個人情報・プライバシーの保護（5条の4），求人申込み・求職申込み受理義務（5条の5，5条の6），適職紹介および雇用条件適合紹介の努力義務（5条の7）などを定めており，また，労働組合が厚生労働大臣の許可を受けて無料で行う場合を除いて労働者供給事業を罰則付きで禁止する（ちなみに，労働者供給とは労働者派遣法による労働者派遣に該当するものを除いて「供給契約に基づいて労働者を他人の指揮命令を受けて労働に従事させること」と定義される（4条6項））とともに，供給先が供給された労働者を自己の指揮命令下で労働させることも同様に罰則付きで禁止している（44条，45条，64条9号）。

アドバンスト・イシュー　求人票の記載と労働契約内容

　職業安定法5条の3に関連して，求人票の記載が労働契約内容となるのかという問題がある。これについては，丸一商店事件・大阪地判平10.10.30労判750号29頁は，求人票に退職金共済制度に加入することが明示されていた事例につき，「被告は，退職金共済制度に加入すべき労働契約上の義務を負っていたというべきであり，原告は，被告に対し，少なくとも，仮に被告が退職金共済制度に加入していたとすれば原告が得られたであろう退職金と同額の退職金を請求する労働契約上の権利を有するというべきであ」り，「退職金共済制度に加入することが雇用契約の内容になっていた」と判断している。これに対し，藍澤證券事件・東京高判平22.5.27労判1011号20頁は，「雇用契約が使用者と従業員となろうとする者の双方の具体的事情を踏まえて内容が決定されるものであることから，使用者による就職希望者に対する求人は，雇用契約の申込の誘引であり，その後の採用面接等の協議の結果，就職希望者と使用者との間に求人票と異なる合意がされたときは，従業員となろうとする者の側に著しい不利益をもたらす等の特段の事情がない限り，合意の内容が求人票記載の内容に優先すると解するのが相当である。」と判示し，求人票に記された契約期間ではなく契約書記載の契約期間が合意されたと認定した原審（同事件・東京地判平21.9.28労判1011号27頁）の判断を認容している。以上のように裁判例の考えは対立しており，後者のように求人票の内容を申込みの誘引ととらえる立場も有力であるといえる。

(3) **採用の自由に対する現行法上の規制**　これについては，最低年齢の規制（労働基準法56条1項），募集・採用に関する性差別および間接差別の禁止（男女雇用機会均等法5条・7条），障害者の雇用率（民間企業の場合は1.8%）に達するまでの雇用義務（障害者雇用促進法37条以下）と未達成の場合の雇用納付金の徴収（同法53条以下），募集・採用に関し年齢制限を行わない義務（雇用対策法10条），募集・採用年齢に限定を付す場合の理由の明示義務（高年齢者雇用安定法18条の2）などがある。なお，採用の自由の原則からして，使用者が男女雇用機会均等法5条や雇用対策法10条に違反しても，労働者側の救済としては不法行為を理由として損害賠償を請求しうる可能性が存するにとどまり，採用強制まではできないと解されている。また，障害者雇用安定法37条が事業主に課す雇用義務もその未達成につき雇用納付金の徴収が予定されるにすぎない。総じて使用者の採用の自由に関する規制はいまだ弱いものにとどまっているといえよう。

採用の自由に関し，従来，大きく問題となっていたのが，労働条件に関し国籍・信条・社会的身分により労働条件を差別することを禁じる労働基準法3条が採用に関して適用されるかである。これについては，採用という雇用関係における入口段階で差別を禁止しないといくら労働条件差別を禁止しても意義と実効性がないとして適用を肯定する説と労働条件とは締結された労働契約の内容のことであって労働契約の締結それ自体は含まれないとして適用を否定する説の対立がみられたが，最高裁は，三菱樹脂事件・最大判昭48.12.12民集27巻11号1536頁において，「労働基準法3条は労働者の信条によって賃金その他の労働条件につき差別することを禁じているが，これは，雇入れ後における労働条件についての制限であって，雇入れそのものを制約する規定ではない」と判示し否定説に立つことを示した。

(4) **思想・信条を理由とする採用差別をめぐる法的問題** 採用に関して労働基準法3条が適用されないとしても，使用者は採用の自由を有するとして思想・信条を理由として労働者の採用拒否を行うことが許されるのであろうか。これに関しては，三菱樹脂事件・最大判昭48.12.12民集27巻11号1536頁が違法ではない（認められる）と判示した。少し長くなるが，重要なので，その判示の該当部分を引用してみよう。「憲法の右各規定（筆者注：憲法14条，19条）は，同法第3章のその他の自由権的基本権の保障規定と同じく，国または公共団体の統治行動に対して個人の基本的な自由と平等を保障する目的に出たもので，もっぱら国または公共団体と個人との関係を規律するものであり，私人相互の関係を直接規律することを予定するものではない。」，「憲法上の基本権保障規定をそのまま私人相互間の関係についても適用ないしは類推適用すべきものとすることは，決して当をえた解釈ということはできないのである。」，「ところで，憲法は，思想，信条の自由や法の下の平等を保障すると同時に，他方，22条，29条等において，財産権の行使，営業その他広く経済活動の自由をも基本的人権として保障している。それゆえ，企業者は，かような経済活動の一環としてする契約締結の自由を有し，自己の営業のために労働者を雇傭するにあたり，いかなる者を雇い入れるか，いかなる条件でこれを雇うかについて，法律その他による特別の制限がない限り，原則として自由にこれを決定することができるのであって，企業者が特定の思想，信条

を有する者をそのゆえをもって雇い入れることを拒んでも，それを当然に違法とすることはできないのである。憲法 14 条の規定が私人のこのような行為を直接禁止するものでないことは前記のとおりであり，また，労働基準法 3 条は労働者の信条によって賃金その他の労働条件につき差別することを禁じているが，これは，雇入れ後における労働条件についての制限であって，雇入れそのものを制約する規定ではない。また，思想，信条を理由とする雇入れの拒否を直ちに民法上の不法行為とすることができないことは明らかであり，その他これを公序良俗違反と解すべき根拠も見出すことはできない。」

学説は，総じて，①労働者の思想・信条は直接労働能力と関係しないのみならず労働者の人格の中核をなすものであり，またプライバシー保護の観点からも私人間でも尊重されるべきである，②最高裁は企業の経済的自由を労働者個人の思想・信条の自由に優越させており，経済的自由に対し精神的自由の優位を説く憲法学でいうところの二重の基準論と逆行する判断となっている，③最高裁の判旨は，結局は，労働能力にかかわらず特定の思想・信条を有する者を生活の糧を得るための雇用の機会から排除することを認めることになり，労働者の生存権（憲法 25 条）を無視する結果になっている，④憲法 14 条・19 条は私人間でも公序をなしている（なお，三菱樹脂事件・最高裁判決は一般論・抽象論としては憲法の人権規定の私人間での間接適用の可能性を認めてはいるのだが，結論的には，結局は，実質的に否定説をとったのと変わらない判断を示している）といった理由から，この最高裁判例に批判的であり，思想・信条を理由とする採用拒否は公序良俗違反となるとする違法説を支持している（結論としては公序良俗違反と認めなかったものの，このような違法性の可能性を示したものとして，慶応義塾大学病院事件・東京高判昭 50.12.22 判時 815 号 87 頁）。ただ，違法説に立っても，採用の自由との関係で採用強制はできず，採用拒否された者に対する救済方法は不法行為に基づく損害賠償にとどまることになる。ちなみに，現在に至るまでこの判例は変更されていないが，1999 年の改正で追加された職業安定法 5 条の 4 は労働者の募集を行う使用者が募集に際して「その業務の目的の達成に必要な範囲内で求職者等の個人情報を収集し，並びに当該収集の目的の範囲内でこれを保管し，及び使用しなければならない」旨を定めており，通常，思想・信条は労働能力とは直接関係がなく，原則として収集が禁止さ

れる個人情報にあたる（後述のアドバンスト・イシュー参照：また，2000年に労働省（当時）が示した「労働者の個人情報保護に関する行動指針」において使用者が原則として収集してはならないとされる個人情報のなかに「思想，信条及び信仰」が含まれている）点に注意する必要がある。

> **アドバンスト・イシュー** 採用過程における応募者の真実告知義務とプライバシー

採用活動を行っている企業と応募者の間の採用過程においても信義則の適用があり，応募者は真実告知義務を負うと解されている（二国機械工事事件・横浜地決昭40.12.8労民集16巻6号1057頁，硬化クローム工業事件・東京高判昭61.5.28労判483号21頁，炭研精工事件・東京高判平3.2.20労判592号77頁，メッセ事件・東京地判平22.11.10労判1019号13頁）。しかし，労働者のプライバシー保護の必要性や採用時には特に労働者側が弱い立場に立つことを考えると，労働能力・職業能力や適性に関連する合理的な範囲でのみ企業の質問に答える義務があると解すべきである。すでに示した職業安定法5条の4を受けて指針（平成11・11・17労告141号）は，㈱人種，民族，社会的身分，門地，本籍，出生地その他の社会的差別の原因となるおそれのある事項，㈹思想および信条，㈺労働組合への加入状況の収集を原則として禁じている。また，HIVやB型肝炎ウイルスへの感染は保護されるべき個人情報であって重要なプライバシーに属し，したがって，①検査の必要性，と②本人の同意，がないかぎり企業は検査を行うことはできず，しかも通常そのような必要性は認められないといえよう（HIV千葉解雇事件・千葉地判平12.6.12労判785号10頁，東京都（警察学校・警察病院HIV検査）事件・東京地判平15.5.28労判852号11頁，B金融公庫事件・東京地判平15.6.20労判854号5頁）。

> **基本判例** HIV千葉解雇事件・千葉地判平12.6.12労判785号10頁

「個人のHIV感染に関する情報が保護されるべきであり，事業主においてその従業員についてHIV感染の有無を知る必要性は通常認められないことからすれば，事業主であっても，特段の必要性がない限り，HIV抗体検査等によりHIV感染に関する従業員個人の情報を取得し，あるいは取得しようとしてはならず，右特段の必要性もないのにHIV抗体検査等を行うことはプライバシーの権利を侵害するものというべきである。仮に，事業主が，業務遂行のための労働衛生管理上の理由から，又は仕事に対する能力や適正判断のためなどから，HIV感染の有無に関する検査を必要とする場合であっても，HIV感染に関する情報保護の重要性に鑑みれば，右検査の必要性が合理的かつ客観的に認められなければならず，また，たとえ右検査の必要性が認められる場合であっても，検査内容とその必要

性を本人にあらかじめ告知し、その同意を得た上で行われるべきであり、そのような必要性が認められず、あるいは必要性があっても本人の同意も得ずに右検査等を行うことは許されないというべきである。」

アドバンスト・イシュー　労働契約締結上の過失

　労働契約が締結されることによって労使間に労働関係が形成され様々な権利義務が発生することになるが、労働契約が締結されなければ労使間に法的拘束が生ずることはなく原則として権利義務が発生するものではない。また、使用者は採用の自由を有し、労働契約の締結を強制されることはない。しかし、労働契約締結過程において求職者（応募者）が企業との面接や協議などを重ねることによって労働契約の締結が確実であるとの期待を有する段階に至ったのちにおいて、企業が交渉を破棄し契約締結がなされなかった場合には、企業は労働契約締結過程上の信義則に反するとして求職者に対して不法行為に基づく損害賠償責任を負うことがある（特に、求職者（応募者）が入社が確実であると期待して、これまでの勤務先を退職したような場合に問題となる）。これが労働契約締結上の過失と呼ばれる問題であり、たとえば、代表的な裁判例であるわいわいランド事件・大阪高判平13.3.6 労判818号73頁は、「雇用によって被用者が得る賃金は生活の糧であることが通常であることにもかんがみると」、求人企業は求職者の「信頼に答えて、自らが示した雇用条件をもって第1審原告らの雇用を実現し雇用を続けることができるよう配慮すべき信義則上の注意義務があったというべきであ」り、求職者が求人企業を「信頼したことによって発生することのある損害を抑止するために、雇用の実現、継続に関係する客観的な事情を説明する義務もあったということができる」として、不法行為を理由とする求職者の損害賠償請求を認容している（その他の代表的な事例として、かなざわ総本舗事件・東京高判昭61.10.14 金融・商事判例767号21頁、ユタカ精工事件・大阪地判平17.9.9 労判906号60頁）。また、採用内々定の取消にこの法理を及ぼした事例もある（コーセーアールイー（第1）事件・福岡高判平23.2.16 労経速2101号32頁、同（第2）事件・福岡高判平23.3.10 労判1020号82頁：詳しくは次節で後述）。しかし、この法理で採用内々定取消に対処すると、契約締結が確実な段階（つまり、正式な採用内定—大学生であれば4年生の10月1日—の直前）でなければ保護されないことになるが、実際には企業の採用活動がかなり大幅に早期化しており、3年生の終わりか4年生の初めごろに採用内々定を受け取る大学生にとっては場合によって酷な結果となろう。そして、この法理は、労働契約は成立したが、交渉過程（採用過程）において使用者側に説明や情報提供に問題があったため、労働者の期待と実際の労働条件に食い違いが生じたといったケースにおいても、労働者が損害賠償を請求するための根拠として用いられている（日新火災海上保険事件・東京高判平12.4.19 労判787号35頁）。

第3節　採用内定・試用

Ⅰ　採用内定・採用内々定

(1) **問題の所在**　高度経済成長期に企業規模や企業活動が拡大するにともなって、各企業は優秀な学生を早くから押さえようとしたため、採用内定が早期化し「青田買い」と呼ばれる状況がみられるようになった。大学生の場合、卒業のかなり以前（1年以上前）の在学中に内定がなされるような事態もめずらしくなかった。それにともない内定取消も増加することとなった。学生が内定を取り消された場合、他の企業の採用活動はもうすでに終わっていて新たな就職先を探すことが困難であることから、内定を取り消された学生を何らかの形で救済することができないかが問題となった。そして、その前提として、採用内定とはいったいいかなる法的性質のものかが議論されるようになった。

なお、その後、労働省・文部省・企業・大学間で交わされた就職協定により採用活動の早期化に歯止めがかけられたが、1996年に就職協定が廃止された。これにより再び企業の採用活動は大幅に早まったが、企業は経団連の「倫理憲章」に従い正式の採用内定は4年生の10月1日以降とするのが通例であり、それ以前には採用内々定がなされるという慣行が定着した。そこで新たに採用内々定の法的性質と不当な内々定取消に対する法的救済はいかなるものかが問題となることになった。

以下ではまず採用内定をめぐる問題を検討し、そのあと採用内々定についての検討を行うことにしよう。

(2) **採用内定の法的性質**　以下で、議論の流れを概観してみよう。

(a) **初期の学説**　初期の学説としては、①採用内定により企業と内定者が入社日に労働契約を締結することに向けての労働契約締結過程に入ったとする締結過程説や②採用内定とは入社日に労働契約を締結する旨の予約であるとする予約説がある。いずれの説によっても、正当な（あるいは合理的な）理由なき内定取消に対する法的救済は損害賠償請求となり、救済としては弱い

ものにとどまるといえよう。とにかく，使用者には契約締結の自由があるため，採用を強制することはできないことになる。ちなみに，損害賠償請求をめぐる法的構成を具体的に示せば，①説においては，期待権侵害（もしくは現在の理論状況においては契約締結上の過失）を理由とする不法行為により，②説においては予約契約の不履行（債務不履行）により，内定者は内定企業に対して損害賠償を請求することになる。

(b) **労働契約成立説の登場**　初期の学説が示したような考えでは内定を取り消された者（特に，学生）の保護は弱いものとなるが，採用内定により労働契約が成立していれば内定取消は労働契約の解約であって解雇にあたるため（つまり，もはや採用強制が問題とはならないため），客観的に合理的で社会的に相当な理由なき解雇は権利濫用で違法・無効であるとする解雇権濫用法理（ちなみに，もともとこれは判例法理であったが，現在では労働契約法 16 条において法理が確認され条文化されている）による保護を受けることができ，内定を取り消された者が労働契約上の地位確認（わかりやすくいえば，従業員としての地位を有していることを裁判所に確認してもらうこと）を求めることが可能となる。

　そこで，学説は，採用内定でもって労働契約が成立すると解する労働契約成立説に踏み出すものが登場してきたが，労働契約成立といっても学生が実際に働きだすのは卒業後であることから，（卒業を停止条件とする）停止条件付労働契約説，（卒業できないことを解除条件とする）解除条件付労働契約説，（内定中はいまだ働いておらず，現に働いている従業員とは異なった，たとえば学校を卒業できないことといった採用内定に特有の解雇事由が使用者に留保されているとみる）解約権留保付労働契約説などといったバリエーションをともなった考え方がみられることになった（解除条件付労働契約成立説に立つ裁判例として，森尾電機事件・東京高判昭 47.3.31 労民集 23 巻 2 号 149 頁）。そのようななか，最高裁が，大日本印刷事件・最二小判昭 54.7.20 民集 33 巻 5 号 582 頁において採用内定の法的性質につき始期付解約権留保付労働契約説をとるに至った（なお，電電公社近畿電通局事件・最二小判昭 55.5.30 判時 968 号 114 頁も参照）。そして，これが判例・学説の広く支持するところとなって定着し，問題は基本的に解決したといってよい（「始期付」とは採用内定によって労働契約が成立しても働くのは入社日＝始期以降のまだ先のことであるということであるが，その法的意味については後に詳しく検討する）。

なお，この立場に立った場合には，使用者による募集は申込みの誘引であって，これに対して学生（ないしは応募者）の応募・受験が労働契約の申込みであり，使用者の採用内定通知発送が承諾にあたり，学生（ないしは応募者）の誓約書提出と相まって労働契約が成立することになると解されている。

ちなみに，大日本印刷事件・最判は，いわゆる任意的労働契約法理と位置づけられるものである点に注意する必要がある（これは，後掲の判決文の①の部分が述べているところである）。つまり，採用内定の法的性質は多様であって，それがはたしていかなるものであるかは当事者の意思解釈を行って決定する必要があることになるが，当事者が特段何も決めていなかったり，通常多くの企業でみられるような学卒定期採用のような場合には，判例のルールが適用されることになる。ただし，任意的労働契約法理であるとはいっても，労使間の大きな力関係の差（特に，採用段階においては学生ないし応募者は極めて弱い立場に立たされることになるということ）を考慮すると，そして，学生の在学中の早い段階において募集・採用活動を開始するのは使用者側の都合でありそのリスクは原則として使用者側に負わせるべきであると考えられることからすると，最高裁が示したルールから離れる旨（つまり，たとえば，「うちの会社の内定はあなたと労働契約の締結過程に入ったにすぎませんよ」とか，「うちの会社の内定は入社式の日に労働契約を締結する旨の予約ですよ」といったことを取り決めること）の当事者の合意の認定は慎重でなければならず，具体的には，判例ルールとは異なるものとすることに合理的理由があり，使用者がその趣旨を十分に説明し応募者もそれを明確に認識・理解・納得したうえで真意に基づいて合意をしたということが必要であろう。

> **基本判例** 大日本印刷事件・最二小判昭54.7.20民集33巻5号582頁
>
> ① 「企業が大学の新規卒業者を採用するについて，早期に採用試験を実施して採用を内定する，いわゆる採用内定の制度は，従来わが国において広く行われているところであるが，その実態は多様であるため，採用内定の法的性質について一義的に論断することは困難というべきである。したがって，具体的事案につき，採用内定の法的性質を判断するにあたっては，当該企業の当該年度における採用内定の事実関係に即してこれを検討する必要がある。」
>
> ② 「本件採用内定通知のほかには労働契約締結のための特段の意思表示をす

ることが予定されていなかったことを考慮するとき，上告人からの募集（申込みの誘引）に対し，被上告人が応募したのは，労働契約の申込みであり，これに対する上告人からの採用内定通知は，右申込みに対する承諾であって，被上告人の本件誓約書の提出とあいまって，これにより，被上告人と上告人との間に，被上告人の就労の始期を昭和44年大学卒業直後とし，それまでの間，本件誓約書記載の5項目の採用内定取消事由に基づく解約権を留保した労働契約が成立したと解するのを相当とした原審の判断は正当であって，原判決に所論の違法はない。」
　③「採用内定の取消事由は，採用内定当時知ることができず，また知ることが期待できないような事実であって，これを理由として採用内定を取消すことが解約権留保の趣旨，目的に照らして客観的に合理的と認められ社会通念上相当として是認することができるものに限られると解するのが相当である」

(3) **採用内定取消の適法性**　　採用内定によって労働契約が成立するならば，内定取消は労働契約の解約＝解雇にほかならず，したがって，合理的で相当な理由がないかぎり権利濫用で違法・無効となり（現在では，労働契約法16条参照），内定者は労働契約上の地位確認が認められることになる。しかし，判例が，「解約権留保付」と性格づけたように，採用内定者はいまだ実際に使用者のもとで労働しているのではないため，現にその企業で労働している労働者とは異なった解約権（つまり，異なった解雇事由に基づく解雇権）が使用者に留保されていることになる。そのような解約権は通常は内定通知とともに送付される誓約書に記載されているが，それはあくまで「解約権留保の趣旨，目的に照らして客観的に合理的と認められ社会通念上相当として是認することができるもの」に制限的に解されなければならない。反面，誓約書に記載がない場合には，このような見地から一定の解約権が留保されていると補充的に解されることになる（前掲・電電公社近畿電通局事件・最判）。つまり，前掲・大日本印刷事件・最判の判旨③で示されたところは，誓約書の記載がある場合には制限的に，記載のない場合には補充的に作用するのである。とにかく，適法な（合理的で相当な）内定取消事由としては，長期療養を必要とする病気の罹患，犯罪で訴追され入社日以降通常通り勤務できない状態になったこと，経歴書・身上書への虚偽記載，労働能力の低下，卒業延期（不能）などを挙げることができよう。また，経営悪化にともなう採用内定取消は，後に解雇の

ところで解説する整理解雇法理に照らして、適法性（有効性）が判断されることになる（整理解雇法理に照らして、内定取消を無効と判断した例として、インフォミックス事件・東京地決平9.10.31労判726号37頁）。

使用者からの内定取消に対し、内定者（新卒定期採用の場合は、学生）からの内定辞退は、民法627条1項に照らして、2週間前の予告さえおけばいつでもなしうることになる。ただし、それが入社日の直前になっての突然のものであるなど信義則に反した形（態様）でなされる例外的な場合には、使用者に内定辞退者に対する損害賠償請求権を生じさせる可能性があると考えられる。

> アドバンスト・イシュー　採用内定・内定取消と労働基準法・職業安定法

　制定法である労働基準法と職業安定法も採用内定・内定取消に関係して問題となる場合がある。まず、労働基準法については、15条と20条が採用内定に関連してくる。労働基準法15条1項は使用者に対して労働契約締結時に労働者に労働条件を明示すべき旨を義務づけているが、採用内定により労働契約が成立するのであれば、明示の時期は内定時ということになる（ちなみに、内定時に示された賃金の見込額と実際に受け取った確定額に差がある場合、労働者は差額請求をなしうるかが争われた事例として、八洲測量事件・東京高判昭58.12.19判時1102号24頁があり、見込額はあくまで見込みであって確定額ではないが、見込額と確定額に差がある場合には労働者の期待に反し信義則違反となりうるとの可能性は認めつつ、本件では信義則違反とならないとされた）。また、使用者が解雇を行うには30日前の予告か平均賃金の30日分以上の解雇予告手当の支払を求める20条が採用内定取消の場合に適用されるかが問題となるが、21条が試用の場合には14日以内であれば20条は適用されないとしていることとの均衡上、いまだ試用に入る前段階である採用内定期間中には適用がないと一般的に解されている。なお、労働基準法15条から18条は労働契約の締結に関連する規定といえるが、本書の構成の都合上、これらについては労働基準法の他の規定と合わせて『基本労働法Ⅱ』で扱うこととする。

　次に、職業安定法は、新規学卒者に対して内定取消を行った使用者は公共職業安定所長および学校長にその旨を通知するものと規定しており（職業安定法54条および同法施行規則35条2項2号）、その内容が厚生労働大臣の定める場合に該当するとき（平成21・1・19厚労告5号：①2年以上連続して行われたもの、②同一年度内に10人以上に対して行われたもの、③生産量その他事業活動を示す最近の指標、雇用者数その他雇用量を示す最近の指標等にかんがみ、事業活動の縮小を余儀なくされているものとは明らかに認められないときに行われたもの、④内定取消の対象となった新規学卒者に対して内定取消を行わざるをえない理由について十分な説明を行わなかったとき、内定取消の対

象となった新規学卒者の就職先の確保に向けた支援を行わなかったときのいずれかに該当する事実が認められたとき）は，厚生労働大臣はその内容（企業名）を公表することができることになっている（同法施行規則17条の4）。

(4) **日本的雇用慣行の変化と採用内定法理**　これまでみてきたような採用内定法理は，日本的雇用慣行のもと行われてきた正社員の学卒定期採用を念頭に形成されたものということができる。しかし，労働力の流動化の進展（転職の増加）や非正規労働者数の増大，あるいは通年採用制の普及など日本的雇用慣行が大きく変化する傾向が近年みられるところであり，これにともなって今後においては採用内定法理も変化する（つまり，法理の前提ないし基礎が変わったとして裁判所が法理を変化させる）可能性が存していると考えられる。しかし，いまだ現在のところは，裁判所は，中途採用者の採用内定にも新規学卒者と同様の法理を適用し事件処理を行っている状況にある（たとえば，前掲・インフォミックス事件・東京地決，オプトエレクトロニクス事件・東京地判平16.6.23労判877号13頁）。

(5) **採用内定期間中の法律関係**　採用内定の法的性質に関連して，「始期付」ということの意味が問題となる。最高裁は，前掲・大日本印刷事件では就労始期付と，前掲・電電公社近畿電通局事件では効力始期付との判断を示している。就労始期付とは，現に就労するのは入社日からという始期が付いているが，就労を前提としない部分の労働契約の効力は内定（労働契約締結・成立）時から生じているということを，効力始期付とは，労働契約のすべての効力が生ずるのは入社日からという始期が付いているということをそれぞれ意味する。就労始期付か効力始期付かについては，具体的には，個別事案に応じて当事者の意思解釈を行ってどちらであったのかを決することになる。いずれの法的構成をとるかにより，内定期間中の研修受講義務やレポート提出義務の存否，研修や工場見学中の事故が労災となるか否か，労働基準法等の労働者保護法や就業規則の適用の有無，懲戒処分の可否などをめぐって結論に違いが生じうることになる。ちなみに，いずれか明らかではないという場合については，法律関係の明確化ということを重視するならば就労始期付と構成することが妥当となろうが，内定期間中は採用内定者はいまだ学生（通

常の学卒定期採用の場合）でありできるかぎり拘束を及ぼすべきではないと考えるならば効力始期付と解すべきであろう（なお，この点については，宣伝会議事件・東京地判平17.1.28労判890号5頁が一定参考になる）。

基本判例　宣伝会議事件・東京地判平17.1.28労判890号5頁

① 「効力始期付の内定では，使用者が，内定者に対して，本来は入社後に業務として行われるべき入社日前の研修等を業務命令として命ずる根拠はないというべきであり，効力始期付の内定における入社日前の研修等は，飽くまで使用者からの要請に対する内定者の任意の同意に基づいて実施されるものといわざるを得ない。」

② 「使用者は，内定者の生活の本拠が，学生生活等労働関係以外の場所に存している以上，これを尊重し，本来入社以後に行われるべき研修等によって学業等を阻害してはならないというべきであり，入社日前の研修等について同意しなかった内定者に対して，内定取消しはもちろん，不利益な取扱いをすることは許されず，また，一旦参加に同意した内定者が，学業への支障などといった合理的な理由に基づき，入社日前の研修等への参加を取りやめる旨申し出たときは，これを免除すべき信義則上の義務を負っていると解するのが相当である。」

③ 「入社日において労働契約の効力が発生する効力始期付のものであって，原告が直前研修を含めた本件研修への参加に明示又は黙示的に同意したことにより，原被告間に本件研修参加に係る合意が成立したが，当該合意には，原告が，本件研修と研究の両立が困難となった場合には研究を優先させ，本件研修への参加をやめることができるとの留保が付されていたと解するのが相当である。なお，このことは，本件内定が就労始期付であるとしても，入社日前に就労義務がない以上，同様と解される。」

(6)　**採用内々定の法的性質**　採用・入社をめぐる当事者の確定的意思は内定時に示されるので，採用内々定は労働契約締結過程に入ったかあるいは労働契約締結の予約にすぎず，あくまで例外的に当事者の採用・入社をめぐる意思が確定的であるときには労働契約の成立が認められるという考え方が学説によって一般的に唱えられている。裁判例にも採用内々定により労働契約の成立を認めたものはなく（B金融公庫事件・東京地判平15.6.20労判854号5頁，新日本製鐵事件・東京高判平16.1.22労経速1876号24頁，コーセーアールイー（第1）事件・福岡高判平23.2.16労経速2101号32頁，コーセーアールイー（第2）事件・福岡高判

平23.3.10労判1020号82頁），救済としては契約締結上の過失の法理により損害賠償（慰謝料）請求をなしうるとするにとどまっている（前掲・コーセーアールイー（第1・第2）事件・福岡高判は，内定直前の取消につき信義則違反を理由に慰謝料請求を認めたが，前掲・B金融公庫事件・東京地判は，契約締結上の過失の法理による救済の可能性には言及しつつ，7月29日になされた内々定取消につき，契約締結が確実と期待できる段階に達していないとして損害賠償請求を退けている）。

　しかし，学卒定期採用の場合，もっぱら企業側の都合により在学中の早い時期から採用活動を行うこととされるが，それにともなうリスクは企業側に負わせるべきであり，しかも学生も内々定をもって就職活動をやめてしまう（そして，そのあと，勉学に励む）者も多くいることを考えるとこのような学生を保護する必要は高いといえる。しかも，実態としては高度経済成長期と同様に採用活動が早まり，企業が一方で通常，面接や試験実施等幾重にも慎重な手続を経て「青田買い」を行いながら（「学生が内々定を得るのがどれほど大変なことか！」に留意する必要がある），他方で採用内々定と採用内定を区別し，後者のみを時間的に引き延ばすことで内々定段階では確定的意思がないとして労働契約の成立を認めない（その結果，学生側を長期に不安定な地位におく）ことは問題であろう。そこで，原則として，採用内々定により始期付解約権留保付労働契約の成立を認め，採用内定は事実上の入社の（最終的）意思確認にすぎないと解することが妥当となろう。

> コラム2-1-4　雇用対策法10条による募集・採用における年齢差別の禁止と学卒定期採用の場合における採用活動・就職活動の早期化

　最近，企業の採用活動が早くなるにつれて学生の「就活（シューカツ）」も早まってきており，大学3年生の後期になれば学生はリクルートスーツに身を包み企業のセミナーに出席するため授業どころの騒ぎではなくなる（大学からすればきちんと学生に教育ができないという大変な事態となっている）。現役で就職できなければ後に正社員として就職できる機会が少なく正社員への道は非常に困難となるので，学生も必死である。特に，リーマンショック以降の不況により学生の内定率は大幅に下がり，就職できずニート・フリーターとなる者も増え，これが大きな社会問題化してきている。以上を踏まえ，菅直人首相（当時）も企業に卒業後3年以内は新卒扱いにしてほしいとの要望を行ったことがニュースで大きく報道されたり

した。しかし，考えてみれば，2007年に改正された雇用対策法は10条で事業主（企業）に労働者の募集・採用にあたり年齢で差別することを禁止したのではなかったのか。そうであれば，学生は，現役での就職にこだわらず，卒業後に視野や知見や経験を広めつつゆっくりと職探しをしてもよく，企業はそれを拒めないはずではないのか。なぜ，企業は募集・採用を新卒に限定でき，首相が卒業後3年までは新卒扱いにしてほしいなどとお願いする必要があるのか。実は，雇用対策法10条には，禁止の対象からはずれる例外がいくつか設けられており，そのなかに長期勤続によるキャリア形成をはかる観点から，若年者等を募集・採用する場合であって期間の定めのない労働契約の対象として新卒者を募集・採用する場合（雇用対策法施行規則1条の3第1項3号イ）が含まれているからである。せっかく禁止規定を設けてもこれでは仏作って魂入れずではないか。若者の就職とキャリア展開の重要性を考えるとこのような例外はそもそも廃止すべきであろう。

　なお，ついでに，ここで，筆者の就職活動について書いておきたいと思う。1981年に大学4年生となったが，当時はまだ就職協定があり，4年生の10月1日会社訪問解禁，11月1日採用内定解禁という日程になっていた。4月頃，就職情報会社から分厚い就職情報誌が送られてきて，それについているハガキを数十社に送ると順次会社案内が送付されてきた。4年生の前期はそれをみながら普通に大学に通い授業を受けたりしていた。たしかに，就職協定をきちんと守っている企業はほとんどなかったが，一定の歯止めはきいており，早く動く企業でも8月の夏休みに入ってすぐ，多くの企業は9月に入ってから学生と接触するという状況であった。したがって，学生は，夏休みをはさんだ8月・9月の時期（つまり，せいぜい2か月間である！）に（いわば裏口から）会社訪問し，いい感触を得た企業へ10月1日に正式に訪問し，その日に内定（正確にいえば，内々定といった方がよいであろう）をもらうという具合で，11月1日の正式内定は形だけのものであった。つまり，就職活動（当時はまだ，「就活」ないしシューカツという言葉はなかった）は，授業出席も含めた大学生活にほとんど影響を与えず，学生も長期にわたって不安な状態におかれる（しかも，3年次という専門教育の大事なときに，下手をすると3年後期から1年半の間，ほとんど勉強ができない）ということはなかったのである。それから考えると，今の「就活」ないしは企業の採用活動をめぐる状況はあまりにも異常というほかないのである。

Ⅱ　試　用

(1) **試用の意義**　　わが国の企業においては終身雇用制（慣行）が広くみられたところだが，一度雇ってしまうとよほどのことがないかぎり労働者を解

雇できないとすると企業にとって酷な事態（働かせてみてはじめて能力や適格性がないとわかったのに，あとの祭りでどうしようもないということ）が生ずる場合もある。そこで，終身雇用制を前提に，企業が，労働者と確定的に雇用関係に入る前にその適性・職業能力を判断する機会を設けることがあり，これが試用と呼ばれる制度である（多くの企業では，通常，2,3か月から半年くらいの試用期間が設けられている）。以上のことからすれば，試用ないし試用期間を設けることには一定の合理性が認められるといえ，試用期間は労働者の適性・職業能力をみるための実験・観察期間と位置づけられることになる（実際には，働かせるというよりも研修を行うことの方が多いと思われる）。そして，通常，試用期間終了時に，使用者が不適格との判断を下すと本採用拒否がなされる。そこで，使用者はいかなる場合に本採用拒否をなしうるのか，本採用拒否の法的性質はいかなるものなのか，その前提として試用の法的性質をいかに解するか，不当な（合理性のない）本採用拒否に対する法的救済はいかなるものかといったことが問題となってくる。

(2) **試用の法的性質**　試用についてはその法的根拠が必要となるが，これは，就業規則や労働契約の定めによることになる。さて，試用の法的性質をめぐってであるが，これについては比較的早くからさまざまに議論されてきており，代表的な学説として，①予備契約説（試用期間中は正社員の期間の定めのない労働契約とは別の有期の予備契約（本採用をするかどうかを決定するための，働かせてみて実験・観察を行うことを目的とする無名契約である特別の労務供給契約）が締結されているとする説である：ちなみに，この説によれば使用者は試用期間後（有期契約の期間満了後）に適格判断がなされた労働者と期間の定めのない労働契約を締結することになるが，（契約締結自由の原則の観点から）本採用拒否は使用者の自由であることになる），②有期の試用契約（これは①の予備契約と同様のものと解してよいであろう）と労働契約締結の予約が併存している（したがって，本採用拒否は必ずしもまったく自由というわけではない）とする説，③停止条件付労働契約説（試用期間中でも期間の定めのない労働契約は成立しているが，使用者の適格判断を効力発生の停止条件と解する説），④解除条件付労働契約説（試用期間中でも期間の定めのない労働契約は成立しているが，使用者の不適格判断を労働契約の解除条件とすると解する説），⑤解約権留保付労働契約説（試用期間中も本採用後も同一の期間の定めのない契約が継続しているが，試

用期間中は通常の解雇事由に加えて，さらに実験・観察の結果，適性や能力がないという不適格判断がなされた場合には解雇することができるという解約権が使用者に留保されていると解する説）などがみられた。このなかで，①説，②説では試用につき労働契約とは異なる有期契約を前提としているため合理的な理由のない本採用拒否に対して従業員としての地位確認の救済はできないことになるが，逆に⑤説をとれば本採用拒否は法的には解雇ということになり，(解約権が留保されている分だけ本採用後よりも解雇事由は広いことになるとはいえ）ストレートに解雇権濫用法理（労働契約法 16 条参照）による救済が可能となる。このような理論的対立がみられるなか，最高裁は，三菱樹脂事件・最大判昭 48.12.12 民集 27 巻 11 号 1536 頁において，⑤説に立つことを示した。そして，一般に学説もこれを支持するところとなり，実際上は問題が解決したといってよい（たとえば，本採用拒否を解雇であると捉えて，解雇権濫用法理によりその有効性を判断した近年の事例として，愛徳姉妹会（本採用拒否）事件・大阪地判平 15.4.25 労判 850 号 27 頁）。ちなみに，採用内定でもって労働契約が成立したととらえることとの均衡を考えても⑤の立場が妥当であろう。

基本判例 三菱樹脂事件・最大判昭 48.12.12 民集 27 巻 11 号 1536 頁

① 「試用契約の性質をどう判断するかについては，就業規則の規定の文言のみならず，当該企業内において試用契約の下に雇傭された者に対する処遇の実情，とくに本採用との関係における取扱についての事実上の慣行のいかんをも重視すべきものであるところ，原判決は，上告人の就業規則である見習試用取扱規則の各規定のほか，上告人において，大学卒業の新規採用者を試用期間終了後に本採用しなかった事例はかつてなく，雇入れについて別段契約書の作成をすることもなく，ただ，本採用にあたり当人の氏名，職名，配属部署を記載した辞令を交付するにとどめていたこと等の過去における慣行的実態に関して適法に確定した事実に基づいて，本件試用契約につき上記のような判断をしたものであって，右の判断は是認しえないものではない。それゆえ，この点に関する上告人の主張は，採用することができないところである。したがって，被上告人に対する本件本採用の拒否は，留保解約権の行使，すなわち雇入れ後における解雇にあたり，これを通常の雇入れの拒否の場合と同視することはできない。」

② 「右の留保解約権に基づく解雇は，これを通常の解雇と全く同一に論ずることはできず，前者については，後者の場合よりも広い範囲における解雇の自由

が認められてしかるべきものといわなければならない。」

　③　「雇傭契約の締結に際しては企業者が一般的には個々の労働者に対して社会的に優越した地位にあることを考え，かつまた，本採用後の雇傭関係におけるよりも弱い地位であるにせよ，いったん特定企業との間に一定の試用期間を付した雇傭関係に入った者は，本採用，すなわち当該企業との雇傭関係の継続についての期待の下に，他企業への就職の機会と可能性を放棄したものであることに思いを致すときは，前記留保解約権の行使は，上述した解約権留保の趣旨，目的に照らして，客観的に合理的な理由が存し社会通念上相当として是認されうる場合にのみ許されるものと解するのが相当である。換言すれば，企業者が，採用決定後における調査の結果により，または試用中の勤務状態等により，当初知ることができず，また知ることが期待できないような事実を知るに至った場合において，そのような事実に照らしその者を引き続き当該企業に雇傭しておくのが適当でないと判断することが，上記解約権留保の趣旨，目的に徴して，客観的に相当であると認められる場合には，さきに留保した解約権を行使することができるが，その程度に至らない場合には，これを行使することはできないと解すべきである。」

(3)　**判例法理に関する若干の留意点**　さて，試用の法的性質と本採用拒否の救済については，すでに論じたところであるが，それに関連して，上述の三菱樹脂事件・最大判に関しては若干の点につき補足をしておく必要がある。第1に，最高裁が示した試用法理は，労働契約法理の一環として位置づけられるものであるが，任意的労働契約法理となっている点に留意する必要がある。つまり，判旨①が述べるように，試用の性格は個別契約の趣旨（当事者の意思）によりケースバイケースで異なりうる（したがって，すでに示した試用の法的性質をめぐる各説の説くようなもの—たとえば，有期の予備契約（試用契約）や試用契約と労働契約締結の予約の併存—でありうる）が，わが国で通常みられる大学新卒の定期採用の場合には最高裁が述べる法的性質論が原則として妥当するというものである。ただ，労使の力関係の差異を考慮すると，判例法理とは異なる合意を認定するには慎重でなければならず，合理的理由を必要とするとともに，使用者が労働者に十分な説明を行い，労働者が理解したうえで真意で合意したことが必要といえよう。また，第2に，解約権留保付の意味であるが，まだ現実には働いておらず，したがって現に働いている労働者とは異なる解雇事由（解約事由）に基づき解雇（解約）をなしうる解約権が留保されてい

るとする採用内定の場合とは異なり，試用の場合にはすでに労働者が働いているのであるから，あくまで現に働いている労働者に対する解雇事由に加えて（プラスして）特別の解雇事由が試用期間中にかぎり使用者に留保されているという意味に解さなければならない。そして，第3に，最高裁は，試用期間を従業員としての適性・能力判断の実験観察期間としてのみならず「調査」期間としても位置づけているが，学説は，「調査」はあくまで採用時や内定期間中に行うべきであり，試用期間を（身元）調査の（補充）期間と位置づけることに対して疑問を提起している。第4に，一方で，試用期間中においては「広い範囲における解雇の自由」が認められるとしつつ，他方で，「解約権留保の趣旨，目的に徴して，客観的に相当であると認められる場合」にしか解約権を有効に行使できない（解雇できない）として一定厳格な規制をかけていることの整合性であるが，後者を重視するのであれば，前者につき「解雇の自由」ではなく「解雇の事由」と解して，試用期間中は（プラス分だけ）解雇事由の範囲が広くなっているという意味にとらえるべきであろう。

(4) **本採用拒否の正当事由**　これについては，すでに述べたように，適性・職業能力が不適格と判断されたことであるが，加えて正社員の通常の解雇事由に該当するとして本採用拒否を行うことができることもいうまでもない。ただ，注意すべきは，一般の学卒定期採用の場合と能力・資格が重視される中途採用などの場合には有効性判断に差異がありうると考えられ，後者の場合には使用者により労働者の適格性の存否につき厳しい（シビアな）判断がなされても本採用拒否が有効と判断される（つまり，本採用許否の有効性が通常よりも緩くないしは広く認められる）ことがあろう（欧州共同体委員会事件・東京地判昭57.5.31労判388号42頁）。

(5) **長期にわたる試用期間・試用期間の延長**　合理性を有しない長期にわたる試用期間の定めは労働者の地位をあまりにも不安定にすることになるため，公序良俗違反で無効と解される（ブラザー工業事件・名古屋地判昭59.3.23労判439号64頁）。また，試用期間の延長については，同様の理由により，不適格と判断された者に対してもう一度適格性判断の機会を与えるといった特別の事情がある場合を除いて原則として許されないといえよう（肯定例として，大阪読売新聞社事件・大阪高判昭45.7.10労民集21巻4号1149頁）。

(6) **有期契約と試用期間**　私立高校教師の雇用期間1年の契約が期間満了により終了したとの通告が争われ，右期間が契約の存続期間ではなく試用期間であると判断された事例として，神戸弘陵学園事件・最三小判平2.6.5民集44巻4号668頁がある。具体的には，最高裁は，「使用者が労働者を新規に採用するに当たり，その雇用契約に期間を設けた場合において，その設けた趣旨・目的が労働者の適性を評価・判断するためのものであるときは，右期間の満了により右雇用契約が当然に終了する旨の明確な合意が当事者間に成立しているなどの特段の事情が認められる場合を除き，右期間は契約の存続期間ではなく，試用期間であると解するのが相当である。」と判示した。先に，前掲・三菱樹脂事件・最大判が示した解約権留保付労働契約という試用の法的構成は任意的労働契約法理であると説明したが，このことからすれば当事者の合意によりこれとは異なる性質を試用に付与し，有期の試用契約とすることも可能なはずである。しかし，最高裁は，試用に関する判例ルールからの逸脱を容易には認めず，労使の力関係の差異を考慮し労働者保護の観点から当該期間の性質決定をめぐる当事者合意に合理的解釈を行ったものと考えられるのであり，妥当な結論といえよう（同旨の裁判例として，龍澤学館事件・盛岡地判平13.2.2労判803号26頁）。

(7) **試用法理の変化の可能性**　本書で幾度となく触れてきた日本的雇用慣行の変容（特に，労働力の流動化の進展と成果主義の普及）により試用および試用法理も変化する可能性がある。つまり，能力重視で成果主義賃金処遇がなされる職への転職（戦略的転職）や中途採用が増加するにともなって，①予備契約説的ないし試用契約説的な事例が増加し，試用がまさに能力を見極めるための有期契約であると解されたり（前掲・神戸弘陵学園事件・最判も明確な合意があれば，試用目的の有期契約を締結できることを認めており，実際に，中途採用の場合のみならず新卒の場合においてもまずは有期雇用を結んで，その後にそれらの労働者のなかから一定の者と改めて期間の定めのない労働契約を結ぶといった企業も登場してきている），②本採用拒否の正当事由を緩く解する（本採用拒否の適法性を広く認める）傾向が広くみられるようになるかもしれない。また，2003年の労働者派遣法改正で正面から認められた派遣労働の開始前または開始後に派遣先に職業紹介を行うことを予定する紹介予定派遣ないしジョブサーチ派遣（労働者派遣法2条6

号）は，派遣元との有期契約に基づき派遣形式をとりながら，派遣先で採用されることに向けて実質的に試用を行うものといってよいが，この場合には，判例の試用法理の適用は問題とならず，これも判例のルールの変化を促す契機ないしは要因となるかもしれない。

第2章 労働契約の基礎

第1節 労働契約の基本的特徴

Ⅰ 概　説

(1) **個別的労働関係と労働契約**　労働契約が締結されることによって（個別的）労働関係が成立し，展開していくことになる。すでに論じたように，（個別的）労働関係は労働者が使用者の指揮命令（指揮監督）に従って働くという従属労働関係であるが，あくまで契約に基づく債権関係である点に注意する必要がある。債権関係，つまり契約関係であるということは，なぜ自分が労働を義務づけられるかの基礎があくまで労働者の労働契約締結に向けた意思（これは自己決定に基づく労働権行使の意思でもあるということができる）に存することを意味する。

また，契約は労働者と使用者との個別の関係を規律するが，一般には「入社」という集団に加入するというニュアンスの言葉が使われている。そこで，会社という組織・集団のなかで働くのになぜ「個別」というのかが問題となる。組織・集団というのはあくまで社会学的ないしは事実的にみた（あるいは経営学的な）特徴にすぎず，法的観点からアプローチすれば，労働契約は労使の個別の関係に権利義務を作り出す法技術であり，決して，労働契約により「企業」という集団の一員となるのではないのである。ただし，そのような社会学的ないしは事実的特徴は，労働契約関係に影響を及ぼしており，これが信義則等を媒介として一定考慮されることがあるといえる（この点については，後に詳しく述べることにする）。

なお，本書『基本労働法Ⅰ』で取り扱うのは，労働契約の成立・展開・終了といういわば動的展開過程をめぐる法ルールであるが，労働契約に関しては，展開過程のみならず労働契約内容，つまり労働条件も重要問題となる。ただ，後者の決定・変更をめぐる法ルールと保護の仕組みについては，成立・展開・終了の問題とは原理と規制のあり方を異にするので，本書の記述を受けて『基本労働法Ⅱ』で検討を加えることとする。

　(2) **労働契約とは何か**　労働契約概念については，労働者概念と絡んですでに論じたところではあるが，復習の意味で確認しておこう。労働契約の成立に関する労働契約法6条が示すような契約が労働契約であり，また労働基準法も同法9条が規定する労働者が締結する契約が労働契約であることを前提に法規制を行っている。したがって，労働契約とは，労働者が賃金と引替えに使用者の指揮命令下で労働する義務を負う契約であるということができる。その基本的特徴ないし基準・指標は，指揮命令下での労働，すなわち人的従属性である。先に挙げた労働契約の定義はいわば労働契約の展開過程のすべてどこをとっても見出すことができる特徴を踏まえてなされたいわば静的な定義であるといえ，動的な形でこれを定義するとすれば，労働契約とは労働関係の成立および展開過程を支える契約であるということになる。

Ⅱ　労働契約の特徴

　(1) **労働契約の法的性質**　労働契約は，契約の一種としてどのような法的性質を有しているのであろうか。まず，労働契約の定義ないしは労働契約法6条（そして，労働基準法9条）からしても明らかなように，①有償契約，②双務契約（労働の提供と賃金の支払が対価的牽連関係に立つ）である。また，これも労働契約法6条が示すように，口頭の合意のみによって成立するところの③諾成契約である。しかし，労働条件や労使の権利義務を明らかにし，後に紛争が生ずることを防止するために，労働基準法15条やパート労働法6条が使用者に労働契約締結時に労働条件明示義務を課し，特に一定の重要事項については文書による明示を義務づけている。しかし，これらの規定によっても労働契約が要式契約になるのではなく，あくまで労働契約は口頭の合意によって成立することに変わりはなく，法が使用者に強制する文書による明示等が

なされなかった場合にはこれらの法違反が成立するにすぎない。ちなみに、労働契約法4条は労働契約の内容の理解の促進として締結時を含め労働契約展開の全過程において、（あくまでいずれも努力義務ないし訓示規定としてであるが）合意を実質化するために、1項で、労働契約内容理解促進義務を使用者の義務として、2項で、労働基準法15条1項やパート労働法6条1項が要求する範囲を超える労働契約内容確認を書面で行うべきことを労使双方の義務として規定している。そして、労働契約はあらかじめ就業規則等で定められた労働条件に附合するという点で、④附合契約であるという特徴を有している。

(2) **労働契約関係にともなう基本的特徴**　次に、労働契約関係にはどのような基本的特徴が存しているのかについてみてみよう。一般的に次の4点が指摘されている。

① **人的・継続的性格**　労働契約は、契約の一方当事者が労働を提供し、その提供の仕方につきもう一方の契約当事者が指揮命令するという人的関係を前提とし、このような関係は、通常、長短につき程度の差はあれ一定期間継続することが予定される（労働契約については、たとえば、売店での売買のように瞬時で終了することは考えられず、最低数時間、少なくとも数日、一般には数か月から数年、場合によっては数十年にわたり継続する）。したがって、労働契約関係については信義則（民法1条2項、労働契約法3条4項）が支配し、これがさまざまな場面で重要な役割をはたすことになる。また、労働者は労働過程に自らの身をおいて労働することになるので、その人格や生命・身体・健康などを保護する必要性も出てくる。

② **組織的・集団的性格**　労働契約が履行される場は、通常、多くの労働者が組織的に労働する企業であり、したがって、円滑な企業運営が行われるために、共同作業秩序・企業秩序（職場規律）が必要とされたり、職場における平等や公正処遇が問題となったりするという特色が存している。また、就業規則や労働協約による労働条件の集合的・統一的処理（制度化）の必要性も企業の組織的・集団的性格に由来するといえよう。

③ **白地的・弾力的性格**　そもそも労働契約は使用者の指揮命令権を予定しており、その行使により必要に応じて労働契約の内容決定・変更（労働義務の具体化）がなされることになる。また、企業においては多くの労働者が働い

ているため労働条件はあらかじめ（集団的労働条件として）就業規則で定められており（労働基準法89条参照），したがって，一般的に，労働契約において労働条件に関する詳細な定めがなされることは少なく，就業規則が契約内容となる（労働契約法7条参照）。また，労働契約関係は，通常，長期にわたって展開していくことが予定されるので，労働条件は固定的なものではありえず，状況に応じていわば柔軟かつ弾力的に変動していかざるをえない。これは，個別合意によってなされる（ちなみに，個別合意が必要なのは，個別契約によって設定された労働条件の場合であって，後に解雇に関連して述べるように，このようなケースでは変更解約告知という難しい問題が生じる）こともあれば，就業規則を通じてなされることもあり，労働組合が存している場合には，労働協約の変更という手段がとられることがある。有利な変更であれば問題はないが，不利益に変更せざるをえない場合に，どのような要件が必要となるかが重要論点となる（この点については，さしあたり，労働契約法8条・9条・10条，労働組合法16条を参照）。

④ **使用者の経済的優位性・企業の社会的権力性**　労働契約を締結して労働者を雇用する使用者＝企業は，通常，情報と交渉力の格差を含め労働者を遙かに凌駕する社会的・経済的・組織的な力を有しており，いわば社会的権力とでも性格づけることができる。すでに述べたように，これのもたらす危険・弊害・影響を除去・軽減・緩和するのが労働法の目的であり，実際に，労働基準法2条1項や労働契約法3条1項は労働条件労使対等決定の原則（理念）をうたい，労使の実質的平等を目指すことを法の重要な目的としていることに留意する必要がある（この点については，併せて，労働契約法1条も参照）。また，労働者のプライバシーをはじめとする各種人権や人格権を社会的権力からいかに保護するかも重要課題となる。

以上の4つの基本的特徴は，労使の各種の付随義務，労働契約の成立・展開・終了に関するルール，労働関係をめぐる利益調整・問題解決などにおいて極めて多様な形で反映・考慮されており，したがって，以下，本書の解説を読むにあたっても必ず頭にとどめておいていただきたい。

Ⅲ　労働契約の意義と重要性

(1) **労働契約の重要性**　いうまでもなく個別的労働関係は，労働契約に基

づいてのみ成立し（労働契約法6条はこれを確認した規定である），労働契約を基盤として展開してゆく。また，たしかに，すでに述べたように，労働契約は附合契約化して柔軟かつ弾力的に就業規則等によって契約内容が決定・変更されるとしても，その基礎を提供するのはあくまで労働契約である。したがって，労働契約は非常に大きな重要性を有しているということができる。後に，別項で詳しく説明するように，労働契約法がいくつもの条文で合意原則（1条・3条1項・6条・8条・9条）を確認していることが，このことを意味しているとも考えられる。

以下に，労働契約の重要性を整理して示してみよう。

① 労働契約も契約である以上，基本的に契約自由の原則（特に，契約締結の自由の原則）のもとにおかれ，これは労働者の労働の自由・使用者選択の自由を意味することになる。したがって，「契約なければ労働なし」ということが基本となり，労働契約によってのみ個別的労働関係が形成されるといえるのである（労働契約法6条）。

② あくまで基本的な権利義務（たとえば，労働義務や賃金支払義務）は労働契約に基づいて発生するのであり，就業規則，労働協約，慣行等がそれを具体化することになる。つまり，労働契約は労働条件の枠を設定するという基本的な役割を有しているのである。

③ ②とも関連するが，労働契約も契約である以上一定の範囲（枠）が存する（つまり，無限定な内容のものではない）のであって，その範囲（枠）を超えて労働者は義務を負わない。たしかに，労働契約（労働義務）の内容は抽象的であって使用者の指揮命令権によって具体化されざるをえないのであるが，それはあくまで労働契約の範囲内においてにすぎない。これは労働契約の労働者義務外延確定・限定機能と呼んでよく，まさに，富士重工業事件・最三小判昭52.12.13民集31巻7号1037頁が，「労働者は，労働契約を締結して企業に雇用されることによって，企業に対し，労務提供義務を負うとともに，これに付随して，企業秩序遵守義務その他の義務を負うが，企業の一般的な支配に服するものということはできない」，あるいは，電電公社帯広局事件・最一小判昭61.3.13労判470号6頁が，使用者が業務命令をなしうるか否かに関し，「労働者が当該労働契約によってその処分を許諾した範囲内の事項であ

るかどうかによって定まる」と判示するとおりといえよう（なお、指揮命令と業務命令の異同については後述する）。

④ 就業規則等によって労働契約内容が具体化されることになるとはいっても，性質上やはり依然として職種・勤務場所などの労働者ごとに異なりうる個別的労働条件については個別的労働契約によって具体的に決定せざるをえないのであり，個別合意が重要な役割を演じることになる。なお，労働契約法8条も「労働者及び使用者は，その合意により，労働契約の内容である労働条件を変更することができる。」と規定し，変更についてこのことを確認する（労働契約法制定以前の事件であるが，個別契約によって定められた労働条件の変更は個別契約によってなされることになることを確認したものとして，チェース・マンハッタン銀行事件・東京地判平6.9.14労判656号17頁）とともに，就業規則はあくまで事業場の最低基準であると位置づけられる（労働契約法12条，労働基準法93条）ので，これを上回る個別合意も可能である（労働契約法7条・12条）。

⑤ 労働契約を締結することにより契約の一方当事者は労働者となり（労働契約法2条1項・6条，労働基準法9条参照），その結果，個別的労働関係法ないし労働者保護法が適用されることになる。

| アドバンスト・イシュー | 労働契約法7条・10条と「周知」

労働契約法7条・10条は，就業規則の内容が合理的であり，それが労働者に周知されていれば，労働契約締結時に示された，あるいは不利益に変更された就業規則が労働契約内容となると定めている。労働契約により基本的権利義務が発生しそれを就業規則が具体化するといっても，就業規則は法律上はあくまで使用者が一方的に作成・変更する文書という性格を有する（労働基準法89条参照）のであり（ちなみに，労働基準法90条1項は使用者に過半数代表の意見を聴取する義務，つまり過半数代表に諮問する義務を負わせるにとどまっており，過半数代表により反対意見が示された場合であっても意見聴取義務は尽くされたことになるので，この規定があるからといって，使用者による就業規則の一方的作成・変更性が除去されることはないという点に注意する必要がある），いくら内容に合理性があるからといって単に労働者に示した（形式的に周知した）だけでそれが契約内容となるとすることには問題があろう。労働契約法4条1項は使用者に労働者に対して労働契約内容の理解の促進を求めているが，これはあくまで訓示規定ないし努力義務規定にすぎない。しかし，労働関係が契約関係であることを考えると，使用者は契約相手たる労働者に対し就業規則につき契約

内容となるにふさわしい形で実質的に説明や情報提供等を行い，十分に理解できる機会を与えなければならないといえよう（実質的周知の必要性）。この点で，労働契約法施行以前の事件であるが，次の基本判例で示す中部カラー事件・東京高判平19.10.30 労判 964 号 72 頁が大いに参考になると考えられる。

基本判例 中部カラー事件・東京高判平 19.10.30 労判 964 号 72 頁

① 「全体朝礼を開催するにあたり，被控訴人は全従業員に対し，制度変更の必要性，新制度の概要，従業員にとってのメリット，デメリットなどを記載した説明文書等を一切配付・回覧しておらず，そのことは，その後就業規則の変更の手続を取るまでの間も，同じであった。旧制度から新制度への変更は，一般の従業員からすると，その内容を直ちに理解することは困難であり，被控訴人が全従業員に対し，制度変更を周知させる意思があるならば，まずは説明文書（たとえば，（略）など，あるいは，少なくとも，それらの要点をわかりやすく摘記したもの）を用意した上それを配布するか回覧に供するなどし，更に必要に応じて説明会を開催することが使用者として当然要求されるところであり，それが特に困難であったというような事情はない。ところが，本件において，被控訴人はそのような努力をなんら払っていない。」

② 「経営会議，全体朝礼における説明などにより，控訴人を含む従業員に対し，実質的周知がされたものとはいえない。」

(2) **労働契約の内容確定と解釈** たしかに，労働基準法 15 条 1 項やパート労働法 6 条 1 項は労働契約締結時に使用者に労働条件の明示をなすことを義務づけ，一定の重要事項については文書による明示等を求めているが，それを超えて，わが国では文書で労働条件等を詳細に定めることは稀といえる。ちなみに，労働契約法 4 条 2 項は，労働契約の内容の理解の促進の一環として契約内容の書面による確認を個別労使に求めてはいるが，これはあくまで努力義務規定ないし訓示規定にすぎない。また，かりに，契約内容が書面化されたとしても，必ずしもそれが契約内容のすべてをカバーしているわけでもない。とにかく，労働契約も契約である以上，権利義務に関し一定の内容と枠・範囲・限定が存するのであり，次の諸点に留意して労働契約の解釈を行ってその内容を明らかにし確定する必要がある。

① 契約書の文言のみならず，企業慣行，契約締結前後の事情，契約締結

過程におけるやりとり，就業規則・労働協約など諸般の事情を考慮して，契約解釈を行って契約内容を明らかにする必要がある（慣行と労働契約の関係については，商大八戸ノ里ドライビングスクール事件・最一小判平7.3.9労判679号30頁）。

② 契約書や就業規則に書かれていることでもすべてが合意の対象として契約内容となっていると解すべきではなく，通常，労働契約書や就業規則は力において労働者に優位する使用者によって作成されている（したがって，その内容は使用者に有利となりがちになる）ことを考慮すれば，労働基準法2条1項や労働契約法3条1項の労働条件労使対等決定の原則に照らして，合理的限定解釈を行うべきである。特に，労働者に大きな不利益を与える懲戒条項などについては合理的限定解釈を加える必要が大きいといえよう。具体的には，もしも労働者が使用者と対等の立場で自由に交渉していたならばいかなる決定をなしていたかの観点から労働者は合理的な範囲でのみ合意していると解釈することになる。その基準は基本的に労使の利益衡量を行って両者の利益が釣り合っていれば合理的ということになろう。合理的限定解釈の例として，タクシー会社の「乗務員勤務要領」（就業規則）の「ヒゲをそる」旨の条項つき，「会社は，ハイヤー運転手に端正で清潔な服装・頭髪あるいはみだしなみを要求し，顧客に快適なサービスの提供をするように指導していたのであって，そのなかで『ヒゲをそること』とは，第一義的には右趣旨に反する不快感を伴う『無精ひげ』とか『異様，奇異なひげ』を指しているものと解するのが相当である」と判示して，会社のタクシー運転手に対してなされたひげをそる旨の業務命令を無効とした，イースタン・エアポートモータース事件・東京地判昭55.12.15判時991号107頁を挙げておこう（近年における同様の事例として，郵便事業事件・神戸地判平22.3.26労判1006号49頁，同事件・大阪高判平22.10.27労判1020号87頁）。

③ 解釈を行うにあたってはすでに述べた労働契約関係にともなう基本的諸特徴を考慮すべきであり，その場合，権利義務の内容確定や調整，付随義務の存否・射程の判断において信義則の働く度合いが大きいといえる。また，重要事項でありながら労働契約や就業規則に記載されていない場合には，当事者意思を探る形で（そして，不記載のリスクを使用者に負わせる形で）労働契約や就業規則の合理的補充解釈を行う必要も存しよう。

なお、以上については、もう一度、『基本労働法Ⅱ』で労働条件の決定・変更を検討するときにその基本構造のなかに位置づけて詳しく体系的かつ総合的に論ずることとする。

(3) 近年における個別合意の重要性の増大　近年、労働力の流動化、年俸制の普及や労働条件の個別化などにより個別的労働契約（個別合意）の役割・機能が重要となってきている。しかし、労使の力関係の差異からすれば使用者の圧力により合意が形骸化し形式的なもの、虚偽的なものとなりがちであることを考慮すると、そのような労働者の個別合意（同意）が有効に存していることの認定に関しては慎重でなければならず、労働者が十分理解・納得をしたうえで行った真意に基づくものでなければならないといえよう。特に、個別合意によって労働者に不利益な変更が行われるような場合においてはそのようにいえる（この点については、協愛事件・大阪高判平22.3.18労判1015号83頁を参照）。その前提として、たしかに、労働契約法4条の契約内容の理解促進は努力義務規定ないしは訓示規定であるものの、これを踏まえ信義則上、使用者の誠実交渉義務や情報提供義務・説明義務が導かれる可能性があるといえよう（以上については、労働契約法1条・3条1項も参照）。また、そのような義務を導き出すことが困難であるとしても、誠実に交渉がなされなかったり、情報提供・説明が不十分であったり、あるいは重要な労働条件であるにもかかわらず書面による確認がなされなかったりすれば、そもそも個別合意の存在が認められないこともあろう（技術翻訳事件・東京地判平23.5.17労判1033号42頁：なお、この点については、労働契約法制定以前の事例であるが、次に掲げる東武スポーツ（宮の森カントリークラブ）事件・東京高判平20.3.25労判959号61頁が判示するところが具体的な形で一定参考になる）。

基本判例　東武スポーツ（宮の森カントリークラブ）事件・東京高判平20.3.25労判959号61頁

「雇用契約を期間の定めのないものから1年の有期契約に変更することを始め、賃金に関する労働条件の変更、退職金制度の廃止、生理休暇・特別休暇の無給化等その内容も多岐にわたっており、数分の社長説明及び個別面談での口頭説明によって、その全体及び詳細を理解し、記憶に止めることは到底不可能といわなけ

ればならない。被控訴人らキャディ職従業員に交付されたキャディ契約書の記載内容についても，上記の労働条件の変更内容については，雇用期間が平成14年4月1日から1年間とすることが明記されているほかは，賃金について会社との契約金額とするとか，その他就労条件は会社の定めによるといった記載であって，その内容を把握できる記載ではない。3バック，2バックのラウンド手当の金額についてもキャディ契約書提出前には示されていないし，キャディ契約書の提出の意味について，キャディ職従業員から，提出しない場合どうなるかとの質問もあったが，明確な返答がされたとは認めがたく，また，キャディ契約書の提出が契約締結を意味する旨の説明がされたこともうかがわれない。したがって，労働条件の変更の合意を認定するには，労働者である被控訴人らが締結する契約内容を適切に把握するための前提となる控訴人の変更契約の申込みの内容の特定が不十分であるというほかはない。」

第2節　労働契約法と労働契約の基本原則・ルール

I　労働契約法の基本的性格と労働契約の基本ルール

(1) **労働契約法の基本的性格**　2007年に労働契約の成立・展開・終了に関する一連のルールを定めた労働契約法が制定され，翌2008年3月1日から施行されている。この法律は，労働条件の最低基準を法定する個別的労働関係法の基本法とでもいうべき労働基準法と並ぶ個別的労働関係法のもう一つの基本法とでもいうべき重要な法律であり，次のような2つの大きな特色を有している。まず，第1に，労働契約のルールを定める法律であるという点において契約法としての性格を有しており，民法の特別法と位置づけられる。第2に，労働基準法は強行的効力と直律的効力という私法的効力のみならず，刑罰と（労働基準監督官による）行政監督という公法的規制によって，強力に労働条件の最低基準を使用者に遵守させようとの基本構造になっているが，労働契約法は強行規定を擁するもののそれ以外にも理念や基本原則を述べた規定や訓示規定・努力義務規定などの私法的規制からのみなる法律であって，（労働基準監督官等による）行政監督は特に予定されておらず，紛争となった場

合には労働審判や民事裁判（あるいは個別労働紛争解決促進法の定める手続）を通じて解決がなされることが想定されている。

　さて，労働契約法が労働契約に関する基本法だといっても，すでに第1編で述べたように，労働契約に関するすべてのルールをカバーしているのではなく，問題領域のごく一部を対象とするにすぎない。労働契約法は19か条の規定しか擁しない小ぶりな法律（論者によっては「貧弱な法律」と評する者もある）であり，したがって，形式的な意味における労働契約法は実質的意味における労働契約法のごくわずかな部分を構成するのみであって，依然として民法の諸規定（そのなかでも特に総則・債権法・契約法，そして雇用に関する規定）がルールを提供しているとともに，裁判所が民法の一般条項を用いて形成してきた労働契約法理と呼ばれる一群の判例法理が重要な役割を演じている。ちなみに，実は，労働契約法は，基本的に，確立された判例法理（労働契約法理）のうち一部の重要なものを確認した規定から構成されており，同法の制定により労働契約をめぐるルールの法状況が大きく変わったわけではないのだが，これから現代の雇用社会にふさわしいルールを体系的に法整備していくための基礎ないし基盤が（とりあえずは小ぶりなあるいは貧弱な内容とはいえ）制定法の形で形成されたことの意義は一定大きいといえる。

　(2)　**労働契約法の目的**　　労働契約法は同法の目的を述べる1条において，「この法律は，労働者及び使用者の自主的な交渉の下で，労働契約が合意により成立し，又は変更されるという合意の原則その他労働契約に関する基本的事項を定めることにより，合理的な労働条件の決定又は変更が円滑に行われるようにすることを通じて，労働者の保護を図りつつ，個別の労働関係の安定に資することを目的とする。」と規定している。つまり，ここでは，①労使の自主的交渉の重要性，②合意による労働契約成立・変更の原則（合意原則），③労働契約の基本的事項の法定，④労働条件決定・変更の円滑化，⑤労働者保護，⑥個別的労働関係の安定化といった6つの事項が示されているのであるが，⑤・⑥はこの法律の最終目的であり，それを実現するために，①・②はこの法律により労使の力関係を踏まえた契約法の一般原則の実質化はかること，③は目的達成のために必要な労働契約に特有の原則を設定することを明らかにし，④は法のサポートによって期待される効果を示したものといえ

る。

　なお，ここで，ついでながら，労働契約法に関する特例・適用除外について触れておけば，①労働契約法18条は船員に関する特例を定めており，船員法の適用を受ける船員には12条・17条が適用されない，②労働契約法19条は適用除外を定めており，国家公務員・地方公務員，使用者が同居の親族のみを使用する場合の労働契約には労働契約法が適用されない，こととなっている。

　(3) 労働契約の基本原則　　先に，労働契約法の目的に関連して，同法が合意原則をはじめとして労働契約の基本的事項を定めていることを示したが，以下で，労働契約法が示す労働契約の基本原則をみておくことにしよう。

　(a) 合意原則　　労働契約法は，労働契約も契約であることから，労働契約が合意によって成立し変更されるべきこと（合意原則）を各所で繰り返し述べている（1条，3条1項，6条，8条，9条）。これは，かつて合意の虚偽性と呼ばれた，使用者による事実上の押しつけを労働者が形式的に受け入れるという事態を回避すべく，労働契約に関して「自主的な交渉」（1条）と労働契約の理解の促進（4条）を経て明確で実質的な合意が実現されることが重要であること（つまり，労働契約の成立や労働条件の変更には実質的な合意が必要であること）を示したものといえる（この点については，次に(b)で説明する労働条件労使対等決定の原則も重要であり，自主的な交渉というためには労使の対等な契約主体性が確保されていることが必要となるといえよう）。ちなみに，この原則を実効性あるものとするためには，誠実交渉義務や情報提供義務・説明義務といった義務を信義則を通じて導き出すことが今後の解釈論上の課題となろう。また，合意原則を原則でとどめることなく実質化するための法的装置を設けること，つまり労働契約法の改正やその他の法律の整備を行うこともこれから重要となってくるといえよう。

　なお，労働契約法は，労働条件の決定・変更を行う重要なツールである就業規則に関し，合意原則とは必ずしも相容れるものではないようにみえる法規制（7条，10条）をおいており，これをいかに解するかが解釈論上の重要問題となっている（ただし，一見したところ合意を重視しないような形での規定内容とはなってはいるものの，あくまで就業規則が労働契約内容となるという法的構成をとってい

ることには注意する必要がある）。

　とにかく，合意原則が規定されたことの意義を踏まえ，①労使の権利義務の最終的根拠は合意に基礎をおく（したがって，就業規則や労働協約などは契約内容となって労働者を拘束する），②できるかぎり合意原則と相容れる形で法律の条文や判例法理の解釈を行うことが必要である，という２点を強調することが今後は重要となるように思われる。

　(b)　**労働条件労使対等決定の原則**　労働契約法３条１項は，「労働契約は，労働者及び使用者が対等の立場における合意に基づいて締結し，又は変更すべきものとする。」と規定しているが，これは，労働条件労使対等決定の原則を宣言する労働基準法２条１項とほぼ同じ内容となっており，労働契約法の理念として労使の実質的平等（対等）の理念を表明したものといえよう。また，労働契約法３条１項と労働基準法２条１項は，労働契約の内容の決定・変更は合意によるべきことを説いているものと考えられ，したがって就業規則や労働協約などによって設定された労働条件もあくまで労働契約に取り入れられることによって労働者の具体的権利となることの根拠を示しているといえよう。

　しかし，以上の理念のみではいまだ労働条件労使対等決定を実質的に実現するにはほど遠いといえる。そこで，さらにこれら２つの条文の積極的活用策が検討されなければならず，したがってこれらの条文は労働契約や就業規則の合理的限定解釈の法的根拠として用いることができると解されている（合理的限定解釈については，すでに述べたところを参照）。なお，この労働条件労使対等決定の原則を実質化するためには，原則の提示や合理的限定解釈の操作で終わることなく，従業員代表制の導入をはじめとして個別合意・交渉をサポートするための労働契約法の（そして，労働基準法の）改正を含めたより一層の法整備が今後において必要となることはいうまでもない。

　(c)　**均衡の理念**　労働契約法３条２項は，「労働契約は，労働者及び使用者が，就業の実態に応じて，均衡を考慮しつつ締結し，又は変更すべきものとする。」と規定し，均衡の理念とでもいうべきものを示している。これは，非正規労働者が増加して労働者全体の３分の１以上を占めるまでになり，それにともなって正社員と非正規労働者の大きな労働条件格差がみられるとい

う問題が大きくクローズアップされてきたことを背景として，法案の国会審議の過程で新たに追加されたものである。ただし，この規定は，あくまで，①正社員と非正規労働者との均等待遇（平等取扱）ではなく一定のバランスのとれた取扱を行うこと（均衡処遇）を使用者に求めるとともに，②理念を述べるにすぎず（あるいは訓示規定・努力義務規定にすぎず），それ自体としては特に法的効力を有するものではない点に注意する必要がある。しかし，この規定ないし理念が考慮され，正社員と非正規労働者の労働条件や契約内容の格差，あるいは両者間での業務命令権や人事権の行使のあり方が大きく（あるいは著しく）均衡を欠いていた場合には，公序良俗違反や権利濫用と判断されたり，あるいは信義則を媒介として使用者が公正処遇をなすことを求められたりすることはありうるといえよう（同じ仕事をしているパート労働者の賃金が正社員の賃金の8割以下の場合には公序良俗違反となると判示した事例として，丸子警報機事件・長野地上田支判平8.3.15労判690号32頁があるが，労働契約法3条2項がこのような方向性をさらに強め支える形で作用することはありうると考えられる）。なお，パートタイマーに関しては，すでに述べたように，2007年のパート労働法の改正により一部のパートタイマー（正社員と同視すべき短時間労働者）についてのみではあるが均等待遇（差別禁止）が実現した。今後は，パートタイマーのみならず非正規雇用一般について，働き方の多様化・複雑化やワークシェアリングなどとも絡んで，働き方に中立な公正な労働条件の実現へ向けての法律の強化が必要となろう（ちなみに，現在，国会で審議中の労働者派遣法改正法案にも派遣労働者の均衡処遇に関する規定が盛り込まれている）。

(d) **ワーク・ライフ・バランス（職業生活と家庭生活の調和）の理念**　労働契約法3条3項は，「労働契約は，労働者及び使用者が仕事と生活の調和にも配慮しつつ締結し，又は変更すべきものとする。」と規定しているが，これは労働契約関係におけるワーク・ライフ・バランスの重要性を宣言したものである。近年，雇用における男女平等，男女共同参画社会などの重要性が広く認識されてきたが，それを実現するためには男女における家庭責任の公平な分担が必要となり，また，一般的に長時間労働による働き過ぎや過労死・過労自殺が深刻な社会問題化する傾向がみられたが，このような深刻な事態を是正するためには労働者が仕事とのバランスをとりながら自己を取り戻し私生活を

十分に展開することができなければならないといえよう。以上がワーク・ライフ・バランスの重要性が強調される理由である。ちなみに，このような重要性を踏まえ，2007年12月には官民トップ会議で「仕事と生活の調和（ワーク・ライフ・バランス）憲章」と「仕事と生活の調和促進のための行動指針」が策定されるに至っている（そして，2010年6月により積極的な方向に向けて改訂が行われている）。

　しかし，労働契約法3条3項は，あくまで理念を述べるにすぎず（あるいは訓示規定・努力義務規定にすぎず），それ自体としては特に強力な法的効力を有するものではない。しかし，この規定は労働契約を貫く重要な理念を宣言しているのであって，このことが考慮され，労働条件や使用者の業務命令権・人事権行使が公序良俗違反や権利濫用や信義則違反と判断されたり，使用者が労働者のワーク・ライフ・バランスにつき信義則上配慮を求められたりすることはありうるといえよう。また，そもそも，配転命令や時間外労働命令などにつき使用者に広範な裁量権を認め，その濫用を容易には認定しようとしないこれまでの判例法理（配転につき，東亜ペイント事件・最二小判昭61.7.14判時1198号149頁，ケンウッド事件・最三小判平12.1.28労判774号7頁，時間外労働につき，日立製作所武蔵工場事件・最一小判平3.11.28民集45巻8号1270頁）も，ワーク・ライフ・バランスの理念に照らして今後は根本的な見直しが求められるべきではないかと考えられる。

　なお，ワーク・ライフ・バランスが実現するためには，さらに，①労働時間法制や休暇法制の整備，②実効性（実効的な救済措置）のともなった雇用における平等の実現（性差別の禁止），③所得保障も含めた育児・介護等に関する社会保障制度の整備・充実も併せて必要になってくるといえよう。

　(e) **労働契約上の信義則**　これまで労働関係（労働契約関係）においては信義則（民法1条2項）が重要な役割をはたしてきており，具体的には，労働契約関係にともなう基本的特徴を踏まえつつ，労働契約の解釈，権利義務関係の調整，付随義務の根拠として大いに活用されている。これを考慮して，労働契約法にも3条4項で「労働者及び使用者は，労働契約を遵守するとともに，信義に従い誠実に，権利を行使し，及び義務を履行しなければならない。」という形で信義則規定が設けられることになった（なお，従来，労働基準法2条2項

にも同様の規定がおかれていたが，これについては訓示規定と解されてきた）。問題は，この規定が労働契約法における民法1条2項の確認にとどまるのか，それとも労働契約法上の信義則という形でそれを超える内容を規定したものなのかであるが，労働契約法は民法の特別法であり，労働契約法が規定している特有の目的や理念・諸原則が積極的に労働関係で実現されることが重要であることを考慮するならば，そのための法的ツールとしてこの条項が設けられたと考えるべきであろう。

(f) **権利濫用の禁止**　これまで労働契約法理の一環として各種の権利濫用法理（業務命令権濫用法理，配転命令権濫用法理，出向命令権濫用法理，懲戒権濫用法理，解雇権濫用法理など）が形成されてきており，そこでは民法1条3項が重要な役割をはたしてきた。これを踏まえ，労働契約法も，「労働者及び使用者は，労働契約に基づく権利の行使に当たっては，それを濫用することがあってはならない。」と規定し，3条5項で権利濫用の禁止を定めることとなった。ただ，問題の重要性から，労働契約法は，出向・懲戒・解雇に関しては，別途，それぞれ独自の権利濫用法理を確認する条文（14条，15条，16条）を設けており，したがって，3条5項は，それ以外の人事・業務命令などに関して意義を有することになる。なお，この条項は，権利濫用禁止の名宛人として，「労働者及び使用者」を挙げているが，従来の判例法理および労働契約法1条の目的（特に，「労働者の保護を図る」という目的）に照らせばこの条項の主たる規制対象は使用者の各種の権利や権限の行使であるというべきであろう。

II　労働契約法理の法的特徴

(1) **労働契約のルールと労働契約法理**　判例が労働契約の成立・展開・終了に関して形成してきた労働契約法理については，その一般的特徴は，すでに第1編第1章で示したところだが，ここではそれを踏まえつつも，重複することにはなるが，重要ゆえに，若干見方を変えて法的観点からの分析・検討を加えてもう一度詳しく解説してみよう。

　民法627条1項は，期間の定めのない雇用契約につき，契約の各当事者は2週間前の予告をおきさえすればいずれも自由に契約を解約することができる旨を規定している。これは労働者にとっては退職の自由を，使用者にとっ

ては解雇の自由を意味することになる。しかし，労働契約の解約にともなう不利益は労使双方にとって非対称的であり同日に論ずることはできない。労働者が退職しても使用者はほかの労働者を捜してきてその代わりとしてポストを埋めればすむといえるが，使用者が労働者を解雇すれば，労働者とその家族は生活の糧を失うことになるとともに，さらに加えて，日本的雇用慣行，特に終身雇用制と年功処遇制のもとでは労働者は大きな不利益を被ることになる。終身雇用制は，新規学卒者を定期採用し，その労働者を企業内訓練や人事ローテーションを行いつつ定年まで雇用するという長期雇用システムとでもいうべきものであるが，このことは内部労働市場において柔軟に人材活用がなされることが原則であって，したがって外部労働市場は十分には整備されておらず（機能しておらず），中途採用が少なく（しかもひとつの企業で通用する労働能力・職業能力・職業経験などが必ずしも他の企業で通用性を発揮するとはかぎらないため）転職が困難であることを示している。また，たとえ再就職できたとしても，再就職先では年功がゼロにリセットされるため賃金が大幅にダウンしてしまう可能性がある。しかも，わが国においては，通例，解雇にともない社会的評価が大きく低下することも労働者には大きな不利益といえる。そこで，裁判所は，権利濫用の禁止を定める民法1条3項を用いて，①合理性のテストと②相当性のテストという2つのテストをクリアしないと解雇は違法・無効となるという法理（解雇権濫用法理）を形成し，使用者の解雇権を大幅に制限していった（日本食塩製造事件・最二小判昭50.4.25民集29巻4号456頁，高知放送事件・最二小判昭52.1.31労判268号17頁）。また，さらに，解雇権濫用法理の一環として，労働者側に落ち度がなくもっぱら経営側の都合による整理解雇につき，4要件（4要素）を用いて厳格に判断する整理解雇法理も展開されていった（大村野上事件・長崎地大村支判昭50.12.24判時813号98頁，東洋酸素事件・東京高判昭54.10.29労判330号71頁）。これによりわが国においては正面から解雇を規制する制定法の規定が存しないにもかかわらず，解雇は極めて困難であるという理解や認識が一般に広がった。このような厳格な解雇権濫用法理は，採用内定取消（大日本印刷事件・最二小判昭54.7.20民集33巻5号582頁，電電公社近畿電通局事件・最二小判昭55.5.30判時968号114頁），試用期間終了時の本採用拒否（三菱樹脂事件・最大判昭48.12.12民集27巻11号1536頁）などでも応用的に

活用され，また，反復更新されてきた有期労働契約の更新拒絶（雇止め）に関しても類推適用され（東芝柳町工場事件・最一小判昭 49.7.22 民集 28 巻 5 号 927 頁，日立メディコ事件・最一小判昭 61.12.4 労判 486 号 6 頁），使用者のイニシアティブに基づく雇用の終了に関して大きな規制力を発揮している。つまり，判例法理は，その内に労働者雇用安定化機能を組み込んで形成・発展させられてきたのである（なお，採用内定や試用については，上記法理を導き出すために，判例は採用内定や試用の法的性質についても明らかにしており，この意味でより広く採用内定法理，試用法理と呼んだ方がよいかもしれない）。

　しかし，その反面，裁判所は，業務命令・人事異動や労働条件の決定・変更について使用者に大きな裁量を認める方向でルール形成を行っていった。つまり，労働契約法理においては，労働者雇用安定化機能と使用者裁量権容認機能がトレード・オフないしギブ・アンド・テイクの関係に立っているのである。たとえば，業務命令や配転命令については基本的に使用者に広範な裁量権を認めつつ，例外的に権利濫用法理でチェックをかけるという方向性が示された（業務命令に関して，国鉄鹿児島自動車営業所事件・最二小判平 5.6.11 労判 632 号 10 頁，配転に関して，東亜ペイント事件・最二小判昭 61.7.14 判時 1198 号 149 頁）。また，労務提供先が他企業に変更されることになる出向についても，出向先での労働条件等について手当がなされているかあるいは労働組合等との間で調整されているといった状況があれば就業規則等を通じた包括的同意により使用者の出向命令権を広く認め，これを例外的に権利濫用法理によりチェックするという判断が示されている（新日本製鐵（日鐵運輸第 2）事件・最二小判平 15.4.18 労判 847 号 14 頁）。そして，労働条件の決定・変更については，約款法理（内容の合理性と事前の開示を条件に取引は約款によるという事実たる慣習を通じて約款が契約内容となるという考え方（民法 92 条参照））を就業規則に持ち込み，合理性があれば使用者の一方的作成になる就業規則が労働者の個別同意なしに労働契約内容となる（秋北バス事件・最大判昭 43.12.25 民集 22 巻 13 号 3459 頁，電電公社帯広局事件・最一小判昭 61.3.13 労判 470 号 6 頁，日立製作所武蔵工場事件・最一小判平 3.11.28 民集 45 巻 8 号 1270 頁）ことを認め，不利益変更についても合理性があれば個別同意なしに労働者が拘束される（前掲・秋北バス事件・最大判，第四銀行事件・最二小判平 9.2.28 労判 710 号 12 頁）とする法理展開がなされた。なお，就業

規則が労働契約内容となる場合の合理性判断と就業規則の不利益変更の場合の合理性判断とでは，判断方法が異なっており，後者の場合には基本的に使用者側の必要性と労働者の被る不利益とが比較衡量される（そして前者の方が大きければ合理性が認められる）という形で一定バランスの取れた（その意味で労働者保護にも十分に配慮した）判断がなされるのだが，前者は一応の合理性と評されるごとくもっぱら企業経営にとって合理的かどうかの視点が強いということができる。したがって，使用者の一方的決定になる就業規則が各種業務命令を定めれば，それが労働者の個別同意なしに労働契約内容となって労働者を拘束し義務づけるという構図が形作られることになり，使用者が広範な人事・業務命令に関し裁量権を有することの一因を作出している。

ちなみに，労働者が私傷病に罹患した場合などには，逆に，使用者が広範な裁量権を有していることが労働者に有利に作用し，使用者は裁量権を行使して労働者を病気等でも労働可能な職に移動させるよう配慮を行うことを求められることになる（片山組事件・最一小判平10.4.9労判736号15頁）という側面もある（この点については，病気休職労働者の復職条件である「治癒」の判断をめぐっても同様の判断傾向が裁判例において広く示されている）。

(2) **労働契約法理と労働契約法**　以上のように，裁判所は，日本の雇用慣行も考慮しつつ，労働者雇用安定化機能と使用者裁量権容認機能を織り込み，民法の一般条項などを駆使しつつ，労働契約の成立・展開・終了をめぐる一群のルール，つまり労働関係の継続性と柔軟性を重視する労働契約法理を形成していった。2007年に制定された労働契約法は，基本的にあくまでその一部を確認して条文化したものにすぎず，法が制定されても労働契約のルールをめぐる法状況に大きな変化はなかったといってよい（したがって，現在でも，労働契約をめぐるルールの多くは裁判所に委ねられているということができる）。

しかし，近年，労働契約法理を支える日本的雇用慣行が大きく変容してきており，労働契約法理が変化する可能性がある（ちなみに，一時，1999年から2000年にかけて，東京地裁が一連の裁判例において，解雇権濫用法理を緩めようとする動きをみせたことがある：代表例として，角川文化振興財団事件・東京地決平11.11.29労判780号67頁，ナショナル・ウエストミンスター銀行（第3次仮処分）事件・東京地決平12.1.21労判782号23頁）。また，判例法理では，①ルールとしての明確性に欠

け，②紛争が生じた場合であっても結果が予測困難であるという問題点があり，法的安定性に欠けている（判例法理をそのままの形で確認したとされる労働契約法の条文についても依然として同様のことがあてはまる）。そして，使用者に（特に，人事に関して）大きな裁量を認めることは，労働条件労使対等決定の原則（労働基準法2条1項，労働契約法3条1項）に適合しないとともに，ワーク・ライフ・バランスの理念（労働契約法3条3項，育児介護休業法）にも合致しないように思われる。したがって，今後は，労働契約をめぐるルールを変化する21世紀の現代社会に適合するような形で体系的に整備する方向で労働契約法を充実させていく必要があるといえよう。

第3節　労働契約上の義務

Ⅰ　概　説

労働契約は労働の提供と賃金の支払とが対価的牽連関係に立つことを基本とする有償双務契約であり（労働契約法6条），したがって労働契約が締結されると，合意に基づいて，主たる義務（基本義務）として労働者に労働義務が，使用者に賃金支払義務が生ずる（労働契約法2条はまさにこの観点から労働者と使用者の定義を行っている）。しかし，すでに述べた労働契約関係にともなう基本的諸特徴を反映して，労使間には，基本義務のみならず，信義則を媒介として一定の付随義務が発生する。一方の義務は他方の権利であるということから，以下では労働契約の内容として労使それぞれの義務をみていくことにしよう。

Ⅱ　労働者の義務

1　労働者の主たる義務（基本義務）：労働義務

(1) 労働義務の基本的特徴　労働契約は労働者の労働を目的とする契約であるから，労働義務は労働者の基本義務であるということができる。その基本的特徴は次の点にあるといえる。

① 労働義務は，ただ単に労働者が労働するというのではなく使用者の指揮命令に従って労働する義務である。したがって，労働義務は使用者の指揮命令権（ないしは労務指揮権）を前提とする。使用者の指揮命令権は一定抽象的な労働義務の内容を具体化（特定）するものであって，形成権であると考えられる（ちなみに，契約履行過程における事実行為にすぎないとする考え方もある）。したがって，後に述べるように，権利濫用法理に服することになり，その有効・無効が確認されうることになる。なお，使用者は，そもそも労働者に対する労務給付請求権を有しており，単なる指揮命令ではなく，労働者が働かない場合などには，より根本的に労務の提供それ自体を求める形で労務給付請求権を行使することになる。

② 労働義務は，いまだ抽象的なものにとどまるとはいえ，労働の基本的内容・種類・場所等（の大枠ないし範囲）は労働契約によって定まる。たとえば，法学部の学生がメーカーに就職したような場合には，事務系の職種に限定して労働契約を締結したと解される（意思解釈される）結果，使用者はこの労働者を技術職に就くよう命ずることはできない。つまり，労働者は企業の一般的支配に服するものではなく，労働契約によって定められた範囲においてのみ使用者の指揮命令に従う義務を負うのである（ちなみに，富士重工業事件・最三小判昭52.12.13民集31巻7号1037頁は，この理を確認したうえで，同僚の思想信条の調査に対する協力義務について「調査に協力することが労務提供義務を履行する上で必要かつ合理的であると認められない限り，右調査協力義務を負うことはない」と判示している）。言い換えれば，労働契約は，使用者の指揮命令権（労務指揮権）の範囲を画するということができる。

③ 労働義務も契約上の義務（債務）である以上，債権法（民法）の一般原則に服し，したがって，労働者は債務の本旨に従って労務を提供する義務を負っているということができる。学説はこの義務のことを誠実労働義務ないし職務専念義務と呼んでいる。なお，かりに労働者が勤務時間中の職務遂行過程において職務（業務）と直接には関係しない身体的精神的活動を行ったとしても，それが労働義務とは矛盾せず，かつ業務に支障を生じさせないかぎりは，債務の本旨に従った義務履行があったと認められよう（このことは，誰しも人間である以上，当然のことといえ，仕事中に多少仕事と関係ない動作をしたり，仕事と関係

ないことが頭をかすめたりすることがあっても、「まじめ」に働いていれば問題はないといえよう)。しかし、最高裁は、身体的活動のみならず精神的活動に関しても「勤務時間及び職務上の注意力のすべてをその職務遂行のために用い職務にのみ従事しなければならない」義務（目黒電報電話局事件・最三小判昭52.12.13民集31巻7号974頁）という形でより厳格な職務専念義務論を展開し（最高裁の考えをわかりやすくいえば、労働者は、仕事中は、一切仕事と関係ない動作はしてはいけないし、仕事以外のことは一切考えてはならないことになるのである)、学説から批判を受けている（要は、「すべて」という点が問題なのである)。つまり、最高裁が示すような内容の義務は労働者の人格の独立性に反するとともに、労働に関しても契約により市民間の合理的な法律関係を形成していこうという近代的労使関係の理念に反すると解されるのである（そもそも、このような形で義務履行を求めることは無理を強いることで、不可能といえよう)。

　(2)　**使用者の指揮命令権と債務の本旨に従った労働義務の履行**　　労務の提供が債務の本旨に従ったものといえるためには、通常、労働者は使用者の指揮命令に従った形で労働しなければならない。そうでなければ債務不履行となり（水道機工事件・最一小判昭60.3.7労判449号49頁、JR東海新幹線減速事件・東京地判平10.2.26労判737号51頁)、使用者は労務の受領を拒否することができる。しかし、最高裁は、私傷病に罹患し命じられた現場監督作業ができないとして休職にされた労働者が、他の仕事（デスクワーク）であればで可能であったとして休職期間中の賃金請求を行った事例において、労働者が職種や業務内容を特定せずに労働契約を締結した場合においては、私傷病により使用者に命じられた労働はできないが、労働契約の範囲内で労働者が別の仕事を行うことができ、その提供を申し出ている場合には、債務の本旨に従った履行の提供があると判示した（片山組事件・最一小判平10.4.9労判736号15頁)。これはあくまで使用者が、通常、人事を含めて業務に関し広範な指揮命令権（裁量権）を有することを前提に、労働者が病気に罹患したような場合などには、使用者は（信義則上）指揮命令権の行使につき（病気等でも）可能な仕事へ労働者を配置換えするなどの形で配慮をなすべき旨を説いたものといえ、労働契約関係が人的・継続的関係であることを考慮しての判断といえよう。

|基本判例| 片山組事件・最一小判平 10.4.9 労判 736 号 15 頁

「労働者が職種や業務内容を特定せずに労働契約を締結した場合においては，現に就業を命じられた特定の業務について労務の提供が十全にはできないとしても，その能力，経験，地位，当該企業の規模，業種，当該企業における労働者の配置・異動の実情及び難易等に照らして当該労働者が配置される現実的可能性があると認められる他の業務について労務の提供をすることができ，かつ，その提供を申し出ているならば，なお債務の本旨に従った履行の提供があると解するのが相当である。」

(3) **労働義務の限界**　使用者が命じても，それが労働契約の範囲外の事項であればそもそも労働者は労働義務を負わない。また，労働契約の範囲内の事項であっても次のような場合には労働者は労働義務の限界として使用者の指揮命令を拒否することができる。

① 生命・身体等に対して重大な危険が存する場合：たとえば，出航を命じられた海域へ赴けば外国の撃沈声明により船が撃沈される危険が生ずるといった場合において，このような危険を考慮すれば，出航につき「その（筆者注：労働者の）意に反して義務の強制を余儀なくされるものとは断じ難いところである」とされた例として，全電通千代田丸事件・最三小判昭 43.12.24 民集 22 巻 13 号 3050 頁がある。また，セクハラの場合においても，事案の性質・内容，被害の内容・程度，加害者・被害者の立場および両者の関係等のほか，使用者による回復措置の有無・内容等を勘案して，職場での就労に性的な危険性がともなうと客観的に判断される場合には，労働者が就労を拒否することができると判示されている（名古屋セクシュアル・ハラスメント（K設計・本訴）事件・名古屋地判平 16.4.27 労判 873 号 18 頁）。

② 強行法や公序良俗に反する場合（つまり，違法な業務命令の場合）

③ 仕事を与えないとか無意味労働・苦痛な労働を命じるなど労働者の人格・権利を不当に侵害する場合（前者の例として，松蔭学園事件・東京高判平 5.11.12 判時 1484 号 135 頁，後者の例として，JR 東日本（本荘保線区）事件・仙台高秋田支判平 4.12.25 労判 690 号 13 頁，同事件・最二小判平 8.2.23 労判 690 号 12 頁，エール・フランス事件・千葉地判平 6.1.26 労判 647 号 11 頁）：ちなみに，この場合は，違法な

業務命令であるとも，あるいは次に述べる指揮命令権の濫用であるともいうことができようが，労働者の人格等の利益の重要性（保護の必要性）からすれば独自の類型として考えるべきことになろう。なお，使用者が労働者に仕事を与えない場合には，指揮命令を拒否するというよりももっぱら不法行為に基づく損害賠償請求が問題となる点を補足しておく。

④　使用者の指揮命令権の行使に合理性が認められず権利濫用（労働契約法3条5項，民法1条3項）となる場合

(4)　**指揮命令権の権利濫用**　以下では，権利濫用の場合について，若干詳しく述べてみよう。これにつき，国鉄鹿児島自動車営業所事件・鹿児島地判昭63.6.27労判527号38頁は，業務命令の合理性の判断については，業務の内容・必要性の程度，それによって労働者が被る不利益の程度などとともに，業務命令が発せられた目的・経緯なども総合的に考慮して判断されるとの大まかな判断基準を示しているが，基本的には，業務を命じる必要性が存しない場合，業務命令の目的が不当な場合（たとえば，いじめや嫌がらせなど），使用者側の業務に関する必要性に比して労働者の不利益が大きい場合（使用者の必要性と労働者の被る不利益を比較衡量して，後者の方が大きい場合）などには，そのような業務を命じる指揮命令権の行使は合理性がなく権利濫用で違法・無効である（労働契約法3条5項，民法1条3項）と判断されることになろう（学校法人亨栄学園（鈴鹿国際大学）事件・最二小判平19.7.13判時1982号152頁など）。ただ，すでに労働契約法理に関して述べたように，使用者には広い裁量が認められており，権利濫用と判断されるのは極めて例外的な場合と考えられる（炎天下での過酷な労働を命じる業務命令につき必要性を認め，1審・2審の権利濫用判断を覆した例として，国鉄鹿児島自動車営業所事件・最二小判平5.6.11労判632号10頁）。

基本判例　学校法人亨栄学園（鈴鹿国際大学）事件・最二小判平19.7.13判時1982号152頁

「被上告人Y_1は，上告人が本件大学の教員として不適切な人物であり，辞職してもらうのが適当との判断の下に，執拗に辞職を勧奨し，上告人が同勧奨に応じなかったことから，懲戒に値する事由がないにもかかわらず，上告人を本件戒告処分に付した上，さらに，何ら業務上の必要性がないにもかかわらず，教授とし

て最も基本的な職責である教授会への出席及び教育諸活動を停止する旨の業務命令である本件要請をし，かつ，本件訴訟提起後に撤回されたとはいうものの，本件大学短期大学部に新たに設けられた一室において，通常大学教授の本来的業務とは考えられず，上告人の専攻分野とも関連性のない学園史の英訳等の業務に従事させるという不利益を殊更に課したものということができるのであって，これは，制裁的意図に基づく差別的取扱いであるとみられてもやむを得ない行為である。そうすると，本件要請は，業務上の必要性を欠き，社会通念上著しく合理性を欠くものといわざるを得ず，業務命令権を濫用するものとして無効であることは明らかというべきである。」

コラム 2-2-1　指揮命令権と業務命令権の関係

　指揮命令権と労務指揮権は同義であって労働者の労働義務に対応しており，論者によっていずれかが用いられることになるのだが，それ以外にも業務命令権という言葉がよく使われている。指揮命令権と業務命令権の関係はどのようなものであろうか。業務命令権という言葉には，狭義の用法と広義の用法があり，狭義では指揮命令権と同義で用いられている。しかし，広義では，これよりも広く，使用者が業務遂行のために労働者に対して行う指示または命令を意味する。以下では，広義の業務命令権に絞って話を進めよう。業務命令権の根拠も当然，労働契約に存し，結局は，契約解釈を行ってどこまで合意したのかが問題となる。最高裁も，頸肩腕症候群に罹患した労働者に対する総合精密検診の受診命令が問題となった電電公社帯広局事件・最一小判昭 61.3.13 労判 470 号 6 頁において，使用者の業務命令権の有無について，「労働者が当該労働契約によってその処分を許諾した範囲内の事項であるかどうかによって定まる」と述べているが，この事件では，合理的であれば就業規則は労働契約内容をなすとして，結局は，就業規則を作成する使用者に広範な業務命令権を認める方向での結論が示されている。業務命令の種類としては，①労働の種類・態様・場所・時間等労働の基準・枠組み，②日常的な仕事の内容・仕方，③人事異動，④職場における服務規律の維持・確立，⑤企業施設の保全・管理などに関するものがあり，必ずしもすべてが労働義務に対応しているわけではない点に注意する必要がある（たとえば，昼休みの休憩中に，禁止されている危険な場所で労働者がキャッチボールをしているのを「やめろ」と命令するような場合には，業務命令ではあっても労働義務とは無関係である）。ちなみに，広義の業務命令権に対する制約も指揮命令権に関して述べたところと基本的に同じと考えてよいが，そのなかでも権利濫用をめぐる比較衡量（つまり，使用者の必要性と労働者の被る不利益を秤にかけて権利濫用の有無を決する考え方）が基本的に重要となる（これについては，労働契約の展開のさまざまな場面で問題となり，本

書でも関連個所でそれぞれ詳しく論じることとしている）。

2　労働者の付随義務

(1)　付随義務の内容　　信義則（労働契約法3条4項，民法1条2項）を根拠として，労働契約の締結に付随して，主たる義務以外にいくつか義務（付随義務）が生ずる。問題は，労働者に使用者の利益を害してはならないという一般的な内容の誠実義務（論者によっては忠実義務という言い方をする者もある）が発生するかである。多くの学説および裁判例はこれを認める（たとえば，ラクソン事件・東京地判平3.2.25労判588号74頁）が，労使に大きな力関係の差が存することや労働者に過大な義務や負担を負わせることには疑問のあることを考えると，問題となる事項ごとに労使が信頼関係にあることを踏まえ信義則に照らして個別に付随義務を導き出すべきであろう。以下で，代表的な付随義務をみてみよう。

①　秘密保持義務　　労働者は重要な企業秘密や顧客情報などについて秘密保持義務を負う。ただし，これは在職中のものであって，退職後の秘密保持義務については，もはや労働契約が終了しているので特約が必要であるとする説と信義則に基づき労働者は退職後も合理的な範囲で秘密保持義務を負うとする説があるが，前者が妥当であろう。なお，かりに，特約がなくても，不正競争防止法が一定の企業秘密（「営業秘密」）を保護する規制をおいているため，実質的にはそれほど信義則説と変わらない状況になっている（退職後の問題については，後に詳しく解説する）。

②　企業の名誉・信用を毀損せず保持する義務　　これはいうまでもないであろう（新聞記者が自分のホームページ上で新聞社のマスコミとしての信用を害する文章公開を行ったことに対してなされた懲戒処分（出勤停止処分）が有効とされた事例として，日本経済新聞社事件・東京高判平14.9.24労判844号87頁がある）。ただ，後に述べるように，労働者の公益通報との関係でこの義務が（そして，秘密保持義務，企業秩序遵守義務も併せて）問題となることがある。

③　競業避止義務　　労働者は競業関係（ライバル関係）にある（同業）他社に雇われたり，自分で競業事業を行ったりすることを差し控える義務を負う。

要は，自分を雇っている会社の足を引っ張ってはならないということである。これもあくまで在職中のものにかぎられる。雇用関係終了後の競業避止義務については，退職後ということでその旨の特別の契約上の明示の根拠（特約）を必要とすると解すべきであるが，職業選択の自由（憲法22条1項）との関係で難しい問題があり，近年では，ベンチャー企業設立などとも絡んで重要問題となる。これについては，後に，章を改めて労働関係の終了のところで秘密保持義務の問題と併せてもう一度詳しく検討することとする。

④ **企業秩序遵守義務**（共同作業秩序遵守義務）　企業では，通常，組織的に多くの労働者が協働しており，したがって労働契約関係も組織的・集団的性格を帯びている。そこで，労働者は，企業秩序＝共同作業秩序を遵守することを求められることになる。ただ，この義務は勤務時間中に企業内でのみ問題となるのではなく，勤務時間外，企業外においても労働者の行為が共同作業秩序を乱す可能性を有しているため，一定範囲で職業生活を超えて労働者を拘束することになる。ただ，労働者の私生活の自由との関係から勤務時間外・企業外の行動に関する義務拘束は必要最小限にとどめられるべきといえる。企業秩序遵守義務違反には，通常，懲戒処分が科せられることになるため，詳しくは後に懲戒について検討する際に論ずることとする。

ちなみに，信義則上の義務のままでは必ずしも義務内容が明確ではないので，以上の諸義務は，通常，就業規則において具体化・明確化されている（そうでない場合はそうされるべきである）といえる（この点については，労働契約法4条2項も参照）。これにより合理性のフィルター（合理性のチェック）がかかることになる（労働契約法7条・10条参照）。

| アドバンスト・イシュー | 就業規則における兼業（兼職）許可・禁止めぐる問題 |

先ほど付随義務として説明した競業避止義務と似て非なるものとして，就業規則による兼業（兼職）許可・禁止をめぐる問題がある。競業関係にない場合の一般的兼業（たとえば，アフターファイブや土日の休日に自分の会社や仕事とは無関係にアルバイトをするような場合）に関し，多くの企業では無許可で行うことを禁止するか企業の許可を得なければならないとする規定が就業規則におかれている。そして，この規定に反して労働者（従業員）が兼業を行った場合には懲戒処分がなされることが予定されている。しかし，会社の定時後や休日は労働者の自由に委ねられた時間で

第3節　労働契約上の義務　135

あって，私生活自由の原則が妥当するはずであるし，自由時間の使途は労働者のプライバシーに属する問題でもある。そうすると，このような就業規則の定めは合理性を欠き無効である（労働契約内容とはならない）と解すべきはずである（対等の契約相手であるはずの労働者の私生活の自由をなぜにもう一方の契約当事者である企業が禁止・許可のもとにおくことができるのかがそもそも疑問といえよう）。実際，2005年に公にされた厚生労働省『今後の労働契約法制の在り方に関する研究会報告書』は，立法論的見地から，就業規則の兼業禁止・許可条項を無効とすべき旨を説いていた。この報告書が示す方向が基本的に妥当であり，もしも兼業により翌日の勤務に支障が出たり，企業秩序が侵害されたりすれば，事後規制＝懲戒処分によって対処することができるのであるから，あえて問題の多い事前規制＝禁止・許可の対象とすべきではないであろう。ところが，裁判例は，一貫して，労働者は翌日の労務提供に向け疲労回復のために休養すべきことや兼業により企業秩序が害されるおそれがあることを理由に，このような兼業を制限する就業規則条項の効力を認めている（もっとも，代表的な裁判例である小川建設事件・東京地決昭57.11.19労判397号30頁は，兼業を全面的に禁止することは合理性を欠くとしている）。ただ，かりにこのような条項が有効であるとしても，労働者の私生活の自由やプライバシーとの関係から，たとえば，労働者が無許可禁止にもかかわらず，あるいは許可を受けずに，兼業を行っても，それは禁止・許可の対象となっている兼業ではない（禁止・許可の対象には該当しない）というような形で，許可・禁止条項に合理的限定解釈を行う必要がある（このような方向性を示すものとして，平仙レース事件・浦和地判昭40.12.16判時438号56頁）。また，後に，懲戒処分のところで解説するように，許可・禁止の違反の兼業が，そもそも労務提供に影響しない場合や企業秩序を侵害しないかあるいは侵害する具体的危険が存しない場合には懲戒処分はなしえないといえよう（このような方向性を示すものとして，永大産業事件・大阪地判昭32.11.13判時138号30頁）。

基本判例　小川建設事件・東京地決昭57.11.19労判397号30頁

「法律で兼業が禁止されている公務員と異り，私企業の労働者は一般的には兼業は禁止されておらず，その制限禁止は就業規則等の具体的定めによることになるが，労働者は労働契約を通じて1日のうち一定の限られた時間のみ，労務に服するのを原則とし，就業時間以外は本来労働者の自由な時間であることからして，就業規則で兼業を全面的に禁止することは，特別な場合を除き，合理性を欠く。しかしながら，労働者がその自由なる時間を精神的肉体的疲労回復のため適度な休養に用いることは次の労働日における誠実な労務提供のための基礎的条件をなすものであるから，使用者としても労働者の自由な時間の利用について関心を持たざるをえず，また，兼業の内容によっては企業の経営秩序を害し，または企業の対外的信用，体面が傷つけられる場合もありうるので，従業員の兼業の許否に

ついて，労務提供上の支障や企業秩序への影響等を考慮したうえでの会社の承諾にかからしめる旨の規定を就業規則に定めることは不当とはいいがた〔い〕。

> アドバンスト・イシュー　兼業と労働基準法38条1項

　かりに，兼業は原則として自由であると解するとしても，実は，「労働時間は，事業場を異にする場合においても，労働時間に関する規定の適用については通算する。」と規定する労働基準法38条1項との関係で問題が生ずることになる。通説・解釈例規（昭23・5・14基発769号）によれば，「事業場を異にする場合」とは同一事業主の複数事業場で働く場合のみならず「事業主を異にする場合も含む」とされている。そうすると，すでに8時間労働の形で雇われているような場合においては，もはや他社で労働することができないか，あるいはそのような労働者を雇う会社が時間外労働の手続（労働基準法36条1項）を行って割増賃金（労働基準法37条）を支払う必要があることになる。したがって，兼業が自由であるというためには，「事業場を異にする場合」とは同一事業主の複数事業場で働く場合にかぎる（つまり，事業主を異にする場合は含まれない）との解釈を行わなければならない（ちなみに，実は，近年においては，このような解釈も少数説ながら徐々に有力になってきている）。そこで，先に示した厚生労働省『今後の労働契約法制の在り方に関する研究会報告書』は，そのような方向で労働基準法38条1項の改正を行うべきことも併せて示唆していたのである。近頃では，ムーンライターやマルチジョブホルダーが増加する傾向もあるが，とにかくこのような状況も踏まえて，今後はこの条文のあり方を見直す必要があろう。

3　義務違反の効果

　主たる義務であれ付随義務であれ労働者が労働契約上の義務に違反した場合，債務不履行を構成する。債務不履行に対して民法が予定する債権者（使用者）がとりうる対抗措置は，損害賠償と契約の解除である。しかし，損害賠償では実効性が存せず，労働契約の解除＝解雇については解雇権濫用法理（労働契約法16条）による厳格な規制に服しており，軽微な義務違反でこれを行うことはできない。そこで，通常，迅速にことに対処するために懲戒処分が行われることになる。ただし，これは契約法（債権法）が通常予定する措置ではないので，就業規則に記載し（労働基準法89条9号参照），契約内容としておく（労働契約法7条・10条参照）ことが必要となる（国鉄札幌運転区事件・最三小判昭54.10.30民集33巻6号647頁，フジ興産事件・最二小判平15.10.10労判861号5頁）。

ただし，使用者は義務違反を行った労働者に対していつでも懲戒処分をなしうるのではなく，義務違反が共同作業秩序（企業秩序）を侵害するかあるいは侵害する具体的危険性が存する場合でなければならない。詳しくは，後述の懲戒処分の解説を参照されたい。

4　労働者の義務に関連する諸問題

以下で，補論として，労働者の義務に関連するいくつかの問題を検討しておく。

(1)　**職務発明・職務著作**　　労働者が職務発明（「その性質上当該使用者等の業務範囲に属し，かつ，その発明をするに至った行為がその使用者等における従業者等の現在又は過去の職務に属する発明」（特許法35条1項））を行った場合，使用者は労働契約や就業規則の条項によって特許権を自己に承継させるよう労働者を義務づけることが通常行われており，その場合，使用者は労働者に相当の対価を支払うべきこととされている。これは，特許法35条に関する問題であり，かつて（2004年の法改正前において）はこの「相当の対価」の額をめぐり紛争が生じた。特許法35条は，1項で，労働者が特許を受ける権利を原始的に取得し，使用者は無償で通常実施権を有する旨を，2項・3項で，契約・就業規則その他の定めによって使用者は特許を受ける権利や特許権を継承させたり専用実施権を設定させたりすることができ，そのかわり発明労働者は「相当の対価」を受ける権利を有する旨を，4項で相当の対価の算定にあたっては使用者の受ける権利，使用者の貢献度を考慮する旨をそれぞれ規定していた。この「相当の対価」に関する規定は強行規定であると解されたため，労働者が実際に受け取った対価が相当な対価ではなかったとしてそれとの差額を事後的に請求するといった事件がみられることとなった（オリンパス光学事件・最三小判平15.4.22労判846号5頁，日亜化学工業事件・東京地判平16.1.30労判870号10頁，同事件・東京高和解勧告案平17.1.11判時1879号141頁，日立製作所事件・東京高判平16.1.29労判869号15頁，日立金属事件・東京高判平16.4.27労判876号24頁）。そこで，このような紛争を回避するために，2004年に35条が改正され，4項は，「契約，勤務規則その他の定めにおいて前項の対価について定める場合には，対価を決定するための基準の策定に際して使用者等と従業者等との間で行わ

れる協議の状況，策定された当該基準の開示の状況，対価の額の算定について行われる従業者等からの意見の聴取の状況等を考慮して，その定めたところにより対価を支払うことが不合理と認められるものであってはならない。」という規定となった。つまり，労使の交渉プロセスを重視して，①就業規則等で対価決定基準を定める際に，組合等の従業員集団と十分に協議が行われ，②そのようにして策定された基準が開示されており，③職務発明を行った労働者に当該基準を当てはめ計算した額を示して意見を聴取するなどされていて，対価が透明性・納得性を得て合理的に決定されたといえるならばそれが相当の対価として認められるということである。なお，対価についての定めがない場合，またはその定めたところにより対価を支払うことが不合理と認められる場合には，対価の額は，その発明により使用者等が受けるべき利益の額，その発明に関連して使用者等が行う負担，貢献および従業者等の処遇その他の事情を考慮して定めなければならない（特許法35条5項）。

これに対し，職務著作については，職務発明とは異なり，著作権法15条1項が，法人等の使用者の発意に基づきその法人等の業務に従事する者が職務上作成する著作物で，その法人等が自己の著作の名義の下に公表するものの著作者は，契約，勤務規則等に別段の定めがないかぎり法人等とする旨を規定している（ちなみに，「法人等の発意に基づきその法人等の業務に従事する者が職務上作成するプログラムの著作物」の著作者については，同条2項により，別段の定めがないかぎり（法人名義のもとで公表されたものであろうとなかろうと）法人等とされる）。労働法においては，労働者であれば保護を受けるのが通常であるが，著作権に関しては，逆に，著作権法により労働者と判断されれば権利を有しないことになるのである（エー・シー・シープロダクション事件・最二小判平15.4.11労判849号23頁）。

基本判例　エー・シー・シープロダクション事件・最二小判平15.4.11労判849号23頁

「著作権法15条1項は，法人等において，その業務に従事する者が指揮監督下における職務の遂行として法人等の発意に基づいて著作物を作成し，これが法人等の名義で公表されるという実態があることにかんがみて，同項所定の著作物の

著作者を法人等とする旨を規定したものである。同項の規定により法人等が著作者とされるためには，著作物を作成した者が「法人等の業務に従事する者」であることを要する。そして，法人等と雇用関係にある者がこれに当たることは明らかであるが，雇用関係の存否が争われた場合には，同項の「法人等の業務に従事する者」に当たるか否かは，法人等と著作物を作成した者との関係を実質的にみたときに，法人等の指揮監督下において労務を提供するという実態にあり，法人等がその者に対して支払う金銭が労務提供の対価であると評価できるかどうかを，業務態様，指揮監督の有無，対価の額及び支払方法等に関する具体的事情を総合的に考慮して，判断すべきものと解するのが相当である。」

(2) **労働者に対する損害賠償請求**　労働者が使用者の業務の執行につき不法行為を行った場合，使用者は労働者に損害賠償を請求することができ（民法709条），また，使用者が労働者の不法行為に基づいて第三者に損害賠償を支払った場合，使用者はそれを労働者に求償することができる（民法715条）。しかし，労使の大きな経済的格差，損害賠償請求をストレートに認めると労働者に過酷な結果となる場合が多いこと，通常，使用者は労働者を使用することにより利益を上げていること，経営上のリスクは使用者が負うべきこと，経営上のリスクについてはあらかじめ保険に加入するなど対応が可能であることなどを考えると，使用者が労働者に対して行う損害賠償請求の額については（報償責任的にみて）損害の公平な分担という観点から信義則上，合理的な制限を加えられるべきといえよう。そこで，使用者が労働者に損害賠償を請求（ないしは求償）しうるかについては，労働者側の帰責事由の重大性（程度）を踏まえて検討を加え（基本的に労働者の故意・重過失のケースにかぎられよう），かつ，請求できるとしても，賠償額は，諸般の事情（事業の性格・規模，業務内容，労働条件，労働者の経験・勤務成績・勤務態度，使用者の防止策，保険などによる対応など）を考慮して，場合によっては，相当と認められる限度に限定されることになると解する必要があろう。裁判例も概ねこのような方向性を認めている（たとえば，茨城石炭商事事件・最一小判昭51.7.8民集30巻7号689頁は，使用者に労働者に対して損害額の4分の1の求償を認めた）が，具体的な賠償額の判断はケースバイケースとならざるをえない点に問題がある。

> **基本判例**　茨城石炭商事事件・最一小判昭 51.7.8 民集 30 巻 7 号 689 頁
>
> 「使用者が，その事業の執行につきなされた被用者の加害行為により，直接損害を被り又は使用者としての損害賠償責任を負担したことに基づき損害を被った場合には，使用者は，その事業の性格，規模，施設の状況，被用者の業務の内容，労働条件，勤務態度，加害行為の態様，加害行為の予防若しくは損失の分散についての使用者の配慮の程度その他諸般の事情に照らし，損害の公平な分担という見地から信義則上相当と認められる限度において，被用者に対し右損害の賠償又は求償の請求をすることができるものと解すべきである。」

(3) **内部告発者保護の法理**　労働者は，信義則上，秘密保持義務と企業の名誉・信用を毀損せず保持する義務（付随義務）を負うが，労働者が公益通報（内部告発）を行った場合でもこれらの義務に反したとして懲戒処分や解雇などの不利益取扱がされることになるのであろうか。使用者が労働法規に違反した場合の労働者による行政への申告については，その申告権と使用者による解雇などの不利益からの保護（使用者の労働者に対する報復的不利益取扱の禁止）が各種労働法規において定められている（労働基準法 104 条，労働安全衛生法 97 条，男女雇用機会均等法 13 条，労働者派遣法 49 条の 3 など）。問題はそれ以外の場合である。たとえば，食品の産地偽装や日付偽装，消費期限切れの材料の使用，人命にかかわるような製品の欠陥隠しなどを企業が行う場合，労働者が人命保護等の公益目的でそれらを外部（マスコミや公衆，あるいは行政機関）に公表・告発（内部告発）することがある。これらの場合，このような労働者の行為は公益性を有するのみならず，問題を明るみにし傷が浅いうちに対処してそれを改める機会を作り出すことで企業の崩壊・消滅を防ぎ企業の利益（企業の立ち直り）にもつながる。そこで，告発内容，目的，態様，その他諸般の事情を総合的に考慮して公益通報の正当性を判断し，正当性が認められれば使用者は労働者に対し懲戒処分や解雇等の不利益取扱をなしえないとするのが裁判例の傾向となっているといえよう（医療法人思誠会事件・東京地判平 7.11.27 労判 683 号 17 頁，群英学園事件・東京高判平 14.4.17 労判 831 号 65 頁，大阪いずみ市民生協事件・大阪地堺支判平 15.6.18 労判 855 号 22 頁，海外漁業協力財団事件・東京地判平 16.10.14 労判 885 号 26 頁，生駒市衛生社事件・大阪高判平 17.2.9 労判 890 号 86 頁など）。

具体的には，告発事実の重要性を踏まえつつ，①告発内容の真実性ないし真実であると信じる相当な理由，②目的の公益性，③手段・方法（態様）の相当性が重要な判断考慮要素となるが，これに④告発前にまず企業内で解決をはかることを必要とすべきということを付け加えるかどうかが争われている。労働者の立場やおかれた状況，そして緊急性を考慮して，企業内で容易に問題解決が可能であったにもかかわらずいきなり外部に通報（内部告発）を行ったような場合は別として，必ずしも事前の企業内における解決の試みは必要ではないと考えるべきであろう。

　なお，手段・方法（態様）が問題となった事例として，宮崎信用金庫事件がある。この事件は，労働者が公益通報（内部告発）を行う情報を入手するために企業のホストコンピューターにアクセスして顧客に関する信用情報文書を入手したことに対して企業が当該労働者を懲戒解雇し，その効力が争われたものである。1審（宮崎地判平12.9.25労判833号55頁）は，「原告らの行為は，金融機関の職員として，重大な規律違反行為といわざるを得ない。」，「原告らが被告内部の不正を糺したいとの正当な動機を有していたとしても，その実現には，社会通念上許容される限度内での適切な手段方法によるべきであり，右行為を容認する余地はない。」と判示して懲戒解雇を有効とした。しかし，これに対し2審（福岡高宮崎支判平14.7.2労判833号48頁）は，「控訴人らはもっぱら被控訴人内部の不正疑惑を解明する目的で行動していたもので，実際に疑惑解明につながったケースもあり，内部の不正を糺すという観点からはむしろ被控訴人の利益に合致するところもあったというべきところ，上記の懲戒解雇事由への該当が問題となる控訴人らの各行為もその一環としてされたものと認められるから，このことによって直ちに控訴人らの行為が懲戒解雇事由に該当しなくなるとまでいえるかどうかはともかく，各行為の違法性が大きく減殺されることは明らかである。」と判示して，結論として懲戒解雇を無効とした。

　ちなみに，上記の法理に加え，トナミ運輸事件・富山地判平17.2.23労判891号12頁は，「原告の内部告発は正当な行為であるから，被告がこれを理由に原告に不利益な配置，担当職務の決定及び人事考課等を行う差別的な処遇をすることは，その裁量を逸脱するものであって，正当な内部告発によっ

ては人事権の行使において不利益に取り扱わないという信義則上の義務に違反した」として，労働契約上の使用者の義務（付随義務）の観点から労働者の保護をはかっている（使用者は労働者に対し債務不履行に基づく損害賠償責任を負うとされた）。

> **基本判例** 大阪いずみ市民生協事件・大阪地堺支判平15.6.18労判855号22頁
>
> 「いわゆる内部告発においては，これが虚偽事実によって占められているなど，その内容が不相当である場合には，内部告発の対象となった組織体等の名誉，信用等に大きな打撃を与える危険性がある一方，これが真実を含む場合には，そうした組織体等の運営方法等の改善の契機ともなりうるものであること，内部告発を行う者の人格権ないしは人格的利益や表現の自由等との調整の必要も存することなどからすれば，内部告発の内容の根幹的部分が真実ないし内部告発者において真実と信じるについて相当の理由があるか，内部告発の目的が公益性を有するか，内部告発の内容自体の当該組織体等にとっての重要性，内部告発の手段・方法の相当性等を総合的に考慮して，当該内部告発が正当と認められた場合には，当該組織体等としては，内部告発者に対し，当該内部告発により，仮に名誉，信用等を毀損されたとしても，これを理由として懲戒解雇をすることは許されないものと解するのが相当である。」

(4) **公益通報者保護法と内部告発**　公益通報（内部告発）の高まりを受け，労働者保護の必要性も増大してきたことから，公益通報者保護法が2004年に制定され，2006年4月1日から施行されている。この法律は，すべての公益通報を対象とするのではなく，あくまで別表に掲げられた個人の生命または身体の保護，消費者の利益の擁護，環境の保全，公正な競争の確保その他の国民の生命，身体，財産その他の利益の保護にかかわる法律に規定された犯罪行為等の事実に限られ（2条），公益通報を行った労働者および派遣労働者は，解雇の無効（3条），労働者派遣契約の解除の無効（4条），不利益取扱の禁止（5条）といった保護を受ける。なお，保護の対象については，通報先が当該企業内部，行政機関，その他でそれぞれ要件が異なっている。具体的には，①労務提供先等に対する公益通報については，通報対象事実が生じ，またはまさに生じようとしていると思料する場合であればよいが，②通報対象

事実について処分または勧告等をする権限を有する行政機関に対する公益通報については，通報対象事実が生じ，またはまさに生じようとしていると信ずるに足りる相当の理由がある場合でなければならない。さらに③その者に対し当該通報対象事実を通報することがその発生またはこれによる被害の拡大を防止するために必要であると認められる者に対する公益通報については，通報対象事実が生じ，またはまさに生じようとしていると信ずるに足りる相当の理由があり，かつ，解雇その他不利益な取扱を受けると信ずるに足りる相当の理由がある，証拠が隠滅され，偽造され，または変造されるおそれがあると信ずるに足りる相当の理由がある，公益通報をしないことを正当な理由がなくて要求された，労務提供先等に対して公益通報をした日から20日を経過しても労務提供先等から調査を行う旨の通知がないか労務提供先等が正当な理由がなくて調査を行わない，といった要件のいずれかに該当する場合でなければならないとされる。

　以上のように，公益通報者保護法の対象は非常に限定されたものであるので，それ以外のケースでは先に(3)で述べた判例法理による対処が依然としてなされることになるとともに，公益通報報者保護法のカバーする領域であっても他の法律による保護を受けることができる（公益通報者保護法6条）とともに，判例法理による救済もこれまで同様に可能といえる。

Ⅲ　使用者の義務

1　使用者の主たる義務（基本義務）：賃金支払義務

(1) 賃金支払義務とその具体化　　賃金支払義務は使用者の基本義務であり，義務自体は労働契約に基づいて生ずる（労働契約法6条参照）。ただ，この義務は，抽象的なものにとどまるのが一般的といえるので，通常，それを就業規則・労働協約などが具体化することになる。また，パート，アルバイトなどの非正規労働者の場合は，従来から個別合意によって賃金額が決定されることも多いといえるが，正社員の場合であっても，近年，賃金処遇の変化にともない普及の度を強めている年俸制に代表される成果主義・能力主義賃金システム（代表的なものとしては，年俸制）においては，目標管理制度と結びついた個別交渉・合意により年俸額が決定されるなど賃金額の個別的決定がなさ

れることになる。このような，年俸制に代表される成果主義・能力主義賃金システムがとられている場合には成果に応じて賃金額がアップ・ダウンすることになるので，学説は，使用者は信義則に基づき労働契約上，公正評価義務（具体的には，客観的で明確な評価基準設定，基準の開示・公表，公正な基準への当てはめ，情報・資料の提示や説明，合理的な紛争処理制度を設けることなどを義務内容とする）を負うと解している。ちなみに，年俸制の場合において，労使の合意により次年度の年俸額が決定されなかった場合どうなるのか。使用者が決定権を有するとされた例（中山書店事件・東京地判平19.3.26労判943号41頁）があるが，たとえ，その場合でも，使用者が一方的決定権限を有するためには就業規則に規定された制度が合理的であって明示され，その内容が公正な場合にかぎられるとすべきであろう（日本システム研究所事件・東京高判平20.4.9労判959号6頁）。

(2) **賃金支払義務の履行に関する若干の問題**　労働者の労働の提供と使用者の賃金支払は対価的牽連関係にある。しかし，両者は同時履行の関係に立つのではなく，ノーワーク・ノーペイ（労働なければ賃金なし）の原則や「労働者は，その約した労働を終わった後でなければ，報酬を請求することはできない」と規定する民法624条1項から，通常は，労働者が先に労務の給付（労働義務の履行）を行い（労働者の先履行），その後に使用者がそれに対応する賃金を支払うことになる。したがって，一定議論があるものの，労働契約の締結にともなって生じる使用者の賃金支払義務はあくまで（抽象的な）基本義務（労働者からみればいわば基本権たる賃金債権）とでもいうべきものであって，約された支払日ごとに一定期間の実際の労務給付（労働義務の履行）に対応するところの具体的な賃金支払義務（労働者からみれば支分権たる賃金債権）が発生する（この点については，宝運輸事件・最三小判昭63.3.15労判523号16頁参照）と考えるべきであろう。ただ，労働契約に賃金先払いの特約があれば先払いも可能であり（民法624条1項は任意規定であり，ノーワーク・ノーペイの原則も合意によりこれと異なる定めを行うことができると解される），また，皆勤手当，家族手当，結婚手当等の諸手当など具体的な労働に対応しない賃金も存する（これらの具体的な支払義務については約された条件がみたされた場合に発生すると解される）ことから，結局は具体的な（支分権たる）賃金債権の発生については就業規則や労働協約などを通

じた個々の労働契約の解釈ないし定め方に帰着するといえよう。ちなみに，賃金は重要な労働条件であり，労働基準法がその法的定義をおく（11条）とともに，賃金が確実に労働者の手元に渡るように法規制を行い（24条以下），最低賃金法が最低賃金額の保障を行う仕組みを設けている。また，臨時の賃金等を除く賃金は就業規則の絶対的必要記載事項とされ（労働基準法89条2号），退職手当と臨時の賃金等はこれらを制度として実施する場合には記載を要する相対的必要記載事項とされている（同条3号の2，4号）。そして，その他，企業倒産時などの賃金債権保護（民法，破産法など）や国の立替払（賃金支払確保法）なども関係各法において規定されている。これらについて，詳しくは，『基本労働法II』で解説する。

2　使用者の付随義務

(1)　**使用者の配慮義務**　　使用者は信義則に基づき労働関係のさまざまな局面で労働者に対して配慮（たとえば，私傷病に罹患した労働者ないし病気休職期間が満了する労働者に対して就労可能な職場へ配置すべき配慮，労働者が単身赴任となる場合の生活上の配慮，労働者が年休を取得できるようにする配慮など）を行う義務など一定の付随義務を負うと解されている。なお，事業主による社会保険被保険者資格取得届出義務が労働契約上の義務でもあると判示したものとして，豊國工業事件・奈良地判平18.9.5労判925号53頁があるが，これは法律に規定された届出義務が信義則を媒介することにより個別労使間でも当事者を拘束する付随義務となっていることを意味しよう（この点については，大真実業事件・大阪地判平18.1.26労判912号51頁も参照）。このような付随義務は総合して包括的に使用者の配慮義務と呼ばれることがある。労使の力関係の差異や労働関係の基本的特徴を考えると，一般的にはこのような配慮義務を認めることでよいと思われるが，結局は，問題となる場面に応じてそれを具体化する必要がある（したがって，使用者の配慮義務は実際には多様な形で問題となるといえよう）。その作業は，本書および『基本労働法II』の関連各所で行うこととし（たとえば，正当な内部告発によっては人事権の行使において不利益に取り扱わないという義務については，内部告発者保護の法理のところで，また，公正評価義務については，使用者の賃金支払義務のところで，それぞれすでに述べた），以下では，代表的なものである安

全配慮義務，職場環境配慮義務と（認めるべきかどうかが激しく争われている）労働受領義務（就労請求権）を取り上げて論じてみることにしよう。ちなみに，使用者による配慮と労働者のプライバシーは緊張関係にあり（つまり，労働者に関する一定の事情や情報，あるいは私生活を知らないと使用者は配慮しようにも配慮できない），両者の適切な調整・均衡をいかにはかるかが困難ではあるが重要な問題となっている点に注意する必要がある。

(2) **安全配慮義務** 従来，信義則を根拠として，使用者は，労働過程において労働者の生命，身体，健康等を危険から保護すべき安全配慮義務を負うと学説・判例（陸上自衛隊事件・最三小判昭50.2.25民集29巻2号143頁，川義事件・最三小判昭59.4.10民集38巻6号557頁）によって説かれてきた。そこで，2007年に制定された労働契約法は，安全配慮義務の重要性を踏まえて，これまでの判例法理を集大成する形で確認し，その5条で，「使用者は，労働契約に伴い，労働者がその生命，身体等の安全を確保しつつ労働することができるよう，必要な配慮をするものとする。」との規定をおいた。したがって，現在では，この条文が安全配慮義務の根拠となっているということができる。なお，この義務は当初は，判例においては，労働者が使用者の指揮命令下で労務の提供を行う場所，設備，器具等や労務提供過程に関して安全を配慮する義務であると説かれていたが，過労死や過労自殺（業務が原因で精神疾患に罹患し，それにより自殺に及んだケース）が社会問題化するにつれて（メンタルヘルスも含めて）健康配慮義務とでもいうべき方向で展開がみられ，労働時間等について適正な労働条件を確保するとともに，健康診断の実施，労働者の年齢・健康状態等に応じて従事する作業時間および作業内容の軽減，就労場所の変更などの適切な措置をとるべき義務（システムコンサルタント事件・東京高判平11.7.28労判770号58頁），ないし業務の遂行にともなう疲労や心理的負荷等が過度に蓄積して労働者の心身の健康を損なうことがないよう注意する義務と説かれるに至っている（電通事件・最二小判平12.3.24労判779号13頁：ちなみに，これは不法行為上の注意義務として示されたものであるが，労働契約上の義務と基本的に同じであると考えられる）。そして，このような方向性は職場いじめによる自殺（同僚のいじめにより精神疾患に罹患し自殺に至ったケース）にも及ぼされている（川崎市水道局事件・横浜地川崎支判平14.6.27労判833号61頁, 同事件・東京高判平15.3.25労判849号

87頁，誠昇会北本共済病院事件・さいたま地判平16.9.24労判883号38頁）。ちなみに，最近の特徴として，嫌煙権的見地から安全配慮義務に言及されるケースもある（京都簡易保険事務センター事件・京都地判平15.1.21労判852号38頁，江戸川区事件・東京地判平16.7.12労判878号5頁）。

　また，もともと安全配慮義務の法的根拠は信義則であるとされたため，（事実上ないしは実質的に）指揮命令関係が認められれば，直接に労働契約関係がなくとも社外労働者に対する受入企業の安全配慮義務が認められている（大石塗装・鹿島建設事件・最一小判昭55.12.18民集34巻7号888頁，三菱重工神戸造船所事件・最一小判平3.4.11判時1391号3頁）。そして，傭車運転手につき労働者と認めるのは困難であるが，運送会社の指揮監督のもとに労務を提供するという雇用契約に準じるような使用従属関係があったということから，運送会社は，信義則上，傭車運転手に対して安全配慮義務を負うとされた事例もある（和歌の海運送事件・和歌山地判平16.2.9労判874号64頁）。なお，以上のような社外労働者や傭車運転手などのケースにつき，労働契約法制定後は信義則ではなく同法5条の類推適用によるべきとする説もある。

　ちなみに，安全配慮義務は，安全という結果の実現それ自体を義務づけられる結果債務ではなく安全の確保のために手段を尽くすべき手段債務であると解されている（航空自衛隊事件・最二小判昭56.2.16民集35巻1号56頁）。なお，安全配慮義務は，労災が起こった場合の損害賠償請求（労災民訴）の根拠として用いられる（労災が起こった場合，労働者は，使用者の債務不履行責任を追及することになるが，安全配慮義務を不法行為上の注意義務としてとらえ使用者の不法行為責任を追及するケースもみられる）のが通常であるが，さらにそれを超えて履行請求を行うことが認められるのかが問題となる。これを認める可能性を示した裁判例がある（日鉄鉱業松尾採石所事件・東京地判平2.3.27労判563号90頁，前掲・京都簡易保険事務センター事件・京都地判）が，労働者の生命・身体・健康に関する点において安全配慮義務は根本的重要性を有すること（ちなみに，安全配慮義務の根拠規定が労働契約法の基本事項を定める「第1章　総則」に設けられたということもその基本的重要性を示しているといえよう）を踏まえれば肯定的に解すべきであろう。ただ，その場合でも，①危険が具体化し，②義務内容が特定されることを要件とすべきであろう。労災民訴については，『基本労働法Ⅱ』で労災補償を論

じる際に併せて詳しく検討することとする。

> **基本判例** 陸上自衛隊事件・最三小判昭 50.2.25 民集 29 巻 2 号 143 頁
>
> ① 「国は，公務員に対し，国が公務遂行のために設置すべき場所，施設もしくは器具等の設置管理又は公務員が国もしくは上司の指示のもとに遂行する公務の管理にあたって，公務員の生命及び健康等を危険から保護するよう配慮すべき義務（以下「安全配慮義務」という。）を負っているものと解すべきである。」
> ② 「安全配慮義務は，ある法律関係に基づいて特別な社会的接触の関係に入った当事者間において，当該法律関係の付随義務として当事者の一方又は双方が相手方に対して信義則上負う義務として一般的に認められるべきものであって，国と公務員との間においても別異に解すべき論拠はな〔い〕」

> **基本判例** 川義事件・最三小判昭 59.4.10 民集 38 巻 6 号 557 頁
>
> 「雇傭契約は，労働者の労務提供と使用者の報酬支払をその基本内容とする双務有償契約であるが，通常の場合，労働者は，使用者の指定された場所に配置され，使用者の供給する設備，器具等を用いて労務の提供を行うものであるから，使用者は右の報酬支払義務にとどまらず，労働者が労務提供のため設置する場所，設備もしくは器具等を使用し又は使用者の指示のもとに労務を提供する過程において，労働者の生命及び身体等を危険から保護するよう配慮すべき義務（以下「安全配慮義務」という。）を負っているものと解すのが相当である」

> **基本判例** システムコンサルタント事件・東京高判平 11.7.28 労判 770 号 58 頁
>
> 「一審被告は，Ａとの間の雇用契約上の信義則に基づいて，使用者として労働者の生命，身体及び健康を危険から保護するように配慮すべき義務（安全配慮義務）を負い，その具体的内容としては，労働時間，休憩時間，休日，休憩場所等について適正な労働条件を確保し，さらに，健康診断を実施した上，労働者の年齢，健康状態等に応じて従事する作業時間及び内容の軽減，就労場所の変更等適切な措置を採るべき義務を負うというべきである。
> そして，高血圧患者は，脳出血などの致命的な合併症を発症する可能性が相当程度高いこと，持続的な困難かつ精神的緊張を伴う過重な業務は高血圧の発症及び増悪に影響を与えるものであることからすれば，使用者は，労働者が高血圧に罹患し，その結果致命的な合併症を生じる危険があるときには，当該労働者に対し，高血圧を増悪させ致命的な合併症が生じることがないように，持続的な精神

的緊張を伴う過重な業務に就かせないようにするとか，業務を軽減するなどの配慮をするべき義務があるというべきである。」

基本判例 電通事件・最二小判平 12.3.24 労判 779 号 13 頁

「労働者が労働日に長時間にわたり業務に従事する状況が継続するなどして，疲労や心理的負荷等が過度に蓄積すると，労働者の心身の健康を損なう危険のあることは，周知のところである。労働基準法は，労働時間に関する制限を定め，労働安全衛生法 65 条の 3 は，作業の内容等を特に限定することなく，同法所定の事業者は労働者の健康に配慮して労働者の従事する作業を適切に管理するように努めるべき旨を定めているが，それは，右のような危険が発生するのを防止することをも目的とするものと解される。これらのことからすれば，使用者は，その雇用する労働者に従事させる業務を定めてこれを管理するに際し，業務の遂行に伴う疲労や心理的負荷等が過度に蓄積して労働者の心身の健康を損なうことがないよう注意する義務を負うと解するのが相当であり，使用者に代わって労働者に対し業務上の指揮監督を行う権限を有する者は，使用者の右注意義務の内容に従って，その権限を行使すべきである。」

(3) **職場環境配慮義務**　セクハラ（セクシュアル・ハラスメント＝性的嫌がらせ：相手方の意に反する性的な言動のことであり対価型・代償型と（職場）環境型の 2 種類がある）やいじめ・パワハラなどが職場で行われると，その対象とされた労働者の人格が傷つけられることとなる。そこで，そのようなことが起きないよう配慮する義務，要するに，快適な職場環境を保持するよう配慮する義務が使用者の付随義務のなかに含まれるのかが争点となる。これが職場環境配慮義務をめぐる問題であり，近年，裁判例はこれを肯定する傾向にある（セクハラに関して，京都セクシュアル・ハラスメント（呉服販売社）事件・京都地判平 9.4.17 労判 716 号 49 頁，三重セクシュアル・ハラスメント（厚生農協連合会）事件・津地判平 9.11.5 労判 729 号 54 頁，職場いじめに関して，エフピコ事件・水戸地下妻支判平 11.6.15 労判 763 号 7 頁など）。この義務は単に（セクハラやいじめのない）働きやすい快適な職場環境を整備するにとどまらず，セクハラやいじめにより労働者が意に反して退職することがないように配慮することまで求めるものであるとされ，また，セクハラやいじめが起きないように人的体制や物的設備を事前に

整備する義務のみならず，セクハラやいじめが起きた場合には迅速な対応（迅速・正確な調査と誠実・適正な対処）を行う事後の義務も含むものと解される（仙台セクシュアル・ハラスメント（自動車販売会社）事件・仙台地判平13.3.26労判808号13頁，岡山セクシュアル・ハラスメント（リサイクルショップ）事件・岡山地判平14.11.6労判845号73頁）。今後は，より広く，労働者の自由・人格を傷つけないよう配慮する使用者の義務を一般的に導き出すことが課題といえよう。この点に関連して，いまだ必ずしも一般的にとはいえないが，たとえば，権利濫用となる配転が行われた事例について，「被告会社は，原告に対し，労働契約上の付随義務として，原告を適切に就労させ，不当な処遇をしてその人格の尊厳を傷つけないよう配慮すべき義務を負っているものと解するのが相当である」と判示された例として，プロクター・アンド・ギャンブル・ファー・イースト・インク事件・神戸地判平16.8.31労判880号52頁が，そして，職場いじめに関連して，「労働契約関係において，使用者は労働者に対し，労働者がその意に反して退職することがないように職場環境を整備する義務を負い，また，労働者の人格権を侵害する等違法・不当な目的・態様での人事権の行使を行わない義務を負っているものと解すべきである」と判示された例として，前掲・エフピコ事件・水戸地下妻支判があり，注目される。なお，2006年に男女雇用機会均等法が改正され，セクハラに関しそれまで事業主の配慮義務（＝努力義務）にすぎなかった規定（旧法21条）が，セクハラが起きないように事業主が措置を講ずる旨の義務規定（現行法11条）へと強化された。しかし，これは，あくまで国が事業主に措置義務を課す規定にすぎないため，労働者と使用者の間では直接利用することができず，したがってセクハラや職場いじめが起こった場合には，労働者は，依然として職場環境配慮義務（この義務の債務不履行あるいはこれを不法行為上の注意義務の観点からとらえて不法行為による責任追及）を問題とせざるをえない状況にある（併せて，安全配慮義務と同様に，職場環境配慮義務の履行請求の可否も問題となろう）。ちなみに，セクハラ，いじめ，パワハラにより労働者が精神疾患に罹患する（労働者のメンタルヘルスが損なわれる）といった事例では，職場環境配慮義務を超えて安全配慮義務が問題となる点に注意する必要がある。なお，セクハラに関して詳しくは，『基本労働法Ⅱ』で男女雇用の平等（男女雇用機会均等法）に関連して検討を加えることとす

る。

(4) **労働受領義務**（労働者の就労請求権）　使用者が労働者の就労を拒否する場合（たとえば，解雇無効で労働契約上の地位確認の判決（あるいは地位確認の仮処分決定）が出されたのに使用者が労働者を職場に戻さないとか，労働者を嫌悪して，あるいはみせしめにして労働させないとかいった場合），労働者は使用者に対して自己を就労させるよう求めることができるのか。これが使用者の労働受領義務，労働者の方からすれば就労請求権をめぐる問題である。たしかに，労働契約において労働することは労働者の義務であって，使用者が賃金支払義務を履行している（いうまでもなく，使用者が賃金を支払わないと債務不履行になる）以上，（労働者に労働することを求める権利を有する使用者が労働者に（労働義務の）債務免除を行っているとして）契約法上は問題がないともいえる。しかし，このような扱いは，労働者の人格を傷つける（労働を通じての人格展開をできなくする）のみならず，労働者が職場で同僚とコミュニケートしたり，仕事を通じて生きがいや充実感を得たり，キャリアを磨いたり展開したりすることを妨げるものであり（言い換えれば，労働することには労働者にとって大きな利益や意義が認められるのであり），賃金を得るだけでは不就労にともなう不利益を解消することはできない。したがって，労働者は就労を求めて訴えることができるのかが議論されることになる。なお，事柄の性質上，（実際には，特に，解雇無効を主張して労働契約上の地位確認請求の本案訴訟を提起しているようなケースにおいて）就労妨害排除の仮処分をなしうるかが重要な焦点となるが，その場合，被保全利益として就労請求権を援用することができるかが結論を左右することになるのである。

　かつて，就労請求権を肯定する裁判例もみられたが，一転して，読売新聞社事件・東京高決昭33.8.2労民集9巻5号831頁が，特約や就労についての特別な合理的利益のないかぎり労働することは労働者の義務であって権利ではないと判示するに至り，以降，裁判例においては，信義則説に立ち就労請求権を正面から認めた唯一の例外である高北農機事件・津地上野支決昭47.11.10判時698号107頁を除き，この読売新聞社事件・東京高判で示された原則否定・例外肯定説とでもいうべき立場が一般的にとられるようになった（たとえば，第一学習社事件・広島高判昭60.1.25労判448号46頁）。また，就労請求権が肯定されることになる就労についての合理的利益が認められた例も極

めて少なく（通例，レストランのコックが就労に関する合理的利益ありとされたレストラン・スイス事件・名古屋地判昭 45.9.7 労判 110 号 42 頁が挙げられる程度である），裁判例の立場は実質的には否定説といってもよい状態にある。ちなみに，裁判例が示す就労請求権が認められる例外であるが，特約がある場合はいうまでもないが，就労についての合理的利益のある場合は就労させる旨の黙示の合意（特約）が認められることになると解される。

　以上のような裁判例に対し，かつて，学説においては肯定説が通説といってよかった。代表的なものとしては，①憲法 27 条 1 項の労働権保障の趣旨を信義則に反映させて就労請求権を導き出す説（信義則説）や②労働は労働者の人格が投入されるため義務であると同時に権利でもあるとする説（人格権的労働説）がある。しかし，裁判例が一貫して上述の立場を維持してきているので，学説においても，近年，否定説（原則否定・例外肯定説）を支持する傾向が有力となってきている。代表的なものとしては，①労働することは労働者の義務であって権利ではないとする説，②労働契約においては労働の提供と賃金支払が対価的牽連関係に立ち，使用者は賃金を支払っているかぎり債務不履行とはならないとする説，③民法上債権者の受領義務は認められていないことを根拠とする説，④労働の受領は使用者の人格的・組織的受容に依拠するため就労請求権は認められないと説く説などがある。ただ，否定説に立った場合でも，使用者による就労拒否が労働者の人格を傷つけるなど不法行為の要件を備える場合には，労働者が損害賠償請求を行うことは認めることになると思われる。

　なお，最近になって，肯定説をめぐって新たな展開がみられ，たとえば，憲法 27 条 1 項をキャリア権ととらえるキャリア権説がキャリア展開の必要性の観点から就労請求権を認める立場を有力に主張し注目を集めている。また，使用者は信義則上，労働付与義務ないし適職付与義務を負うとする説や，合理的な理由もなしに就労させないことを一種のいじめ・人格権侵害ととらえ，したがってそれを解消すべく，職場環境配慮義務の観点からその一内容として労働受領義務が含まれていると説く説（ちなみに，この説は私見であり，労働権を保障する憲法 27 条 1 項を信義則（労働契約法 3 条 4 項，民法 1 条 2 項）を通じて労使間で間接適用することによって職場環境配慮義務に取り込み，職場環境配慮義務をセク

第3節　労働契約上の義務　153

ハラやいじめの事例に対してのみならず、より広く積極的に労働者が労働権を行使して能力発揮できるような快適な職場環境の整備にまで及ぶ内容を有するものと再構成し、その一環として就労請求権を導き出そうと試みている）も新たに登場してきている。これら新たな見解はいずれも現代的状況を踏まえて展開されており基本的に妥当な方向性をとるものといえよう。なお、かりに肯定説に立った場合の法的救済であるが、債務不履行を理由とする損害賠償にとどまるのか間接強制（民事執行法172条）まで可能かが問題となるが、実効性確保の観点から後者を支持すべきであろう。

アドバンスト・イシュー　労働者に対する就労拒否と会員代表訴訟（株主代表訴訟）

　信用金庫の代表理事らが労働者に対し就労拒否を行ったことに対し、当該労働者が信用金庫の会員となって会員代表訴訟を起こし、当該代表理事らが労働者を働かせないのに賃金を支払っていたことは信用金庫に損害を及ぼしたものであるとして、当該代表理事らに信用金庫へ損害賠償するよう求めた事例として、渡島信用金庫（会員代表訴訟）事件・札幌高判平16.9.29労判885号32頁があるが、そこにおいては、代表理事らの善管注意義務および忠実義務違反による損害賠償責任が認容されている。これは、就労請求権の見地からも注目される論点を含んでおり、通常の会社で、取締役等が労働者の就労拒否を行った（あるいはそれを認容していた）場合に、株主代表訴訟が提起され、取締役等が労働者の数年にわたる賃金相当分の巨額の損害賠償責任を負うことになれば、もはや（個人責任で払うことができない、あるいは困難なので）取締役等が合理的な理由もなしに労働者に就労拒否に及ぶということはなくなるものと考えられる。したがって、この裁判例は、間接的には就労請求権を認めたに等しい結論をもたらしる可能性ないし射程を有しているといえよう。

基本判例　渡島信用金庫（会員代表訴訟）事件・札幌高判平16.9.29労判885号32頁

　①「本件各懲戒解雇については、本件仮処分命令によって、第1懲戒解雇の無効が暫定的に確認され、さらに、Gが同年5月20日に提起した本案訴訟において、第1懲戒解雇は権利の濫用に当たり、第2懲戒解雇もその根拠事実を欠くから、いずれも無効であるとする函館地方裁判所の判断が、札幌高等裁判所及び最高裁判所によって維持されたことが認められる。」
　②「このように、司法の判断によって本件各懲戒解雇が無効であることが最

終的に確定した場合には，特段の事情がない限り，本件各懲戒解雇をした1審被告らに，本件各懲戒解雇時において，善管注意義務違反及び忠実義務の違反があったと解するのが相当である。」

③ 「一般に，賃金は，労働者によって供給される労働の対価であり，賃金を支払う以上，それに見合う労働を受けない場合には，原則として，賃金相当分の損害が使用者側に生じているものと解するのが相当である。」

④ 「渡島信用金庫は，Gを第1懲戒解雇から久遠支店に復職させるまでの間，Gから労働を受けないで，賃金相当分を支払続けたのであり，他に賃金に相当する労働を受けないことを正当とする事情が認められない本件においては，賃金相当分は渡島信用金庫にとって損害になるというべきである。」

第4節　懲戒処分

I　概　説

(1)　**労働者の契約上の義務違反と懲戒処分**　すでに述べたように，労働者の義務違反に対してとりうる使用者側の措置としては，通常，懲戒処分が予定され，また実際に多用されている。したがって，ここでは労働者の義務違反に対する効果という観点から懲戒処分を取り上げて論ずることとする。しかし，これは民法が予定する債務不履行に対する通常の対抗措置とはいえないため，その法的根拠と正当化根拠が問題となる。

(2)　**懲戒処分の定義**　通常，懲戒処分は，労働者の企業秩序違反に対して使用者が制裁として行う不利益措置であると定義される。たしかに，企業における労働関係の組織的・集団的性格を考慮すると，労働者の労働契約上の義務違反は同時に共同作業秩序＝企業秩序を侵害することが多いと考えられる。しかし，そのことからどのようにして懲戒処分の正当化根拠を導き出し，またどのようにして労働者をこれに従わせることができるのであろうか。そして，そもそも懲戒処分の前提となる共同作業秩序＝企業秩序とはいかなるものであるのか（企業秩序＝共同作業秩序の法的性格）についても，法的見地から明らかにする必要があるといえよう。以下では，これらの問題について検討

を加えることとする。

Ⅱ　懲戒処分の法的基礎

1　正当性（適法性）根拠：共同作業秩序＝企業秩序の迅速な維持・回復の必要性と懲戒処分

そもそも，一種の私的制裁とでもいうべき懲戒処分がなぜ適法と認められるのであろうか（つまり，なぜ懲戒処分に関する就業規則の定めが公序良俗に反しないとされるのか）。しかも，力において優位に立つ使用者が労働者に不利益を与える制裁を加えることは近代法における私人間の平等に反しないのだろうか。

結論としては，適法性を認めざるをえないと考えられる。その根拠は，共同作業秩序の維持・確保の必要性に求められる。企業における労働関係の組織的・集団的性格からすれば，最低限の共同作業秩序の維持・確立・確保が必要となることが理解されるであろう。つまり，使用者からすれば，円滑かつ正常な企業運営を行うという観点から組織における共同作業秩序が必要になり，そして労働者からすれば，集団的組織のなかで自己の労働義務を債務の本旨に従って履行するためには，他の労働者が一定の共同作業秩序を遵守していることが必要となるのである。このように，共同作業秩序には労使双方における必要性が存し，一定の客観的性格がみられるといってよい。そして，共同作業秩序が侵害された場合にはその迅速な回復が組織にとって必要となることもいうまでもないであろう。

さて，労働者は労働契約上，付随義務として共同作業秩序遵守義務を負っており，その違反は債務不履行となる（ちなみに，実際には，労働契約関係の組織的・集団的性格から労働者が労働契約上のいずれかの義務に違反すれば共同作業秩序に影響する可能性が大きいので，結局は，それが共同作業秩序違反と評価されることになるといえよう）。労働者の労働契約上の義務違反に対して債権法（民法）上認められている使用者側の対抗手段は，①契約の解除（＝解雇）と②損害賠償のふたつであるが，①は解雇権濫用法理（労働契約法16条）により厳格な規制を受けるため，軽微な義務違反でこれを行うことは困難であるし，②では，性質上，迅速性が求められる共同作業秩序の維持・回復にとっては実効性を有しないと考えられる。そこで労使の利益が合致する一定の客観的な範囲において迅

速な秩序回復をはかることを実現する見地から，そのために必要とされる効果的対処措置，つまり懲戒処分を行うことが法的に許容されることになるといえよう（実際，ほかに迅速な秩序回復手段は通常考えられないように思われる）。したがって，（後に述べるように，懲戒事由は就業規則に記載されなければならないのだが）労働者の行為がいくら形式的には就業規則の懲戒条項に違反するように思われても，実質的にみて，共同作業秩序（企業秩序）が現に侵害されていないか，あるいは侵害される具体的危険が存しなかった場合には懲戒事由には該当せず，懲戒処分を行うことはできない点に注意する必要がある（目黒電報電話局事件・最三小判昭 52.12.13 民集 31 巻 7 号 974 頁，明治乳業事件・最三小判昭 58.11.1 労判 417 号 21 頁）。

> **基本判例** 目黒電報電話局事件・最三小判昭 52.12.13 民集 31 巻 7 号 974 頁
>
> 「もっとも，公社就業規則 5 条 7 項の規定は，前記のように局所内の秩序風紀の維持を目的としたものであることにかんがみ，形式的に右規定に違反するようにみえる場合であっても，実質的に局所内の秩序風紀を乱すおそれのない特別の事情が認められるときには，右規定の違反になるとはいえないと解するのが，相当である。」

2　懲戒処分の法的性格：労働契約上の根拠の必要性

かつては，企業秩序を乱す労働者の行為に対して制裁を加えうることは企業の本質上当然であるから就業規則に規定がなくとも使用者は経営権に基づき相当程度の懲戒処分をなしうるとする固有権説ないし経営権説と呼ばれる考え方もみられた。しかし，これは法理論ないし法的構成としてはいささか荒っぽい考えであって根拠が不明確であり，有力な立場とはならなかった。そこで，学説においては，懲戒処分が就業規則の相対的必要記載事項とされている（労働基準法 89 条 9 号参照）ことから，（就業規則がなぜ労働者を拘束するのかという）就業規則の法的性質とパラレルに問題が論じられることになり，法規説と契約説の対立がみられた。ただ，どちらの説に立っても使用者が懲戒処分をなしうるためにはその就業規則への記載が必要であり（限定列挙），労働者が被る不利益を考慮して合理的限定解釈が強調される点に共通性を有して

いた。現在では，労働契約法 7 条・10 条が合理性と周知を要件として就業規則が労働契約内容となることを規定しており，したがって懲戒規定も労働契約内容となって労働者を拘束するといえる。その意味で契約説をとるべきこととなる。

なお，後に詳しくみるように，最高裁は，企業秩序の法的性質に関して一見固有権説的な観点から理論展開を行っているが，就業規則の法的性質については，従来から（労働契約法制定前から）契約説の一種である約款説ないし定型契約説を採用し（秋北バス事件・最大判昭 43.12.25 民集 22 巻 13 号 3459 頁），内容の合理性と周知を要件として懲戒も含めて就業規則内容が労働契約内容となるとしており（電電公社帯広局事件・最一小判昭 61.3.13 労判 470 号 6 頁，日立製作所武蔵工場事件・最一小判平 3.11.28 民集 45 巻 8 号 1270 頁，フジ興産事件・最二小判平 15.10.10 労判 861 号 5 頁），しかも使用者が労働者を懲戒するためには就業規則への記載が必要であると説いている（国鉄札幌運転区事件・最三小判昭 54.10.30 民集 33 巻 6 号 647 頁，前掲・フジ興産事件・最判）ので，結局は契約説に立つものと考えられる。

基本判例 フジ興産事件・最二小判平 15.10.10 労判 861 号 5 頁

「使用者が労働者を懲戒するには，あらかじめ就業規則において懲戒の種別及び事由を定めておくことを要する（最高裁昭和 49 年(オ)第 1188 号同 54 年 10 月 30 日第三小法廷判決・民集 33 巻 6 号 647 頁参照）。そして，就業規則が法的規範としての性質を有する（最高裁昭和 40 年(オ)第 145 号同 43 年 12 月 25 日大法廷判決・民集 22 巻 13 号 3459 頁）ものとして，拘束力を生ずるためには，その内容を適用を受ける事業場の労働者に周知させる手続が採られていることを要するものというべきである。」

3 共同作業秩序＝「企業秩序」の基本的性格

(1) **学説による契約説的説明**　もともと労働者は信義則上，共同作業秩序（企業秩序）遵守義務を負う。しかし，これではいまだ義務内容が不明確である。そこで，通常，企業においては，懲戒処分がなされる前提として，就業規則に労働者が遵守すべき服務規律等が一定詳細に記載されている。これは

諸々の労働契約上の義務内容を明確化するとともに，それに一定の枠付けを行ったものと考えることができる。そこで，共同作業秩序（企業秩序）とは，先に述べた学説の契約説的見地に立てば，就業規則を通じて労働契約内容となった権利義務の総体が実行されている状態ということになる。ただし，懲戒処分が労働者にもたらす不利益を考慮すると服務規律および懲戒処分の内容は労使双方の利益の合致する客観的に合理的で必要な範囲のものでなければならず，特に，労働者の私生活上の行為や容姿，服装などの人格の自由に関連して共同作業秩序遵守義務が問題となる事項ついては，労働者の自由との調整の見地からその規制は必要最小限であることが求められるといえよう（東山谷家事件・福岡地小倉支決平 9.12.25 労判 732 号 53 頁：なお，この点については，労働契約の合理的限定解釈に関して引用した，イースタン・エアポートモータース事件・東京地判昭 55.12.15 判時 991 号 107 頁，郵便事業事件・神戸地判平 22.3.26 労判 1006 号 49 頁，同事件・大阪高判平 22.10.27 労判 1020 号 87 頁も併せて参照されたい）。

基本判例　東山谷家事件・福岡地小倉支決平 9.12.25 労判 732 号 53 頁

「一般に，企業は，企業内秩序を維持・確保するため，労働者の動静を把握する必要に迫られる場合のあることは当然であり，このような場合，企業としては労働者に必要な規制，指示，命令等を行うことが許されるというべきである。しかしながら，このようにいうことは，労働者が企業の一般的支配に服することを意味するものではなく，企業に与えられた秩序維持の権限は，自ずとその本質に伴う限界があるといわなければならない。特に，労働者の髪の色・型，容姿，服装などといった人の人格や自由に関する事柄について，企業が企業秩序の維持を名目に労働者の自由を制限しようとする場合，その制限行為は無制限に許されるものではなく，企業の円滑な運営上必要かつ合理的な範囲内にとどまるものというべく，具体的な制限行為の内容は，制限の必要性，合理性，手段方法としての相当性を欠くことのないよう特段の配慮が要請されるものと解するのが相当である」

(2)　**最高裁の企業秩序論**　　以上の学説の説明に対し，最高裁は企業秩序論とでもいうべき独自の理論を展開してきている（富士重工業事件・最三小判昭 52.12.13 民集 31 巻 7 号 1037 頁，国鉄札幌運転区事件・最三小判昭 54.10.30 民集 33 巻 6

号647頁、関西電力事件・最一小判昭58.9.8労判415号29頁など)。その特徴は、合理的範囲に限定せず、広く、企業の存立を維持し事業の円滑な運営をはかるため人的要素および物的施設の両者を総合し合理的・合目的的に配備組織するところの企業秩序定立・維持権(規則制定権、秩序維持指示命令権、秩序回復指示命令権、調査権、懲戒処分権などからなる広範な権利)を使用者に認め、労働者は労働契約を締結して企業に雇用されることにより企業秩序遵守義務を負うと解している。これは一見固有権説的な説示のようにも思われるが、最高裁はあくまで就業規則に基づき懲戒処分をなしうると解しており(前掲・国鉄札幌運転区事件・最判)、この点で純粋の固有権説とは異なる。また、近年の判例であるネスレ日本(懲戒解雇)事件・最二小判平18.10.6労判925号11頁においては、「使用者の懲戒権の行使は、企業秩序維持の観点から労働契約関係に基づく権能として行われるものである」と判示するに至っており、しかも就業規則の法的性質に関しては契約説の一種である約款説ないし定型契約説をかねてより展開してきているところからすれば、最高裁の立場は固有権説的な表現は用いているものの結局は契約説の立場に立っていると考えられる。しかし、固有権説的な表現を用いて論を展開することは、契約に基礎をおくとはいいながら就業規則を通じて使用者に広い(あるいは強大な)企業秩序定立・維持権を認めかねないおそれがあるとともに、労働条件労使対等決定の原則(労働基準法2条1項、労働契約法3条1項)ないしはその精神(理念)にも反するおそれがあろう。

基本判例 富士重工業事件・最三小判昭52.12.13民集31巻7号1037頁

> 「企業秩序は、企業の存立と事業の円滑な運営の維持のために必要不可欠なものであり、企業は、この企業秩序を維持確保するため、これに必要な諸事項を規則をもって一般的に定め、あるいは具体的に労働者に指示、命令することができ、また、企業秩序に違反する行為があった場合には、その違反行為の内容、態様、程度等を明らかにして、乱された企業秩序の回復に必要な業務上の指示、命令を発し、又は違反者に対し制裁として懲戒処分を行うため、事実関係の調査をすることができることは、当然のことといわなければならない。」

基本判例 国鉄札幌運転区事件・最三小判昭 54.10.30 民集 33 巻 6 号 647 頁

「企業は，その存立を維持し目的たる事業の円滑な運営を図るため，それを構成する人的要素及びその所有し管理する物的施設の両者を総合し合理的・合目的的に配備組織して企業秩序を定立し，この企業秩序のもとにその活動を行うものであって，企業は，その構成員に対してこれに服することを求めうべく，その一環として，職場環境を適正良好に保持し規律のある業務の運営態勢を確保するため，その物的施設を許諾された目的以外に利用してはならない旨を，一般的に規則をもって定め，又は具体的に指示，命令することができ，これに違反する行為をする者がある場合には，企業秩序を乱すものとして，当該行為者に対し，その行為の中止，原状回復等必要な指示，命令を発し，又は規則に定めるところに従い制裁として懲戒処分を行うことができるもの，と解するのが相当である。」

基本判例 関西電力事件・最一小判昭 58.9.8 労判 415 号 29 頁

「労働者は，労働契約を締結して雇用されることによって，使用者に対して労務提供義務を負うとともに，企業秩序を遵守すべき義務を負い，使用者は，広く企業秩序を維持し，もって企業の円滑な運営を図るために，その雇用する労働者の企業秩序違反行為を理由として，当該労働者に対し，一種制裁罰である懲戒を課することができるものである」

III 懲戒処分の種類

(1) **概 説** 労働基準法は 89 条 9 号で懲戒処分を就業規則の相対的必要記載事項と位置づけてはいるが，単に「制裁」としか規定しておらず，また 91 条では「減給の制裁」についての規制しか行っていない。そこで，懲戒処分の種類については使用者が自由に就業規則に定めることができるのかが問題となるが，当然一定の限界があるものといえよう。この点につき，労働契約法 15 条は，「使用者が労働者を懲戒することができる場合において，当該懲戒が，当該懲戒に係る労働者の行為の性質及び態様その他の事情に照らして，客観的に合理的な理由を欠き，社会通念上相当であると認められない場合は，その権利を濫用したものとして，当該懲戒は，無効とする。」と規定しているが，これは懲戒処分を行うためには対象となる行為が合理的な懲戒

事由に該当するのみならず、処分自体が「相当」なものでなければならないことを示しているといえる。したがって、処分該当行為の重さ（軽重ないし重大性）となされる処分（制裁）の重さ・態様（種類）が適正に対応し見合ったものでなければならないであろう（なお、権利濫用とならないための相当性のテストには、後述するように、この点以外にも、平等原則や手続の相当性の吟味も含まれている点に注意する必要がある）。とにかく、使用者は就業規則に合理的な懲戒事由と相当な処分（制裁）を明定し労働契約の内容とすることによって懲戒処分をなしうるのである（限定列挙）。また、制裁の種類は労働者の人格（そして、いうまでもなく、生命・健康・身体や名誉等）を傷つけるようなものであってはならず、それ自体一般的に合理的な制裁方法（態様）と考えられるものでなければならない。

(2) **具体的な懲戒処分の種類**　以下に、代表的な懲戒処分の具体的種類を示してみよう。

(a) **戒　告**　将来を戒めることであり、これ自体は事実行為であるといえるが、懲戒処分を受けると人事考課・査定や昇格・昇給あるいは賞与の額に影響するケースがあり、そのような場合には労働者は訴えの利益を認められ無効確認請求を行うことができよう。

(b) **譴　責**　始末書を提出させて将来を戒めることであり、戒告より一段重い処分である。これについては、労働者が始末書を提出しない場合、始末書不提出を理由に改めて懲戒処分を行うことができるか問題となる。不提出は労働者が職務上の指示命令に従わないことを意味する（したがって、二重処分ではなくあくまでも新たな命令違反を理由に懲戒処分を行うことは可能である）と考えるか、それとも始末書については労働者の人格を尊重してあくまで任意提出に委ねるべきである（したがって、不提出であってもさらなる懲戒処分はできない）と考えるか、裁判例の立場は分かれている（たとえば、前者に立場に立つものとして、エスエス製薬事件・東京地判昭42.11.15労民集18巻6号1136頁、千代田火災海上事件・東京地判昭62.1.30労判495号65頁、後者の立場に立つものとして、福知山信用金庫事件・大阪高判昭53.10.27労判314号65頁）。学説においては始末書の提出は労働者の任意に委ねるのが妥当とする考えが強いといえよう。

(c) **減　給**　賃金減額を行うことであり、罰金と呼ばれることもある。

労働基準法91条が減給制裁を就業規則に規定する際の額の制限を行っており，1回の額が平均賃金の1日分の半額を超えてはならず，（複数回違反行為を行い減給の制裁を繰り返されたとしても）総額が1賃金支払期における賃金の総額の10分の1を超えてはならないとしている（つまり，何回減給制裁該当行為が行われても1賃金支払期におけるマキシマムの減給のリミットは賃金総額の10分の1までであるということであるが，それを超えた分は次の賃金支払期における賃金減額の対象とすることは認められるであろう）。これは減給額が多額に及んで労働者に賃金が渡らず生活できなくなることを防止するための規制である。

(d) **懲戒休職・出勤停止** 懲戒処分として一定の期間につき出勤が禁止される措置であるが，使用者の責に帰すべき事由に基づく履行不能にはあたらないので，この期間中は賃金が支払われない（労働者は賃金請求権を有しない）。なお，調査など懲戒処分の可否を決するための前置措置として出勤停止がなされることがあるが，これは，あくまで懲戒処分ではなく業務命令によるものであって使用者は賃金支払義務を免れない（したがって，賃金が支払われず，これが実質的に懲戒処分であると認定されれば，後に行われる懲戒処分は二重処分ということで無効と判断されることになろう）。ちなみに，多くの企業では，短期のもの（1週間とか10日といった比較的軽微なもの）を懲戒休職ないし出勤停止，長期のもの（たとえば，6か月間出社に及ばずといった比較的重い処分と位置づけられるようなもの）を停職と呼んで区別している。

(e) **降職・降格** 役職・職位や職能資格を引き下げることである。

(f) **諭旨解雇** これは懲戒解雇を一段軽くした形態であり，労働者に辞表の提出を求めるという形式をとり，一定額の退職金の支払もなされるのが通例である。形式的には任意退職であるが，あくまで懲戒処分の一種であり，一定期間内に退職届が提出されないと懲戒解雇に切り替わることとされる。なお，諭旨解雇の法的効力が争われたときには懲戒解雇に準ずる措置として対処することができるというのが通説であるが，錯誤（民法95条）の法理により処理すべしという説もある。

(g) **懲戒解雇** 懲戒解雇は，懲戒処分のなかでは一番重いもの（いわば「極刑」）であって，重大な共同作業秩序（企業秩序）侵害を理由として制裁として企業から放逐されるという性格を有している。また，通常，多くの企業では，

就業規則で懲戒解雇の場合には退職金を支給しないという取扱となっている。そして，懲戒解雇の場合には，いわば「経歴に傷が付く」ということで労働者は大きな社会的スティグマを受け，再就職が困難になるという不利益を事実上被ることにもなる。なお，懲戒解雇と普通解雇につき解雇理由が一定共通しており，両者の関係がどうなっているのか分かりにくい場合があるので，両者の違いを明らかにしてきちんと区別をしておく必要がある。後者は（いわば単なる）債務不履行を理由とする労働契約の解約であるが，前者は共同作業秩序（企業秩序）違反を理由とする制裁としての企業からの排除であり，たとえば，一定の職務懈怠であっても，それが共同作業秩序（企業秩序）に影響を及ぼさない場合には，普通解雇の対象とされるが，それが共同作業秩序（企業秩序）に重大な影響を及ぼすような場合には懲戒解雇がなされることになる。両者の性格の違いと，懲戒解雇にともなう労働者の大きな不利益を考えると，有効性判断については普通解雇に比べ懲戒解雇の方が数段厳格になされることになる。ちなみに，懲戒解雇の要件がみたされている場合に普通解雇で対処することは労働者にとって有利な取扱といえるので有効と解される（高知放送事件・最二小判昭 52.1.31 労判 268 号 17 頁）が，問題は，ひとたびなされた懲戒解雇が無効と解される場合に，これが同時に普通解雇としての要件を備えているならば，普通解雇として有効と認めることは可能かである。無効行為の転換として認める説（このような立場の裁判例として，日本経済新聞社事件・東京地判昭 45.6.23 労民集 21 巻 3 号 980 頁）と労働者の地位を不安定にするので認められないとする説（このような立場の裁判例として，第一化成事件・東京地判平 20.6.10 労判 972 号 51 頁）に分かれている。後者が妥当であろう。ただ，後者の立場でも使用者が解雇時点において予備的に普通解雇としての意思表示を併せて行うことは可能であると解されている。

> アドバンスト・イシュー　**即時解雇と懲戒解雇**

労働基準法 20 条は，解雇を行おうとする使用者に，少なくとも 30 日前の予告をなすかあるいは平均賃金の 30 日分以上の解雇予告手当の支払をなすことを義務づけている。しかし，例外として，①天災事変その他やむをえない事由のために事業の継続が不可能となった場合，②労働者の責に帰すべき事由に基づいて解雇する場

合においては，予告も手当の支払も要することなく労働者を即時解雇することができる（ただし，労働基準監督署長の除外認定を受けなければならない）。問題は，懲戒解雇が②にあたるとして，使用者は予告も手当の支払もなく労働者を即時解雇できるかである。実は，両者は必ずしも一致せず，懲戒解雇よりも②の場合の即時解雇の方が狭いと考えられており，したがって，懲戒解雇のうちで使用者に予告や手当の支払を求めるのが酷であるほどの重大・悪質な事由がなければ労働基準法20条の例外たる即時解雇には該当しない（つまり，懲戒解雇の場合であっても予告か予告手当の支払を要するケースがある）ことになる点に注意する必要がある（昭23・11・11基発1637号，昭31・3・1基発111号）。

アドバンスト・イシュー　懲戒解雇と退職金の不支給

多くの企業では就業規則に懲戒解雇された者には退職金を支払わないとの規定をおいている。しかし，懲戒解雇それ自体が労働者にとってかなりの不利益であり，そのうえ退職金が不支給となると労働者の不利益は倍加され極めて大きなものとなる。そこで，裁判所は，退職金は功労報償であると性格づけて，就業規則に合理的限定解釈を加え，かりに懲戒解雇に該当する行為があったとしても，「その行為は，責められるべきものであるけれども，未だもって労働者である被控訴人らの永年勤続の功労を抹消してしまうほどの不信行為に該当するものと解することができない」（日本高圧瓦斯工業事件・大阪高判昭59.11.29労民集35巻6号641頁）とか，「過去の労働に対する評価を全て抹消させてしまう程の著しい不信行為があったということはできず，退職金不支給事由となるような懲戒解雇事由が存在するということはできない」（トヨタ工業事件・東京地判平6.6.28労判655号17頁）とかいったような判断を行い，たとえ懲戒解雇であっても一定の場合に労働者側からの退職金請求を認めようとの傾向を示している。また，判断の結果，退職金の全額ではなく3割の支給を認めた裁判例として，私鉄の社員が他社の私鉄内で痴漢行為を行ったことを理由に懲戒解雇された事例である小田急電鉄（退職金請求）事件・東京高判平15.12.11労判867号5頁がある。

基本判例　小田急電鉄（退職金請求）事件・東京高判平15.12.11労判867号5頁

「もっとも，退職金が功労報償的な性格を有するものであること，そして，その支給の可否については，会社の側に一定の合理的な裁量の余地があると考えられることからすれば，当該職務外の非違行為が，上記のような強度な背信性を有するとまではいえない場合であっても，常に退職金の全額を支給すべきであるとはいえない。

そうすると，このような場合には，当該不信行為の具体的内容と被解雇者の勤

続の功などの個別的事情に応じ，退職金のうち，一定割合を支給すべきものである。本件条項は，このような趣旨を定めたものと解すべきであり，その限度で，合理性を持つと考えられる。

その具体的割合については，上述のような本件行為の性格，内容や，本件懲戒解雇に至った経緯，また，控訴人の過去の勤務態度等の諸事情に加え，とりわけ，過去の被控訴人における割合的な支給事例等をも考慮すれば，本来の退職金の支給額の3割である276万2535円であるとするのが相当である。」

Ⅳ 懲戒事由

(1) **懲戒事由の種類**　懲戒事由は就業規則に記載されており，代表的なものとしては，業務命令違反，職務上の非違行為（たとえば，取引先からの賄賂や金品の受領など），職務懈怠，職場規律違反，職場における暴力行為，経歴詐称，企業外非行，二重就職（競業および許可・禁止規定に違反してなされた兼業・兼職）などがある。これらは限定列挙であると解されるが，多くの企業では就業規則の懲戒事由を記載した最後の部分に「その他前記各号に準ずるような重大な事由」という一般条項がおかれており，実際には，限定列挙の意味が薄れる結果となっている。以下では，懲戒事由のうち，重要な法的論点を含んでいるものを取り出して若干の検討を加えてみよう（なお，懲戒事由は，結局は，労働者の労働契約の展開の多くの局面に関連しており，具体的には本書および『基本労働法Ⅱ』でその都度各項目において行う解説を参照されたい）。

(2) **経歴詐称**　就業規則上は単に経歴詐称が懲戒事由とされている場合であっても，軽微なものは問題とはなりえないので，共同作業秩序（企業秩序）に影響を及ぼしうる「重大な」あるいは「重要な」経歴詐称に限定して懲戒処分が可能といえよう（この点に関し，「労働者が雇用契約の締結に際し，経歴について真実を告知していたならば，使用者は当該雇用契約を締結しなかったであろうと客観的に認められるような場合」が「重要な経歴をいつわり採用された場合」に該当すると判示した例として，メッセ事件・東京地判平22.11.10労判1019号13頁）。なお，学歴を高く偽る（たとえば，高卒なのに大卒と偽る）場合のみならず，低く偽る（たとえば，大卒なのに高卒と偽る）場合も懲戒処分が有効とされうる（スーパーバッグ事件・東

京地判昭 55.2.15 労判 335 号 23 頁，日本鋼管鶴見造船所事件・東京高判昭 56.11.25 労民集 32 巻 6 号 828 頁，炭研精工事件・東京高判平 3.2.20 労判 592 号 77 頁，同事件・最一小判平 3.9.19 労判 615 号 16 頁）。ちなみに，経歴詐称は過去の行為であり，詐欺や錯誤による取消・無効の対象とはなりえても，はたして懲戒処分の対象となりうるのか，なりうるとしてもなぜなのかといった議論がある。裁判例は懲戒処分の対象となりうることを認めているが，その理由づけに関し，①経歴詐称が適正な労務配置を阻害し企業秩序を侵害するとするもの（西日本アルミニウム工業事件・長崎地決昭 50.7.11 判時 795 号 106 頁），②労使の信頼関係を破壊することを理由とするもの（日本電気事件・横浜地判昭 53.12.15 労判 313 号 48 頁，前掲・メッセ事件・東京地判），③両者をともに援用するもの（前掲・スーパーバッグ事件・東京地判）に分かれている。懲戒処分が共同作業秩序（企業秩序）違反に対する制裁であることを考えれば労使の信頼関係を持ち出すことは適切ではなく，したがって，①の立場が妥当であろう。

(3) **企業外非行・犯罪**　就業規則に企業の対面を著しく汚したとき等を規定する懲戒条項が設けられ，労働者の企業外非行や犯罪行為がそれに該当するとして懲戒処分がなされることがある。しかし，これらは企業外の私生活で行われたことであって，企業に対するそれらの影響もさまざまであるから，一律に懲戒処分の対象とすることはできず，行為の性質・情状，会社の事業の種類・態様・規模，当該労働者の会社における地位・職種など諸般の事情を総合考慮して，共同作業秩序（企業秩序）に相当程度重大な影響を与えたと認められる場合にかぎり懲戒処分の対象となしうると解すべきであろう（特に，懲戒解雇などの重い処分がなされる場合には，慎重な判断が求められよう）。この点につき，就業規則の合理的限定解釈を行い，①大手鉄鋼会社の 2 名の社員（工員）が砂川事件に関連して立川基地飛行場内に入り 2000 円の罰金刑に処せられたことが就業規則の「不名誉な行為をして会社の体面を著しく汚したとき」に該当するとしてなされた懲戒解雇と諭旨解雇に対し，懲戒処分とするには不十分で懲戒事由に該当しないとされた例（日本鋼管事件・最二小判昭 49.3.15 民集 28 巻 2 号 265 頁），②ゴム製造会社の工員が夜半他人の居宅に故なく入り込み住居侵入罪として 2500 円の罰金刑に処されたことが「不正不義の行為を犯し，会社の体面を著しく汚した者」に該当するとしてなされた懲戒解雇に

つき，会社の体面を著しく汚したとまで評価できず当該懲戒規定違反にはあたらないとされた例（横浜ゴム事件・最三小判昭45.7.28民集24巻7号1220頁）などがある。

> **基本判例** 日本鋼管事件・最二小判昭49.3.15民集28巻2号265頁
>
> ① 「従業員の不名誉な行為が会社の体面を著しく汚したというためには，必ずしも具体的な業務阻害の結果や取引上の不利益の発生を必要とするものではないが，当該行為の性質，情状のほか，会社の事業の種類・態様・規模，会社の経済界に占める地位，経営方針及びその従業員の会社における地位・職種等諸般の事情から綜合的に判断して，右行為により会社の社会的評価に及ぼす悪影響が相当重大であると客観的に評価される場合でなければならない。」
> ② 「しかし，原判決は，他方において，被上告人らの前記行為が破廉恥な動機，目的に出たものではなく，これに対する有罪判決の刑も最終的には罰金2000円という比較的軽微なものにとどまり，その不名誉性はさほど強度ではないこと，上告会社は鉄鋼，船舶の製造販売を目的とする会社で，従業員約3万名を擁する大企業であること，被上告人らの同会社における地位は工員（ただし，被上告人Xは組合専従者）にすぎなかったことを認定するとともに，所論が砂川事件による影響を強調する前記世界銀行からの借款との関係については，上告会社の右借款が実現したのは同時に申込みをした他の会社より3箇月ほど遅延したが，被上告人らが砂川事件に加担したことが右遅延の原因になったものとは認められないとしているのである。
> 　以上の事実関係を綜合勘案すれば，被上告人らの行為が上告会社の社会的評価を若干低下せしめたことは否定しがたいけれども，会社の体面を著しく汚したものとして，懲戒解雇又は諭旨解雇の事由とするには，なお不十分であるといわざるをえない。」

Ⅴ　懲戒処分の有効要件

(1) **使用者の懲戒権行使に対するコントロール**　懲戒処分によって労働者は一定の（場合によっては大きな）不利益を受けることになるので，法的チェックを行って使用者の懲戒権の行使に対しコントロールを加えることが重要な焦点となる。まず，就業規則の懲戒規定については合理的限定解釈を加える必要がある。たとえば，すでに述べたように，「経歴詐称」が懲戒処分の対象

となっていても，それは「重大な」あるいは「重要な」経歴詐称を意味すると解釈すべきであり，したがって，軽微な経歴詐称はそもそも懲戒対象からはずれることになる。また，これもすでに述べたように，懲戒処分は共同作業秩序（企業秩序）の維持・回復のために行われるので，労働者の行為が形式的には就業規則の懲戒条項に該当する場合であっても，企業秩序を現実に侵害しないかあるいは侵害する具体的な危険が存しなかった場合にはそもそも懲戒処分を行うことはできない点に注意しなければならない。そして，労働契約法15条は懲戒権濫用法理を規定しているが，これによるチェックを行うことが最終的に重要となってくる。懲戒権濫用法理については，次項で検討する。

(2) **懲戒処分の有効性チェックと懲戒権濫用法理** 懲戒権濫用との関係で，学説や判例によって概ね次のような懲戒処分の有効性をめぐるチェックのあり方が提示されている。

① **罪刑法定主義の原則・不遡及の原則・一事不再理（二重処分禁止）の原則** これは，そもそも懲戒処分が契約法上はとりえない措置であるので，使用者がそれをなしうるためには特別の契約上の根拠が必要であるという点（併せて，労働基準法89条9号も参照）で当然の理であるということができるとともに，懲戒処分が機能的には国家が国民に刑罰を加える刑法と類似していることから，刑法の基本原則とのアナロジーから導き出されることになるとも説かれている。なお，ここで併せて指摘しておけば，不遡及の原則とは若干異なるが，最高裁は，懲戒処分の時点で使用者が認識していなかった非違行為は特段の事情がないかぎり当該懲戒処分の有効性を根拠づけることはできないとしている（山口観光事件・最一小判平8.9.26判時1582号131頁）。つまり，使用者は，いったん懲戒処分を行った後に，原則として，新たな懲戒事由の追加・差替えを行うことはできないということになる。

② **平等取扱原則** いくら就業規則上は一定幅の処分が可能であるとしても，従業員間における公平の観点から，同じような違反には同じような懲戒処分（ないしは取扱）でもって対処しなければならない。これまで軽い処分が行われてきたような場合には軽い処分で対処すべきであり，使用者が事情の変化によるなどの合理的な理由により今後は厳しく対処する必要があるな

らば, 将来に向けて(将来起こりうる行為に対して), その旨の綱紀引き締めを行ってからでないと厳しい処分はなしえないであろう。

③ **相当性原則・比例原則** 労働者に課される処分の重さは, 労働者が行った共同作業秩序（企業秩序）違反の重さや重大性に釣り合った（比例した）相当なものでなければならない。要は, 軽微な違反には軽微な処分しかできないのである。なお, 最高裁は, 工場内での暴行事件から7年以上経過した後になされた諭旨退職処分は権利濫用であってそれに基づきなされた懲戒解雇が無効であると判示するに際し, 時の経過により共同作業秩序（企業秩序）が一定回復したことを踏まえて, 諭旨退職処分を「重い懲戒処分」である（つまり, かつてならば相当であったとしても, いまとなっては重すぎる）として相当性の観点から権利濫用になるとの判断を行っている（ネスレ日本（懲戒解雇）事件・最二小判平 18.10.6 労判 925 号 11 頁）。

④ **適正手続の原則** 手続的正義の原則から, 就業規則に懲戒手続が定められていなくとも, 少なくとも対象となる労働者に告知聴聞（ないし弁明）の機会を与えることが必要であり, 就業規則に定めがある場合には, それに従って適正に手続が行われなければならない。

さて, 労働契約法 15 条は, 合理性のテストと相当性のテストをクリアしないかぎり懲戒処分は権利濫用で無効となるとする確立された判例法理（ダイハツ工業事件・最二小判昭 58.9.16 判時 1093 巻 135 号, 前掲・ネスレ日本（懲戒解雇）事件・最判など）を確認したものであるが, 以上のうち, ②, ③, ④に反した場合には, 当該懲戒処分は労働契約法 15 条が規定する相当性のテストに照らし権利濫用と判断されうる。懲戒処分に合理的な理由がない場合も合理性のテストに照らし同様の結論となる。ただ, ①の要件に関していえば, 就業規則に記載された懲戒事由が必ずしも合理的な理由とはかぎらないし, また, 合理的限定解釈を必要とする場合も多いと考えられる点に注意する必要がある。ちなみに, 懲戒解雇については, 懲戒権濫用法理を規定する労働契約法 15 条で対処するのか, それとも解雇権濫用法理を規定する同法 16 条で対処するのかという議論があるが, 懲戒解雇は懲戒処分の一種である以上, 解雇の一種であるということを踏まえ考慮しつつも, 前者によるべきであって（つまり,「懲戒」のみならず「解雇」の有効性も同時に問題となるということを懲戒権濫用法

理に織り込んで判断を行うべきであって)，しかも普通解雇よりも厳格な判断が必要となると考えられる (なお，労働契約法制定前の事件ではあるが，懲戒解雇 (諭旨解雇であったが労働者が退職届を提出しなかったので，最終的には懲戒解雇かなされた) に関する事例である前掲・ネスレ日本 (懲戒解雇) 事件・最判は，懲戒権濫用法理によって問題を処理している)。したがって，労働契約法15条をクリアすれば同法16条の求める合理性のテストと相当性のテストも同時にクリアすることになるであろうことはいうまでもない。

> **基本判例** ダイハツ工業事件・最二小判昭 58.9.16 判時 1093 号 135 頁
>
> 「使用者の懲戒権の行使は，当該具体的事情の下において，それが客観的に合理的理由を欠き社会通念上相当として是認できない場合に始めて権利の濫用として無効になると解するのが相当である」

> **基本判例** ネスレ日本 (懲戒解雇) 事件・最二小判平 18.10.6 労判 925 号 11 頁
>
> ① 「使用者の懲戒権の行使は，企業秩序維持の観点から労働契約関係に基づく使用者の権能として行われるものであるが，就業規則所定の懲戒事由に該当する事実が存在する場合であっても，当該具体的事情の下において，それが客観的に合理的な理由を欠き，社会通念上相当なものとして是認することができないときには，権利の濫用として無効になると解するのが相当である。」
>
> ② 「本件各事件から7年以上経過した後にされた本件諭旨退職処分は，原審が事実を確定していない本件各事件以外の懲戒解雇事由について被上告人が主張するとおりの事実が存在すると仮定しても，処分時点において企業秩序維持の観点からそのような重い懲戒処分を必要とする客観的に合理的な理由を欠くものといわざるを得ず，社会通念上相当なものとして是認することはできない。そうすると，本件諭旨退職処分は権利の濫用として無効というべきであり，本件諭旨退職処分による懲戒解雇はその効力を生じないというべきである。」

第3章　人事異動

第1節　概　説

　これまで本書で行ってきた労働契約の成立と基礎理論の説明を受けて，ここからいよいよ労働契約の展開をめぐる法的諸問題を検討することになる。そこで，まず，本章では，人事異動，具体的には配転・出向・転籍を取り上げて法的に分析し，解説を加えてみることにしよう。

　配転・出向・転籍についての定義は，次節以下で詳しく述べるが，ここでは大きなイメージをもってもらうために，とりあえず，配転は同一企業内での人事異動，出向は企業に籍を残しつつ他企業でその指揮命令を受けて労働する人事異動，転籍は企業に籍を残さず他企業へ移籍する人事異動としておこう。つまり，人事異動には大きく分けて社内（企業内）人事異動と社外（企業外）人事異動があり，さらに後者には元の企業に籍を残すタイプと残さないタイプがあるのである。これらについては，1973年の第1次オイルショック以前は，主として大卒の幹部候補社員ないし幹部社員を対象に行われていたが，オイルショック以降は雇用調整目的で広く一般従業員をも対象とするようになった。そして，現在では，雇用形態の複雑化・多様化，分社化・企業グループ化，雇用調整・リストラ，1997年の独占禁止法改正による純粋持株会社解禁，従業員の高齢化などといった動きにより一層，複雑・多様化し，かつ頻繁に行われるようになってきている。

　これまで，このような人事異動は，子供の転校や家族の地域のコミュニティー・友人との別れ，あるいは労働者の単身赴任やリストラ合理化という観点から大きく社会問題として取り上げられてきたが，近年は，併せて，育

児・介護などの家庭責任を含めたより広いワーク・ライフ・バランスの観点からも問題となってきている。また，配転には職種変更も含まれるため専門的知識・技能・資格を有する労働者が自分の職にとどまる利益を有するのかどうかも焦点となる。とにかく，これらの人事異動は労働者のワーキングライフや労働者と家族の生活に大きな影響を与えることになるので，労働者（そしてその家族）の利益擁護の観点からいかなる場合に使用者はこれらを命ずることができ，あるいはできないのかを明らかにし労働者生活の保護・安定をはかる必要があるといえよう。

第2節　配　転

(1)　**配転の定義と基本原則**　配転とは，長期間にわたり労働者の職種・職務内容・勤務地のいずれか（場合によってはこれらのうち2つないしすべて）を変更することをいい，特に，職種・職務の変更を配置転換，勤務地の変更を転勤ということがある。一定長期間にわたるという点で一時的に行われる（社内）出張や（社内）応援とは区別される。配転をめぐっては，単身赴任，自分の職種にとどまる利益など特に転勤と職種変更をめぐって問題が生じている（労働者の職業上・私生活上の不利益との関係）。労働関係は契約関係であるから，使用者の配転命令権の根拠は当然，労働契約に存することになるのだが，それをどのように構成し説明するのかについて説の対立がみられる。

(2)　**配転の法的根拠をめぐる説の対立**　配転命令権の法的根拠をめぐっては，大きくは次の4説がみられるといってよい。

① **包括的合意説**　労働契約には労働者はその労働力を包括的に使用者に委ねるという包括的合意が含まれており，これによって使用者は労働の種類・場所を一方的に変更する配転命令権を取得するとする説である。また，配転命令権の法的性質は使用者の一方的決定により労働契約内容を決定・変更する形成権であり，その制約法理として配転命令権は法律行為たる形成権の行使として権利濫用法理に服することを主張する。比較的初期の学説であり，それまでは配転は使用者の人事権に基づく事実行為でありその有効・無

効は裁判では争えないとされていた状況を改めるべく，配転の効力を裁判で争いうるようにするという意図で唱えられた点に特徴を有している。そして，実際，この説は裁判実務に影響を与え，その意図は一応成功したということができる（北海道放送事件・札幌地判昭39.2.25労民集15巻1号90頁，日本生命事件・大阪地判昭44.7.10労民集20巻4号735頁，秋田相互銀行事件・仙台高秋田支判昭45.2.16労民集21巻1号176頁）。しかし，労働契約も契約である以上，一定の範囲を限定して労働者の義務を定めるのが原則というべきなのに，そもそも「包括的」に使用者に配転命令権を認めるということを出発点におく法的構成は問題ではないかとの疑問が呈されることになった。また，現実には，いずれの労働契約においても一定の特約や限定が付されているのが通常であり，このような現状と使用者の包括的命令権をそもそも前提（出発点）とする理論との間にギャップが存しているとの批判もなされている。実際，包括的合意説も特約による限定があればこれを認めるとの立場を示している。

　② **労働契約説**　通常，職種・職務内容・勤務場所などは労働契約によって定まるので，その範囲（枠）内における使用者の配転命令は，労働契約によって獲得した指揮命令権の行使にすぎず，労働者はこれに拘束されるとする説である。配転命令権の法的性質については，事実行為説（履行過程説）と法律行為説（形成権説）の対立があるが，権利濫用法理との関係で有効・無効を問題としうる後者の立場が妥当であり，また，現在，有力であるといえる。配転命令権の制約法理については，配転命令権は使用者の権利行使であって権利濫用法理に服しうるし，契約で定められた範囲（枠）を超える配転命令は契約内容の変更の申入れにあたり効果を生じさせるためには労働者の同意が必要である（労働者は拒否しうる）と説く。しかし，たとえば，特に日本の大卒（総合職）の雇用慣行をみれば労働契約によって細かな限定を付すことは通常はなく，したがって実際には広く使用者に労働力の処分権を委ねることになる結果，実態は包括的合意説的となっているという現実があり，これと契約による範囲限定という基本構成が乖離しているのではないかという問題点の指摘がこの説に対してなされている。

　③ **特約説**　労働契約で一定の範囲を定めていても最初の配置により契約内容は特定するので，使用者が配転を命じることができるためにはその旨

の特約（使用者に配転命令権を付与する旨の特約）が必要であるとする説である。この説に立っても，特約を緩く解せば労働契約説と変わらなくなる（特に，労働契約時に合理的な範囲で黙示の特約がなされていることを認める立場はそうであるといえる）し，厳格に解すると，次にみる配転命令権否認説と変わらない帰結となるといえよう。

　④　**配転命令権否認説**　　配転は使用者による労働契約内容の変更の申入れであり，配転を行うには労働者の個別の明示または黙示の同意が必要とする説である。たしかに，この説によれば，一方で，配転に関して労働者保護ははかられることになる（労働者が「うん」と言わなければ配転に応じなくてもよい）が，他方で，企業で一般的に行われている現実の配転実務には適合せず，しかも労働者が同意しない場合には（配転に応じなくてもよいかわりに，今度は）解雇の可能性が出てくる（たとえば，ポストが廃止されたとか労働者がその職を行うには十分な能力を有しない場合など）といった問題点が存している。

　(3)　**配転の法的根拠をめぐる基本的な考え方**　　以上でみてきた諸説を総合的に検討してみよう。まず，④説は実情にあわず，しかも解雇という形でかえって労働者に不利益になるおそれがある（なお，この説によった場合，現在では，後に第7章で述べるように，変更解約告知が問題となる可能性もある）。また，③説は，たしかに一般契約法理に忠実であるが，実際に特約を重視することの意義はどこにあるのかが必ずしも明らかではない（特に，黙示の特約を認める場合にはそのようにいうことができよう）。

　そこで，①説と②説であるが，従来のわが国の企業における（特に大学新卒者の）採用慣行・人事慣行をみれば，職種や勤務地につき労働契約で明確な限定を行うことは実際まれであり（しかも，就業規則に使用者が広範に配転を命じうるとする規定が存しており），したがって配転に関して使用者に一定の広範な裁量（権限）を認めざるをえない点で，結論的に両説いずれをとってもほとんど差異が存しない状態にある。しかし，法原理的にみれば，そして労働条件労使対等決定の原則（労働基準法2条1項，労働契約法3条1項）を踏まえて考えれば，②説に落ち着かざるをえないであろう。とにかく，配転に関して実際に重要となるのは，まず，どこまでが労働契約の範囲（枠）内のものであるかを明らかにし（この場合，合理的限定解釈を行うことが必要となろう），次に，契約の範囲（枠）

内であっても権利濫用にあたるかどうかをチェックすることである。なお，権利濫用判断の法的根拠（権利濫用禁止の根拠条文）は長い間，民法1条3項に求められてきたが，労働契約法の制定により同法3条5項にも同様の規定が設けられるに至っている。ちなみに，かつては①説的な立場に立つ裁判例も広く見受けられたが，現在では，一般的に，判例（代表例として，東亜ペイント事件・最二小判昭61.7.14判時1198号149頁）は，②説に立ちつつも労働契約締結時に職種・職務内容・勤務地に限定がなされることが少ないという現実を認識して，そして，就業規則の配転条項等を根拠にして，使用者に広範な配転命令権を認め，これを権利濫用法理でチェックするというスタンスをとっていると考えられる（もっとも，判例が労働契約説に立つのか，包括的合意説に立つのかは不明であるとする理解もある：ちなみに，近年においても，たとえば，精機舎電子工業事件・東京地判平18.7.14労判922号34頁のように包括的合意説的な判断を示す例もある）。なお，近年，労働契約において職種や勤務地の限定がみられる事例が徐々に増加してきており（特に中途採用の場合），このようなケースにおいては，そもそも使用者の裁量の余地は存しないかあるいは狭いことになる。

(4) **配転命令権の限界・1—労働契約による範囲の確定**　使用者は労働契約で約した範囲内でしか配転命令権を有しないので，その範囲を確定する必要がある（したがって，念のため確認しておけば，労働契約の枠を超える使用者の配転の申し出はあくまで労働契約変更の申込みにすぎず，契約自由の観点から労働者はこれを拒否することができるが，もしも労働者が承諾すれば契約変更が成就し配転義務が生じることになるのはいうまでもない）。これは，すでに前章で述べた労働契約の解釈の問題であって，当事者の意思，契約締結過程におけるやりとり，契約書の文言，就業規則の規定，企業慣行など諸般の事情を考慮に入れて契約解釈を行う必要がある。ただ，判例は，大卒社員（特に総合職など）の場合には，特に定めがないかぎり勤務地や職務内容につき広範な配転命令権を使用者に認める傾向にあるが，少なくとも文科系学生は事務職，理科系学生は技術職といった程度の限定はなされていると解される（ちなみに，理科系大学出身の技術職労働者に対するセールエンジニアへの配転につき労働者に労働契約上従う義務があるとした裁判例（東亜石油事件・東京高判昭51.7.19労民集27巻3=4号397頁）が存するが，これは化学製品のセールスには理科系の知識が必要であることから導かれた結論といえよう）。しか

し，明示または黙示の合意により職種や勤務地の限定（特定）がなされている場合には，使用者の配転命令権はその範囲に限定されることになる。

　職種が限定されていると解される例としては，専門的な資格や知識・技能を必要とする看護師，医師，薬剤師，大学教員，コック，ボイラーマンなどを挙げることができる。その程度にまで至らないが一定の専門性を有する職種，たとえばアナウンサーについていかに考えるかが問題となるが，かつては職種の限定を認めた例（日本テレビ放送網事件・東京地判昭 51.7.23 判時 820 号 54 頁）と職種の限定を認めなかった例（宮崎放送事件・宮崎地判昭 51.8.30 判タ 338 号 130 頁）の双方がみられたが，近年においては，最高裁が，アナウンサーにつき「アナウンサーとしての業務が特殊技能を要するからといって，直ちに，本件労働契約において，アナウンサーとしての業務以外の職種には一切就かせないという趣旨の職種限定の合意が成立したものと認めることはでき」ないとして 24 年間アナウンサー業務を行っていた労働者の他の職種への配転を認めた高裁判決（九州朝日放送事件・福岡高判平 8.7.30 労判 757 号 21 頁）を支持した事例がある（同事件・最一小判平 10.9.10 労判 757 号 20 頁）。つまり，アナウンサーは当面の職種にすぎないと解したのである（ちなみに，他の職種には一切就かせないという趣旨の職種限定の合意の有無により限定をめぐる判断を行うのが他の事例も含めた現在の裁判例の一般的特徴になっているといえる）。また，フライトアテンダントにつき職種限定を否定した例（ノースウエスト航空（FA 配転）事件・東京高判平 20.3.27 労判 959 号 18 頁）もみられる。とにかく，最近の裁判例は容易には職種限定を認めない傾向にあるといえよう（たとえば，職種限定・特定を認めなかった例として，ほかに，タクシー運転手につき，古賀タクシー事件・福岡高判平 11.11.2 労判 790 号 76 頁，児童指導員につき，東京サレジオ学園事件・東京高判平 15.9.24 労判 864 号 34 頁などがある）。ただ，このような傾向のなか，東京海上日動火災保険事件・東京地判平 19.3.26 労判 941 号 33 頁は，損害保険会社の契約募集等に従事する労働者の職種限定を認めた例として注目される。しかし，同時に，この裁判例は，労働契約を締結した当事者の合理的意思を援用して（当事者の合理的意思解釈を行って）一定の柔軟性を認め，変更の必要性と労働者の被る不利益の程度の比較衡量を含め諸般の事情を考慮して正当な理由があるとの特段の事情が認められる場合には使用者の変更権（職種変更命令権）を承認するとい

う可能性を示唆した。

　また，勤務地が限定されていると解される例としては，一般職，地域限定総合職などが挙げられるが，いくら就業規則に転勤を命じる規定があっても地域採用の高卒社員の場合にはその事業所のみで勤務するという慣行もしくは黙示の合意(特約)を認めることができる例が多いと思われる。大卒社員(特に総合職)では職務内容のみならず勤務地を限定しないことが多く，勤務場所に関し使用者に広く配転命令権が認められる傾向にある。

　ちなみに，勤務の過程で職種や勤務地が具体的に特定(限定)されたとみられる場合(長期間にわたる同一地での勤務あるいは同一職種への従事の場合など)もありうる点に注意する必要がある(このようなケースについては黙示の合意による特定(限定)と考えてもよいであろう)。ただ，最高裁は，このような特定(限定)を容易には認めない傾向にある(職種の特定(限定)を否定した例として，十数年から二十数年の長期にわたり従事してきた機械工から単純作業を行う組立工への配転を，「機械工以外の職種には一切就かせないという趣旨の職種限定の合意が明示又は黙示に成立したものとまでは認めることができ」ないとして，有効とした日産自動車村山工場事件・最一小判平元.12.7労判554号6頁)。

　最後に一点指摘しておけば，裁判所がなかなか職種や勤務場所の特定を認めないのは，それらに変動があっても労働者の雇用を柔軟に保護しよう(つまり，ポストや職種や勤務場所がなくなっても，あるいは労働者がある職種の業務を行うことができなくなっても(たとえば，アナウンサーで声が出なくなったような場合)，柔軟にほかのポスト，職種，勤務場所に異動させることで，解雇を回避し雇用を維持させよう)との考え(配慮)に基づくものといえるが，反面，特にそのような事情がない場合であっても一般的に裁量的な異動がなされることで(ましてやそれが繰り返されれば)労働者とその家族の生活上の利益や労働者が特定の仕事や職種にとどまる利益などが損なわれるおそれがあるともいえる。両者のバランスをいかに考えるかが重要といえよう。

　コラム 2-3-1　　配転をめぐる一断面

　かなり以前，筆者が某鉄鋼会社に勤めていたころの話である。当時，筆者は，北九州の小倉にある製鉄所の労務部に勤務していた。鉄鋼不況の真っ只中のこと

であり，特に，筆者の勤務する製鉄所の赤字が大きかった（規模が小さい割には従業員数が多く，また，製品的にあまり利益の上がらないものを製造していた）。そこで人事担当者（ちなみに，筆者は直接の担当ではなかった）が溶鉱炉（高炉）などの現場で働く労働者を説得して，いまだ余力がありはるかに規模の大きい和歌山や鹿島の製鉄所への転勤を促していた。現場の労働者は，あくまで小倉勤務を前提に採用されており，労働契約上，勤務地が特定されているので，会社が一方的に転勤を命じることはできず，本人の同意を求めようとしていたのである。また，あるとき，小倉から鹿島へ出張したのだが，その折に鹿島の現場の総作業長から声をかけられ，小倉から来たのかと尋ねられたことがあった。聞けば，その方は，高度経済成長期に新たに鹿島製鉄所が作られる際に，溶鉱炉等の技術が必要であるということで，会社初の溶鉱炉操業がなされ技術蓄積のある小倉製鉄所から転勤されたとのことである。時は移るとはこのことで，同じ小倉から鹿島への転勤（配転）でも，経済発展による事業拡大と不況による雇用調整というまったく正反対の目的でなされていることをしみじみ感じたものである。

(5) **配転命令権の限界・2―権利濫用法理による制約** 労働契約の範囲内の配転命令であっても権利濫用法理に服し（労働契約法3条5項，民法1条3項），一定の態様の配転命令は権利濫用で違法・無効とされる。この問題に関するリーディングケースである東亜ペイント事件・最二小判昭61.7.14判時1198号149頁は，使用者が配転命令権を有する場合であっても，①業務上の必要性が存しない場合，②業務上の必要性が存する場合であっても，配転命令が不当な動機・目的をもってなされたものであるとき，③業務上の必要性が存する場合であっても，配転命令が「労働者に対し通常甘受すべき程度を著しく超える不利益を負わせるものであるとき」のいずれかに該当すれば，配転命令は権利濫用で違法・無効となると判示し，権利濫用の判断基準を提示している。また，この判例は，使用者の業務上の必要性につき，「異動が余人をもっては容易に替え難いといった高度の必要性に限定することは相当でなく，労働力の適正配置，業務の能率増進，労働者の能力開発，勤務意欲の高揚，業務運営の円滑化など企業の合理的運営に寄与する点が認められる限りは，業務上の必要性の存在を肯定すべきである。」として，比較的緩やかに必要性を認める判断を示している。

①はいうまでもないが，②はいじめ，いやがらせ，みせしめ，退職への追

い込み，組合活動に対する嫌悪などの目的・意図・動機で配転を行った場合などが考えられる（目的の違法性については，課長から降格された労働者を受付に配転したことが「勤労意欲を失わせ，やがて退職に追いやる意図をもってなされたものであり，被告に許された裁量権の範囲を逸脱した違法なものであ」ると判断された例として，バンク・オブ・アメリカ・イリノイ事件・東京地判平7.12.4労判685号17頁がある：なお，この事件は直接権利濫用が問題となったものではないが，当該配転が違法であり不法行為を構成するとして労働者の損害賠償請求が認められている）。問題は③をめぐってである。これは，一応，使用者側の配転の必要性と労働者の被る不利益を比較衡量する（秤にかける）形をとっている。しかし，実際にこの基準によれば，使用者側の必要性（人事異動の合理性と人選の妥当性）は容易に認められる（たとえば，通常の定期異動ないしルーティン人事であれば必要性が認められることになると考えられる）反面，労働者側の不利益についての判断は厳格になされ，要求されたレベルにおける不利益の存在を認定することは一般的に相当困難となる（したがって，権利濫用と判断される余地は極めて狭い）と思われ，バランス的にみて通常の比較衡量とは大きく異なっている。ちなみに，東亜ペイント事件は，大阪に住み神戸の営業所に勤務している営業職の労働者が70歳代の母親と職をもつ妻と2歳の娘を残して単身赴任となる配転（転勤）命令（最初は，広島営業所，次は名古屋営業所への異動命令）を拒否したことに対してなされた懲戒解雇の効力を争う前提として当該配転命令の有効性が争点となったものであるが，1審・2審が配転につき権利濫用を認めたのに対し，最高裁は，単身赴任は通常甘受すべき不利益であり，配転命令は権利濫用にあたらないとした。要は，サラリーマンであれば単身赴任ぐらい当たり前だ（我慢しなさい）という判断を示したのである。学説は，このような判断枠組みには概ね批判的であり，基本的には業務上の必要性の程度と労働者の生活上の不利益の程度とを適正に（きちんと）比較衡量して濫用の有無を決すべきであるとする見解が強いといえよう。また，学説は，単身赴任は労働者が家族と生活する利益を損ない，したがって労働者に相当重大な影響を及ぼすものであって，この場合には配転命令の有効要件を特に厳格に考えるべきであり，①その労働者がぜひ必要であるという高度の業務上の必要性，②配転期間の限定・合理的配慮（信義則に基づく配慮），③生活上の便宜供与（単身赴任手当・帰郷旅費の支給や賄い付き下宿

の貸与など：これも信義則に基づく配慮といえる）といった要件を使用者がみたすことが必要ではないかと論じている。このような学説の議論を受けてか，以後の裁判例は，あくまで東亜ペイント事件・最判の枠組みによりながらも，若干の譲歩を示し（あくまで「若干」であるという点に注意する必要がある），単身赴任の場合には使用者に労働者の経済的・社会的・精神的不利益を軽減，回避するために社会通念上求められる措置（たとえば，別居手当，住宅手当の支給など）をとるよう配慮すべき義務を認めるという方向を示している（帝国臓器事件・東京地判平5.9.29労判636号19頁，同事件・東京高判平8.5.29労判694号29頁，同事件・最二小判平11.9.17労判768号16頁）。

基本判例 東亜ペイント事件・最二小判昭61.7.14判時1198号149頁

①「上告会社の労働協約及び就業規則には，上告会社は業務上の都合により従業員に転勤を命ずることができる旨の定めがあり，現に上告会社では，全国に十数か所の営業所等を置き，その間において従業員，特に営業担当者の転勤を頻繁に行っており，被上告人は大学卒業資格の営業担当者として上告会社に入社したもので，両者の間で労働契約が成立した際にも勤務地を大阪に限定する旨の合意はなされなかったという前記事情の下においては，上告会社は個別的同意なしに被上告人の勤務場所を決定し，これに転勤を命じて労務の提供を求める権限を有するものというべきである。」

②「使用者は業務上の必要に応じ，その裁量により労働者の勤務場所を決定することができるものというべきであるが，転勤，特に転居を伴う転勤は，一般に，労働者の生活関係に少なからぬ影響を与えずにはおかないから，使用者の転勤命令権は無制約に行使することができるものではなく，これを濫用することの許されないことはいうまでもないところ，当該転勤命令につき業務上の必要性が存しない場合又は業務上の必要性が存する場合であっても，当該転勤命令が他の不当な動機・目的をもってなされたものであるとき若しくは労働者に対し通常甘受すべき程度を著しく超える不利益を負わせるものであるとき等，特段の事情の存する場合でない限りは，当該転勤命令は権利の濫用になるものではないというべきである。右の業務上の必要性についても，当該転勤先への異動が余人をもっては容易に替え難いといった高度の必要性に限定することは相当でなく，労働力の適正配置，業務の能率増進，労働者の能力開発，勤務意欲の高揚，業務運営の円滑化など企業の合理的運営に寄与する点が認められる限りは，業務上の必要性の存在を肯定すべきである。」

第 2 節 配 転　181

> **コラム 2-3-2**　単身赴任と賄い付き下宿―使用者の配慮の一側面―
>
> 　労働者が単身赴任となる場合には使用者は労働者に対し一定の生活上の配慮を行うことが必要であることは本文で述べたとおりだが，そのような配慮として，単身赴任労働者を配転先にある独身寮に住まわせることがある。大きな独身寮であれば，希望者には朝夕の食事が用意され，風呂も沸いており，洗濯等も名札を付けてボックスに入れておけば，クリーニング業者がやってくれたりといった便宜が備わっている。筆者はかつて大学を卒業して某鉄鋼会社に就職した経験があり，配属された製鉄所の近くの独身寮に入っていた。あるとき，単身赴任で転勤してきた 50 歳代の次長さん（エライさんである！）が独身寮に来られ，年齢的に若い独身社員と一緒に生活することになった。たしかに，次長さんからみれば，単身赴任にともなう生活上の不利益につき会社が配慮してくれたことになる。しかし，20 歳代のヒラ社員からすれば，エライさんが同じ寮におり，食堂や風呂（共同浴場であった），娯楽室や集会室や図書室でいつも顔を合わせるとなると，アフターファイブや休日でも落ち着いた気がしなかった覚えがある（たしか，おこられたり説教とかをされたようなこともあったように記憶している）。したがって，当時は，筆者としては，会社は，次長さんに対してだけではなく，落ち着いて暮らせるように，寮に住んでいる若手の独身社員にも「配慮」してほしいと思ったものである（笑）。今となっては遠い思い出である。

(6) 権利濫用をめぐる裁判例の動き　最高裁が提示した基準に照らして配転が権利濫用とされた事例をみてみよう。不当な動機・目的が問題となった事例（この点については，前掲・バンク・オブ・アメリカ・イリノイ事件・東京地判も参照）として，マリンクロットメディカル事件・東京地決平 7.3.31 労判 680 号 75 頁（配転命令に応じられない労働者が退職することを期待），フジシール事件・大阪地判平 12.8.28 労判 793 号 13 頁（退職勧奨拒否に対する嫌がらせ），プロクター・アンド・ギャンブル・ファー・イースト・インク事件・神戸地判平 16.8.31 労判 880 号 52 頁（退職に追い込もうとの動機・目的），精電舎電子工業事件・東京地判平 18.7.14 労判 922 号 34 頁（退職に追い込む意図）などがある。また，通常甘受すべき程度を著しく超える不利益を労働者に負わせ権利濫用と判断されるのは，多くは，労働者が病気の家族を抱えているとか家族の介護を行っており，あるいは本人が病気であり，配転にともなう単身赴任や転居が困難であるといった事情がみられるなどのケースである（損害保険リサーチ

事件・旭川地決平6.5.10労判675号72頁，北海道コカ・コーラボトリング事件・札幌地決平9.7.23労判723号62頁，ネスレジャパン（配転）事件・神戸地姫路支決平15.11.14判時1851号151頁）。なお，不法行為の成立が問題となった事例として，公立中学校の教員が配転により病状（うつ病などの精神疾患）が悪化したことが通常甘受すべき程度を著しく超える不利益であるとして損害賠償請求を認容した鳥取県・米子市（中学教諭）事件・鳥取地判平16.3.30労判877号74頁がある（なお，これは公務員の事例であるが，私企業の労働者についても同様に考えることができよう）。ちなみに，目黒区の事業所から八王子市内の事業所への配転により通勤時間が大幅に延び3歳の子供の保育が困難になるとして配転を拒否して解雇された共働きの女性労働者が解雇の有効性判断の前提として配転の効力を争った事例については，最高裁は労働者に通常甘受すべき程度を著しく超える不利益を負わせるものではないとして権利濫用を認めなかった（ケンウッド事件・最三小判平12.1.28労判774号7頁）。しかし，労働者に対して厳格な判断を示すこの最高裁判例については，仕事と家庭生活の調和という点からみて問題ではないかとの批判がなされている。

　なお，2001年に育児介護休業法が改正され，その26条が事業主に就業場所の変更によって子の養育・家族の介護が困難となる労働者に対し配慮すべき義務（努力義務）を課したが，それ以降，配転命令権の濫用判断にあたって，この規定の趣旨を考慮する下級審裁判例が登場してきている。たとえば，共働きの男性総合職労働者の東京から大阪への配転にともなって生じる重症のアドピー性皮膚炎の子らの育児に関する夫婦の不利益を通常甘受すべき程度を著しく超えると判断した事例として，明治図書出版事件・東京地決平14.12.27労判861号69頁，病気や介護の必要な家族がいる労働者に対する配転につき使用者が育児介護休業法26条の配慮を十分に尽くさなかったことから配転命令を無効と判断した事例として，ネスレ日本事件・大阪高判平18.4.14労判915号60頁がある（同旨の裁判例として，NTT西日本（大阪・名古屋配転）事件・大阪高判平21.1.15労判977号5頁，NTT東日本（北海道・配転）事件・札幌高判平21.3.26労判982号44頁）。今後は2007年に制定された労働契約法の3条3項がワーク・ライフ・バランスの尊重の理念を宣言したことにも留意する必要があり，その趣旨からすれば，育児・介護に限定されず，より広く労

働者の私生活上の事情を踏まえ，権利濫用判断がなされる（べき）ものと思われる。そうすると，東亜ペイント事件やケンウッド事件のような単身赴任や育児をめぐる事例についての権利濫用をめぐる判断のあり方（そして，そもそも，その前提として使用者に広い裁量権を認める考え方それ自体）も見直されるべきであるといえよう。

　ちなみに，配転命令権の濫用は，職種・職務内容の変更についても問題となりうるが，この場合については，若干，判断の視点が異なることになる。たとえば，配転にともなう職位の低下により昇給の可能性を制約され，ストックオプションを受ける資格を喪失するとともに，かつての部下が上司となって職務権限が縮小されることが通常甘受すべき程度を著しく超える不利益と認められた例（プロクター・アンド・ギャンブル・ファー・イースト・インク事件・神戸地判平16.8.31労判880号52頁）や，業務上の必要性が高くないにもかかわらず，専門職としてのキャリアを形成していくという労働者の期待に配慮せず，その理解を求める等の実質的な手続を履践することもないまま，技術や経験を活かすことのできない業務を担当する職へと配転したことを考慮して権利濫用とされた例（X社事件・東京地判平22.2.8労経速2067号21頁）などが存している。

第3節　出　向

I　出向の定義と法的根拠・限界

　(1) **出向の定義**　　出向とは，労働者が使用者（出向元）との労働関係を維持しつつ，他企業（出向先）でその指揮命令に従って労務に服し，原則として一定期間後に出向元に復帰することを予定する人事異動のことをいい，次節で検討する転籍（元の使用者との関係を解消し，転籍先企業に完全に籍を移してしまう人事異動で，移籍出向とも呼ばれる）と区別する意味で在籍出向と呼ばれることもある。出向の類型としては，人材育成（教育・研修）型，人材援助（応援）型，中高年人事（役職等）処遇型，高年齢者職場（配置・職務）変更処遇型，雇用調

整対応（リストラ）型，企業グループ内異動型などがあり，したがってその目的もさまざまである。なお，「片道出向」の場合には，籍は元の企業に残っているとはいえ，（たとえば，病気に罹患したことにより休職や軽作業の職への配置が必要になるなどしないかぎり）原則として出向元への復帰を予定しないのであり，転籍と境を接しているともいえる（実際に，転籍の前段階としてまず出向を行う企業もある）。また，転籍でも一定期間経過後は転籍元が再雇用ないし転籍復帰を行うという仕組みをとっている場合もあり，こちらは出向に近いともいえる。そして，企業が分社化などにより企業グループを形成するとか，企業グループ中核企業が一括採用を行い，グループ内の各企業に労働者を出向させる場合などは，社内人事異動である配転に類似することになる。しかし，これらはそれぞれ法的構成が異なっており，あくまでもその法的基礎・構成ないし基本類型をしっかりと押さえたうえで議論を行っていく必要がある。ちなみに，デパートの派遣店員や他社への出張（社外出張）と出向とは区別されなければならない。派遣店員の場合は一見他社で労働する社外人事異動のように思われるが，実際には，デパート内の店舗（専門店）は自分の使用者の（出店した）事業場であり，そこで使用者の指揮命令に従って労働しているのである。社外出張は，あくまで自分の使用者（自社）の指揮命令を受けつつ労働しているのであって，単に場所的に一時的に他社内で労働するにすぎないといえる。

コラム 2-3-3　出向あれこれ

出向という言葉を初めて聞いたのは筆者が小学生のころではなかったかと思う。当時，高校を卒業して某銀行に勤めていた姉から，支店の（姉の言葉によればちょっと頼りない）中年の上司の人が出向になり，3年間は銀行が給与を保障するが，その後は完全に出向先に移籍（転籍）してしまうようだという話を聞いた。これでどうも出向イコール「肩たたき」というイメージをもってしまうことになった。また，実際，そういうイメージをもっている人も一般にたくさんいらっしゃるのではないかと思われる。しかし，その後，筆者が，某鉄鋼会社に勤めていたとき，製鉄所の労務部にいた関係で，出向はいわば日常茶飯事に話題となっており，それでようやくいろいろなタイプの出向があることが肌身にしみてわかった。ハードな作業を行う現場の労働者が高齢となり軽微な事務作業を行う関連会社に

出向したり，雇用調整で人員に余剰が生じた部署の労働者が関連会社等に出向したり，あるいはある部が独立して別会社になるというので，その部に配属されていた労働者が独立して別会社となった先に出向するとか，部長が子会社や関連会社へ行って取締役になるとか，会社のエースが人材援助という形で子会社で指揮にあたるとか，などなどを見聞きしたのである。また，子会社に出向していた人が戻ってきて重役となったということもあったようである。そして，大学教師になってからは，(若干昔のことではあるが)自動車メーカーに内定した某ゼミ生が入社して最初の3年間はディーラーに出向して自動車のセールを行うことになっていると話していたことを覚えている。これは，いわば若いうちの「武者修行」(人材育成(教育・研修)型)といってよいであろう。本当に出向あれこれという感じである。

(2) **出向をめぐる基本問題**　さて，出向は，出向元・出向先・出向労働者の3者間の関係を含むものであるので，出向元と出向先の関係，そして出向先企業と出向労働者との関係はいかなるものか，出向命令権の法的根拠は何か，3者間の権利義務関係はどうなっているのかなど一定の複雑な法律問題が発生することになる。出向においては，出向元と出向先の間に出向労働者受入契約(出向協定ないしは出向契約とも呼ばれる)が締結されることが前提となるが，問題は出向命令権の法的根拠と出向先と出向労働者の法的関係をいかに考えるかである。たしかに，本来の使用者とは異なった使用者のもとで働くことにより生ずる労働者の不利益を考えると出向には一定厳格な要件が必要ではないかと考えられる(特に，「片道出向」の場合)が，たとえば，リストラや雇用調整で行われる出向と企業グループ化などにともなってグループ企業間で(とはいっても，もともとは1社であったので，いわば配転感覚で)異動を命じられる出向や人材育成・人材援助のためになされる出向を同様に解してよいのかなど多角的な視点を踏まえた問題状況の検討・分析も必要となる点に注意すべきである。

(3) **労働者が出向に応ずることの法的根拠**　これについては，労働者の同意が必要であるとするのが通説・裁判例の立場である(たとえば，「当該労働者の承諾その他これを法律上正当づける特段の根拠なくして労働者を第三者のために第三者の指揮下において労務に服させることは許されないものというべきである」と判示する日立

電子事件・東京地判昭41.3.31労民集17巻2号368頁)。では，なぜ労働者の同意が必要なのかであるが，①「使用者は，労働者の承諾を得なければ，その権利を第三者に譲り渡すことができない。」と規定する民法625条1項を根拠とする説と，②労働の提供先という労働契約の重要な変更（要素の変更）ゆえに労働者の同意が必要とする説に分かれている。出向は単なる指揮命令権の譲渡にとどまるものではなく，労働契約内容や労働条件も大きく変更するものであり，出向期間中も出向元が出向労働者に対して一定の権利義務を有していることからすれば，後者の考えが妥当であろう（なお，両者をともに援用するものとして，新日本製鐵（日鐵運輸）事件・福岡地小倉支判平8.3.26労判703号80頁)。とにかく，いずれにせよ同意が必要であることには違いはない。そこで，実際に，問題となり重要な論点となるのは，同意はいついかなる形で行われることが必要なのかである。これについては，学説において以下のような議論状況がみられる。

　① **個別同意説**　　出向は労働契約の重要な変更にあたるのでその都度労働者の個別同意が必要であるとする説である。この説によれば就業規則や労働協約の出向に関する規定は労働者の出向義務を根拠づけるものではなく，あくまで労働者が同意した場合の労働条件を定めたものにすぎないことになる。

　② **具体的規定説**　　就業規則や労働協約に出向先企業を特定し，基本的な労働条件・出向元企業への復帰に関する事項が具体的に明記されている場合には出向に関する特約・合意が認められるとする説であり，具体的規定が存しない場合にはその都度の労働者の同意が必要であると説く。

　③ **包括的同意説**　　入社時の包括的同意，あるいは会社は業務上の都合により従業員に出向を命ずることがある（できる）旨の就業規則や労働協約の規定によって出向命令権が基礎づけられるとする説であり，後者の点をとらえて，抽象的規定説と呼ばれることもある。

　さて，次に，裁判例はどうなっているかであるが，かつては同意の要件を一定厳格に解する傾向にあった（たとえば，出向については労働協約の内容として定められていない場合は労働者個人との合意のもとに行われるべき（そして，かりに就業規則に契約の変更の効力を認める見解によるとしても就業規則に明白に出向義務を規定する

必要がある）とした原審を支持した日東タイヤ事件・最二小判昭 48.10.19 労判 189 号 53 頁、「社命により社外の業務に専従するとき」との休職事由を定める就業規則条項があるからといって、就業規則上、出向義務を創設したものと解することは到底困難であると判示する前掲・日立電子事件・東京地判などを参照）が、企業のグループ化や雇用調整・リストラの進展にともなって③説的な判断を見せる傾向がみられる（興和事件・名古屋地判昭 55.3.26 労民集 31 巻 2 号 372 頁、日本ステンレス・日ス梱包事件・新潟地判昭 61.10.31 労判 485 号 43 頁、JR 東海事件・大阪地決昭 62.11.30 労判 507 号 22 頁、新日本ハイパック事件・長野地松本支決平元.2.3 労判 528 号 69 頁、ゴールド・マリタイム事件・大阪高判平 2.7.26 労判 572 号 114 頁、シーアールシー総合研究所事件・名古屋地判平 7.3.6 労経速 1559 号 27 頁、新日本製鐵（日鐵運輸第 2）事件・最二小判平 15.4.18 労判 847 号 14 頁）。ただし、裁判例の立場は単純な包括的同意説ではなく、あくまでグループ企業など企業間に密接な関係がある場合や出向労働者の労働条件につき配慮・調整が加えられていること（労働組合との交渉によるものも含む）を前提とする（これを、「限定包括的同意説」と呼ぶ論者もいる）。この意味で、包括的同意説とはいうものの結論的には②説にきわめて近いといえよう（要は、最終的に両者の違いは実際にはほぼあらかじめの出向先の特定の有無の差に帰着するように思われる）。

　さて、いかに考えるべきかであるが、労働契約法が規定する合意原則と労働条件労使対等決定の原則を踏まえ強調するならば、①説をとるべきことになるであろうが、企業のグループ化などにより雇用形態や人事管理が複雑・多様化してきていることを考えると、ケースによっては出向を配転に近づけて解するアプローチが必要かとも思われる。また、雇用調整やリストラの場合などにはあらかじめ出向先を定めておくことも難しいと考えられる。結局は、裁判例の立場を基礎としつつも、出向の類型ごとに要件を考えていくことが妥当ではないだろうか。いずれにしても、少なくとも、特に、片道出向の場合には、籍は出向元に残るとはいっても、原則としてもはや出向先から出向元への復帰を予定していないので、労働者の個別同意を必要とすべきであろう。

　(4)　**使用者の出向命令権と権利濫用法理**　　出向の法的根拠につき、①説に立った場合にはそもそも使用者は事前に出向命令権を有するものではないの

で，出向命令権の濫用は問題となりえないが，②説ないし③説に立ち使用者に事前の出向命令権を認める場合にはその権利濫用が問題となりうる。出向命令権濫用法理については，労働契約法14条が，「使用者が労働者に出向を命ずることができる場合において，当該出向の命令が，その必要性，対象労働者の選定に係る事情その他の事情に照らして，その権利を濫用したものと認められる場合には，当該命令は，無効とする。」という形で規定をおいているが，その内容はいまだ明確ではない。ただ，これは最高裁判例（判例法理）を確認したものであると解されるので，出向命令権の濫用の判断基準を示した新日本製鐵（日鐵運輸第2）事件・最二小判平15.4.18労判847号14頁に即して考えれば，使用者側の出向の必要性と労働者が被る不利益の比較衡量を行うことを基本的判断枠組みとし（つまり，基本的に秤が後者の方に傾けば権利濫用を示すことになる），それに人選の合理性と出向命令発令手続の相当性を加味して総合的に考慮を行って判断をなし権利濫用の有無を決することになろう。ちなみに，出向についても他の業務命令と同様に，そもそも必要性の存しない場合や不当な動機・目的の場合も権利濫用と認められることになるのはいうまでもない（前者の例として，前掲・ゴールド・マリタイム事件・大阪高判）。

基本判例　新日本製鐵（日鐵運輸第2）事件・最二小判平15.4.18労判847号14頁

　「被上告人が構内輸送業務のうち鉄道輸送部門の一定の業務を日鐵運輸に委託することとした経営判断が合理性を欠くものとはいえず，これに伴い，委託される業務に従事していた被上告人の従業員につき出向措置を講ずる必要があったということができ，出向措置の対象となる者の人選基準には合理性があり，具体的な人選についてもその不当性をうかがわせるような事情はない。また，本件各出向命令によって上告人らの労務提供先は変わるものの，その従事する業務内容や勤務場所には何らの変更はなく，上記社外勤務協定による出向中の社員の地位，賃金，退職金，各種の出向手当，昇格・昇給等の査定その他処遇等に関する規定等を勘案すれば，上告人らがその生活関係，労働条件等において著しい不利益を受けるものとはいえない。そして，本件各出向命令の発令に至る手続に不相当な点があるともいえない。これらの事情にかんがみれば，本件各出向命令が権利の濫用に当たるということはできない。
　また，上記事実関係等によれば，本件各出向延長措置がされた時点においても，鉄道輸送部門における業務委託を継続した被上告人の経営判断は合理性を欠くも

のではなく，既に委託された業務に従事している上告人らを対象として本件各出向延長措置を講ずることにも合理性があり，これにより上告人らが著しい不利益を受けるものとはいえないことなどからすれば，本件各出向延長措置も権利の濫用に当たるとはいえない。」

II 出向労働をめぐる法律関係

(1) **出向の法的構成**　すでに述べたように，出向を行うためには，まず，その前提として，出向元と出向先の間に出向労働者受入契約（出向協定・出向契約）が締結されていることが必要となる。これによって出向労働者に関する労働条件等の基本的取決めがなされ，それに基づいて出向労働者に対する具体的な取扱がなされることになる（たとえば，出向元・出向先どちらが賃金を支払うのか，出向元と出向先の賃金差額はどうなるのかなど）。次に，出向元と出向労働者との関係であるが，労働契約関係は存続するが，出向中，労働者は出向元での労務提供はできないので，労務提供が免除され，一般的には休職扱いとなることが多い。問題は，出向労働者と出向先との関係をいかに考えるかである。労働者派遣法2条1号が労働契約関係（雇用関係）の有無で出向と労働者派遣を区別する立場を示していることから，出向労働者と出向先には労働契約関係（雇用関係）が存することが必要になるが，それがどのようなものかについて次のような説の対立がみられる。

① **二重の労働契約説**　労働者は出向元と出向先との双方と労働契約を締結しているとする説である。ただし，出向先との労働契約はあくまで出向元と出向労働者の間の労働契約が基礎ないし基盤にあり，出向労働者と出向先との間の労働契約はそれに拘束・制限を受けるため（通常の意味での）完全なものではなく一定特殊な労働契約（「出向労働契約」と呼ばれることがある）であると解されるとする。

② **労働契約配分説**　1つの労働契約（の内容）が2つに割れて出向元と出向先との間で配分されるとする説（①説と対比する観点から単一労働契約説とも呼ばれる）である。つまり，指揮命令権は出向先，賃金支払義務は出向元といったように，出向労働者受入契約の取り決めに従って，もともと1つの労働契

約であったものの内容のうちあるものは出向先に移転し，あるものは出向元に留保されると考えるのである。

さて，出向中でも（労働義務が免除され，あるいは休職扱いとなるとはいえ）労働者に対する一定の業務命令権が依然として出向元に認められることがあり，また，賃金支払義務が出向先と出向元の双方にあるケースもあり（たとえば，出向先が先での規準に従って基本給を支払い，出向元がそれと自社の賃金との差額を支払う場合など），そして，場合によっては出向先と元の双方がそれぞれ懲戒権限を行使することもあり（後掲・勧業不動産販売・勧業不動産事件・東京地判参照），といったことを勘案すれば，そして，加えて，労働契約配分説（単一労働契約説）があまりにも技巧的な説明であるように思われる（ちなみに，労働契約に関しては１つの契約内容がそうすっぱりと２つに分けられるものでもないであろう）ことからすれば，二重の労働契約説が妥当な考えといえよう。とにかく，いずれの説に立つにせよ，出向をめぐる権利義務関係に関して留意すべき点は次のとおりである。

まず，出向労働者には原則として現実に労務を提供する出向先の就業規則が適用されるが，現実の労働を前提としない部分および出向条件を定めた部分については出向元の就業規則も適用される。また，懲戒処分については軽微なものは出向先がなしうるが，出向労働契約は出向元と出向労働者の（もともとの）労働契約関係の存在を前提ないし基礎にしているため，懲戒解雇については出向先がなしえない。同様の理由から，休職（たとえば，労働者が長期療養を要する私傷病に罹患し休職が必要となるような場合）や解雇も出向先がなしえないといえよう。これらの場合には，出向先から出向元へと出向復帰がなされたうえで，出向元が休職なり解雇ないし懲戒解雇なりを行うことになる。出向先でなされた労働者の行為に対して出向先と出向元のそれぞれの就業規則を適用してなされた懲戒処分が有効とされた例として，勧業不動産販売・勧業不動産事件・東京地判平4.12.25労判650号87頁があるが，労働者の行為が出向先と元の双方の共同作業秩序（企業秩序）を同時に乱すような場合（たとえば，両方の企業の体面を傷つけ社会的評価を著しく低下させるような場合）には一定軽微なものであれば双方がそれぞれ懲戒処分をなしうると解すべきであり，二重処分にはあたらないというべきであろう。安全配慮義務については，

一次的には出向先が負い，出向元については出向労働者の状況を認識しえた事情は認められないので安全配慮義務を負っていたということはできないとされた例がある（JFE スチール（JFE システムズ）事件・東京地判平 20.12.8 労判 981 号 76 頁）。ちなみに，労働基準法は出向元・出向先のうち問題となる事項について出向労働者に対して責任（権限）を有する方に適用される。

　なお，賃金支払義務については，出向労働者受入契約の定めによることになり，出向先が支払う場合（このケースでは，出向先が出向元での賃金額を保障するか，出向先が出向元での賃金額を支払う義務を負い，その差額を出向元が出向先に補填するか，あるいは出向元が差額分を出向先に渡し，出向先がそれに自社の基本給をプラスして支払うことになろう），出向元が支払う場合（このケースでは，出向先が自己が支払義務のある基本給を出向元を通じて労働者に手渡し（賃金支払の代行），その際に出向元が自社との差額をプラスして支払うことになろう），出向先が先での基本給を，そして出向元がそれと自社の基本給との差額をそれぞれ支払う場合などがある（とにかく，二重の労働契約説をとる場合には，労働契約法 6 条に照らして，つまり労働契約というためには，出向先は出向労働者に対して賃金支払義務を負わねばならず，併せて，出向先は労働基準法 24 条 1 項の直接払の原則に反してはならない点に注意する必要がある）。また，出向先が支払うべき賃金が経営悪化や倒産等により未払となった場合においては，労働契約の解釈により，出向元が支払義務を負うと解されることがある（日本製麻事件・大阪高判昭 55.3.28 判時 967 号 121 頁，ニシデン事件・東京地判平 11.3.16 労判 766 号 53 頁）が，そのようなケースでは，賃金支払に関して出向元による黙示の保証ないし併存的債務引受がなされているとみることもできよう。

Ⅲ　出向復帰

　出向期間が定められている場合には，期間満了により出向していた労働者が出向元に出向復帰することになるのはいうまでもない。問題は，出向期間が定められていない場合の，あるいは出向期間中（途中）の出向復帰につきどう考えるのかである。①出向復帰も労働契約の変更であるから使用者はこれを一方的に命ずることができないとする説（つまり，復帰には労働者の同意が必要とする説）と②出向復帰は出向元とのもともとの労働契約に何ら影響を及ぼ

さないのでたとえば片道出向であったというような特段の事情がないかぎり労働者の同意を必要とせず出向元が一方的に命ずることができるとする説に分かれているが，最高裁は後者の立場に立っている（古河電機工業・原子燃料工業事件・最二小判昭 60.4.5 民集 39 巻 3 号 675 頁）。ただし，この②説ないし最高裁の立場に立った場合であっても，復帰命令の目的や労働者の生活に及ぼす影響等から出向復帰命令が権利濫用で違法・無効とされる可能性（労働契約法 3 条 5 項）は存しよう。

基本判例 古河電機工業・原子燃料工業事件・最二小判昭 60.4.5 民集 39 巻 3 号 675 頁

「労働者が使用者（出向元）との間の雇用契約に基づく従業員たる身分を保有しながら第三者（出向先）の指揮監督の下に労務を提供するという形態の出向（いわゆる在籍出向）が命じられた場合において，その後出向元が，出向先の同意を得た上，右出向関係を解消して労働者に対し復帰を命ずるについては，特段の事由のない限り，当該労働者の同意を得る必要はないものと解すべきである。けだし，右の場合における復帰命令は，指揮監督の主体を出向先から出向元へ変更するものではあるが，労働者が出向元の指揮監督の下に労務を提供するということは，もともと出向元との当初の雇用契約において合意されていた事柄であって，在籍出向においては，出向元へ復帰させないことを予定して出向が命じられ，労働者がこれに同意した結果，将来労働者が再び出向元の指揮監督の下に労務を提供することはない旨の合意が成立したものとみられるなどの特段の事由がない限り，労働者が出向元の指揮監督の下に労務を提供するという当初の雇用契約における合意自体には何らの変容を及ぼさず，右合意の存在を前提とした上で，一時的に出向先の指揮監督の下に労務を提供する関係となっていたにすぎないものというべきであるからである。」

第 4 節　転　籍

　転籍とは，労働者が使用者（転籍元）との労働関係を解消して他企業（転籍先）の従業員の地位を取得する人事異動のことをいい，移籍出向と呼ばれることもある。（在籍）出向と区別するという観点からは，出向という言葉を使

うことは妥当ではなく，また正確でもない。あくまで転籍という表現を用いるべきといえよう。なお，転籍後においては，転籍元と転籍労働者の間には何ら権利義務関係が存しない場合もあるが，転籍元と転籍労働者の合意により，転籍元が転籍先との賃金差額を保障することになっているとか，一定期間経過後に再雇用する（転籍復帰させる）といった義務を負っている場合もある（ちなみに，この場合，転籍終了時の再雇用の予約がなされているにすぎなければ予約義務違反に対して強制をすることはできず，労働者の救済は損害賠償請求にとどまると考えられるが，転籍時においてすでに期間満了時の再雇用の申込みがなされていると解することができるケースであるならば，労働者の承諾のみで転籍復帰が可能となるといえよう）点に注意する必要がある（京都信用金庫事件・大阪高判平14.10.30労判847号69頁）。

さて，その法的根拠であるが，まず転籍元と転籍先との間に転籍労働者受入契約が存することが前提であり，また，労働者が被る不利益（元の企業の籍がなくなってしまい，復帰できないことが最大の不利益といえる）および契約内容の大きな変更であるということを考慮すれば労働者の個別的具体的同意が必要となると解すべきである（三和機材事件・東京地決平4.1.31判時1416号130頁）。その法的構成については，①民法625条1項に基づいて労働者の同意を得て使用者（転籍元）が転籍先に指揮命令権を譲渡すると法構成する説と②転籍元使用者と労働者の労働契約の合意解約とそれに引き続く転籍先使用者と労働者との新たな労働契約の締結と法構成する説があり，いずれもなりたちうるといえるが，転籍により職務内容や労働条件が変化することが通常であるから，②説の立場が妥当ではないかと考えられる（いずれかは当事者の意思解釈によるとする見解もある）。ちなみに，会社案内に勤務場所のひとつとして記載された関連会社への転籍が，人事体制に組み込まれて配転と同様に永年継続的に行われ，復帰の可能性もあり，入社面接の際に労働者が異議のない旨応答したことから，労働者は将来関連会社に転籍することにつき「予め包括的な同意を会社に与えたものということができる」と判示し，移籍時の個別具体的な同意のない転籍が有効とされた例として日立精機事件・千葉地判昭56.5.25労判372号49頁がある。これについては，転籍であっても，入社時に説明があり，配転と同様に行われ復帰の可能性があるような場合には（例外的に）事前の同意を認めるのか，あるいはこの裁判例は転籍を配転ないしは出向と混

同じ誤った判断をしたものなのかが争点となる（ちなみに，先の①説のなかには事前の指揮命令権譲渡の同意も認められるとする考えが存しており，これによればこの裁判例の判旨は一応説明することが可能となるが，②説からは説明できないといえよう）。また，②説の構成をとり，労働者と転籍先との新労働契約の締結が成就しなかったときは労働者と転籍元との労働契約の合意解約も条件不成就として効力を生じない（したがって，労働者は転籍元との籍を有したままであることになる）とした（つまり，転籍先との新契約の締結を転籍元との合意解約の停止条件と解した）裁判例（生協イーコープ・下馬生協事件・東京高判平 6.3.16 労判 656 号 63 頁）があるが，転籍（他社への移籍）をめぐるトラブルに対し労働者を保護するという観点から注目される事例といえよう。

> **コラム 2-3-4**　出向から転籍への切り替え
>
> 　筆者がかつて勤めていた会社のことばかり書いて恐縮であるが，またぞろそれに関連する話である。筆者が大学教師になってから，かつて会社で同期だった男があるとき研究室に電話をかけてきたことがあり，そのついでに，「今回，会社が出向者を全員転籍に切り替えることにした」という話を聞いた。非常にドラスティックな措置だと感じたが，法的には，出向中の社員の同意を取らねばならず，会社の一方的決定でそのような措置を講ずることができないことはいうまでもない。ちなみに，筆者がかつて配属されていた製鉄所は会社から切り離されて別会社とされたそうであるが，会社からそこへの人事異動は転籍，復帰は子会社からの退職と元会社による再雇用という手順を踏むとのことであった。昔であれば社内人事異動ということで大卒社員については辞令一本ですんだのとは大きく変わってしまったのである。

第4章　労働者派遣

第1節　問題状況

(1) **人事異動の一類型としての労働者派遣**　多くの教科書・概説書では，労働者派遣についてはパートなどをあわせて非正規労働者の章ないし項目で論じられることが多いが，本書では，出向や転籍などの社外人事異動に法的に類似する側面を有することから，労働者派遣を人事異動の一類型（一形態）と位置づけて，配転・出向・転籍に引き続いて論ずることとする次第である。

(2) **職業安定法における労働者供給事業の禁止と労働者派遣**　1947年に制定された職業安定法は，労働者供給事業にともなう戦前の悪弊（強制労働まがいの就労実態や封建的・非民主的な労働関係など）を除去するために，44条で，労働者供給事業を労働組合が労働大臣（現在では厚生労働大臣）の許可を得て行うものを除き禁止した。ちなみに，労働者供給とは，供給契約に基づいて労働者を他人の指揮命令を受けて労働に従事させることと定義されるが（職業安定法4条6項），労働者派遣も当然これに該当するものであった（なお，このように他者から供給を受けて労働者を労働に従事させることを間接雇用といい，学説のなかには職業安定法44条から間接雇用禁止の原則を読み取る見解もある）。しかし，その後，1980年代前後において労働者派遣のニーズが高まり，職業安定法に違反するにもかかわらず，事実上，派遣業ないし労働者派遣が横行することになった。そこで，職業安定法制定当時とは時代状況が変化している（したがって，悪弊が生ずるおそれも少ないこと）ことに加えて，労働者派遣をめぐる一定の需要や必要性が存することを考慮して，以下の点を踏まえつつ法整備を行う方向が探られることとなった。つまり，労働者派遣を正面から認めつつ労働者派遣事業

を一定の要件のもとで届出・許可に服させて規制と行政監督のもとにおくとともに，労働者派遣が正社員の雇用（常用雇用）に代替してしまうことのないように配慮ないし留意しながら（常用代替防止），派遣労働者の保護をはかることがむしろ重要ではないかとの認識が強まったのである。このような状況のもと，1985年に労働者派遣法が制定され（翌年7月より施行），併せて，職業安定法4条6項も改正されて労働者派遣法2条1号に規定する労働者派遣に該当するものは労働者供給から除かれることになり，労働者派遣が適法化された。労働者派遣法は，その1条が「労働力の需給の適正な運営の確保を図るため」と述べるように，一定の専門業務や特別の雇用管理を行う必要のある業務に関して労働力の需給のミスマッチを解消することを狙いとした（つまり，このような業務については，労働者からすればどこの企業が自分を必要としているか，企業からすればどこにそのような業務を行う労働者がいるかわからないといった需給のミスマッチが生じやすいので，両者を結びつけるためには労働者派遣という間接雇用の仕組みによることが必要とされたのである）。そこで，労働者派遣を行うことができる業務は，①「その業務を迅速かつ的確に遂行するために専門的な知識，技術又は経験を必要とする業務」，②「その業務に従事する労働者について，就業形態，雇用形態等の特殊性により，特別の雇用管理を行う必要があると認められる業務」として政令（労働者派遣令）で定められるもので，当初13業務に，のち16業務に，そして1996年労働者派遣令改正で増加したものの，あくまで26業務（一般的に専門26業務と呼ばれる）に限定されていた（労働者派遣法旧4条1項）。これをポジティブリスト方式という。また，常用代替防止の観点からは派遣期間の限度は1年とされた（ちなみに，派遣労働は，英語ではtemporary work，フランス語ではtravail temporaireといい，いずれも一時的労働という意味である）。

(3) **労働者派遣法の改正とコンセプトの変化**　しかし，ポジティブリスト方式の建前は維持しながらも，一部につき対象業務が自由化される傾向がみられた（1994年の高年齢者雇用安定法改正により60歳以上の労働者派遣が自由化され，1996年の育児介護休業法改正で育児休業・介護休業中の労働者の業務につき派遣が可能となった）。そして，バブル経済崩壊以降の平成不況下における企業の経営悪化，リストラなどによる失業者の増加などを背景として，1999年に労働者派遣を原則自由化する方向で労働者派遣法が改正された（つまり，不況下ではなかなか

正社員を雇えないため企業の外部労働力へのニーズが高まるとともに，失業者の雇用対策として雇用機会の提供も必要となってくるので，労働者派遣を規制緩和することでこれらに対処しようとしたのである）。これにより，派遣が認められる対象業務を限定列挙するポジティブリスト方式から例外的に派遣が禁止される業務を列挙するネガティブリスト方式へと大きくシステム変更された（ちなみに，この改正にあたっては，1社にはとらわれない自由な働き方を望む者が増えているという傾向がみられることなども併せて理由とされた）。つまり，専門業務や特別の雇用管理を要する業務であるから労働者派遣が必要であるというこれまでの建前（大前提）が放棄されたのである（もっとも，自由化されたとはいっても，改正後も一般の労働者派遣の期間は1年が上限であるのに対し，従来の専門26業務については派遣期間は3年を限度とするとされ，この意味で従来ポジティブリストに挙げられていた専門26業務は一定の意義をもっていた点に注意する必要がある）。これにより，企業がリストラや雇用調整を進める傾向のもとにおいて労働力の外部化現象が促進されることになった。なお，この同じ年に職業安定法も改正されて，同法の基本原則とされてきた職業紹介国家独占の原則が放棄され，有料職業紹介事業も原則自由化された（ただし，許可制のもとにおかれている）が，これと労働者派遣の原則自由化とが相まって民間人材ビジネスの進出を広く促す契機ともなった。

　その後，小泉内閣により推し進められた構造改革のもとで，より一層の規制緩和の可能性が追求された結果，2003年に労働者派遣法が改正された。その基礎をなす労働政策審議会の法改正へ向けての建議は，①近年の厳しい雇用失業情勢のなかで，労働力需給のミスマッチの解消に向け，多様な労働力需給機関がより積極的に労働市場における役割を果たすこと，②競争のなかで日々変動する業務量に対応するため，企業が労働力需要に迅速かつ的確に対応しうるようにすること，③仕事と生活のバランスのとれたライフスタイルを選択する若年層の働き方に対応する必要性が高まっていることの3点を踏まえて提言を行っていた。改正法は規制緩和を主軸としつつも一定の規制強化も含むという複雑なものであるが，基本的に，①一般の派遣期間の上限を1年から3年に延長するが，1年を超える派遣期間を定めるときには派遣先は過半数代表の意見を聞くものとする，②それまで派遣が禁じられていた物の製造業務への労働者派遣を解禁する（2004年の改正法施行後3年間は1年を

上限，それ以後は3年を上限とする），③専門26業務の3年の上限を撤廃する，④一定の場合の派遣先の派遣労働者に対する雇用契約申込義務を規定する，⑤紹介予定派遣（ジョブサーチ派遣）をめぐる規制を整備するなどの内容を骨子とするものであった。なお，以上のような改正内容ではあるが，一応は常用代替防止の建前は残されている（労働者派遣法40条の2第1項）ことに注意する必要がある（なお，この常用代替防止の趣旨が，派遣労働者の保護にマイナスに働いた例として，2003年改正法以前の事件ではあるが，伊予銀行・いよぎんスタッフサービス事件・松山地判平15.5.22労判856号45頁があり，具体的には，「同一労働者の同一事業所への派遣を長期間継続することによって派遣労働者の雇用の安定を図ることは，常用代替防止の観点から同法の予定するところではないといわなければならない」ので，派遣労働者の「雇用継続に対する期待は，派遣法の趣旨に照らして，合理性を有さず，保護すべきものとはいえないと解される。」との判示がなされている）。

　(4)　**規制強化へ向けての動き**　2008年に，（たとえば，ネットカフェ難民などに代表されるように）地位や生活の不安定さや賃金からの不当な控除などの問題がクローズアップされ日雇派遣が大きく社会問題化した。これを受け，日雇派遣を禁止する派遣法改正法案が国会へ提出されたが，結局は不成立のままに終わった。また，同年のリーマンショック以降の世界同時不況により主として物の製造業務の現場において登録型派遣労働者の「派遣切り」が頻発して大きく世間を騒がせることとなった。2009年の衆議院選挙で民主党が圧勝し政権の座に就いたが，マニフェストで登録型派遣や製造業への派遣の禁止を含め派遣法改正問題を公約に掲げていたことを受けて，均衡を考慮した待遇の確保，労働者派遣料金の明示，違法派遣の場合の派遣先の労働契約の申込みのみなし制度，登録型派遣の原則禁止，日雇派遣の原則禁止，物の製造業務派遣の原則禁止などを内容とする派遣法改正法案が2010年4月に国会に提出されたが，現在のところ法案審議未了となっている（注：法改正問題については本書の校正中に動きをみせており，それについては本章の末尾に記した〔追記〕を参照されたい）。したがって，以下，本書では，2003年に改正された現行法の解説を行うこととする。

コラム 2-4-1　「派遣切り」の衝撃

　2008年に，リーマンショックに端を発する世界同時不況によりわが国でも急激な経済悪化がみられ，全国で製造業を中心に多数の「派遣切り」が横行し，派遣労働者が職のみならず住居をも失うというまさに生存の危機ともいうべき状況が出来し，大きな社会問題となった。2008年の年末から2009年はじめにかけて東京の日比谷公園で行われた「年越し派遣村」には「派遣切り」にあった多数の派遣労働者が詰めかけ，マスコミ等でも注目された。多くの場合，派遣切りは，労働者派遣契約の期間途中の解約により，派遣先から派遣元に帰された派遣労働者が労働契約期間中にもかかわらず派遣元から解雇されたものである。のちに，有期労働契約をめぐる解雇のところで解説するように，労働契約法17条1項が有期労働者の期間途中の解雇につき，やむをえない事由による場合でなければ認めないと規定しているが，その事由は期間の定めのない労働契約につき解雇権濫用法理を定める労働契約法16条が要求する合理的で相当な事由よりも厳格なもので，期間満了を待つことができないほどの重大な事由と解される。したがって，派遣切りの多くのケースは労働契約法17条1項に違反する違法なものであったのである。しかし，労働契約法は民法の特別法であって行政監督は予定されておらず（つまり，労働基準監督官は権限を有しないので労働契約法17条1項違反については取締りに乗り出すことはできず），また，「派遣切り」にあった派遣労働者が裁判を起こしたり労働審判を申し立てようにも，住居も生活の糧もなく明日の生活にも困るという状況では，それもほぼ不可能であった。その結果，「派遣切り」がいわば野放しになってしまったのである。

第2節　派遣労働の定義と法律関係

(1) **派遣労働の定義**　労働者派遣法2条1号は労働者派遣を，「自己の雇用する労働者を，当該雇用関係の下に，かつ，他人の指揮命令を受けて，当該他人のために労働に従事させることをいい，当該他人に対し当該労働者を当該他人に雇用させることを約してするものを含まないものとする」と定義する。つまり，労働者派遣は，派遣元・派遣先・派遣労働者の3者の3面的な関係であり，①派遣元と派遣先は労働者派遣契約を締結し，派遣元が派遣先に自己が有する指揮命令権の行使を委任する（あるいは指揮命令権を譲渡するとする説や派遣労働者は派遣先に派遣されることを了解して派遣元と労働契約を締結して

いるので，派遣先は派遣元と労働者派遣契約を締結することにより派遣労働者に対する指揮命令権を取得（原始取得）するという説もある），②派遣元と派遣労働者の間には雇用関係（労働契約）が存在し，派遣元は労働者に派遣先の指揮命令に従って労働するよう指揮命令する，③派遣先と派遣労働者の間には使用関係（指揮命令関係）はあるが雇用関係（労働契約）は存せず，派遣先は派遣元から行使を委任された（あるいは譲渡された，ないしは労働者派遣契約により取得した）指揮命令権に基づき派遣労働者に対して指揮命令を行う（この指揮命令関係を使用関係という），という基本構造となる（雇用と使用の分離）。なお，②については，雇用関係が存在するといっても，登録型派遣では，派遣元が派遣先と労働者派遣契約を締結するごとにその都度その期間の間についてのみ労働契約を締結することになり，地位の不安定さという点において常時雇用される労働者を派遣する常用型とは大きく異なっている点に注意する必要がある（なお，常用型も，常時雇用するとはいっても，すべての派遣労働者が期間の定めのない契約で雇われているとはかぎらず，有期労働契約が反復更新されることで雇用が継続しているケースも多くみられる状態となっている）。

(2) **労働者供給事業・業務処理請負・出向との区別**　社外の労働者（外部労働者）を自己の業務に従事させるという点において労働者派遣とそれに外形的に類似する労働者供給・業務処理請負・出向との区別が問題となる。労働者供給は供給元が自己の支配下におくが労働契約関係にない（つまり，事実上支配下におく）労働者を労働者供給契約に基づいて供給先に供給し，供給先が供給された労働者を労働契約関係なしに指揮命令下で労働させることをいい，供給元と労働者の間に労働契約が存しない点で労働者派遣とは異なる（職業安定法4条6項，44条）。また，業務処理請負は，発注元企業が請負企業に業務を請け負わせ，請負企業が発注元企業に赴いて自己と労働契約関係にある労働者に直接指揮命令をして請負った業務を行わせることをいい，発注元企業がまったく労働者と関係（指揮命令関係）を有さない点で労働者派遣と異なる（ちなみに，職業安定法施行規則4条1項は，業務処理請負の要件として，請負企業が，①作業の完成について事業主としての財政上および法律上のすべての責任を負うものであること，②作業に従事する労働者を指揮監督するものであること，③作業に従事する労働者に対し使用者として法律に規定されたすべての義務を負うものであること，④自ら提供す

る機械，設備，器材もしくはその作業に必要な材料，資材を使用し，または企画もしくは専門的な技術もしくは専門的な経験を必要とする作業を行うものであって，単に肉体的な労働力を提供するものでないこと，の4つの基準すべてをみたすことを要求している：この点については，併せて「労働者派遣事業と請負により行われる事業との区分に関する基準」昭和61・4・17労告37号も参照）。そして，出向はすでに検討したとおりであり，出向先と労働者との間に労働契約関係が存する点で労働者派遣と区別される。

なお，二重派遣は（「自己の雇用する労働者」という要件をみたさないので）労働者派遣の定義に該当せず，職業安定法44条により業として行うことが禁止されている労働者供給にあたる。また，近年，発注元企業が請負企業の労働者に直接指揮命令を行う偽装請負が問題となっており，職業安定法44条が禁止する労働者供給にあたるとする説も有力であるが，これは形の上では届出をなさず，あるいは許可を受けずになされた違法な労働者派遣ということになり，違法であってもあくまで労働者派遣の定義をみたす以上，労働者供給にはあたらない（職業安定法4条6号参照）とするのが最高裁判例の立場である（パナソニックプラズマディスプレイ（パスコ）事件・最二小判平21.12.18労判993号5頁）。

最後に補足しておけば，2003年の労働者派遣法改正により，労働者派遣の役務の提供の開始前または開始後に派遣労働者を派遣先に職業紹介することを予定して行われる紹介予定派遣（ジョブサーチ派遣）が正面から認められることになったが，これは職業紹介の要素も兼ね備えているので，派遣元企業（派遣会社）が紹介予定派遣を行おうとする場合には労働者派遣の許可のみならず職業紹介の許可を受けることも必要とされる（労働者派遣法2条6号）。紹介予定派遣の期間の上限は6か月とされ，また，派遣元は，派遣先が職業紹介を受けることを希望しなかった場合や職業紹介を受けた派遣労働者を雇用しなかった場合には，派遣労働者の求めに応じ，派遣先に対し理由を書面等により明示するよう求め，派遣先から明示された理由を派遣労働者に対して書面等により明示することとされている（「派遣元事業主が講ずべき措置に関する指針」平成11・11・17労告137号，「派遣先が講ずべき措置に関する指針」平成11・11・17労告138号）。なお，紹介予定派遣については，他の労働者派遣とは異なり，

派遣先はあらかじめ労働者の特定を目的とする行為（面接や履歴書の提出など）を行うことができる（労働者派遣法26条7項）。

第3節　派遣対象業務と労働者派遣事業の種類

(1) **派遣対象業務：ポジティブリスト方式からネガティブリスト方式への変更**
従来は，派遣対象業務として，専門的な知識・技術または経験を必要とする業務と就業形態・雇用形態等の特殊性により特別の雇用管理を行う必要があると認められる業務につき26業務（いわゆる専門26業務）が労働者派遣法施行令2条で列挙されていた（ポジティブリスト方式）。しかし，1999年の労働者派遣法改正により，労働者派遣が禁止される業務が列挙されるネガティブリスト方式へ変更され，労働者派遣は原則自由化された。ネガティブリストの業務は，港湾運送，建設，警備，物の製造，医師，歯科医師，薬剤師，保健師，助産師，看護師，栄養士，歯科衛生士，診療放射線技師，歯科技工士の業務（労働者派遣法4条，労働者派遣令1条，2条）であるが，産前産後休業，育児・介護休業の代替要員として派遣される場合は除かれるとされた（労働者派遣法40条の2第1項3号・4号）。なお，物の製造の業務については2003年の労働者派遣法改正により2004年の改正法施行から3年間は1年の期間限定（2007年以降は3年の期間限定）で認められることになった（改正法附則4項・5項）。物の製造の業務への労働者派遣の解禁により法制定当初の立法趣旨から大きく離れるともに，製造現場への労働者派遣が急速に広がった。しかし，2008年リーマンショック以降の世界同時不況の影響を受け，物の製造業務での「派遣切り」が全国で頻発・横行し，大きな問題を引き起こすことになった。なお，禁止業務につき労働者派遣を受け入れる派遣先に対しては厚生労働大臣の指導・助言，是正措置，是正勧告，企業名公表（労働者派遣法49条の2第1項・3項）などが予定されており，禁止業務につき労働者派遣を行う者に対しては罰則が科せられる（労働者派遣法59条）。

(2) **労働者派遣事業の種類**　　労働者派遣事業の種類としては，①一般労働者派遣事業と②特定労働者派遣事業の2種類がある。前者は，一般に登録型

と呼ばれ，派遣を希望する労働者を登録させておき，労働者派遣契約が締結されるごとに，登録していた労働者とその都度（有期の）労働契約を締結して派遣先へ派遣することを行う場合が主として想定されているが，併せて同時に常時雇用する労働者を派遣することを行う場合も含まれる。後者は常用型と呼ばれ，常時雇用される労働者を派遣先に派遣することのみを行うものである。前者は，労働者保護の観点から適正な派遣が行われるようになっているかをチェックする趣旨で厚生労働大臣の許可が必要とされており（労働者派遣法5条），許可基準として，もっぱら労働者派遣の役務を特定の者に提供することを目的として行われるもの（専ら派遣）でないこと，派遣労働者の雇用管理を適正に行う能力を有すること，個人情報を適正に管理し派遣労働者等の秘密を守るために必要な措置が講じられていること，事業を的確に遂行する能力を有するものであることが要求される（労働者派遣法7条1項）。後者は，派遣対象が常時雇用する労働者のみであることから，雇用が一定安定していると考えられるので，厚生労働大臣への届出でよいことになっている（労働者派遣法16条）。なお，前者・後者のいずれとも一定の欠格事項が定められている（労働者派遣法8条，17条）。また，無許可・無届で労働者派遣事業を行った者に対しては罰則が定められている（労働者派遣法59条，60条）。ちなみに，2003年の改正により許可・届出につき規制が緩和され，労働者派遣会社（派遣元）の事業場単位から企業単位へと変更された。

第4節　労働者派遣の規制構造

(1) **労働者派遣をめぐる法的規制の基礎**　　労働者派遣は，派遣元・派遣先・派遣労働者の3者間の関係であり，しかも，派遣労働者は使用者である派遣元ではなく労働契約関係にない派遣先でその指揮命令を受けて労働するため，労働者派遣法は，労働者保護の観点から派遣元と派遣先の双方に一定の義務を課すなどの法規制を設けている。

(2) **労働者派遣契約**　　労働者派遣を行なおうとする場合，派遣元（派遣会社）と派遣先は労働者派遣契約（「当事者の一方が相手方に対し労働者派遣をすること

を約する契約」）を締結し一定の法定事項（派遣労働者の人数，および派遣労働者の従事する業務内容，就業場所，指揮命令者，派遣期間，就業日，就業時間，安全衛生，苦情処理など）を定めなければならない（26条1項）。このような労働者派遣契約に基づき派遣先は派遣労働者に対して指揮命令できる法的基礎を獲得することになるのであるから，労働者派遣契約で定めていない事項について派遣先は派遣労働者に指揮命令や業務命令を行うことはできず，派遣労働者も労働者派遣契約の内容を超える指揮命令および業務命令については拒否することができる。なお，労働者派遣契約の解除については将来に向かって効力が生じるものとされている（労働者派遣法29条）。

(3) **派遣元（派遣会社）が講じるべき措置**　派遣元が派遣労働者を雇い入れるときには派遣労働者であることを明示し，また，現に雇用する労働者を派遣労働者とする場合にはその同意を得なければならず，紹介予定派遣（ジョブサーチ派遣）である場合はその旨も含むものとされる（労働者派遣法32条）。そして，派遣元は派遣を行うときには労働者に就業条件を示さなければならない（労働者派遣法34条）。ちなみに，派遣元には，派遣労働者の福祉増進の努力義務（労働者派遣法30条），適正な派遣就業の確保を行う配慮義務（労働者派遣法31条），派遣労働者が労働者派遣契約終了後に派遣先に雇用されることの制限の禁止（労働者派遣法33条），派遣労働者の氏名，社会保険への加入など一定事項の派遣先への通知義務（労働者派遣法35条），派遣元責任者の選任義務（労働者派遣法36条），派遣元管理台帳の作成・保存義務（労働者派遣法37条），個人情報を適切に取り扱い業務上知りえた秘密を守る義務（労働者派遣法24条の3，24条の4）などが課されている。なお，派遣元が，派遣労働者が派遣先に雇用されることを禁止する契約を派遣労働者ないし派遣先と結んではならないとする労働者派遣法33条は，派遣労働者の職業選択の自由（憲法22条1項）の観点から強行規定であると解されている（ホクトエンジニアリング事件・東京地判平9.11.26判時1646号106頁）。

(4) **派遣先が講じるべき措置**　派遣先は派遣労働者とは労働契約関係にないが指揮命令を行って労働させるため，労働者保護の観点から派遣先にも一定の規制が及ぼされ，次に示すような諸義務が課されている。すなわち，労働者派遣契約の定めに反することのないよう適切な措置を講ずる義務（労働

者派遣法39条），苦情処理や適切な就業環境の維持や施設の供与など必要な措置を講ずる努力義務（労働者派遣法40条），派遣先責任者の選任義務（労働者派遣法41条），派遣先管理台帳の作成・保存義務（42条），セクハラ防止の措置義務および妊娠中・出産後の健康管理義務（47条の2），紹介予定派遣の場合を除きあらかじめ派遣労働者の特定を目的とする行為（たとえば，履歴書を送付させたり，面接を行ったりして，派遣先が複数の候補者のなかから派遣される者を選ぶといったことなど）をしないように努める旨の努力義務（労働者派遣法26条7項）などである。また，労働者派遣法27条は，差別禁止の観点から，「労働者派遣の役務の提供を受ける者は，派遣労働者の国籍，信条，性別，社会的身分，派遣労働者が労働組合の正当な行為をしたこと等を理由として，労働者派遣契約を解除してはならない。」として，派遣先に対する労働者派遣契約解除の禁止規定を設けている。労働者派遣契約が解除されると派遣労働者が職を失う可能性があるので，解雇に準じた規制を行ったものである。

　なお，派遣先が労働者派遣法に違反した場合，派遣元は労働者派遣の停止または労働者派遣契約の解除をすることができることになっている（労働者派遣法28条）。

　(5)　**労働基準法等の適用関係**　　派遣元が派遣労働者の使用者であり，したがって原則として派遣元が労働基準法その他の個別的労働関係法上の責任を負うことになる。しかし，派遣労働者を指揮命令し使用するのは現実には派遣先であることから，労働者派遣法は労働者保護の観点から労働基準法，労働安全衛生法，じん肺法，作業環境測定法，男女雇用機会均等法などの法律の一部の規定については派遣先に適用される旨を定めている（労働者派遣法44条～47条の2）。具体的にいえば，(ア)派遣元・派遣先双方が責任を負うものとされているのは，均等待遇（労働基準法3条），強制労働の禁止（労働基準法5条），徒弟の弊害排除（労働基準法69条），労働安全衛生法上の事業者の責務等，セクハラに関する雇用管理上の措置（男女雇用機会均等法11条1項），妊娠，出産等を理由とする不利益取扱の禁止，（男女雇用機会均等法9条3項），妊娠中および出産後の健康管理に関する措置（男女雇用機会均等法12条，13条1項）などであり，(イ)派遣先のみが責任を負うものとされているのは，公民権行使の保障（労働基準法7条），労働基準法上の労働時間に関する諸義務，労働基準法上の年少者・

妊産婦等の保護，労働安全衛生法上の具体的な安全確保措置などである。なお，労働時間に関しては，36協定など労使協定の締結や就業規則の整備は派遣元が行わなければならない。そして，派遣労働者には派遣先事業場所在地の最低賃金が適用される（地域別最低賃金につき最低賃金法13条，特定最低賃金につき同法18条）。

　ちなみに，派遣先は，指揮命令関係にある以上，信義則上，あるいは労働契約法5条の類推適用により，派遣労働者に対して安全配慮義務を負うものと解される（同様に，信義則に基づき職場環境配慮義務も負うと考えてよいであろう）。また，派遣先が，部分的とはいえ実質的かつ具体的に労働条件を支配・決定することができる場合には，そのかぎりにおいて，使用者として，団交応諾を求める派遣労働者の加入する労働組合と誠実に交渉しなければならず（朝日放送事件・最三小判平7.2.28労判668号11頁参照），不誠実な交渉を行ったり，正当な理由なしに団交拒否を行ったりすれば団交拒否の不当労働行為を構成することになると解される（労働組合法7条2号）。

第5節　派遣期間・受入の制限

⑴　**派遣期間**　派遣先は当該派遣先の事業所その他派遣就業の場所ごとの同一の業務について派遣元事業主から派遣可能期間を超える期間継続して労働者派遣の役務の提供を受けてはならない（労働者派遣法40条の2）。これは派遣労働者が常用労働者に代替するのを防止する趣旨である。派遣可能期間は，1年を超え3年以下の期間を使用者が決定するが，期間を定めるにあたり使用者は過半数代表の意見を聞くものとするとされている。期間を定めなかったときは1年となる。派遣可能期間の計算は他の派遣元からの派遣を含めて通算される（労働者派遣法35条の2）。なお，派遣元は1か月前から前日までの間に派遣可能期間を超えて継続して労働者派遣を行わない旨を派遣先と派遣労働者に通知しなければならない（労働者派遣法35条の2第2項）。また，派遣先は，労働者派遣契約を締結するにあたり派遣元に対し派遣可能期間を超える日を通知しなければならない（労働者派遣法26条5項）。派遣可能期間が満

了し，次の労働者派遣を受け入れることができるためには3か月間のクーリング期間をおく必要がある（「派遣先が講ずべき措置に関する指針」平11・11・17労告138号）。なお，派遣元は，派遣可能期間を超える日以降継続して労働者派遣を行ってはならず（労働者派遣法35条の2），派遣可能期間を超えて労働者派遣を行った場合には罰則がある（労働者派遣法61条）。ただし，①従来ポジティブリスト方式のもとで派遣対象業務とされていた専門26業務（労働者派遣令4条），②事業の開始，転換，拡大，縮小または廃止のための業務であって一定期間内に完了することが予定されているもの，③産前産後休業・育児介護休業取得労働者の代替業務，④1か月の業務日数が通常の労働者より相当程度少なくかつ厚生労働大臣が定める日数（10日）以下の業務の4つの場合には派遣可能期間の制限はないものとされる（労働者派遣法40条の2第1項）。ちなみに，複合業務（専門26業務に受け入れ期間の制限がある業務の付随する割合が1割以下のもの）も同様に取り扱われる（労働者派遣事業関係業務取扱要領）。

　なお，派遣期間途中に派遣労働者が，交代等の要請により派遣先から戻された場合には，派遣元は労働契約期間中は新たな派遣先を探すなどする必要があり，新たな派遣先が見つからないような場合には，事情に応じて，賃金（民法536条2項）か休業手当（労働基準法26条）を支払う必要がある（派遣労働者が派遣元に対し休業手当の支給を求めることができるとされた事例として，三都企画建設事件・大阪地判平18.1.6労判913号49頁）。

コラム2-4-2　専門26業務

　かつて，ポジティブリストのもとで労働者派遣を行うことが認められており，現在では，派遣期間に制限がないとされる専門26業務は，労働者派遣令4条に列挙されており，具体的には以下のとおりである（なお，以下の表現は厚生労働省のパンフレットで用いられているものである）。ソフトウエア開発（1号），機械設計（2号），放送機器等操作（3号），放送番組等演出（4号），事務用機器操作（5号），通訳，翻訳，速記（6号），秘書（7号），ファイリング（8号），調査（9号），財務処理（10号），取引文書作成（11号），デモンストレーション（12号），添乗（13号），建築物清掃（14号），建築設備運転，点検，整備（15号），案内・受付，駐車場管理等（16号），研究開発（17号），事業の実施体制の企画・立案（18号），書籍等の製作・編集（19号），広告デザイン（20号），インテリアコーディネータ（21号），アナウンサー（22

号），OAインストラクション（23号），テレマーケティングの営業（24号），セールスエンジニアの営業，金融商品の営業（25号），放送番組等における大道具・小道具（26号）。なお，このなかには本当に「専門」といってよいのか疑問に思われるような業務（たとえば，ファイリングや事務用機器操作）も含まれており，リストの見直しが必要となっているように思われる。

(2) **派遣先による派遣労働者の雇用**　労働者派遣法は，次の場合に，派遣先に派遣労働者を雇い入れる努力義務を課したり，労働契約申込義務を課したりしている（ただし，次に説明するように，いずれもいまだ実効性が不十分であるといえる）。

① 派遣先が派遣可能期間の制限のある業務につき派遣先から継続して1年以上派遣可能期間内で労働者派遣を受けた場合において，派遣期間経過後，同一業務に労働者を雇い入れようとする場合には，派遣先に当該派遣労働者を雇い入れする旨の努力義務が課される。ただし，派遣労働者の申出と派遣実施期間経過後7日以内に派遣元と派遣労働者の雇用関係が終了することという2つの要件をみたした場合でなければならないとされる（労働者派遣法40条の3）。

② 派遣可能期間の制限のある業務につき派遣可能期間経過後も継続して派遣労働者を使用しようとする場合には派遣先は抵触日前日までに雇用を希望する派遣労働者に対し雇用契約の申込みをしなければならない（労働者派遣法40条の4）。ただし，「労働者派遣法は，申込の義務を課してはいるが，直ちに，雇用契約の申込があったのと同じ効果までを生じさせるものとは考えられず（したがって，原告が承諾の意思表示をすることにより，直接の雇用契約が締結されるわけではない。），被告に直接雇用契約の申込の義務が課せられ，これを履行しない場合に，労働者派遣法に定める指導，助言，是正勧告，公表などの措置が加えられることはあっても，直接雇用契約の申込が実際にない以上，直接の雇用契約が締結されると解することはできない。」（松下プラズマディスプレイ（パスコ）事件・大阪地判平19.4.26労判941号5頁）と解される（控訴審判決である同事件・大阪高判平20.4.25労判960号5頁も同旨）。

③ 派遣期間の制限のない業務につき3年を超えて同一の派遣労働者の労

働者派遣を受けている場合に，当該業務に労働者を雇い入れようとするときには，派遣先は当該派遣労働者に雇用契約の申込みをしなければならない（労働者派遣法40条の5）。これについても，派遣先が申込みをしなければ，義務違反ではあっても，実際に申込みがなされたことにはならず，したがって，派遣労働者が希望しても労働契約は成立しない。

なお，労働者派遣法40条の4，40条の5の違反に対しては厚生労働大臣の指導・助言，是正措置，是正勧告，企業名公表（49条の2第1項・3項）などが予定されている。

第6節　適正な労働者派遣確保のための規制

労働者派遣法は，労働者派遣が適正に行われるように，厚生労働大臣による適正な派遣就業条件確保等のために事業主が講ずべき措置に関する指針の公表（47条の3），厚生労働大臣による指導・助言・監督および専ら派遣の変更等の勧告（48条），派遣法違反の場合における厚生労働大臣の改善命令・労働者派遣停止命令（49条），派遣法違反に関する派遣労働者の厚生労働大臣への申告権と申告をした労働者に対する不利益取扱いの禁止（49条の3），公共職業安定所による労働者等に対する相談・助言・援助（52条）などを規定している。

第7節　2010年労働者派遣法改正法案の概要

最後に，労働者派遣の補論として，現在，国会に提出されている改正法案（「労働者派遣事業の適正な運営の確保及び派遣労働者の就業条件の整備等に関する法律等の一部を改正する法律案」）のうち，とりあえずこれまで問題点を指摘してきた点に関連する主要部分に絞って概要をみておこう。すでに若干触れたように，いずれも，派遣労働者保護の観点から一定規制を強化することによってこれまでみられた労働者派遣にともなう弊害を除去し問題点を矯正しようとする

ものである。

(a) **法律の名称・目的の改正**　労働者保護の観点から法律の名称・目的に「派遣労働者の保護」という文言を追加する。

(b) **登録型派遣の原則禁止**（政令で定められる専門業務，労働者派遣法40条の2第1項第3号・4号の業務，60歳以上の者の派遣，紹介予定派遣は例外とされる）

(c) **物の製造業務派遣の原則禁止**（常時雇用する労働者の派遣は例外として除かれる）

(d) **日雇派遣**（日々または2か月以内の期間を定めて雇用する労働者の派遣）**の原則禁止**（政令で定める業務以外が禁止される）

(e) **均衡処遇**　派遣元事業主は，派遣先に雇用される労働者の賃金水準との均衡を考慮しつつ，一般の労働者の賃金水準または当該派遣労動者の職務の内容，職務の成果，意欲，能力もしくは経験等を勘案し，当該派遣労働者の賃金を決定するように配慮しなければならないとされる。

(f) **マージン率の情報公開**　派遣元事業主に対してマージン率などの情報公開を義務化するとともに，派遣元事業主は雇入れや派遣の際に派遣労働者に労働者派遣料金の額を明示しなければならないとされる。

(g) **違法派遣の場合における直接雇用の促進**　労働者派遣の役務の提供を受ける者が一定の違法派遣に該当する行為を行った場合には，その時点において，派遣労働者に対し同一の労働条件を内容とする労働契約の申込みをしたものとみなされる（そして，行為から1年間は申込みを撤回できないとされる）。したがって，この場合には，労働者の承諾により派遣先との間で労働契約が成立することになる。

(h) **施行期日・暫定措置**　改正法は，公布の日から6か月以内の政令で定める日に施行されるが，上記の(b)，(c)については公布の日から3年以内の政令で定める日に施行される（ちなみに，施行日からさらに2年以内において一定の猶予が認められることになっており，結局，原則禁止が実現するのは公布の日から5年以内ということになる）。

〔追記〕　**派遣法改正案をめぐるその後の動き**　本書の初校終了後，労働者派遣法改正をめぐってにわかに重要な動きがみられたので，再校にあたりここで追記を行っておく。これまで審議がストップしていた労働者派遣法改正

を早期に実現するために，民主党と自由民主党・公明党は法案を下記のように修正する方向で合意し，修正案は2011年12月7日の衆議院厚生労働委員会で可決されたが，衆議院本会議には付託されず，同月9日，第179回臨時国会は会期を終えた。そこで，この問題は継続審議となり，修正された改正法案の成立をめぐっては2012年の年明けから始まる第180回通常国会に舞台が移されることとなった。したがって，再校を行っている現時点（2011年12月下旬）では法案は成立していないが，とりあえず，以下に，法案修正の要旨（ポイント）を示しておく。①労働者派遣が禁止される日雇労働者とは，日々または30日以内の期間を定めて雇用される労働者をいうこととする（つまり，日雇派遣として禁止されることになる場合の雇用期間を当初提案された2か月以内から30日以内に短縮する）とともに，日雇派遣の禁止の例外として雇用期間の確保が特に困難であると認められる労働者の雇用の継続等を図るために必要であると認められる場合等を追加する。②違法派遣の場合の派遣先の派遣労働者に対する労働契約申込みみなし規定の施行期日を改正法施行日から3年を経過した日とする（つまり，みなし規定が適用されるのは3年後からであり，みなしの実施までに3年の猶予期間が設けられることになる）。③物の製造業務派遣禁止に関する規定および登録型派遣禁止に関する規定を改正案から削除する。④政府は，改正法施行後，登録型派遣，物の製造業務派遣等のあり方について，速やかに検討を行うものとする。

第5章　合併・事業譲渡・会社分割と労働者の地位

第1節　概　説

　近年，グローバル化，成熟化，長期停滞化などわが国経済も大きく変動し厳しい状況となってきているが，それにともない企業買収・統合などの企業再編も増加傾向にあると考えられる。そのような企業再編がなされる場合，労働者の地位はどうなるのかが重要問題となる。ここでは，企業再編のうち，必ずしも前々章で検討したような出向・転籍などの人事異動法理では対処できないケースである合併，事業譲渡，会社分割を取り上げて，その法理と法的規制について解説を加えてみよう。なお，2000年の商法改正によって会社分割制度が新設され，会社分割にともなう労働者の地位を規整するために労働契約承継法が制定されたことが注目されるが，これに類似するにもかかわらず事業譲渡については労働者保護ないし労働契約論的見地から制定法的規制は設けられておらず，そのため理論的に錯綜し一定の問題が生じている。なお，労働組合法上の使用者概念の観点からいえば，すでに第1編で検討したように，使用者概念の時間的拡張により，上述の企業再編の結果，いまは労働契約関係にはないが近い将来においては労働契約関係が存続することになる企業は，労働組合法上の使用者として合併・事業譲渡・会社分割の対象となる企業の労働者が加入する労働組合と誠実に団交を行うことを義務づけられることになる場合がある点（労働組合法7条2号）をここで思い出しておこう。

第2節　合　併

　合併には2つ以上の会社（新設合併消滅会社）が消滅して新たな1つの会社（新設合併設立会社）を新設する新設合併と一方（吸収合併消滅会社）が他方（吸収合併存続会社）に吸収され消滅する吸収合併とがあるが，いずれの場合も包括承継であって労働契約関係を含めすべての権利義務が新設合併設立会社ないしは吸収合併存続会社に承継されるため特に大きな問題は生じない（会社法748条以下）。ただ，合併に際して，労働条件の不利益変更がなされたり，（整理）解雇が行われたりする事例も多くみられるが，これらは一般の労働条件不利益変更法理や（整理）解雇法理に委ねられ，それらの要件をみたす必要がある。

コラム 2-5-1　合併時代

　先日，かつて筆者が勤めていた某鉄鋼会社が業界第1位の鉄鋼会社と合併するというニュースに接し非常に驚いた。たしかに，わずかの期間しか勤務しなかったとはいえ，大学卒業直後のまだ若かった時代の会社人生の経験はいまだくっきりと頭に焼きついている。それが自分のアイデンティティーの一部を形成しているといっても過言ではなかっただけに，昔いた会社がもはやそのままの名前と形では存続しないのかと思うと，若干，さびしい気もした。しかし，グローバル経済の時代であり，まわりを見れば，生き残りをかけて競争力を強めるべく大企業同士が合併するということが日常茶飯事となっている。たとえば，筆者が，かつてロースクールに配属されていたときに，金融関係の実務家として来られた元銀行員の教員の方は，入行時にはA銀行であったものが，退職時には合併でAB銀行となっておられたのだが，その銀行はまたまた合併でいまはABC銀行となっている。親戚・知人などまわりを見渡せば同様の合併経験を持っている方がたくさんおられる状況にある。まさに合併時代といえよう。したがって，法理的には比較的単純とはいえ，合併をめぐる問題が実際には現代の雇用社会において極めて重要であるということができる。

第3節　事業譲渡

　事業譲渡とは，譲渡元企業が，従業員を含め，企業施設，ノウハウ，のれん，得意先，仕入先など一定の営業目的のために組織化され，有機的一体として機能する財産の全部または一部を譲渡先に譲渡することをいう。ただし，これは特定承継であるとされるため，譲渡される財産等は個別に事業譲渡契約書に記載されなければならず，労働者の地位の承継（譲渡）についても同様となる。なお，労働者の地位の譲渡にはさらに労働者の同意が必要である（民法625条1項）ため，事業譲渡契約書に記載されても労働者が同意しない場合には地位の承継（譲渡）はなされず，労働者の籍は譲渡元に残ることになる。問題は，労働者は譲渡先への地位の承継を望んでいる（つまり，同意は行う）にもかかわらず，地位の承継が事業譲渡契約書に記載されない（あるいは，明確に譲渡から排除されている）場合である。特に，全部譲渡の場合で，譲渡元の経営状況が悪化しており，包括的に事業とともに労働者の地位が譲渡先に承継されないと，会社の解散や倒産により解雇されてしまうようなケースにおいて，いかにして労働者保護をはかるのかが重要となる。裁判例の傾向としては，かつては，包括的な事業譲渡の場合には当然に労働者の地位は譲渡先に承継されるとする当然承継説（播磨鉄鋼事件・大阪高判昭38.3.26労民集14巻2号439頁，日伸運輸事件・神戸地姫路支判昭38.11.21労民集14巻6号1434頁，全労済事件・横浜地判昭56.2.24労民集32巻1号91頁）もみられたが，これは特定承継の原則と相容れず，法理論上問題があるといえよう（ちなみに，当然承継説に立つ裁判例には労働者の同意も必要ないとするものがあり，この点でも問題があった）。そこで，包括的な事業譲渡の場合には反対の特約がなされないかぎり労働契約関係を包抱的に譲渡する合意を含むものと認められる（あるいは推定される）とする承継意思解釈（推定）説のような考え方が登場してきた（日伸運輸事件・大阪高判昭40.2.12判時404号53頁，近年の例として，エーシーニールセン・コーポレーション事件・東京高判平16.11.16労判909号77頁，なお，「被告が訴外会社に在籍した従業員全員を雇用していることからすると，譲渡の対象となる営業にはこれら従業員との雇用契約をも含むものとして事業譲渡がなされたことを推認することができる」として解雇無効とされた労働

者を含めて地位承継を認めた例として，タジマヤ事件・大阪地判平 11.12.8 労判 777 号 25 頁)。また，近年では，他方，特定承継の原則を厳格に前面に出し，譲渡元と譲渡先が労働契約関係を譲渡対象に含め，かつ労働者が同意した場合に承継が認められるとする合意承継説 (マルコ事件・奈良地葛城支決平 6.10.18 判タ 881 号 151 頁，茨木消費者クラブ事件・大阪地決平 5.3.22 労判 628 号 12 頁，東京日新学園事件・東京高判平 17.7.13 労判 899 号 19 頁) も有力になる傾向がみられる。しかし，このような近年の有力な裁判例の考え方に立った場合 (あるいは明確に譲渡から排除されている場合) であっても，諸般の事情 (たとえば，労働者が加入する労働組合と譲渡先との団体交渉で雇用をめぐる一定の確認がなされるとか，譲渡前に譲渡先が譲渡元に来て雇用については保障するなどの説明を行ったといったような事情) を考慮して承継されなかった労働者と譲渡先との間に (新たに) 労働契約の成立を認めたり (エーシーニールセン・コーポレーション事件・東京地判平 16.3.31 労判 873 号 33 頁，ショウ・コーポレーション (魚沼中央自動車学校) 事件・東京高判平 20.12.25 労判 975 号 5 頁)，一部の労働者を排除する事業譲渡契約が公序良俗違反 (民法 90 条) や不当労働行為 (労働組合法 7 条) などの強行法に違反する場合には事業譲渡契約の当該部分は無効であり，したがって従業員の包括的譲渡の合意があったとの意思解釈を行ったり (青山会事件・東京高判平 14.2.27 労判 824 号 17 頁，勝英自動車学校事件・東京高判平 17.5.31 労判 898 号 16 頁)，譲渡元と譲渡先との間に実質的な同一性が認められる場合には法人格否認の法理 (法人格の形骸化と法人格の濫用の双方のケースがありうる) によって救済を認めたり (新関西通信システムズ事件・大阪地決平 6.8.5 労判 668 号 48 頁，日本言語研究所ほか事件・東京地判平 21.12.10 労判 1000 号 35 頁) といった形で労働者保護がはかられている。ちなみに，地位承継 (譲渡) の合意は黙示のものでも可能であり，解散した会社と事業を継承した個人事業主との間には実質的同一性が認められ，解散した会社の営業については個人事業主がこれを事実上包括的に承継したものというべきであり，労働契約が解散した会社から個人事業主に承継される旨の契約が黙示に成立していたと認められるとされた近年の例として，A ラーメン事件・仙台高判平 20.7.25 労判 968 号 29 頁がある。ただ，これらのような救済にも一定の限界があり，やはりことは立法による解決が本筋というべきであろう。

第4節　会社分割

　2000年の商法改正により会社分割制度が新設され（商法373条以下：現在では，会社法757条以下），これにともない同時に「会社分割に伴う労働契約の承継等に関する法律」（労働契約承継法）が制定され，分割される事業に従事する労働者の労働契約関係に関する法規制が整えられた（ちなみに，この法律は労働契約のルールを規定する広義の労働契約法を構成するものと位置づけられる）。会社分割には，事業の一部を分割して新会社を設立する新設分割と既存の他社に吸収させる吸収分割がある。いずれにしても，部分的包括承継であり，分割計画ないし分割契約に記載された権利義務は一括して新設分割設立会社ないし吸収分割承継会社に承継されるが，労働者の地位の承継に関しては，後述の①，②ようになる。なお，分割会社は，承継される事業に主として従事する労働者および分割計画・分割契約に記載された労働者に対して，分割計画・分割契約について株主総会の決議による承認を要するときには株主総会の2週間前までに，株主総会の決議による承認を要しないときなどの場合には分割計画作成・分割契約締結から2週間以内に，分割計画・分割契約の記載の有無，異議申出期限日，その他の事項を書面により通知しなければならないが（労働契約承継法2条），個別労働者保護の見地から，この通知をすべき日までに，個別の労働者に対し，会社の概要，承継会社等に承継される事業に主として従事する労働者に該当するか否かの考え方等を十分説明し，本人の希望を聴取したうえで，労働契約の承継の有無，従事することを予定する業務の内容，就業場所その他の就業形態等について協議をするものとされている（平成12年商法等改正法附則5条1項）。また，分割会社は，会社分割にあたり，そのすべての事業場において，当該事業場に，労働者の過半数で組織する労働組合がある場合においてはその労働組合，労働者の過半数で組織する労働組合がない場合においては労働者の過半数を代表する者との協議その他これに準ずる方法によって，その雇用する労働者の全体としての理解と協力を得るよう努めるものとするともされている（労働契約承継法7条，同法施行規則4条）。

　①　承継される事業に主として従事する労働者の労働契約（労働契約承継法

2条1項1号, 3条, 4条)

　分割計画・分割契約に記載された場合には当然に承継され，労働者は拒否できない（労働者の転籍の同意は必要ではなく，民法625条1項の原則の重要な例外となっている点に注意する必要がある）。ただし，使用者（分割会社）が労働者と平成12年商法等改正法附則5条1項の協議（5条協議）をまったく尽くさなかったような場合には労働者は承継の効果を争い使用者（分割会社）に地位確認の請求をなしうる（日本アイ・ビー・エム事件・最二小判平22.7.12労判1010号5頁）。つまり，このような協議が分割にともなう地位承継に関し（本来ならば民法625条1項によって求められるはずの）労働者の同意が不要とされたことの手当（埋めあわせ）ないし代償措置と位置づけられたのである（ちなみに，同判決は，労働契約承継法7条の措置，つまり「7条措置」については，「これは分割会社に対して努力義務を課したものと解され，これに違反したこと自体は労働契約承継の効力を左右する事由になるものではない」としている）。なお，以上とは別に，分割会社が会社分割にともない転籍先での賃金の引下げ（労働条件不利益変更）の提案があることが確実であることを知っており，これを転籍労働者に説明しなかったことは労働契約上生ずる説明義務に違反するとして，労働者の分割会社に対する慰謝料請求を認めた例として，EMIミュージック・ジャパン事件・静岡地判平22.1.15労判999号5頁がある。

　分割契約・分割計画に記載されなかった場合には，労働者に承継されない不利益が存するとして，労働者は書面により異議を申し出ることができ，労働契約は新設分割設立会社・吸収分割承継会社に承継されることになる。この異議の申出は形成権である。

　②　承継事業に従として従事してきた労働者（労働契約承継法2条1項2号, 5条)

　この労働者は分割会社に残ることを保障されており，もしも，分割計画・分割契約に記載された場合には，労働者に分割されることの不利益が存するとして，書面により異議を申し出ることができ，労働者は分割会社にとどまることができる。この異議の申出も形成権である。

　なお，分割会社および承継会社等は，労働者が労働契約承継法4条・5条の異議の申出を行おうとしていること，または行ったことを理由として，解雇

その他不利益な取扱いをしてはならないとされる（「分割会社及び承継会社等が講ずべき当該分割会社が締結している労働契約及び労働協約の承継に関する措置の適切な実施を図るための指針」平成 12・12・27 労告 127 号）。

> **基本判例**　日本アイ・ビー・エム事件・最二小判平 22.7.12 労判 1010 号 5 頁
>
> 「法は，労働契約の承継につき以上のように定める一方で，5 条協議として，会社の分割に伴う労働契約の承継に関し，分割計画書等を本店に備え置くべき日までに労働者と協議をすることを分割会社に求めている（商法等改正法附則 5 条 1 項）。これは，上記労働契約の承継のいかんが労働者の地位に重大な変更をもたらし得るものであることから，分割会社が分割計画書を作成して個々の労働者の労働契約の承継について決定するに先立ち，承継される営業に従事する個々の労働者との間で協議を行わせ，当該労働者の希望等をも踏まえつつ分割会社に承継の判断をさせることによって，労働者の保護を図ろうとする趣旨に出たものと解される。
>
> ところで，承継法 3 条所定の場合には労働者はその労働契約の承継に係る分割会社の決定に対して異議を申し出ることができない立場にあるが，上記のような 5 条協議の趣旨からすると，承継法 3 条は適正に 5 条協議が行われ当該労働者の保護が図られていることを当然の前提としているものと解される。この点に照らすと，上記立場にある特定の労働者との関係において 5 条協議が全く行われなかったときには，当該労働者は承継法 3 条の定める労働契約承継の効力を争うことができるものと解するのが相当である。
>
> また，5 条協議が行われた場合であっても，その際の分割会社からの説明や協議の内容が著しく不十分であるため，法が 5 条協議を求めた趣旨に反することが明らかな場合には，分割会社に 5 条協議義務の違反があったと評価してよく，当該労働者は承継法 3 条の定める労働契約承継の効力を争うことができるというべきである。」

> **コラム 2-5-2**　会社分割と労働協約
>
> 労働契約承継法は，会社分割の場合の労働者の地位の承継に関してのみならず，組合員の地位が承継される場合の労働協約の取扱いについても規定している（6 条）。分割会社は，分割計画・分割契約に，分割会社と労働組合との間で締結されている労働協約のうち新設分割設立会社・吸収分割承継会社が承継する部分を定めることができる（1 項）。ただ，組合員が全員承継されるとはかぎらない（つまり，分割会社にも組合員が残っていることがある）ので，その場合には，規範的部分

（労働組合法16条の規範的効力を有する部分）については，分割会社との労働協約はそのままに，さらに，分割の効力が生じた日に，新設分割設立会社・吸収分割承継会社と労働組合との間で同一内容の労働協約が締結されたものとみなされる（3項）。また，債務的部分（集団的労使関係のルールを定めた部分）については，その全部または一部を分割会社と労働組合との間で分割計画・分割契約の定めに従って新設分割設立会社・吸収分割承継会社に承継させる合意があったときは，この合意された部分は分割の効力が生じた日に新設分割設立会社・吸収分割承継会社に承継されるものとされる（2項）が，合意がない（合意が成立しない）ときには，分割会社との労働協約はそのままに，さらに，分割の効力が生じた日に新設分割設立会社・吸収分割承継会社と労働組合との間で同一内容の労働協約が締結されたものとみなされる（3項）。

第6章　休職・昇進・昇格・降格

第1節　休　職

Ⅰ　休職の定義・種類・法的根拠

(1) **定義と法的根拠**　　休職とは，①労働者に就業規則や労働協約で定められた所定の事由が生じた場合に，使用者が当該労働者に一定期間の間，勤務を免除したり，勤務を要しない旨（就労禁止）を命じたりすること，あるいは②労働者の申出に基づいて，使用者と労働者が合意により，一定期間の間，勤務を免除することを約することをいう。つまり，勤務の継続と相容れない事由が発生した場合に，労働契約関係を維持しつつ，労働の提供をめぐる権利義務を停止させるもので，①については就業規則や労働協約を通じて使用者が労働契約上有する休職命令権（形成権）を行使することにより，②については労使の個別合意により，そのような効果が発生することになる。

なお，休職の場合においては，労働者に賃金の全部または一部が支払われない（場合によっては，勤続年数に不算入とされる）などの扱いがされるので，使用者が一方的に行う休職措置については，休職制度の目的・内容における合理性（ちなみに，これは就業規則の場合にはその合理性判断としてなされることになる（労働契約法7条，10条参照）といえよう）と個々の処分の合理性（休職事由に該当しない休職命令が無効とされた例として，富国生命事件・東京高判平7.8.30労判684号39頁）の双方にわたって有効性を吟味する必要がある。

(2) **休職の種類**　　休職の種類として，概ね次に掲げる①から⑧のものがあるが，大きくは労働者側の都合によるもの（以下に示す①，②，③，④，⑤，⑧）

と使用者側の都合によるもの(⑥, ⑦)に分かれる。また, 一定の休職(①, ②, ④)については, 解雇の猶予措置としての側面を有している(⑥については, 使用者の解雇回避努力義務の一環としてとらえられる余地がある)。なお, 労働者側の都合による有効な休職は, 使用者の責に帰すべき労務の不提供ではなく, したがって労働者は原則として賃金請求権を有しないが, 就業規則や労働協約に賃金に関する定めがある場合にはそれによることになる(実際には, ⑤, ⑧の場合を除いて休職期間中においても賃金の全部または一部が保障されることが多いが, もしも⑧について使用者が休職中の賃金を支払えば, 労働組合法2条但書2号に抵触するとともに, 同法7条3号で禁止される経費援助の不当労働行為に該当することになる点に注意する必要がある)し, 病気休職の場合には一定期間(4日目から1年6か月まで)については健康保険から傷病手当金の支給がなされることになっている(健康保険法99条)。また, ⑥については少なくとも休業手当の支払(労働基準法26条)が必要となる。⑦については出向について論じたところを参照されたい。

① **傷病休職(病気休職)** 労働者が長期間の療養を要する私傷病に罹患し一定期間欠勤等が続いた場合になされるもので, 休職期間中に傷病が治癒すれば労働者は復職となるが, 休職期間が満了しても治癒しなければ解雇されるか, 自動退職(自然退職)となる。

② **事故欠勤休職** 労働者が私生活上の事故やトラブル, あるいは逮捕・勾留などにより一定期間にわたり勤務できない状態(欠勤)になった場合になされるもので, 休職期間中にトラブル等が解決し出勤できる状態となれば復職となるが, 休職期間が満了しても出勤できない状態にある場合には解雇されるか, 自動退職(自然退職)となる。

③ **起訴休職** 労働者が犯罪で起訴された場合になされるものである。

④ **自己都合休職** たとえば, 海外留学や市議会議員選挙当選による公職就任など, といった労働者の自己都合によりなされるものである。

⑤ **懲戒処分としての休職** これについてはすでに解説した懲戒処分についての説明を参照されたい。

⑥ **雇用調整としての休職** 経営状況が悪化した場合になされるものであり, 一時帰休と呼ばれることもある。

⑦ **出向休職** 労働者が出向先に出向している期間中, 休職扱いとなり,

出向元での労働が免除されるものである。

　⑧　**組合専従休職**　労働者が労働組合の役員に就任した場合などに，その期間中，職務を離れて組合業務に専従することを可能とするために，労働が免除されるものである。これについては，通常，組合との合意（労働協約）に基づいて行われることになる。これは組合保障の観点からなされる使用者による便宜供与の一環であり，詳しくは，『基本労働法Ⅲ』で解説する。

Ⅱ　休職をめぐる法的問題

　ここで，休職をめぐって生ずる重要な法的問題についてみておこう。

　(1)　**傷病休職（病気休職）における「治癒」の判断**　休職している労働者は，休職期間中に治癒すれば復職し，治癒しなければ休職期間の経過（満了）により自動退職（自然退職）ないしは解雇となる（どちらになるかは，就業規則や労働協約がいかに定めているかによるが，どちらかといえば前者とする企業が多いと考えられる）。そこで，治癒しているかどうかの判断が重要となるが，基本的には従前の職務を通常の程度に行える健康状態に服したときに治癒があったということができる。しかし，労働者を復職させるかどうかの判断にあたって使用者には一定の配慮が求められ，労働者が完全には従前の職務を行うことができなくとも軽勤務から徐々に通常勤務に戻すことが可能な程度に回復していれば，解雇や退職扱いはできないといえよう（エールフランス事件・東京地判昭59.1.27労判423号23頁）。ただ，このような配慮もあくまで当該企業の状況を踏まえたものといえ，私傷病に罹患した労働者の配置に関するものであって，事例は異なるものの，基本的には，片山組事件・最一小判平10.4.9労判736号15頁が示すところの，「労働者が職種や業務内容を特定せずに労働契約を締結した場合においては，現に就業を命じられた特定の業務について労務の提供が十全にはできないとしても，その能力，経験，地位，当該企業の規模，業種，当該企業における労働者の配置・異動の実情及び難易等に照らして当該労働者が配置される現実的可能性があると認められる他の業務について労務の提供をすることができ」るかどうかが，一つの目安となろう（私傷病（精神疾患）に罹患した労働者がこのような状態にないとして休職期間満了によりなされた解雇が権利濫用にあたらないとされた例として，独立行政法人N事件・東京地判平

16.3.26 労判 876 号 56 頁，また，脳出血で倒れ，右半身不随となった高校の保健体育の教諭が 2 年あまりの休職の後，復職を申し出たが拒否され，就業規則の「身体の障害により業務に堪えられないと認めたとき」との規定に該当するとして解雇されたことに対し，保健体育の教員としての身体的資質・能力水準に達していなかったものであるから，高校での保健体育教員としての業務に堪えられないものと認めざるをえないとして解雇が有効であるとともに，「被控訴人は，公民，地理歴史の教諭資格を取得したから同科目の業務に従事することができると主張するが，被控訴人は保健体育の教諭資格者として控訴人に雇用されたのであるから，雇傭契約上保健体育の教諭としての労務に従事する債務を負担したものである。したがって，就業規則の適用上被控訴人の「業務」は保健体育の教諭としての労務をいうものであり，公民，地理歴史の教諭としての業務の可否を論ずる余地はないというべきである。」と判断された例として，北海道龍谷学園事件・札幌高判平 11.7.9 労判 764 号 17 頁）。ちなみに，職種限定と考えられるトラックの長距離運転手の復職をめぐる事案につき，「欠勤前のような長距離運転を含む業務に直ちに従事することは困難としても，時間を限定した近距離運転を中心とする運転業務であれば，復帰可能な健康状態にあったというべきであり，時間を限定しない作業員の業務も可能であったと認められる」と判示された例もあり（カントラ事件・大阪高判平 14.6.19 労判 839 号 47 頁），職種限定の労働者についても場合に応じて一定の柔軟な対応（配慮）をなすことが必要となるケースがあると考えられる（つまり，たとえ職種限定であっても使用者は契約変更の申込みを行うことは可能であり，労働者が承諾すれば契約の変更にともない配置換えができるので，使用者は信義則上可能であれば一定の配慮を求められることになるものと解される）。

基本判例　エールフランス事件・東京地判昭 59.1.27 労判 423 号 23 頁

「被申請人が申請人の復職を不可能と判断したのは産業医の A 医師の判断を尊重したためであることは前認定のとおりであるが，その A 医師の判断の基礎となっている資料は，被申請人の新東京国際空港支店運航課の職場と職務内容の現場視察の結果のほか，前記 B，C 医師の意見書であったことは前認定のとおりであるところ，これら両意見者[ママ]の内容も，前認定のとおりであって，いずれも復職の可能性自体を否定するものではなく，復職にあたっては申請人に軽度ではあるが残っている身体平衡機能の異常の後遺症を考慮して自動車運転，高所作業等を禁止するという内容のもの，あるいは，復職にあたっては軽勤務から徐々に通常

勤務に戻すことが望ましいという助言を与える内容のものであることが認められ，これら意見書に記載された内容の限りにおいては，前認定の運航搭載課の職場事情のもとにおいて申請人を他の職員の協力を得て当初の間はドキュメンティストの業務のみを行なわせながら徐々に通常勤務に服させていくことも充分に配慮すべきであり，前記の後遺症の回復の見通しについての調査をすることなく，また，復職にあたって右のような配慮を全く考慮することなく，単にA医師の判断のみを尊重して復職不可能と判断した被申請人の措置は決して妥当なものとは認められない。」

コラム 2-6-1　病気休暇と病気休職

　企業によっては就業規則に（あるいは労働協約に）「病気休暇」と「病気休職」という2つの制度が定められていることがある。両者の違いであるが，前者は労働者が私傷病に罹患した場合に権利として取得できるもので，日数的にも比較的短く，賃金も全額保障されるのが通例である。これに対して，後者は，労働者が病気休暇を使い切ってもいまだ治癒しない場合に，使用者が療養に専念させる目的で労働者に就労免除を命じるものであって，期間的には比較的長期にわたり，賃金保障は一定割合にとどまるとされることも多い（あるいは企業によっては賃金が支給されないケースもみられる）。

　(2)　**事故欠勤休職事由の判断**　　これについては，休職期間満了時に休職事由が消滅していなければ使用者が労働者を解雇するかあるいは労働者は自動退職（自然退職）となる（どちらになるかは，就業規則や労働協約がいかに定めているかによる）。前者であれば解雇時において解雇権濫用法理によるチェックがかかるが，後者の場合の要件（有効性）をいかに解するかが問題となる。まず，休職期間は，労働基準法が定める解雇予告との関係で，それとの均衡を踏まえ30日以上であることが必要と解される。それより短い期間であれば，実質的に労働基準法20条の規制よりも緩く解雇が行われたに等しい結果となるからである。次に，休職事由に該当するかどうかの判断であるが，①休職事由が解消せず休職期間が満了すると退職扱いとなり，結局は労働関係が消滅してしまうので，休職処分（休職命令）を行う時点において当該休職事由が解雇事由にも該当するかを判断しておく必要があるとする説と②休職処分の方が解雇予告よりも労働者にとって有利であって（つまり，解雇の場合には解雇予告期

間が経過すればその時点で確定的に労働関係は解消するが，休職の場合であれば休職事由が消滅すれば復職となり労働関係は継続するので），休職処分の時点では解雇相当性をやや緩和した程度の事由が存していればよいとする説に分かれている。事故欠勤休職が解雇猶予措置であることを考えると，①の考えが妥当であろう。

(3) **起訴休職の要件・有効性** 就業規則等で起訴休職制度が設けられている場合であっても，すでに述べたように休職制度はあくまで勤務の継続と相容れない事由が発生した場合に対処するためのものであり，また起訴休職に関しては休職期間中の賃金が支払われないケースが多いため，使用者は労働者が犯罪で起訴されたことのみでは休職を命ずることはできず，加えて，①犯罪の性格や労働者の企業における地位などに照らして，起訴がなされたことで，共同作業秩序・企業秩序や企業の名誉・社会的信用などが害されるおそれがあるなど起訴された労働者の就労禁止を命ずることがやむをえないと考えられる事情の存すること（明治学園事件・福岡高判平 14.12.13 労判 848 号 68 頁，山九事件・東京地判平 15.5.23 労判 854 号 30 頁），あるいは②勾留や裁判のために現実の労務提供が困難か不可能となるなどの支障が生ずること（日本冶金工業事件・東京地判昭 61.9.29 労民集 37 巻 4＝5 号 363 頁），といった要件のいずれかが必要であるといえよう。また，状況が変化し，これら①ないし②の事情（要件）が消滅した場合には，使用者は休職命令を解き労働者を復職させなければならないこととなる（全日本空輸事件・東京地判平 11.2.15 労判 760 号 46 頁）。

第2節　昇進・昇格・降格

I 人事考課・査定

(1) **人事考課・査定の根拠とその法的コントロール** 多くの企業では，職能資格制度や職務等級制度が設けられており，人事考課・査定の結果に基づいて，昇格・昇級がなされるのが通例である。また，昇進に関しても，使用者が裁量権を有するものの，一般的には，一定の職能資格等を有する者のなかから選抜されることになっているため，緩い対応関係にあるとはいえ，一定

程度において人事考課・査定が影響を及ぼすことになる。そこで，使用者がこのような人事考課・査定を行う権限についての法的根拠の所在が問題となるとともに，その権利行使をいかに法的にコントロールしチェックをかけるかが重要となってくる。

　従来の考え方は，人事考課・査定権は労働契約の締結により使用者が取得する一方的裁量権（広範な裁量権）であって，人事考課・査定はこれに基づく「法的行為」であると説かれてきた。このような考えのもと，人事考課・査定権の逸脱・濫用的行使がみられるような場合には例外的に権利濫用法理でチェックがなされ，権利濫用となる場合には不法行為による損害賠償請求が認められると解されてきた（門司信用金庫事件・福岡地小倉支判昭53.9.28労判313号57頁，安田信託銀行事件・東京地判昭60.3.14労判451号27頁）。しかし，わが国における人事考課・査定項目は，①情意（意欲ややる気など），②成果・業績，③能力の3つからなる場合が多く，①については基準が曖昧であるにもかかわらず評価項目のなかでは特に重視される傾向にあり，また③については潜在的能力が評価対象とされることになるため，権利濫用かどうかの判断は極めて難しく，一般的になかなか濫用とは認められない状況にある。具体的にいえば，権利濫用の成否については，「人事考課をするに当たり，評価の前提となった事実について誤認があるとか，動機において不当なものがあったとか，重要視すべき事項を殊更に無視し，それほど重要でもない事項を強調するとか等により，評価が合理性を欠き，社会通念上著しく妥当を欠くと認められない限り，これを違法とすることはできないというべきである」（光洋精工事件・大阪高判平9.11.25労判729号39頁），あるいは「性別や社会的身分といったおよそ差別的取扱の基礎とすることができないような事由に基づいて差別的な評価がなされた場合だけでなく，使用者が，嫌がらせや見せしめなど不当な目的のもとに特定の労働者に対して著しく不合理な評価を行った場合など，社会通念上とうてい許容することができない評価が行われたと認められる場合には，人事権の甚だしい濫用があったものとして，労働契約上又は不法行為法上違法の評価をすることが相当である」（日本レストランシステム事件・大阪地判平21.10.8労判999号69頁）といった基準で判断されることになる。また，同様の観点から，評価対象事項ではない事項を評価した場合（たとえば，

既婚者であることを理由に低査定を行ったことが問題となった例として，住友生命事件・大阪地判平13.6.27労判809号5頁)，評価対象期間外の事項を評価したりした場合（マナック事件・広島高判平13.5.23労判811号21頁），なども権利濫用で違法となるとされる。

(2) **成果主義賃金と公正評価義務**　すでに第2章で使用者の賃金支払義務に関して触れたように，近年，年俸制などに代表される成果主義人事の普及・浸透にともなって使用者は信義則上の義務（労働契約上の付随義務）として公正評価義務を負うとの考えが学説によって有力に展開されてきている。学説のなかには，従来の年功型処遇や職能給のもとでも考課・査定により同期入社の者の間で賃金額に一定の差が出るなどすることから，成果主義賃金の場合と同様に使用者は公正評価義務を負うと主張するものもある。このような考えによるならば人事考課・査定における使用者の裁量は大きく後退することになろう。今後の理論展開が注目されるところである。

Ⅱ　昇進・昇格・降格

(1) **昇　進**　昇進とは，課長や部長といった役職・職位の上昇のことをいう。これに関しては，企業の経済活動の自由（憲法22条1項，29条）を根拠に使用者の裁量的判断が重視される。女性であることを理由とする（男女雇用機会均等法6条1号参照）など違法ないし不合理な昇進差別の場合であっても，使用者の人事権や経営の自由（企業の経済活動の事由）を重視して昇進請求権は認められず，不法行為で処理されることになる。同様の理由により労働委員会による不当労働行為の救済命令においても使用者に労働者の一定上位の役職への昇進を命ずることはできないと解されている（第一小型ハイヤー事件・札幌高判昭52.10.27労民集28巻5＝6号476頁）。

(2) **昇　格**　昇格とは，職能資格制度における資格・等級の上昇のことをいい，同一資格内の号の上昇のことを特に昇級と呼ぶことがある。就業規則の規定（基準）に依拠しつつも使用者による査定に基づき一定裁量的に昇格ないし昇級が決定される（マナック事件・広島高判平13.5.23労判811号21頁)。不合理な昇格差別（たとえば，女性であることなどを理由とする昇格差別）に対する救済は，使用者の裁量に基づく決定であることを考慮して，不法行為を理由と

する損害賠償にとどまるものとされる（社会保険診療報酬支払基金事件・東京地判平2.7.4労判565号7頁）。ただ，昇格請求を認めた事例もみられないわけではない。芝信用金庫事件・東京地判平8.11.27労判704号21頁は，男性職員についてはほぼ全員を年功に基づき自動的に副参事資格に昇格させていたのに対し女性職員を昇格差別したことに対して，均等待遇を定めた信用金庫の就業規則条項が契約内容となっている点を考慮して女性職員の昇格請求を認め，同事件の控訴審判決（東京高判平12.12.22労判796号5頁）は，職能資格と賃金額が直結していることから，男女の昇格差別を男女賃金差別とみて労基法4条・13条の類推適用により解決をはかった。1審は事案の特殊性に依拠したものであるが，2審は一般的に通用しうる余地のある救済枠組みを示したものとして注目される。

基本判例　マナック事件・広島高判平13.5.23労判811号21頁

「昇給査定は，これまでの労働の対価を決定するものではなく，これからの労働に対する支払額を決定するものであること，給与を増額する方向での査定でありそれ自体において従業員に不利益を生じさせるものではないこと，本件賃金規程によれば，1審被告における昇給は，原則として年1回（4月）を例とし，人物・技能・勤務成績及び社内の均衡などを考慮し，昇給資格及び昇給額などの細目については，その都度定めると規定されていること，これらからすると，従業員の給与を昇給させるか否かあるいはどの程度昇給させるかは使用者たる1審被告の自由裁量に属する事柄というべきである。しかし，他方，本件賃金規程が，昇給のうちの職能給に関する部分（年齢給及び勤続給は別紙2別表1のとおり年齢及び勤続年数により定期的に昇給する旨が定められている。）を別紙3別表2職能給級号指数表により個々に定めるとし，本件人事考課規程により，この指数を決定するにつき，評定期間を前年4月1日から当年3月31日までの1年間とする人事評定の実施手順や評定の留意事項が詳細に定められていることからすると，1審被告の昇給査定にこれらの実施手順等に反する裁量権の逸脱があり，これにより1審原告の本件賃金規程及び人事考課規程により正当に査定されこれに従って昇給する1審原告の利益が侵害されたと認められる場合には，1審被告が行った昇給査定が不法行為となるものと解するのが相当である。」

(3) **降　格**　　降格には次の3つの場合があり，それぞれ区別して論じる

必要がある。

　① **役職・職位の降格**　たとえば，部長を課長に格下げするとか，平社員に格下げするとかいった場合ありで，昇進の反対のケースである。これについては，就業規則に規定がなくとも使用者の裁量的判断に基づく人事権の行使により可能とされる（エクイタブル生命保険事件・東京地決平2.4.27労判565号79頁，星電社事件・神戸地判平3.3.14労判584号61頁，バンク・オブ・アメリカ・イリノイ事件・東京地判平7.12.4労判685号17頁，マナック事件・広島高判平13.5.23労判811号21頁）。ただし，それは労働契約の枠内に限定される（デイエフアイ西友事件・東京地決平9.1.24判時1592号137頁）。したがって，新卒定期採用のルートで入社した労働者の場合などには使用者の裁量の幅は大きいといえるが，中途採用者で役職等を限定して採用された場合などには，労働者本人の同意がないかぎり契約で定められた役職・職位よりも低い地位に降格することはできない。降格をめぐる人事権の行使に対しては，権利濫用法理（労働契約法3条5項，民法1条3項）によりチェックを行うことになる（医療法人財団東京厚生会事件・東京地判平9.11.18労判728号36頁，ハネウェル・ターボチャージング・システムズ・ジャパン事件・東京地判平16.6.30労判879号37頁）。権利濫用か否かの判断基準は，すでに第2章で業務命令に関して述べたところと同様のものとなろう（副課長としての能力・適性に欠けるとの判断に基づく係長への降格につき裁量権の逸脱又は濫用があるとは認め難いとされた例として，東京都自動車整備振興会事件・東京高判平21.11.4労判996号13頁）。

　② **職能資格の引下げ措置としての降格**　職能資格はそもそも一般的にいって引き下げることを予定するものとはいえないので，この意味での降格を行うためには労働者との合意によるか就業規則の根拠規定に基づくことが必要である（アーク証券（本訴）事件・東京地判平12.1.31労判785号45頁）。前者の場合には，合理的理由（合理的必要性）が存しており，労働者が真意に基づいて降格に同意していることが必要であり，後者の場合には権利濫用法理（労働契約法3条5項，民法1条3項）によるチェックに服することになる。

　③ **懲戒処分としての降格**　これについては，特に，降職と呼ばれることもあるが，就業規則の規定が必要であり（労働基準法89条9号），詳しくはすでに述べた懲戒処分のところを参照されたい。

第7章　労働契約の終了

第1節　労働契約の終了事由

　労働契約の終了事由としては，当事者の死亡・消滅（なお，個人事業主が事業を行っていた場合には当該個人事業主が死亡すれば労働契約は終了すると解されているが，当該事業が相続人等によって継続されている場合には労働契約関係は消滅せず，相続人等との間で存続すると説く説もあり，結局は，当事者がいかに考えていたのかの意思解釈の問題に帰着しよう），解雇，辞職，合意解約，定年退職，有期契約の期間満了などがある。以下では終了事由のうち重要なものを取り上げて論じてみることにしよう。

第2節　解　雇

Ⅰ　解雇規制の基礎理論

(1)　**解雇自由の原則とその法的規制の必要性**　　解雇とは，使用者による労働契約の一方的解約（単独行為）のことをいい，労働者が一方的に行う解約である辞職や労使の合意により労働契約関係を消滅させる労働契約の合意解約とは区別される。

　有期労働契約の場合は，ことは比較的簡単である。つまり，労使双方が合意により期間を約したのであるから，期間中は，原則として（つまり，やむをえない事由が存しないかぎり），使用者は労働者を解雇することはできない。詳し

くは，後に解説するが，民法 628 条はこのことを確認した規定である（ちなみに，2007 年に制定された労働契約法は有期労働契約の解雇の場合について 17 条 1 項において表現を変えてこのことを再確認している）。

　問題は期間の定めのない労働契約に関してである。現在では，労働契約法 16 条（これは，2003 年の労働基準法改正によって設けられた同法 18 条の 2 が，2007 年の労働契約法の制定により同法 16 条に移されたものである）が解雇を一般的に規制しているが，このような法規定がおかれる前はどうなっていたのだろうか。

　期間の定めのない雇用契約の解約に関する民法 627 条 1 項は，「当事者が雇用の期間を定めなかったときは，各当事者は，いつでも解約の申入れをすることができる。この場合において，雇用は，解約の申入れの日から 2 週間を経過することによって終了する。」と規定している（なお，これは 2004 年の民法改正によりひらがなまじりの現代的表現に改められた規定であるが，それ以前は，「当事者カ雇傭ノ期間ヲ定メサリシトキハ各当事者ハ何時ニテモ解約ノ申入ヲナスコトヲ得此場合ニ於テハ雇傭ハ解約申入ノ後二週間ヲ経過シタルニ因リテ終了ス」となっていたことを注記しておく）。これは労働者にとっては退職の自由の保障といえるが，使用者にとっては解雇の自由を意味することになる（「解雇自由の原則」の承認）。民法はこのように雇用契約の当事者双方に平等に解約の自由を認めているが，実際には，労働者にとって解雇のもつ意味と使用者にとって労働者の退職のもつ意味とは大きく異なっており，労働契約の解約をめぐる労使の不利益の非対称性がみられる。使用者にしてみれば労働者が辞職すれば求人を行ってその穴を埋めればよいが，これに比べると解雇の場合の労働者の不利益は極めて大きく，①一般的に終身雇用制のもと中途採用が少ないため再就職が困難であるとともに，かりに再就職できても新たな企業においては年功がゼロにリセットされるので年功型処遇の賃金体系のもとではこれまでの額から大きく賃金が下がってしまうおそれがあること（従来の日本的雇用慣行下での不利益）に加えて，②生活の糧を失う，③仕事を通じた充実感を得られず人格展開をはかることができない，④キャリアの展開や形成をはかることができない，⑤職場での同僚等との人間関係を失う，⑥解雇にともない社会的スティグマを受ける，といったさまざまな不利益が労働者に生じることになるのである。

　たしかに，労働基準法をはじめとして制定法に若干の解雇規制がみられた

が，それはあくまで民法の建前である「解雇自由の原則」を踏まえ前提とした部分的な規制にすぎず，たとえばドイツなどとは異なって労働者保護の観点からの一般的な解雇規制（解雇保護）立法は存しなかった。そこで，「では，はたして，使用者は自由に解雇をなしうるのか」，あるいは制定法が存しない状態でいかにして使用者の解雇権（解雇の自由）の行使に規制を加えることができるのかが問題となったのである。

コラム 2-7-1　有期労働契約の雇用保障機能と労働者拘束機能

　有期労働契約は期間を約したものであるので，期間の満了により終了するが，期間途中であれば，やむをえない事情がないかぎり，使用者は労働者を解雇することができない。つまり，有期労働契約は不安定なようにみえるが，期間途中であれば雇用保障機能を発揮することになるのである。ただし，期間中は労働者も退職することができないという労働者拘束機能も同時に存在しており，有期契約でパートやアルバイトとして雇われた場合には，労働者は，実は，いやになったからといってそう簡単に辞めることができないのである。なお，雇用保障機能があるとはいっても，企業実務上，使用者はたとえば期間 2 か月といった極めて短期の労働契約を労働者と反復更新している場合が多く，実際には雇用保障機能はほとんど機能していないともいえる。なお，この点に関しては，後に述べる有期労働契約の反復更新の場合の解雇権濫用法理の類推適用をめぐる問題も併せて参照されたい。

---

(2)　**判例・学説による解雇制限法理**　　解雇制限に関しては大きくは次の 3 つの立場がみられた。

① **解雇自由説**　　資本主義社会においては解雇自由が原則であるとする考えであるが，この説も労働組合による解雇規制の可能性は認めている。

② **権利濫用説（解雇権濫用説）**　　権利濫用の禁止を定める民法 1 条 3 項を用いて使用者の解雇権の行使に対し広く規制を加えようとする立場であり，具体的には，客観的に合理的で社会通念上相当な解雇理由がなければ解雇権の行使は権利濫用で違法・無効となるとする。

③ **正当事由説**　　憲法 25 条の生存権と憲法 27 条 1 項の労働権から導きだされる社会法原理により市民法原理が修正を受ける結果，解雇は原則禁止

となり，例外的に正当事由が存する場合に認められるとする説である。

　以上のなかでは，②説が理論的に無理がなく（つまり，民法627条1項を前提としつつも，同法1条3項で規制をかけるという構造となっており），しかも労働者に生ずる大きな不利益を考慮して厳格な判断を行うことによりほぼ③説と同様の結論をもたらすことができることから，通説の立場を占めることとなった。また，かねてから下級審ではこのような判断傾向がみられたが，最高裁も，日本食塩製造事件・最二小判昭50.4.25民集29巻4号456頁において，「使用者の解雇権の行使も，それが客観的に合理的な理由を欠き社会通念上相当として是認することができない場合には，権利の濫用として無効になると解するのが相当である。」と判示するに至り，現在においては，裁判では一般的にこのような最高裁の示したルール（解雇権濫用法理）に依拠して解雇の有効性が吟味されている。解雇が権利濫用で違法・無効とならないためには，合理性のテスト（客観的に合理的な理由が存するかどうかのチェック）と相当性のテスト（かりに客観的に合理的な理由が存しても，それが本当に解雇に相当する程度のものかどうかのチェック）という2段階のテストをクリアしなければならず，かなり厳格な有効性審査がなされる（その結果，使用者の解雇権が大きく制約される）ことになる。

　ちなみに，合理性のテストはクリアする（就業規則の普通解雇事由に該当することは認める）ものの相当性のテストにより労働者を救済した代表例として，ラジオ局のアナウンサーが2週間の間に2回寝過して朝6時からのニュースを1回目は10分全部，2回目は5分間放送できないという放送事故を起こしたことに対してなされた普通解雇の効力が争われた高知放送事件・最二小判昭52.1.31労判268号17頁がある。この事件において，最高裁は，事故が悪意ないし故意によるものではないこと，先に起きてアナウンサーを起こすことになっていたファックス担当記者が寝過してアナウンサーを起こさなかったことから事故についてアナウンサーのみを責めるのは酷であること，アナウンサーは第1事故については直ちに謝罪し，第2事故については起床後一刻も早くスタジオ入りすべく努力したこと，第1・第2事故とも寝過しによる放送の空白時間はさほど長時間とはいえないこと，会社は放送事故防止につき何らの措置も講じていなかったこと，アナウンサーが事実と異なる事故報

告書を提出した点についても，1階通路ドアの開閉状況に誤解があり，短期間内に2度の放送事故を起こし気後れしていたことを考えると強く責めることはできないこと，アナウンサーはこれまで放送事故歴がなく勤務成績も悪くないこと，ファックス担当記者は譴責処分に処せられたにすぎないこと，会社においてはこれまで放送事故を理由に解雇された事例はなかったこと，第2事故についても謝罪をしていることなどを考慮して，「右のような事情のもとにおいて，被上告人に対し解雇をもってのぞむことは，いささか苛酷にすぎ，合理性を欠くうらみなしとせず，必ずしも社会的に相当なものとして是認することはできないと考えられる余地がある」と判示して，解雇を権利濫用で無効とした。このように諸般の事情を考慮して相当性判断のレベルで労働者の救済が試みられる事例が多くみられる（つまり裁判所は容易には相当性を認めない傾向にある）点が解雇権濫用法理の大きな特徴となっているのである。そして，すでに若干触れたように，以上みたような解雇権濫用法理は裁判実務において確立された判例法理としての地位を獲得することとなった。そこで，それを前提として，2003年に労働基準法が改正されてこの法理がほぼそのままの形で同法18条の2で確認され，次いで2007年にそれが労働契約法の制定にともなって同法16条に移された。したがって，現在では，制定法上に一般的な解雇規制の規定が存していることになる。たしかに，解雇権濫用法理が条文化され制定法上明記されたことの意義は大きいといえる（六法を見れば誰でもすぐにこのルールを確認することができるようになった）。しかし，正当事由説に立つ（つまり，正当事由なき解雇を正面から禁止する）ものではなく，あくまで判例法理の確認にすぎないため，解雇規制をめぐる法状況にこれまでと大きな（あるいは根本的な）変化があったということはできず，しかも権利濫用法理に依拠するものであるから，使用者の解雇権に大きな制約を加えるものとはいえ，依然として民法627条1項の建前（使用者の解雇権の存在＝解雇自由の原則）は（実質的には修正を受けているとはいえ，形式的には）維持されていることになる。

(3) **解雇権濫用法理の基本的特徴**　まず，解雇の合理的な理由とは何かが問題となる。労働基準法89条3号は解雇理由を就業規則の絶対的必要記載事項であるとしているが，就業規則に記載されていればどのようなものでも

よいというわけではない。合理的な解雇事由と考えられるのは，①労務提供の不能，労働能力・職業適性の低下・喪失，勤務成績・勤務態度の不良，②労働義務違反，服務規律違反，③不況などを原因とする経営危機や経営合理化を理由とする従業員の削減・余剰人員の整理(整理解雇)，④ユニオン・ショップ協定に基づく解雇（ユ・シ解雇）である。①と②は普通解雇と懲戒解雇に共通する場合があるが，両者の関係や差異その他についてはすでに解説した懲戒処分のところを参照されたい（なお，いずれの場合でも合理的限定解釈を必要とすることはいうまでもない）。また，③についてはその重要性から後にあらためて詳しく検討を加える。ユニオン・ショップ協定およびユ・シ解雇については第1編第1章で述べたところを参照されたいが，詳しくは『基本労働法Ⅲ』で説明することとする。ちなみに，相当性のテストに関連するのだが，信義則からして，解雇は最後の手段であると位置づけられ，たとえば成績不良による解雇が問題となるような場合には，（合理的な理由ありとされるとしても）使用者は解雇を行う前にこれをできるかぎり回避すべく，労働者に対し，指導，注意，教育訓練，配置転換などを行う（つまり，解雇回避措置を試みる）よう努力することが求められる（セガ・エンタープライゼス事件・東京地決平11.10.15労判770号34頁，国（在日米軍司令部）事件・東京高判平18.12.21労判936号39頁）。しかし，解雇回避につき見込みのない場合や期待可能性のない場合にまでこのような努力が要求されるものではないといえよう（解雇事由が存する場合に，労働者が勤務態度を改める見込みが乏しいためやむなしとして懲戒処分などの解雇以外の手段をとることなにしなされた解雇が相当性を欠くものではないとされた例として，小野リース事件・最三小判平22.5.25労判1018号5頁）。なお，私傷病に罹患した労働者の解雇（普通解雇）につき，「原告は，平成13年1月31日まで就労不能と診断されており，仮に休職までの期間6か月及び休職期間3か月を経過したとしても就労は不能であったのであるから，被告が原告を解雇するに際し，就業規則8条に定める休職までの欠勤期間を待たず，かつ，休職を命じなかったからといって，本件解雇が労使間の信義則に違反し，社会通念上，客観的に合理性を欠くものとして解雇権の濫用になるとはいえない」とした例として岡田運送事件・東京地判平14.4.24労判828号22頁があるが，そもそも病気休職は解雇猶予措置であると位置づけられるので，就業規則に病気休職制度が

設けられていれば，使用者は私傷病に罹患し労務提供を行うことができない労働者に対してはまずは休職を命じるべきであると考えられる（そうでないと就業規則に反することとなろう）ので，このような判旨の妥当性については疑問が存しよう。ちなみに，裁判実務上は，解雇の合理性を基礎づける事実の主張立証責任は使用者が負うべきものとされている。

次に，すでに何度も述べたところであるが，判例はわが国の雇用慣行である終身雇用制・年功制を考慮して解雇権濫用法理を形成してきたということができる（これを端的に示す，近年の裁判例として，エース損害保険事件・東京地決平13.8.10 労判 820 号 74 頁）。したがって，たとえば，専門的能力を買われて高額の年俸で中途採用された労働者の場合などは，日本的雇用慣行のもとにはなく，また，使用者の配転等の権限（裁量）も大幅に制約されていることから，解雇権濫用の有無については一般の労働者ほどには厳格な判断がなされないと考えられる。その例として，人事本部長として採用され中途入社した労働者につき能力不足による解雇を有効と認めたフォード自動車（日本）事件・東京地判昭 57.2.25 労判 382 号 25 頁，同事件・東京高判昭 59.3.30 労民集 35 巻 2 号 140 頁を挙げることができる（中途入社労働者に対する能力不足による解雇を認めたより近年の事件として，ヒロセ電機事件・東京地判平 14.10.22 労判 838 号 15 頁）。また，労働力の流動化の進展，終身雇用制の崩壊，年功制の後退，成果主義・能力主義の進展といった日本的雇用慣行をめぐる近年の一連の変化を踏まえれば，（転職＝中途採用もかつてよりは容易であって頻繁に行われるようになっており，また実力さえ発揮できれば年俸制などの成果主義賃金体系のもとで賃金面での不利益も生じないとして）一般的に解雇法理が今後変容する（つまり，緩められる）可能性もあるといえよう（とたえば，ブレーンベース事件・東京地判平 13.12.25 労経速 1789 号 22 頁は，経験を買われて入社した中途採用者につき，使用者には試用期間中は広い解雇の自由が認められるので，期待に沿う業務が実行される可能性を見出し難いとしてなされた試用期間中の普通解雇を有効と判断した）。ただ，いまのところは，一応は，解雇権濫用法理は厳格な運用がなされている状態にあるといえるが，かつて，一時，1999 年から 2000 年にかけて東京地裁が一連の判決により解雇権濫用法理を緩めようとして注目（批判）を浴びたことがある（代表的な事例として，解雇の自由を強調して権利濫用を基礎づける事実の主張立証責任を労働者に負わせる角川文化振興

財団事件・東京地決平 11.11.29 労判 780 号 67 頁，あるいは同じく解雇の自由を強調して就業規則の解雇事由を例示ととらえ整理解雇法理を緩める方向（この点をめぐる問題点について詳しくは，後掲・コラム 2-7-2 を参照）を示すナショナル・ウエストミンスター銀行（第 3 次仮処分）事件・東京地決平 12.1.21 労判 782 号 23 頁などがある）ことをここで注意喚起しておく。

そして，解雇権濫用法理（それを確認した労働契約法 16 条）にはルールとしての明確性の欠如という問題点が存している。合理性のテストと相当性のテストといってもその具体的内容はどういうものなのかははっきりとしていない（結局，その判断は大幅に裁判官に委ねざるをえない）。そして，このように解雇権濫用の基準自体に明確性がないことが紛争解決の予測可能性を困難にしている（つまり，一定の事例では労使とも裁判で勝つか負けるか予測がつきにくいという状態がみられる）のである。要は，ルールをめぐる法的安定性が欠けているといえよう。先にふれた東京地裁の動きもこのようなルールの不明確さに起因していると考えられる。

基本判例 エース損害保険事件・東京地決平 13.8.10 労判 820 号 74 頁

「長期雇用システム下で定年まで勤務を続けていくことを前提として長期にわたり勤続してきた正規従業員を勤務成績・勤務態度の不良を理由として解雇する場合は，労働者に不利益が大きいこと，それまで長期間勤務を継続してきたという実績に照らして，それが単なる成績不良ではなく，企業経営や運営に現に支障・損害を生じ又は重大な損害を生じる恐れがあり，企業から排除しなければならない程度に至っていることを要し，かつ，その他，是正のため注意し反省を促したにもかかわらず，改善されないなど今後の改善の見込みもないこと，使用者の不当な人事により労働者の反発を招いたなどの労働者に宥恕すべき事情がないこと，配転や降格ができない企業事情があることなども考慮して濫用の有無を判断すべきである。

なお，債務者には，作業効率が低いにもかかわらず高給である債権者らの存在が債務者の活性化を阻害し，あるいは業績が低いのに報酬が高いこと自体が債務者に損害を与えているから，債権者らを債務者から排除しなければならないという判断が存するようである（略）が，仮に債権者らがその作業効率等が低いにもかかわらず高給であるとしても，債権者らとの合意により給与を引下げるとか，合理的な給与体系を導入することによってその是正を図るというなら格別，自ら高給を支給してきた債務者が債権者らに対しその作業効率が低い割に給料を上げ

すぎたという理由で解雇することは，他国のことはいざ知らず，我が国においては許容されないものというべきである。」

基本判例 角川文化振興財団事件・東京地決平 11.11.29 労判 780 号 67 頁

「解雇は本来自由に行いうるものであることからすれば，使用者は単に解雇の意思表示をしたことを主張し疎明すれば足り，解雇権の濫用を基礎づける事実については労働者がこれを主張し疎明すべきであるということになる。」

基本判例 ナショナル・ウエストミンスター銀行（第 3 次仮処分）事件・東京地決平 12.1.21 労判 782 号 23 頁

「現行法制上の建前としては，普通解雇については解雇自由の原則が妥当し，ただ，解雇権の濫用に当たると認められる場合に限って解雇が無効になるというものであるから，使用者は，就業規則所定の普通解雇事由に該当する事実が存在しなくても，客観的に合理的な理由があって解雇権の濫用にわたらない限り雇用契約を終了させることができる理である。そうであれは，使用者が，就業規則に普通解雇事由を列挙した場合であっても，限定列挙の趣旨であることが明らかな特段の事情がある場合を除き，例示列挙の趣旨と解するのが相当である。

これを本件就業規則についてみると，普通解雇事由を 29 条所定の事由に限定する旨明記した規定はなく，その他同条が普通解雇事由を限定列挙した趣旨の規定であることが明らかな特段の事情は見当たらない。かえって，本件給与規則 14 条 3 項によれば，本件就業規則 29 条に基づいて解雇された従業員は退職手当を受けることができないとされており，この規定に本件就業規則 1 条の規定内容を照らし合わせて本件就業規則を作成した債務者の意思を合理的に解釈すれば，退職手当の受給資格を喪失することは従業員にとって著しい不利益であるから，このような不利益な効果を発生させる解雇事由は，それが懲戒解雇事由であるか普通解雇事由であるかを区別せず，これを予め就業規則に規定して従業員に周知し，それ以外の解雇事由については，労働基準法その他関係法令の定める制限に服するほかは，解雇自由の原則が妥当し，敢えて列挙するまでもないとして，列挙しなかったものと解される。」（注：なお，この裁判例の整理解雇に関する部分の判旨は後に整理解雇の解説のところで掲載することとする）

コラム 2-7-2 2003 年労働基準法改正の意義

これまで何度も述べてきたとおり，2003 年に労働基準法が改正され，①18 条の

2で解雇権濫用法理が確認された（現在では労働契約法16条）。実は，それ以外にも，この改正は解雇に関して大きな意義をもっている。これにより，併せて，②22条2項において，労働者が解雇予告がされた日から退職の日までの間に解雇理由証明書を請求した場合，使用者は遅滞なく証明書を交付する義務を負うこととされることになるとともに，③89条3号の規定する就業規則の絶対的必要記載事項である「退職に関する事項」に解雇事由が含まれることが明記されたのである。②は，従来，解雇無効確認の裁判が始まってからはじめて使用者が解雇理由を明らかにするということがみられたが，そのような事態を回避すべく，労働者保護の観点から解雇にあたってそれを明確にさせる（つまり，労働者がどういう理由で解雇されるのかをはっきりと認識させる）とともに，裁判になった場合，使用者があとから証明書に記載されたものと別の理由を挙げることを困難にする（あるいは原則としてできなくする）ことをねらいとするものである。なお，証明書には就業規則の根拠条項とあわせてそれが適用される具体的な事由を記載することが必要であると解される。③は，これまでも89条3号の「退職」のなかには解雇も含まれると解されてきたが，それを明確な形で確認したものである。従来，就業規則に記載されている解雇事由は限定列挙（つまり，使用者による解雇事由の自己制限）か例示かが学説・裁判例において争われてきた（限定列挙説に立つものとして，東芝柳町工場事件・最一小判昭49.7.22民集28巻5号927頁，例示説に立つものとして，ナショナル・ウエストミンスター銀行（第3次仮処分）事件・東京地決平12.1.21労判782号23頁）が，この改正を境に学説においては限定列挙説に立つものが増加している。もっとも，限定列挙説に立ったとしても，多くの企業では就業規則の解雇事由のいちばん最後に「その他上記各号と同様の重大な事由」という一般条項が置かれるのが通例となっており，実際には例示説と変わらない状態となっている。このような一般条項に基づき解雇する場合や例示説に立ち就業規則に記載のない事由により解雇する場合には，解雇権濫用の判断がより厳格になるというべきであろう。

　ちなみに，労働協約に解雇事由が記載された場合には，記載されていない事由による解雇は労働協約違反で無効となる（労働組合法16条）ので，限定列挙と解することに異論はない。また，懲戒解雇については就業規則に規定のないかぎりこれをなしえないことはいうまでもなく（労基法89条9号），この点に関してはすでにみた懲戒処分の解説を参照されたい。

アドバンスト・イシュー　**労働権保障と解雇権濫用法理**

　憲法27条1項は労働権を保障しているが，権利濫用法理を考える場合には，労働権の間接適用という視点からこれをとらえるべき必要もあろう（民法1条3項を通じての憲法27条1項の間接適用）。この点で，従来の厳格な判例法理の運用は妥当

なものと評価することができる。したがって，解雇権濫用法理が制定法において確認された現在においては，まさに労働契約法16条は憲法27条1項の労働権を現に存在している労働関係（労働契約関係）に即して具体的に保障する条文であるという点を認識することが重要であって，それゆえ，たとえ労働契約法理の基礎ないし前提をなす日本的雇用慣行が一定変容しても，労働権保障の意義と規範内容を損なう形において解雇権濫用法理を緩めることはできないと解すべきであろう。この意味で，1999年から2000年にかけて東京地裁の一連の裁判例がとった解雇権濫用法理を緩める方向での試みは大きな問題をはらむものであったと考えられる。特に，筆者は，企業の社会的権力の不当な行使を防止するものが労働法であると捉えるので，時代が変化しても企業の社会的権力性が存続する以上，労働者保護の観点から解雇に関して使用者の不当な権力行使を抑止するためにしかるべき規制が必要不可欠であると考えている（ちなみに，これは，同時に憲法27条2項の労働条件法定の原則の要請でもあるといえよう）。

> **アドバンスト・イシュー** 労働協約の解雇同意条項・解雇協議条項に違反する解雇の効力

労働協約において，使用者が組合員を解雇しようとする場合に，労働組合の同意を得る旨を，あるいは労働組合と協議を行う旨を規定する条項が設けられていることがある。使用者がこれらの協約条項に違反して組合員の解雇を行った場合，当該解雇の効力はどうなるのか。これらの条項が「労働条件その他の労働者の待遇に関する基準」といえるならば，労働組合法16条の規範的効力により当該解雇は無効となる。それに対し，これらの条項はあくまで労働組合と使用者との労使関係のルールを定めたものにすぎないとすると，規範的効力は認められず，組合と使用者の契約条項としての効力（債務的効力）しか有しないため，労働組合法16条から直接に解雇無効を導くことはできない。しかし，後者と解する場合であっても，当該解雇は，結局は，重大な手続違反の解雇として権利濫用判断（労働契約法16条）に服することになる（したがって，その結果，無効とされる余地がある）といえよう。ちなみに，学説としては，これらの条項につき，①規範的効力を認める説，②規範的効力と債務的効力を重畳的に認める説，③債務的効力しか認められないとする説に分かれている。

(4) **有期労働契約の期間途中での解雇** 有期労働契約は期間満了により終了するが，これは解雇ではなく，あくまで期間途中で使用者により解約がなされた場合が解雇となる。この点に関し，民法628条はやむをえない事由が存すれば使用者は労働者を解雇することができる旨を規定しているが，かつ

て，これは強行規定か任意規定かが争われ，後者と解する裁判例も登場してきていた（たとえば，ネスレコンフェクショナリー事件・大阪地判平17.3.30労判892号5頁）。そこで，2007年に制定された労働契約法は17条1項において，使用者による解約，すなわち解雇について，民法628条の趣旨を明確化すべく，「使用者は，期間の定めのある労働契約について，やむを得ない事由がある場合でなければ，その契約期間が満了するまでの間において，労働者を解雇することができない。」と規定し，解雇に関し任意規定説的解釈の余地を排除した。なお，やむをえない事由とは，期間満了を待つことができないような重大な事由のことを指し，労働契約法16条の要求する合理的で相当な理由よりも厳格なものであると解される。これに関し，たとえば，世界同時不況のもとで派遣先から労働者派遣契約を解除されたことを理由として期間途中でなされた派遣元による派遣労働者の解雇が労働契約法17条1項の「やむを得ない事由」に該当しないとされた例として，プレミアライン（仮処分）事件・宇都宮地栃木支決平21.4.28労判982号5頁，あるいは，派遣先の労働者派遣契約解消申入れは予想しえなかった経済状況の激変等やむをえない事情でなく全社的な経費削減の方針によるものであり，したがって派遣元が派遣労働者との1年の期間の定めのある労働契約を期間満了前に解消しなければならないやむをえない事由を認めることはできないとされた例として，社団法人キャリアセンター中国事件・広島地判平21.11.20労判998号35頁がある（その他同様の事例として，アウトソーシング事件・津地判平22.11.5労判1016号5頁）。なお，民法628条はやむをえない事由がある場合には即時解雇を認めるとしているが，この点は，後に詳しく触れるように，労働基準法20条，21条により一定の修正ないし規制を受けている点に注意する必要がある。

(5) **解雇無効確認の効果**　権利濫用であるとして解雇権の行使が無効とされると，次のような効果が認められる。

① **従業員の地位確認**　解雇が無効であれば，労働契約上の地位確認（従業員の地位確認）がなされることになる。これを受け，労働者は，通常，復職（職場復帰）することになるが，裁判例は原則として就労請求権を認めていないため，使用者があくまで就労を拒否する場合には労働者の復職は実現しない。なお，現実には，裁判において労働者が勝訴して従業員としての地位が

確認されても，事実上職場に戻りづらいということで，使用者と和解のうえ解決金を得て退職するという事例が多くみられることも事実である。そこで，解釈論・立法論としても違法解雇の場合に地位確認（復職）か損害賠償請求（金銭解決）かを労働者が択一的に主張（選択）できるようにすべしとの意見が有力となりつつある（違法解雇につき労働者の慰謝料と逸失利益の請求を認めた例として，東京セクシュアル・ハラスメント（M商事）事件・東京地判平11.3.12労判760号23頁）。また，実際，外国においては違法解雇は無効とならず金銭解決がはかられるという例も存している。これを受けて，2003年の労働基準法改正へ向けての労働政策審議会の建議と2005年の厚生労働省『今後の労働契約法制の在り方に関する研究会報告書』が解雇の金銭解決の立法的導入を示唆することとなった。しかし，これらは，いずれも労働者のみからではなく使用者からも金銭解決が可能となる形での制度を提案していたため，訴えられても使用者が金銭支払でけりをつけることができるのでは違法解雇を誘発することになるのではないかとの懸念ないし疑念が示され，結局，立法化は実現しなかった。

　ちなみに，近年，労働者が違法解雇につき，労働契約上の地位確認ではなく損害賠償請求を行う事例も増加しており，これを認めた裁判例（たとえば，当該解雇が不法行為にあたるとして解雇された労働者からの損害賠償請求（慰謝料と逸失利益の請求）を認めた事例として，O法律事務所事件・名古屋高判平17.2.23労判909号67頁，インフォーマテック事件・東京高判平20.6.26労判978号93頁）も存しており，注目される。また，労働審判においては，労働者が当初は地位確認を求めていても，最終的には金銭解決で決着がなされるケースが多くみられる状況となっている。

　② **賃金のバックペイ（解雇期間中の賃金）**　民法536条2項により，使用者の責に帰すべき事由（違法解雇）により解雇期間中は労働することができなかったとして，労働者はその間の賃金を請求することができる。ただ，同項第2文は，「この場合において，自己の債務を免れたことによって利益を得たときは，これを債権者に償還しなければならない。」と規定しており，これによれば，解雇期間中に労働者が他の使用者のもとで労働して得た賃金は，副業等で解雇がなくとも当然得られるようなものである場合を除いて，償還し

なければならないことになる。しかし，労働基準法26条が，使用者の責に帰すべき休業の場合に平均賃金の6割以上の休業手当の支払を罰則付きで使用者に義務づけていることから（平均賃金の6割の支払の強制），結局は，償還しなければならない額は平均賃金の6割を超える部分となる。そこで，最高裁は，使用者は解雇期間中の賃金から労働者が他社で働いた賃金を控除して支払うことができる（中間収入の控除）が，それは平均賃金の6割を超える部分である（ただし，控除にあたっては，中間収入発生期間と賃金支給対象期間が時期的に対応していることが必要であり，平均賃金の6割を超える部分に一時金（賞与）が含まれていれば，一時金（賞与）は平均賃金の計算に含まれない（労働基準法12条4項参照）ため，それも中間収入の控除対象となる）という簡易な形での処理のルール（つまり，労働者が受け取った賃金から中間収入を償還するとなると二重手間となり，また使用者が支払うべき賃金から一定額を控除しようとすると本来ならば労働基準法24条1項の規定する賃金全額払の原則の例外を認める労使協定が必要となるはずであるが，いずれにせよ労働者は利益償還する必要があるので平均賃金の6割を超える部分は賃金全額払の原則の例外として労使協定なしの控除を認めるというルール）を提示している（米軍山田部隊事件・最二小判昭37.7.20民集16巻8号1656頁，あけぼのタクシー事件・最一小判昭62.4.2判時1244号126頁；なお，いずみ福祉会事件・最三小判平18.3.28労判933号12頁は細かな控除の仕方・計算方法を示している）。

③ **損害賠償**　解雇が不法行為（民法709条）の要件を備えていれば，損害賠償を請求することも可能である（東海カーボン事件・福岡地小倉支判昭52.6.23労民集28巻3号196頁，女子学院事件・東京地判昭54.3.30労判324号56頁，ノースウエスト航空事件・千葉地判平5.9.24労判638号32頁）。ただし，従来は，これは解雇が極めて悪質な方法や労働者の人格を大きく傷つける態様でなされるなどの場合にかぎられ，裁判所は，通常，労働契約上の地位確認と解雇期間中の賃金支払を認めれば労働者には特段の損害がないと判断する傾向にあった。しかし，①でも述べたように，違法解雇につき，労働者が地位確認ではなく，損害賠償請求を行い，これを容認する例も出てきており，違法解雇に対する損害賠償をめぐる裁判例の今後の動向に注意する必要がある。

Ⅱ 法律による解雇規制

(1) 法律による解雇規制の状況 制定法上の解雇規制のうち，労働契約法16条についてはすでに詳しく説明を加えたので，ここで繰り返す必要はなく，また，その他の規制については，具体的には，『基本労働法Ⅰ・Ⅱ・Ⅲ』の関連個所でその都度説明を加えることとするが，とりあえずは規制の全体像を知る意味で，以下で概括的な状況に触れてみよう。

まず，解雇を禁止するものである。労働組合の正当な行使をしたことを理由とする解雇の禁止（労働組合法7条1号），国籍・信条・社会的身分を理由とする解雇の禁止（労働基準法3条），労災，産前・産後の休業中およびその後30日の解雇禁止（労働基準法19条），労働基準監督署長・労働基準監督官に労働基準法違反を申告したことを理由とする解雇の禁止（労働基準法104条2項），性別を理由とする解雇の禁止（男女雇用機会均等法6条4項），女性労働者の婚姻を理由とする解雇の禁止（男女雇用機会均等法9条2項），女性労働者の妊娠・出産，産前・産後の休業，その他妊娠・出産に関する事由を理由とする解雇の禁止（男女雇用機会均等法9条3項），（事業主が男女雇用機会均等法9条3項に規定する事由を理由とする解雇ではないことを証明したときを除く）妊娠中および出産後1年を経過しない女性労働者の解雇の無効（男女機用機会均等法9条4項），男女雇用機会均等法上の紛争解決の援助を求めたこと，および調停の申請をしたことを理由とする解雇の禁止（男女雇用機会均等法17条2項，18条2項），育児休業，介護休業，子の看護休暇，介護休暇等の申出・取得を理由とする解雇の禁止（育児介護休業法10条，16条，16条の4，16条の7，16条の9，18条の2，20条の2，23条の2），育児介護休業法上の紛争解決援助を求めたこと，および調停を申請したことを理由とする解雇の禁止（育児介護休業法52条の4第2項，52条の5第2項），労働者派遣法違反の事実を厚生労働大臣に申告したことを理由とする解雇の禁止（労働者派遣法49条の3第2項），パート労働法上の紛争解決の援助を求めたこと，および調停の申請をしたことを理由とする解雇の禁止（パート労働法21条2項，22条2項），個別労働紛争解決促進法上の助言・指導を求めたこと，およびあっせんを申請したことを理由とする解雇の禁止（個別労働紛争解決促進法4条3項，5条2項），公益通報をしたことを理由とする解雇の禁止（公益通報者保

護法3条）などがある。以上は大きく，①差別的解雇の禁止，②労働者の権利行使保護の観点からの解雇禁止，③所轄の行政機関に法違反の申告や紛争解決を求めたことを理由とする報復的解雇の禁止に分けることができる。

また，解雇の手続的規制として，解雇を行おうとする使用者への30日前の予告または平均賃金の30日分以上の予告手当支払の義務づけ（労働基準法20条）がある。これは突然の解雇により労働者の生活に混乱や困難が生じないようにするためである。

さて，以下では，これらの法規制うち，労働基準法19条と20条をめぐる問題を詳しくみておくことにしよう。

(2) **労災，産前・産後の休業中およびその後30日の解雇禁止**　使用者は，①労働者が業務上の負傷・疾病による療養のために休業する期間，およびその後30日間，ないし②女性労働者が産前・産後休業する期間，およびその後30日間，は解雇を行うことを禁止される（労働基準法19条1項）。これは，再就職が困難な状態にある労働者を解雇から保護しようとする趣旨の規制である（業務上の疾病であるうつ病に罹患して休業していた労働者に対してされた解雇が無効とされた例として，東芝事件・東京高判平23.2.23労判1022号5頁）。なお，当該期間中は懲戒解雇も禁止される。ただし，使用者が，労働基準法81条に規定される打切補償を支払う場合または天災事変その他やむをえない事由のために事業の継続が不可能となった場合は禁止の例外とされる（同項但書）。なお，労働者が，療養の開始後3年を経過した日において傷病補償年金を受けている場合か傷病補償年金を受けることとなった場合には，使用者は，3年を経過した日または傷病補償年金を受けることとなった日に打切補償を支払ったものとみなされ，解雇が可能となる（労災保険法19条）。ちなみに，②の例外に該当するとして労働者を解雇しようとする使用者は，その事由について所轄労働基準監督署長の認定（除外認定）を受けなければならない（労働基準法19条2項）。

さて，労働基準法19条をめぐっては大きく2つの解釈論上の問題点が存している。まず，第1は，例外に該当する事由は客観的に存するが除外認定を受けずになされた解雇の効力はどうなるのかである。これについては，労働基準法は強行規定であるから無効であるとする説と19条は例外事由が存するかどうかを行政が事実確認するための公法上の義務規定にすぎず，例外

事由が客観的に存する以上，解雇は有効であるとする説に分かれている。後者が，通説・解釈例規（昭和62・6・25基収2609号）の立場であるといえる。第2は，期間中には解雇だけではなく解雇予告を行うことも禁止されるのかである。これについては，この条文の規制趣旨を考慮して解雇予告を行うことも禁止されるという説と労働基準法の文言上，禁止されるのはあくまで「解雇」であって「解雇予告」ではなく，しかも休業期間のみならずその後30日間という期間が設けられたのは，休業が終わり労働者が出勤してきた時点で労働基準法20条が要求する30日前の予告を行ってその30日後に解雇することができることを規定したと解する肯定説に分かれている。後者が近年の有力な立場である（この立場に立つ裁判例として，東洋特殊土木事件・水戸地竜ヶ崎支判昭55.1.18労民集31巻1号14頁）。

(3) **解雇予告・解雇予告手当**　使用者は，労働者を解雇しようとする場合においては，少なくとも30日前にその予告をしなければならず，30日前に予告をしない使用者は30日分以上の平均賃金（解雇予告手当）を支払わなければならない（労働基準法20条1項）。なお，予告の日数は解雇予告手当を支払った分だけその日数を短縮することができる（同条2項）。つまり，解雇予告の日数と解雇予告手当の平均賃金の日数分を合わせて30日分以上あればよいということになっているのである。これは，突然の解雇により労働者の生活に混乱や困難が生じないようにするため，民法627条1項が規定する期間の定めのない雇用契約の解約につき2週間前の予告を必要とするとの原則を使用者について修正したものである。ちなみに，単なる日数の延長ではなく，30日分以上の解雇予告手当が支払われていれば即時解雇も可能となっている点に注意する必要がある。ちなみに，有期労働契約の終了（期間満了）は解雇ではないため20条の適用はなく，有期労働契約の場合には，あくまで期間途中での使用者による解約が20条の適用対象の解雇である（ただし，少しあとに述べるように，労働基準法21条に該当する場合は除く）。問題は，反復継続されてきた有期契約の期間満了による雇止め（更新拒絶）の場合に労基法20条が適用されるかである。これについては肯定説と否定説に分かれており，解釈例規（昭和24・9・21基収2751号）は実質的に期間の定めのない契約と同一に取扱うべきものであるからとして肯定説に立っている（もっとも，昭和24・10・22基収2498

号は，反復更新のケースであっても契約期間の満了によって労働関係が終了することが明らかである場合には予告の問題は起こらないとしている)。たしかに，期間満了による更新拒絶は「解雇」ではないが，後述するように，このような場合，裁判実務においては解雇権濫用法理の類推適用の手法が用いられ労働者保護がはかられており，これと平仄を合わせるという観点からは肯定説が妥当であろう（ただし，この場合でも，この条文の民事的強行法規としての適用は問題ないとしても，厳格解釈が要請される刑罰法規としての側面では一定の問題が生ずるといえよう)。ちなみに，労働基準法14条2項に基づいて定められた「有期労働契約の締結，更新及び雇止めに関する基準」（平成15・10・22厚労告357号）の2条によれば，「使用者は，有期労働契約（当該契約を3回以上更新し，又は雇入れの日から起算して1年を超えて継続勤務している者に係るものに限り，あらかじめ当該契約を更新しない旨明示されている者を除く。次条第2項において同じ。）を更新しないこととしようとする場合には，少なくとも当該契約の期間の満了する日の30日前までに，その予告をしなければならない。」こととされている（ただし，これはあくまで行政指導の基準にすぎず強制力はない)。

　なお，天災事変その他やむを得ない事由のために事業の継続が不可能となった場合または労働者の責に帰すべき事由に基づいて解雇する場合は例外とされ，解雇予告ないし解雇予告手当支払なしに即時解雇が可能となる（労働基準法20条1項但書）が，所轄労働基準監督署長の除外認定を受けることが必要とされる（同条3項）。例外に該当する事由が客観的に存するが除外認定を受けずになされた即時解雇の効力については，労働基準法19条2項についてと同様に無効説と有効説の対立がある（有効説に立つ裁判例として，日本通信社事件・最三小決昭29.9.28最高裁判所裁判集刑事98号847頁，上野労基署長（出雲商会）事件・東京地判平14.1.31労判825号88頁，旭運輸事件・大阪地判平20.8.28労判975号21頁)。懲戒解雇と労働者の責に帰すべき事由に基づく解雇の関係についてはすでに懲戒処分のアドバンスト・イシューで述べたところを参照されたい（なお，懲戒解雇の場合であっても，解雇予告ないし解雇予告手当の支払が必要となる場合があることを，念のためもう一度ここで確認し，注意しておく)。また，労働基準法21条は，①日日雇い入れられる者（1か月を超えて引き続き使用されるに至った場合を除く），②2か月以内の期間を定めて使用される者（所定の期間を超えて引き続き

使用されるに至った場合を除く）、③季節的業務に4か月以内の期間を定めて使用される者（所定の期間を超えて引き続き使用されるに至った場合を除く）、④試用期間中の者（14日を超えて引き続き使用されるに至った場合を除く）、を同法20条の適用除外としている。

(4) **労働基準法20条違反の解雇の効力**　さて、労働基準法20条1項・2項違反の解雇（つまり、解雇予告も解雇予告手当の支払もなしになされた即時解雇、あるいは予告日数や予告手当支払額が不足している解雇などがこれに該当するが、論述の都合上、以下では予告も予告手当支払もなしになされた即時解雇を念頭において論を進めることとする）の効力については解釈論上大きな争いがある。たしかに、労働基準法は強行法規である（13条参照）から、これに違反した解雇は無効であると考えるべきことになるはずである。しかし、同法114条は解雇予告手当が支払われない場合には裁判所は労働者の請求により手当と併せて同額の付加金の支払を命じることができる旨を規定しており、これは解雇が有効であるから解雇予告手当を請求することができる（つまり、解雇が無効ならばそもそも手当の支払請求ではなく労働契約上の地位確認を求めればよいことになる）ことを示唆しているともいえる。そこで、この2つの関係をいかに解するかが問題となり、以下のように説が分岐する結果となっている。

① **有効説**　これは労働基準法114条の付加金規定を重視する説であるが、他方で労働基準法の強行性（13条）を考慮しない結果となっている。

② **無効説（絶対的無効説）**　これは労働基準法の強行性（13条）を重視する説であるが、解雇が無効であれば労働者が解雇予告手当を請求することもありえない（したがって、付加金も請求できない）ので、今度は他方で労働基準法114条の存在を看過する結果となっている。

③ **相対的無効説**　労働基準法20条違反の解雇は即時解雇としては無効だが「使用者が即時解雇を固執する趣旨でない限り」30日を経過するか解雇予告手当を支払ったときから解雇の効力を生ずるとする説であり、最高裁の立場である（細谷服装事件・最二小判昭35.3.11民集14巻3号403頁）。たしかに、この説は、労働基準法の強行性と付加金制度の存在の双方を踏まえた見解であるとはいえるが、「使用者が即時解雇を固執する趣旨でない限り」ということの意味が不明確であり、また結局は30日が経過すれば解雇が有効とされる

のであるから有効説と変わらない帰結となってしまうなどといった問題点が存している。

④ **選択権説** 労働基準法は，使用者に，30日の予告期間をおくか，あるいは平均賃金の30日分の解雇予告手当を支払って即時解雇を行うか，の選択権を与えていると解し，したがって20条違反は使用者がこの選択権を行使していないことになるため，その場合にはこの選択権が労働者に移り，労働者は予告がないとして解雇の無効を主張することも，あるいは解雇は有効だが予告手当の支払がないとしてその支払（したがって，併せて，付加金の支払も）を求めることも（選択的に）できるとする説である。労働基準法の強行性（13条）と付加金制度の存在（114条）の双方を巧みに組み込むとともに民法の選択債権の考え方（民法408条参照）を応用した理論的に無理のない構成であり，近年，多くの支持者を得るとともに，下級審では近年この説をとる裁判例がみられる状況にある（たとえば，丸善住研事件・東京地判平6.2.25労判656号84頁）。基本的にこの説が妥当であるといえよう。

Ⅲ 整理解雇

(1) 整理解雇の定義と問題状況 整理解雇とは，従来は，企業が不況などを理由とする経営悪化により生じた人員整理の必要性に基づいて行う解雇という形で定義され，理解されてきた（危機回避型ないし緊急避難型）。このような解雇は，他の解雇とは異なって，①労働者側に非がなくもっぱら経営側の都合による解雇であること，②ある企業が整理解雇を行う場合には経済一般が落ち込んでいて景気が悪い場合が多く解雇された労働者の再就職が困難であること，③被解雇者が通常多数（ないしは複数）に及ぶこと，といった点で大きな影響を労働者に与えることから，厳格な規制が求められるべきといえよう。そこで，裁判所が，整理解雇に関しては4要件（4要素）に則して有効性（合理性・相当性）判断を行うという特別の厳格な権利濫用法理（整理解雇法理）を形成して対処してきており，この法理が違法なリストラから労働者を救う法的拠り所（ルール）となったのである。

ただ，整理解雇をめぐっては，時代状況の変化により従来の定義では必ずしもとらえきれない次のような新たな検討課題が生じてきており，注意を要

① 近年，労働契約により職務や勤務地が限定（特定）化される傾向がみられる（特に，戦略的転職による中途採用の場合など）が，その場合，職やポストが廃止されれば，労働契約上，配転の余地はないため，その労働者（ケースに応じては 1 名のみということもありうる）について整理解雇を行うことは可能かが問題となる（認めるとすれば，整理解雇というよりも経済的理由による解雇という名称の方が妥当となろう）。

② いまだ経営状況は悪化していないが，将来を見越して戦略的に，あるいは予防的になされる整理解雇は有効といえるのかも問題となる。つまり，整理解雇につき従来の危機回避型・緊急避難型のほかに予防型，戦略型といったものを認めるべきかが焦点となる。

なお，使用者が一定数の労働者（1 の事業所において常時雇用する労働者について 1 か月以内に 30 人以上）の整理解雇を行う場合には再就職援助計画を作成し公共職業安定所長に認定申請を行わなければならないことになっている（雇用対策法 24 条，同法施行規則 7 条の 2）。

(2) **整理解雇法理の形成** 1973 年の第 1 次オイルショックによって不況の波がわが国経済を襲い，企業において人員合理化（雇用調整）策として整理解雇が広く行われる結果となったが，これを契機として判例を通じて次の 4 つの要件をみたさない整理解雇は権利濫用で違法・無効とされるというルールが確立されるようになった（代表的な判例として，大村野上事件・長崎地大村支判昭 50.12.24 判時 813 号 98 頁，東洋酸素事件・東京高判昭 54.10.29 労判 330 号 71 頁）。これが整理解雇の 4 要件と呼ばれるものである（解雇権濫用法理の一環としての整理解雇法理）。ちなみに，この要件は，オイルショックにともなう人員合理化にあたり大手企業がとった人員削減（雇用調整）の手順・手法を参考にしつつ裁判所が構築したという点に特徴を有する。なお，最高裁が正面から 4 要件に言及して整理解雇の有効性を判断した事例はいまだ存しないが，最高裁もあくまでそれを前提にしていると考えられる（あさひ保育園事件・最一小判昭 58.10.27 労判 427 号 63 頁）。さて，以下で，4 要件（有効要件）を，順次，具体的にみてゆこう。

(3) **整理解雇の 4 要件** まず，第 1 の要件は，人員削減の必要性である。

これは企業の状態が解雇を行わなければ倒産必至という段階に至っていることまでは要求されず，不況や経営悪化等により合理的な経営者であれば整理解雇やむなしと考える段階であれば必要性が認められる（ちなみに，かつては，倒産必至という状態まで使用者は整理解雇はなしえないとする倒産必至説もみられたが，それでは「時すでに遅し」ということにもなりかねず，また，経営状況の大きな悪化により，かえって整理解雇の規模（被解雇者の人数）が大きくなるなど問題点も多いことから現在では支持者はみられない）。要は，必要性判断は，原則として，企業の経営状態を熟知している経営者に委ねられるが，裁判所は，それと矛盾するような行動（たとえば，賃上げ，従業員の新規採用など）がとられていないかどうかをチェックすることになる。なお，すでに触れた予防型や戦略型を認めるかどうかは，この必要性をめぐる議論に位置づけられるものである（戦略型に関し必要性を認めた例として，ナショナル・ウエストミンスター銀行（第3次仮処分）事件・東京地決平 12.1.21 労判 782 号 23 頁）。

次に，第2の要件は，整理解雇回避努力である（この要件を充足しない整理解雇を権利濫用とした例として，前掲・あさひ保育園事件・最判）。使用者は整理解雇を避けるべくまずは可能なかぎり解雇以外のとりうる手段（回避手段）を試みるべきものとされる。これは，いわば，すでに解雇権濫用法理のところで述べた解雇は最後の手段と位置づけられるとの原則の整理解雇版といえる。ちなみに，ここでいう「とりうる」とは，一律に決せられるのではなく，あくまで当該企業のおかれた状況に応じて具体的に可否ないし可能性が判断される性質のものである（つまり，当該企業がおかれた状況下において客観的に期待可能性が存しない手段を試みることまでは求められない）点に注意する必要がある（なお，1点補足しておけば，このような留保つきのもとではあるが，解雇回避努力については一応は問題となる事業場レベルではなく企業の全社レベルでの対応が原則として求められることになるといえよう）。解雇回避努力として，たとえば，一般的にいって，（あくまで企業がとりうるかぎりにおいてという留保のもとではあるが）経費削減，一時帰休，新規採用の停止，配転・出向，役員報酬のカット，賃金・給与の引下げ，希望退職者の募集などを行うことが重要となる。従来は，解雇回避努力として，特に，希望退職者の募集を行ったか否かが重視される傾向にあった（つまり，退職を望まない従業員を整理する前に，まず自分から辞めてもよいと考えている従業員を

募り，その者から削減すべきであり，そして，これを試みることは他の回避手段と異なってどの企業でもできるはずだ，ということが前提とされているものと考えられる）が，近年においては，「代替不可能な従業員や有能な従業員が退職することになったりして，業務に混乱を生じる可能性を否定できず，希望退職の募集によって，従業員に無用の不安を生じさせることもある」といった観点から希望退職を行わなかったことが必ずしも不当とはいえないとする例（シンガポール・デベロップメント銀行事件・大阪地判平12.6.23労判786号16頁）もみられる（ちなみに，これを前提としても，いずれにせよ一般的にいって希望退職者の募集を行うことが重要な解雇回避努力であることに変わりはないことは依然として否定できないであろう）。とにかく，使用者が可能なかぎりにおいて解雇回避努力を行うことは信義則上の要請であると解される（この観点から第2の要件については使用者の「解雇回避努力義務」の履践といわれることもある）。なお，臨時工などの有期雇用労働者の雇止めをいかに位置づけるかが問題となるが，最高裁はこれを終身雇用の正社員のための解雇回避努力の一環と捉えている（日立メディコ事件・最一小判昭61.12.4労判486号6頁）。また，解雇回避措置との関係で再就職支援措置や退職金の上積みなどの不利益緩和措置をどう考えるかであるが，戦略型や予防型を認める場合には，いまだ企業に余力が存することから，解雇回避努力に併せて（加えて）これらの措置をとることも求められるといえよう。もっとも，前掲・ナショナル・ウエストミンスター銀行（第3次仮処分）事件・東京地決は，部門廃止によるポジションの消滅を理由とする解雇を有効と判断するにつき，他のポジションに配転することができなかった（つまり，解雇回避措置をとることが困難な）場合において，（いわばそれとの相関判断において）使用者が解雇される労働者の当面の生活維持および再就職の便宜のために相応の配慮（不利益緩和措置）を行ったことを考慮すれば解雇権濫用であるとはいえないとの判断を示している。

　そして，第3の要件は，整理基準の客観的合理性と被解雇者の人選の妥当性である（この要件を充足しない整理解雇を権利濫用とした例として，前掲・あさひ保育園事件・最判）。つまり，必要とされる被解雇者数を確定したうえで客観的で合理的な基準をたて，それを公正かつ適切にあてはめて被解雇者の妥当な人選を行わなければならないのである。整理解雇の基準については多様なものが

ありえ，しかも各企業の事情に応じて異なりうるのであるが，とにかく採用された基準が不合理なものでないかどうか，そして具体的な基準の運用・適用が公正・妥当・適切になされており恣意的ないし不適切なものではないかがチェックされることになるといえる。代表的な基準は，労働者の勤務成績，企業への貢献度，解雇が生活に与える影響の程度，再就職の難易などであり，通常は複数の基準が組み合わされて用いられている。問題は中高年齢者を基準とすることが合理的であるかであるが，裁判例の判断は分かれている（合理性を肯定した例として，エヴェレット汽船事件・東京地判昭 63.8.4 労判 522 号 11 頁，否定した例として，ヴァリグ日本支社事件・東京地判平 13.12.19 労判 817 号 5 頁）。近年，高まりをみせている年齢差別禁止の重要性の観点からすれば，原則として否定的に解すべきである。ちなみに，そもそも抽象的な基準（たとえば，やる気など）は合理性が否定されると解される（平野金属事件・大阪地決昭 51.7.20 労判 261 号 49 頁，労働大学（本訴）事件・東京地判平 14.12.17 労判 846 号 49 頁）ので，基準は一定明確かつ具体的なものでなければならないといえよう。

最後に，第 4 の要件は，手続的要件であって，整理解雇にあたって労働者や労働組合と誠実かつ十分に（相当性を有する程度に）協議や話し合いを行うことである。企業側の都合による解雇なので信義則上このような相当な手続を行うことが使用者に求められることになる。具体的には，使用者は，従業員集会を開催したり労働組合との協議の場を設けるなどして，経営状況を含めた人員削減の必要性，解雇回避努力の状況，人選の基準，予定人数，整理解雇の実施時期などにつき，できるかぎり詳しくかつ十分に従業員や組合に説明を行い，労働者側の納得と理解を得るように試みなければならないといえよう。また，このような手続を行うことは，現在においては，労働契約法 4 条 1 項の要請でもあるといえよう。

これら以上の 4 要件に基づき，労働契約法 16 条に即して，合理性判断と相当性判断がなされることになる。ちなみに，以上の要件のうち，第 1 から第 3 までについては使用者がそれを基礎づける事実の主張立証責任を負い，第 4 につきその欠如ないし不相当性については労働者が主張立証責任を負うと，一般的に解されている（ゼネラル・セミコンダクター・ジャパン事件・東京地判平 15.8.27 労判 865 号 47 頁，コマキ事件・東京地決平 18.1.13 判時 1935 号 168 頁，東京

自転車健康保険組合事件・東京地判平18.11.29労判935号35頁)。

(4)　**「4要件から4要素へ」**　さて，従来は以上で示したような4要件がすべてみたされていないと権利濫用とされる傾向にあったが，近年，裁判例のなかには整理解雇法理を緩和する傾向を示すものがみられる状況にある。つまり，4要件と呼ばれていたものは，実は1つでも欠ければ解雇が無効となるという意味での「要件」ではなく，あくまで権利濫用判断の際に総合的に考慮すべき主たるファクター（「要素」＝判断材料）にすぎない（したがって，たとえば1つが欠けていても総合判断の結果，整理解雇が有効とされることが—理論上は—ありうることになる）とする裁判例（たとえば，前掲・ナショナル・ウエストミンスター銀行（第3次仮処分）事件・東京地決，ワキタ事件・大阪地判平12.12.1労判808号77頁，塚本庄太郎商店事件・大阪地決平13.4.12労判813号56頁，労働大学（本訴）事件・東京地判平14.12.17労判846号49頁，CSFBセキュリティーズ・ジャパンリミテッド事件・東京高判平18.12.26労判931号30頁，横浜商銀信用組合事件・横浜地判平19.5.17労判945号59頁など）が登場してきており（「4要件」説から「4要素」説へ），4要件説をとる裁判例（たとえば，九州日誠電気事件・熊本地判平16.4.15労判878号74頁，社会福祉法人仁風会事件・福岡地判平19.2.28労判938号27頁）と拮抗している状態となっている。ちなみに，4要素説に立つ裁判例も，現在のところは4要素の有無につき一応は厳格な判断を示しており，結論的には4要件説とかわらない帰結となっているということができる。今後の裁判例の動向が注目されるところである。

基本判例　ナショナル・ウエストミンスター銀行（第3次仮処分）事件・東京地決平12.1.21労判782号23頁

　①　「債権者は，本件解雇が解雇権の濫用に当たるかどうかについては，いわゆる整理解雇の4要件を充足するかどうかを検討して判断すべきである旨主張するが，いわゆる整理解雇の4要件は，整理解雇の範疇に属すると考えられる解雇について解雇権の濫用に当たるかどうかを判断する際の考慮要素を類型化したものであって，各々の要件が存在しなければ法律効果が発生しないという意味での法律要件ではなく，解雇権濫用の判断は，本来事案ごとの個別具体的な事情を総合考慮して行うほかないものであるから，債権者主張の方法論は採用しない。」

　②　「債権者との雇用契約を解消することには合理的な理由があり，債務者は，

債権者の当面の生活維持及び再就職の便宜のために相応の配慮を行い，かつ雇用契約を解消せざるを得ない理由についても債権者に繰り返し説明をするなど，誠意をもった対応をしていること，その他，先に認定した諸事情を併せ総合考慮すれば，未だ本件解雇をもって解雇権の濫用であるとはいえず，他にこれを認めるに足りる疎明はない。」

> **コラム 2-7-3** 「リストラ」という言葉
>
> 　近年，「リストラされた」という言葉をよく耳にする。つまり，経営合理化でクビを切られた（解雇された）ということである。リストラとはリストラクチャリング（restructuring）の略語で，もともとは「再構築」，つまり企業の再構築のことを意味していた。たしかに，キャッチアップ型経済からフロントランナー型経済への移行（経済の成熟化），経済のグローバル化，国際規模での経済競争の激化，経済の長期停滞，経済のサービス化・IT化などの諸要因により企業は変化に対応した再構築を迫られているといえるが，それがなかなかうまくゆかず雇用調整等がなされたため，結局，人員合理化＝雇用調整の意味でリストラという言葉が用いられるようになったといえる。なお，リストラは，一般に定着したところでは，主としてクビ切りを意味するが，出向・転籍，希望退職・早期退職の募集や労働条件の不利益変更等も含めた広い意味で用いられることもある。

> **アドバンスト・イシュー**　解雇の承認
>
> 　解雇とは使用者による労働契約の一方的解約であり，使用者の解雇権は形成権であるといえる。したがって，効力が発生するためには，特に労働者がこれを承認する必要はない。しかし，使用者が裁判において，異議なく退職金を受領したことにより労働者が解雇を承認しているので，もはやその有効・無効を争うことはできないと主張することがある。この場合，たしかに，労働者は解雇の効力を裁判で争う権利を放棄したとか承諾により解雇は合意解約に転換したとか解される余地はあると考えられる。しかし，解雇された労働者が退職金を受領しないということは通常期待しえないため，「放棄」や「承諾」がなされたとの判断は厳格かつ慎重に行う必要があるといえよう（なお，解雇され退職金を異議を止めず受け取ったことにより，解雇について異議を述べない旨の黙示の合意が成立するに至ったとされた例として，八幡製鉄事件・福岡地小倉支判昭29.6.19労民集5巻3号243頁がある：後掲・播磨造船事件・大阪高判も参照）。
> 　なお，以上に関連して，労働者が，解雇されたあと，どの程度の期間までその有効・無効を争うことができるのかも問題となる。無効については無期限に（いつま

でも）確認を行うことができるのが原則であるが，一定長期間がたっている場合には，信義則上，無効確認の訴えを提起することは許されないと考えられる場合があることも否定できないであろう。この点につき判断を示す裁判例として，退職金を返還しないまま2年7か月も後になって解雇の無効を主張するのは信義則に反するとした例として，前掲・八幡製鉄事件・福岡地小倉支判，解雇予告手当・退職金の受領から約10年間何ら解雇について異議を述べなかった点を踏まえ，禁反言の法理の趣旨からも，信義則上からも，解雇の無効確認を求めることは許されないとした例として，播磨造船事件・大阪高判昭41.4.22労民集17巻2号613頁，退職手当金等を異議なく受領し，その後，解雇の不当，違法について争うこともなく9年あまりを経て訴を提起したことが信義則違反とはならないとされた例として，国鉄事件・東京高判昭49.4.26判時741号111頁などがあるが，結局は，諸般の事情を考慮してケースバイケースで訴えの提起の可否を判断せざるをえないといえよう。

Ⅳ 変更解約告知

(1) 個別的労働条件の変更と労働者の同意 合意による労働条件変更の原則を規定する労働契約法8条が示すように，労働契約で個別的に合意（特定）された労働条件（個別的労働条件）の変更は，就業規則の変更によって行うことはできず，あくまで労働者の同意が必要であり使用者が一方的にはなしえない（チェース・マンハッタン銀行事件・東京地判平6.9.14労判656号17頁）。これは契約法の原則からすれば当然といえるが，個別的労働条件変更の必要が生じた場合（たとえば，約定された職務を労働者が遂行できなくなった，約定されたポスト・勤務地事業所の廃止によりポスト・勤務地を変更しなければならない，経営悪化により約定された賃金額を引き下げなければならないなどであり，変更解約告知が問題となるのは経営悪化の場合もあればそうではない場合もある，つまりリストラの手段としてのみ用いられるのではないという点に注意する必要がある）に，労働者の同意が存しないと変更が成就せず，使用者は人事・経営上の問題に対処できなくなる。これは，集団的労働条件（賃金表や始業・終業時間の定めなど従業員に制度として集団的ないし画一的に適用される労働条件）については労働契約法10条により合理性と周知を要件に就業規則の不利益変更の拘束力が認められている（あるいは労働組合が労働協約を締結して労働条件を決定している場合には，労働組合の目的（労働組合法2条参照）に反しなければ不利益変更の場合にも労働組合法16条の規範的効力が及ぶと解

されるため，労働協約により組合員の労働条件を引き下げることが可能である）ので，要件さえみたせば変更不成就の問題が生じないことになるのとは対照的である（この問題については，『基本労働法Ⅱ』および『基本労働法Ⅲ』で詳しく解説する）。このような個別的労働条件変更の不成就の場合，使用者は労働者を解雇せざるをえないのか。しかし，解雇は労働者に重大な不利益をもたらすためできるだけ回避すべきであり，したがって雇用継続の道を探りつつ変更の要請に対処すべく変更解約告知を行うことの可否が問題となる。

(2) **変更解約告知の法理** 変更解約告知とは，通常，労働条件の変更のための解雇であると定義されるが，①使用者が労働者に解雇の意思表示（解約告知）を行ったうえで新たな労働条件で新労働契約の締結を申し込むもの（解雇先行型），②労働者の変更の承諾を解除条件，あるいは労働者の変更の拒否を停止条件とする条件付解雇がなされるもの（条件付解雇型），③まず変更の申込みがなされそれが拒否された場合に労働者を解雇するもの（変更申込先行型）などの形態がある。変更解約告知は，上述の人事・経営上の困難を回避するとともに，労働者が変更に同意すれば終局的に解雇（あるいは雇用の喪失）を免れることになるため，解雇よりは緩やかな手段（あるいは解雇回避措置の一環）として注目されるに至った。これを最初に認めたスカンジナビア航空事件・東京地決平7.4.13労判675号13頁は，「労働者の職務，勤務場所，賃金及び労働時間等の労働条件の変更が会社業務の運営にとって必要不可欠であり，その必要性が労働条件の変更によって労働者が受ける不利益を上回っていて，労働条件の変更をともなう新契約締結の申込みがそれに応じない場合の解雇を正当化するに足りるやむを得ないものと認められ，かつ，解雇を回避するための努力が十分に尽くされているときは，会社は新契約締結の申込みに応じない労働者を解雇することができる」と判示した。しかし，その後，変更解約告知という独立の類型を設けることは相当でないとする裁判例（大阪労働衛生センター第一病院事件・大阪地判平10.8.31労判751号38頁）もみられ，法理としてはいまだ安定・定着していない（変更解約告知が問題となった最近の裁判例として，関西金属事件・大阪高判平19.5.17労判943号5頁）。かりに，変更解約告知を認めるとするならば，結局は，前述・スカンジナビア航空事件・東京地決のように，使用者側の変更の必要性と労働者側の不利益性の比較衡量，お

よび変更拒否の場合に解雇という手段をとることの相当性を基本的な判断要件とせざるをえないと考えられるが，解雇が問題となる以上，当然のこととして労働契約法16条をクリアしなければならず，また，経営危機や不況を理由とする変更解約告知の場合には，整理解雇法理とバランスのとれた，あるいはそれに準ずる要件に組み替えることが必要になろう。

(3) **今後の課題** ドイツでは，変更解約告知はあくまで雇用の継続のための措置と位置づけられている。つまり，解雇制限法により労働者には労働条件の変更か解雇かの二者択一ではなく，第3の選択肢として留保付承諾を行うことが認められており，その結果，異議をとどめて（一応は変更された条件で）就労しつつ裁判所に労働条件変更の社会的相当性の判断を委ね，裁判所の判断の結果，相当性が認められれば労働条件の変更は肯定されるが，認められなければ従来の労働条件で雇用を継続することができる。これに対し，わが国においては，このままでは解雇の脅威のもとで労働者に労働条件の変更（あるいは労働条件の引き下げか解雇かという厳しい選択）を強い，また，変更を拒否して労働者が解雇された場合，裁判で変更に相当性ありとして解雇に合理的理由が認められれば，結局は労働者が解雇のリスクを負うことになるという労働者にとって酷な結果をもたらすことになろう。そこで，わが国でも留保付承諾が必要であるとして，学説は，信義則上，使用者は留保付承諾を受け入れる義務があるとする説や留保付承諾も承諾であるからそれがなされれば使用者は労働者を解雇することができないとする説などが登場し，その理論構成を模索している。しかし，「承諾者が，申込みに条件を付し，その他変更を加えてこれを承諾したときは，その申込みの拒絶とともに新たな申込みをしたものとみなす。」と規定する（つまり，留保付承諾を行えば拒否とみなされることになるとする）民法528条との関係で難しい問題が存していることも事実である（そこで，民法528条は新たに契約を締結するための規定であって，変更解約告知の場合には適用されないとする考え方も提示されている）。なお，留保付承諾を肯定した裁判例として，日本ヒルトン事件・東京地判平14.3.11労判825号13頁があるが，控訴審判決である同事件・東京高判平14.11.26労判843号20頁は「そのような意思表示を受けた相手方の地位を不安定にするものであり，終局裁判の確定時における当事者双方の利害の調整を図るための立法上の手

当てもされていない現状においては許されないと解すべきである」としてこれを否定した。また、河合塾（非常勤講師・出講契約）事件・福岡高判平21.5.19労判989号39頁も留保付承諾の可能性を認めるかのような判断を示している。ちなみに、2005年9月に公表された厚生労働省『今後の労働契約法制の在り方に関する研究会報告書』は、「雇用継続型契約変更制度」として留保付承諾をともなった変更解約告知類似の制度を導入すべきことを示唆していたが、結局は労働契約法の制定にあたり導入は見送られた。なお、近年の裁判例のなかには、本来ならば変更解約告知が問題となるような個別合意によって特定された労働条件の変更（合意によって特定された職種の変更）をめぐる事例において、労働契約を締結した当事者の合理的意思を援用して（当事者の合理的意思解釈を行って）一定の柔軟性を認め、変更の必要性と労働者の被る不利益の程度の比較衡量を含め諸般の事情を考慮して正当な事由があるとの特段の事情が認められる場合に使用者の変更権（職種変更命令権）を承認する可能性を示唆したものがある（東京海上日動火災保険事件・東京地判平19.3.26労判941号33頁）。

アドバンスト・イシュー　有期契約の更新と変更解約告知

　次項で詳しく説明するように、反復更新されてきた有期労働契約の更新拒絶には解雇権濫用法理が類推適用され一定の場合には労働者が保護されるという法理が裁判実務において確立しているといってよい。しかし、使用者が更新時に労働契約の（不利益）変更を提示して更新を求めた場合、雇用の継続は希望するが変更には納得できないということで労働者が変更をのまないと、結局、契約自体も更新されず、しかも使用者による雇止めではなく労働者側から更新に同意しなかった（更新を拒否した）と評価されるおそれもある（河合塾（非常勤講師・出講契約）事件・最三小判平22.4.27労判1009号5頁、前掲・日本ヒルトン事件・東京高判）。したがって、（期間の定めのない労働契約の場合においては、議論のあるところではあるが）特にこれまで反復継続してきた有期雇用の場合に関しては、留保付承諾の承認をともなった適正な変更解約告知の法理なりそれに類した法規制が必要となっているといえよう（なお、ドコモ・サービス（雇止め）事件・東京地判平22.3.30労判1010号51頁は、労働者が労働条件の不利益変更を不合理として拒否して有期契約の期間満了に至った場合であっても、雇用継続の期待を放棄したわけではないので、これを使用者による一方的な雇止めではなく解雇権濫用法理の類推適用の余地はないとすれば、「労働者は、労働条件の変更に当たって、それがいかに不合理なものであっても、これに合意しなければ雇止めを受ける危険を

負わざるを得ないことになるが、このような結論は、不当であることが明らかである」と判示しており、注目される）。

V 有期労働契約の更新拒絶

(1) **問題の所在**　通常は有期労働契約が一定期間にわたり継続的に反復更新されるが、ひとたび景気や経営が悪化すると使用者により有期労働契約の更新拒絶（有期労働者の雇止め）がなされることがわが国において広く一般的にみられるところである（景気の安全弁ないしは雇用調整の安全弁としての有期労働契約）。契約更新により労働関係が長期化した場合、労働者が雇用継続（契約更新）に関する期待を有するようになるとともに、継続した雇用をもとに糧を得、生活の基盤を形成することになる。たしかに、有期契約は期間満了により終了するのが原則である（したがって、雇止めないし更新拒絶の通知は単に期間満了により労働契約が終了する旨の事実を告げる観念の通知にすぎないといえる）。しかし、このような反復更新されてきた有期雇用の場合には、いわば期間の定めが形式化（場合によっては形骸化）しているため、更新拒絶（雇止め）は実質的には解雇に等しく、労働者の雇用に対する期待と雇用に基礎をおいた生活を保護する必要がでてくる。そこで、いかにして使用者による更新拒絶（雇止め）をコントロールし、労働者の保護をはかるのかが重要課題となるのである。

> アドバンスト・イシュー　**有期労働契約の更新拒絶に対する制定法のコントロール**

　従来においては、有期労働契約の更新拒絶（雇止め）に関する制定法のコントロールがなかったので、学説・判例が以下次項で解説するような救済法理（理論）を展開することになったのだが、そのような議論状況を受け、ゆるいながらも次のような2つの法規制が、近年、ようやく設けられるに至っている。

　まず第1は、2003年労働基準法改正による厚生労働大臣の有期雇用に関する基準の策定を規定する14条2項の新設である。これに基づいて、「有期労働契約の締結、更新及び雇止めに関する基準」（平成15・10・22厚労告357号）が定められている。具体的には、この規準は、①使用者は、期間の定めのある労働契約の締結に際し、労働者に対して、期間の満了後における更新の有無、契約を更新する場合があるときは、更新または不更新の判断基準を明示しなければならず、有期労働契約の

締結後にこれらの事項を変更する場合には，労働者に対して速やかにその内容を明示しなければならない（1条），②使用者は，3回以上更新または1年を超えて継続勤務している者の有期労働契約を更新しない場合には，少なくとも期間満了日30日前までにその予告をしなければならない（2条），労働者が更新拒絶の理由について証明書を請求した場合（2条の場合には雇止め前でも請求できる）に使用者は遅滞なく証明書を交付しなければならない（3条），使用者は，1回以上更新しかつ1年を超えて継続勤務している者の有期労働契約を更新する場合には，実態および労働者の希望に応じて，契約期間をできるかぎり長くするよう努めなければならない（4条），といったことを規定している。そして，これに基づいて行政指導がなされることが予定されている（労働基準法14条3項）。

第2は，2007年に制定された労働契約法の17条2項である。この条文は，「使用者は，期間の定めのある労働契約について，その労働契約により労働者を使用する目的に照らして，必要以上に短い期間を定めることにより，その労働契約を反復して更新することのないよう配慮しなければならない。」と規定し，短期間の（細切れの）有期労働契約の反復更新を抑制しようと試みている。しかし，これは訓示規定ないし使用者の努力義務を定めた規定にすぎず，いまだ実効性に欠けるといえる。ただ，使用者がこの規定を順守していない場合には後述の解雇権濫用法理の類推適用の際に考慮されることはありうると解されよう。

> アドバンスト・イシュー　期間満了後の黙示の労働契約の更新

有期労働契約の期間満了後も引き続き労働者が労働しており，使用者がこれに異議をとどめなかった場合には，「従前の雇用と同一の条件で更に雇用をしたものと推定する」ものとされる（民法629条1項）。つまり，黙示で同じ労働条件で労働契約が更新されたと推定されることになるのである（黙示の労働契約の更新）。その場合の契約期間であるが，民法629条1項が続けて，「この場合において，各当事者は，第627条の規定により解約の申入れをすることができる。」と規定している。民法627条は期間の定めのない契約の解約に関する規定であることから，このような黙示の更新のケースでは更新された労働契約は期間の定めのない契約となると一般的に理解されている（旭川大学事件・札幌地判昭53.12.26労民集29巻5＝6号957頁，同事件・札幌高判昭56.7.16労民集32巻3＝4号502頁）。しかし，これだと，厳格な解雇権濫用法理が確立し，それが労働契約法16条で確認されるに至っている現在においては，うっかり期間を徒過してしまった使用者は合理的で相当な理由のないかぎり労働関係を解消することができなくなってしまうので，「同一の条件」のなかに期間の定めも含まれる（つまり，同一期間で契約が更新される）と説く学説もある。

(2)　**学説・判例の展開**　　学説においては，有期労働契約が反復更新されて

きた場合，期間の定めのない労働契約への転化を認め，したがって雇止め＝更新拒絶は解雇にあたるとして解雇権濫用法理に服させようと試みる説が多く存していた。具体的には，①有期労働契約の反復更新が労働基準法20条の解雇予告の規制の脱法行為となっている場合には期間の定めが無効となるとする脱法行為説（このなかにも，客観的に脱法行為となっていればよいとする客観説と使用者の脱法の意図を要するとする主観説の2説がみられる），②もしも不況となったときに雇止めすることができるようにするため契約に期間を付し，このような有期労働契約を反復更新することは，労働基準法等の保護法によって形成された雇用保護の公序に反し，期間の定めが無効になるとする保護法公序違反説，③契約終了を意味する期間の定めをいわば解雇事由を先取りするものととらえて，そのような定めを有効になすためには解雇権濫用法理おいて解雇の有効性要件として示されるような合理的で相当な理由が必要であるとする合理的相当事由説などがある。

　裁判例は，期間の定めのない労働契約への転化を認めるもの，期間の定めのない労働契約と実質的に異ならない状態にあるとするもの，転化を認めないものなどに分かれていたが，次に紹介する2つの最高裁判例（東芝柳町工場事件，日立メディコ事件）によって，期間の定めのない労働契約への転化は認めない（つまり，形式的には有期契約のままではある）が，解雇権濫用法理の類推適用によって対処することで更新拒絶された（雇止めされた）有期労働者の保護を一定程度はかる，というルールが確立されることになった。

　(3)　**期間の定めのいない労働契約と実質的に異ならないケースにおける解雇権濫用法理の類推適用**　　本工と同じ仕事を行い，期間2か月の有期契約を5回から23回にわたって更新してきており，会社の更新手続も比較的ルーズであった基幹的臨時工の雇止めに関して，最高裁は，労使双方とも当事者のいずれかから格別の意思表示がなければ当然更新されるべき労働契約を締結する意思であったので，当該有期労働契約は更新を重ねてあたかも期間の定めのない契約と実質的に異ならない状態で存在しており（ちなみに，「実質的に」無期契約と異ならないということは，「形式的に」は有期契約のままであるということである），雇止めは実質的には解雇にあたるため解雇に関する法理が類推（類推適用）されると判示した（東芝柳町工場事件・最一小判昭49.7.22民集28巻5号927頁：

以下では，東芝型法理と略する）。ただ，この事件は，整理解雇に該当するような事例ではなかったので，雇止めされた労働者の地位確認が認められたが，最高裁は，景気や経済状況の変動により余剰人員などが生じた場合には，有期契約であるので雇止めが許される（つまり，整理解雇の人選の第1順位とすることが認められることが「形式的に」しろ有期契約のままであることの意味であることを示した）かのような含みをもたせた判示を行っている点に注意する必要がある（これが解雇権濫用法理の「適用」ではなく「類推適用」にとどまることの帰結ないし救済の限界であると思われる）。つまり，整理解雇法理のうち人選の合理性・客観性の要件を緩和していると解されるのである。この点については，後に改めて検討する。

基本判例　東芝柳町工場事件・最一小判昭49.7.22民集28巻5号927頁

①「本件各労働契約においては，上告会社としても景気変動等の原因による労働力の過剰状態を生じないかぎり契約が継続することを予定していたものであって，実質において，当事者双方とも，期間は一応2か月と定められてはいるが，いずれかから格別の意思表示がなければ当然更新されるべき労働契約を締結する意思であったものと解するのが相当であり，したがって，本件各労働契約は，期間の満了毎に当然更新を重ねてあたかも期間の定めのない契約と実質的に異ならない状態で存在していたものといわなければならず，本件各傭止めの意思表示は右のような契約を終了させる趣旨のもとにされたのであるから，実質において解雇の意思表示にあたる，とするのであり，また，そうである以上，本件各傭止めの効力の判断にあたっては，その実質にかんがみ，解雇に関する法理を類推すべきである」

②「このような場合には，経済事情の変動により剰員を生じる等上告会社において従来の取扱いを変更して右条項を発動してもやむをえないと認められる特段の事情の存しないかぎり，期間満了を理由として傭止めをすることは，信義則上からも許されないものといわなければならない。」

(4) 雇用継続の期待が存する場合の解雇権濫用法理の類推適用　次いで，最高裁は，2か月契約が5回更新されてきており，これまで更新手続が厳格になされてきた補助的臨時工の雇止めに関する事例である日立メディコ事件・最一小判昭61.12.4労判486号6頁において，期間の定めのない契約への転

化を否定し、あたかも期間の定めのない労働契約と実質的に異ならない状態にあったことも認めなかったが、雇用継続の期待が存すれば解雇権濫用法理を類推適用するとのルールを提示した（以下では、日立メディコ型法理と略する）。ただ、この事例は、整理解雇的な色彩を帯びた雇止めの事例であったため、整理解雇法理の類推適用が問題となったのだが、類推適用にとどまることもあって整理解雇要件の緩和がみられる。つまり、比較的簡易な採用手続で締結された短期有期労働契約を前提とする以上、雇止めの効力を判断する基準は、終身雇用の期待のもとに期間の定めのない契約を締結している本工（正社員）の解雇の場合とは合理的な差異があるため、期間の定めのない契約で雇われている従業員の希望退職を募集しなくても不当・不合理ということはできないと判示して、整理解雇法理のうち解雇回避努力の要件を緩く解した。ただ、この法理に依拠しつつも、（正社員と有期労働者との間ではなく）あくまで有期契約労働者間においては（つまり、有期労働者同士では）、使用者が解雇を回避すべき相当の努力（解雇回避努力）を行うべきことを説く裁判例が存している点に注意すべきである（三洋電機事件・大阪地判平3.10.22労判595号9頁）。

基本判例　日立メディコ事件・最一小判昭61.12.4労判486号6頁

①「右事実関係の下においては、本件労働契約の期間の定めを民法90条に違反するものということはできず、また、5回にわたる契約の更新によって、本件労働契約が期間の定めのない契約に転化したり、あるいは上告人と被上告人との間に期間の定めのない労働契約が存在する場合と実質的に異ならない関係が生じたということもできないというべきである。」

②「原判決は、本件雇止めの効力を判断するに当たって、次のとおり判示している。
(1)柏工場の臨時員は、季節的労務や特定物の製作のような臨時的作業のために雇用されるものではなく、その雇用関係はある程度の継続が期待されていたものであり、上告人との間においても5回にわたり契約が更新されているのであるから、このような労働者を契約期間満了によって雇止めにするに当たっては、解雇に関する法理が類推され、解雇であれば解雇権の濫用、信義則違反又は不当労働行為などに該当して解雇無効とされるような事実関係の下に使用者が新契約を締結しなかったとするならば、期間満了後における使用者と労働者間の法律関係は従前の労働契約が更新されたのと同様の法律関係となるものと解せられる。(2)し

かし，右臨時員の雇用関係は比較的簡易な採用手続で締結された短期的有期契約を前提とするものである以上，雇止めの効力を判断すべき基準は，いわゆる終身雇用の期待の下に期間の定めのない労働契約を締結しているいわゆる本工を解雇する場合とはおのずから合理的な差異があるべきである。(3)したがって，後記のとおり独立採算制がとられている被上告人の柏工場において，事業上やむを得ない理由により人員削減をする必要があり，その余剰人員を他の事業部門へ配置転換する余地もなく，臨時員全員の雇止めが必要であると判断される場合には，これに先立ち，期間の定めなく雇用されている従業員につき希望退職者募集の方法による人員削減を図らなかったとしても，それをもって不当・不合理であるということはできず，右希望退職者の募集に先立ち臨時員の雇止めが行われてもやむを得ないというべきである。

原判決の右判断は，本件労働契約に関する前示の事実関係の下において正当として是認することができ，原判決に所論の違法はない。所論引用の判例が本件に適切なものでないことは，前述のとおりである。」

基本判例　三洋電機事件・大阪地判平3.10.22労判595号9頁

「整理を行う場合，前記のように採用形態や処遇に差異のあることに照らし，正社員に対する整理解雇ないし希望退職者の募集をするに先立ち，まず臨時社員や申請人らを含む定勤社員を第1に何らかの方法で人員整理の対象とすることも，あながち不合理ではないといえる。しかしながら，定勤社員契約は期間の定めのある労働契約であるとはいえ，当事者双方において相当程度の雇用契約関係の継続が期待されていたものであって，本件雇止めの適否を判断するに当たり解雇に関する法理を類推すべきであることは前記説示のとおりであるから，本件のように，事業部門の縮小あるいはこれに伴う人員の削減をすべきやむを得ない経営上の必要があると一応いえる場合であっても，使用者としては人員整理の方法及び程度につき慎重な考慮をすべきであり，雇止めを回避すべき相当の努力を尽くさず，ただ定勤社員であるというだけの理由で，直ちに定勤社員全員の雇止めをするようなことは許されないというべきである。

ところが，被申請人は，本件雇止めに先立ち，休日振替，時間休業等の手段を講じた上，各事業部ごとに余剰人員の確定作業を一応行い，その結果に基づき，まず定勤社員の中で希望退職者を募集したり，定勤社員の個別的事情を考慮して一部の定勤社員を雇止めの対象とすることなどの考慮を全くせずに，ほとんど抜き打ち的に一挙に，前記の特別の事情のある者（三5(6)に掲げる本件雇止めの対象から除外された者）以外の定勤社員全員の雇止めを行ったものである。この点につき，被申請人は，各事業部において確定された余剰人員数は，当時在籍していた

臨時従業員数を上回るものであったから，定勤社員の中で希望退職者を募集するなどの措置をとる余地はなかった旨主張する。しかし，定勤社員を含む臨時従業員数を上回る余剰人員が存在したとの一事をもって，前記のような労働契約の実質を有する定勤社員につき，直ちにその全員の雇止めを行うことが当然に正当化されるとは解されない。」

(5) **判例法理の意義・特徴・問題点**　有期労働契約の更新拒絶をめぐる最高裁の解雇権濫用法理の類推適用の手法は，期間満了による契約終了の原則をストレートに貫徹させるのではなく，契約更新等の実態を見据えて，解雇権濫用法理を類推適用することにより労働者保護をはかろうとした点に特徴を有し，制定法が存しない問題に対してルールを設定したことに大きな意義が存するといえる。ただ，あくまで「実態」を重視するため，整理解雇法理の類推適用が問題となる場合には，「実態」に応じて保護の度合が異なってくるといえよう。つまり，「あたかも期間の定めのない契約と実質的に異ならない状態」が認められれば，整理解雇の4要件のうち人選の合理性・客観性の要件は緩める形ではあるが解雇権濫用法理の類推適用を認め（東芝型法理），「雇用関係はある程度の継続が期待されていた」にすぎない場合には，さらに解雇回避努力の要件を緩和するものの解雇権濫用法理の類推適用は行う（日立メディコ型法理）。そして，そのいずれでもない場合には，有期契約の原則（つまり，期間満了で労働契約は終了するという原則）で対処することになるといえよう。

　さて，ここで問題となるのは，東芝柳町工場事件と日立メディコ事件で判断が分かれた理由はなにか，あるいは雇止めが行われた場合にいずれの法理が適用されることになるのかである。労働者の救済のためには，まず少なくとも雇用継続の期待は必要であるとして，次に，①従事しているのが基幹的な職務（業務）か補助的な職務（業務）か，②更新手続がルーズか厳格か，③更新回数の多寡，④有期労働者が多数雇用されており定着率も高いのかそうではないのか，⑤使用者側に長期雇用をほのめかすような言動が存したのか否か，といった諸事情を総合判断して，東芝型法理が適用されるのか，それとも日立メディコ型法理が適用されるのかが決せられることになる（つまり，東

芝柳町工場事件では，本工と同じ仕事をしている基幹的臨時工が比較的大勢おり，雇用が長期間継続するか本工に登用されるかなどして定着率も高く，使用者も採用時に長期雇用をほのめかすような発言をしており，更新回数も5回という1名を除きいずれも20回以上と多く，更新手続も比較的ルーズであったといった事情が存したので，ある程度は厳格な保護法理が示されることになったのである）。しかし，このような判断方法は必ずしも基準が明確ではなく結果の予測可能性に欠けており，したがって法的安定性の観点からは大きな問題があるということができよう。ちなみに，現在では，企業において一般的に有期雇用の更新手続等が厳格になされるなどの事情がみられるようになったため，あたかも期間の定めのない契約と実質的に異ならない状態と認められる例は少なくなっており（このことは，皮肉にも，東芝型法理が，たとえば，「この事件で問題となったように更新手続をルーズにやっていては，裁判が起こった場合に『あたかも期間の定めのない契約と実質的に異ならない状態』とされ大変なことになる」という形で，企業に一定の「教訓」を与えた結果であるともいえる），裁判において救済が求められる場合には，主として，雇用継続の期待があるかどうかという観点から日立メディコ型法理の適用が問題となる傾向にある。ただし，この法理は雇用継続の期待を重視するので，雇用継続の期待があれば，まだ1度も更新のない有期契約の更新拒絶に解雇権濫用法理の類推適用が認められる（龍神タクシー事件・大阪高判平3.1.16労判581号36頁参照）という方向で活用される可能性が存する点に注意する必要がある。また，期間1年とする契約を結んでいたが期間途中で契約期間を2か月に短縮する合意をしたケースにつき，労働者は1年間は契約更新がなされるものと期待して当然であり，その前に更新を拒絶し雇止めとして契約を終了させることは信義則上許されないとされた例（アンフィニ事件・東京高決平21.12.21労判1000号24頁）や，高年齢者雇用安定法9条1項2号の継続雇用制度により期間1年の契約を反復更新することを原則として再雇用された労働者に対する雇止めに対し，就業規則および労使協定上の上限年齢に達するまで雇用継続の合理的期待があったとして，解雇権濫用法理の類推適用が認められた例（エフプロダクト（本訴）事件・京都地判平22.11.26労判1022号35頁）もある。

　最後に，解雇権濫用法理の類推適用の効果について触れておこう。解雇権濫用法理の類推適用により労働者が救済される場合，「いずれかから格別の

意思表示がなければ当然更新されるべき労働契約を締結する意思」（前掲・東芝柳町工場事件・最判）を当事者が有していると考えられる（意思解釈される）ので，「期間満了後における使用者と労働者間の法律関係は従前の労働契約が更新されたのと同様の法律関係となる」（前掲・日立メディコ事件・最判）。つまり，期間の定めのない労働契約ではなく，これまでと同様の期間の有期労働契約が存することになるのである。ちなみに，これを短期契約の自動更新（一種の法定更新制度）を判例が認めたものと評する論者も存している。なお，解雇の場合，その意思表示（法律行為）が権利濫用と判断されれば無効となるのに対して，有期契約の場合においては期間満了により契約が終了するのが原則であるため，雇止めは期間満了により契約が終了する旨の事実の通知（観念の通知）であり，本来ならば有効・無効は問題とはなりえないといえよう。しかし，雇止めが違法なものであれば「従前の労働契約が更新されたのと同様の法律関係となる」（適法なものであれば雇用関係は終了する）という効果を生じさせる（それゆえ，このような観点から東芝柳町工場事件・最判も「意思表示」という言葉を用いていると解される）ため，その意味で類推適用が問題となる場合には有効・無効という表現を用いることも許されるといえよう。

アドバンスト・イシュー　不更新条項の効力

　たとえば，1年契約で更新は可能であるが更新限度は5年を上限とするといったような場合であっても，労働者が限度期間を超えて雇用継続の期待を有するようなケースにおいては上限での雇止めに対して解雇権濫用法理の類推適用が可能であると解されている（カンタス航空事件・東京高判平13.6.27労判810号21頁，京都新聞COM事件・京都地判平22.5.18労経速2079号3頁）。問題は，それまで更新限度の定めなく有期契約が一定長期にわたって反復更新されてきたが，使用者が，今回の契約の期間満了で労働関係は終了し，もはや契約は更新しないとの不更新条項を付加して契約更新にあたった場合，このような不更新条項は有効といえるのかである。解雇権濫用法理の類推適用を潜脱するものとして公序良俗違反で無効とする説もあるが，有効性を認めた裁判例も存している（契約更新時に契約不更新条項が付加され労働者が異議を述べなかったケースにつき，期間満了により雇用契約を終了させる合意が労使間に成立しており，契約は期間満了により終了したと判示された例として，近畿コカ・コーラボトリング事件・大阪地判平17.1.13労判893号150頁）。このような条項が有効だとするとこれまで裁判所が労働者保護の観点から形成してきた解雇権濫用

法理の類推適用をめぐる法理を潜脱することを容易に認めることになるとともに，労働者が不更新条項をのまないと更新合意がみられないとして更新自体が成就しないおそれもあるので，不更新条項は，原則として公序良俗違反で無効となるが，整理解雇法理に照らして雇止めやむなしという状況にあり，かつ使用者が労働者に十分に説明を行ったうえで労働者が理解し納得して合意に臨んだという特段の事情がある場合（労働契約法4条1項参照）には例外的に有効となると解すべきである（この点については，東武スポーツ（宮の森カントリークラブ）事件・東京高判平20.3.25労判959号61頁も参照）。ちなみに，変更解約告知に関するアドバンスト・イシューですでに述べたように，このようなケースにおいては留保付承諾の承認をともなった変更解約告知的な処理ないし法理が必要となる場合もあるといえよう。なお，不更新条項ではなく，有期契約が数回更新されたのち，使用者から一定の回数を上限とする旨の（一方的な）不更新通告がなされた場合の雇止めには，労働者の雇用継続の期待を保護すべく解雇権濫用法理が類推適用されることになることはいうまでもない（報徳学園事件・神戸地尼崎支判平20.10.14労判974号25頁，立教女学院事件・東京地判平20.12.25労判981号63頁）。

コラム2-7-4 非常勤の大学教員・予備校教師と雇止め

従来，裁判例は，他の有期労働者の例とは異なり，予備校や大学の非常勤講師の雇止め（更新拒絶）については，たとえ一定長期にわたり有期契約を反復更新してきた場合であっても，労働者の拘束性や大学・予備校との結びつきの程度が弱く（そして，採用手続の厳格さが異なり），また年度ごとに授業数が大きく変動するとして（そして，多くのケースではそもそも解雇権濫用法理の類推適用が認められないとして），雇止めを有効（適法）とする傾向にある（法政大学事件・東京地決昭55.6.27労判346号速報カード15頁，亜細亜大学事件・東京高判平2.3.28労民集41巻2号392頁，旭川大学事件・札幌高判平13.1.31労判801号13頁，進学ゼミナール事件・最三小判平3.6.18労判590号6頁など）。これらの教員は非常に不安定な地位にあるといえよう。以上に対し，（非常勤ではない）任期制の大学教員の任期満了にともなう雇止め（更新拒絶）に対しては，雇用継続の合理的な期待があれば解雇権濫用法理の類推適用が認められ，地位確認がなされると判示した例が存している（ノースアジア大学事件・秋田地決平22.10.7労判1021号57頁）。

第3節　定年制

(1)　**定年制の定義**　定年制とは一定年齢（定年）に到達したことを理由として雇用関係を終了させる制度のことをいい，わが国の多くの企業で広く普及している。定年制には，①定年年齢到達を解雇理由とする定年解雇制と②定年年齢到達を約定の労働関係解消事由ないしは労働契約の終期とする定年退職制の2種類がある。前者においては，雇用終了の効果が生ずるには使用者の解雇の意思表示が必要であるが，後者においては定年年齢到達により自動的に労働関係が終了する。また，前者はあくまで解雇であるので，労働基準法19条，20条の適用がある（ちなみに，当然のこととして労働契約法16条の適用もあるが，合理的な定年年齢であれば，定年退職制との均衡からいって解雇権濫用とはならないものと考えられる）。とにかく，いずれにせよ定年制は労働基準法89条3号が就業規則の絶対的必要記載事項とする「退職」に関する事項なので，就業規則に規定を設けなければならない。なお，定年制は定年までの労働を義務づけるものではなく，定年前の労働者の辞職や使用者による解雇（たとえば，不況期の整理解雇や懲戒解雇など）は可能であり，したがって期間の定めではなく，労働契約の期間の上限を規制する労働基準法14条1項には違反しない。

(2)　**定年制の意義と合理性（有効性）**　一般的に定年制には次のような諸意義が存しているということができる。

①　終身雇用慣行（長期雇用システム）のもとでは特段の事情がないかぎり定年まで（事実上）雇用が保障されるという雇用保障の意味合いがある。

②　定年制により労働者が職業生活を引退することで先輩が後輩に席を譲ることになり，その結果，若者が雇用社会に参入しキャリア展開することが可能となる。

③　企業からみれば高年齢者が引退することによって人員リフレッシュないし組織の活性化をはかることができる。

④　従来，わが国で広くみられた年功賃金（年功的処遇）のもとでは，いわば，若年期に貢献以下の賃金を受け取り，中高年になった時に貢献以上の賃金を得ることでその分を取り戻すという構図となっているが，定年にはその

賃金コストの収支（帳尻）合わせという意味合いがある。

　さて、このように一定の意義が認められる定年制ではあるが、その適法性をめぐっては議論がある。通説・判例の立場は、上述の諸意義を踏まえ、合理的な年齢であれば定年制は適法とするものである（代表的な判例として、秋北バス事件・最大判昭43.12.25民集22巻13号3459頁、アール・エフ・ラジオ日本事件・東京地判平6.9.29労判658号13頁、同事件・東京高判平8.8.26労判701号12頁）。これに対して、違法説の代表的なものは、定年制は憲法27条1項の労働権保障の趣旨に反して権利濫用であるとともに憲法14条と労働基準法3条・4条の趣旨に反して公序良俗違反であり、違法・無効であると説く（つまり、定年制は、働く権利を侵害するとともに年齢差別を行うものであると考えるのである）。たしかに、違法説の説くところは高齢化が著しいスピードで進展するわが国の現状を踏まえるならば妥当であるように思われる。また、たとえば、アメリカでは1967年に年齢差別禁止法が制定されており、40歳以上については年齢差別禁止であり定年制も原則として違法となっているといった比較法的状況も違法説に有力な補強材料を与えているといえる。しかし、そうかといって、現在、ただちに違法説をとった場合、能力主義に基づく中高年のサバイバルが激化し、能力のある者は年齢に関係なく働くことができるが、能力がなければ解雇されることになるなど、逆に中高年労働者に大きな雇用不安が生ずる可能性がある。また、2004年に改正され、2006年から施行されている高年齢者雇用安定法は事業主に60歳定年を義務づける（8条）とともに、65歳までの雇用確保措置を講ずることを義務づけている（9条）が、これは定年制が適法であるとの前提に立っていると解される。そうすると、現在、にわかに違法説に与することは困難といえよう。

　けれども、今後は高齢社会の進展とともに定年制をめぐる年齢差別の問題は大きなリアリティーをもってくることは確実である（ちなみに、前掲・アール・エフ・ラジオ日本事件・東京地判は、状況次第では定年制が社会的相当性を欠き公序良俗違反、権利濫用、信義則違反に該当する可能性があることを認めている）。なお、年齢差別に関しては、定年制にとどまらず、併せて、失業者の増大や労働力の流動化の進展のもと企業による募集・採用の年齢制限（特に中高年）をめぐって深刻な問題が生じてきていた。そこで、2001年に改正された雇用対策法7条が

募集・採用に関し年齢を問わないよう事業主が努力する旨を規定し，次いで2007年に改正された雇用対策法10条は規制を強化し募集・採用における年齢差別を禁止したが，同時に一定広範に例外を認めており，いまだ実効性に問題があるといえる。

基本判例　秋北バス事件・最大判昭 43.12.25 民集 22 巻 13 号 3459 頁

「停年制のなかった上告人のごとき主任以上の職にある者に対して，被上告会社がその就業規則で新たに停年を定めたことは，上告人の既得権侵害の問題を生ずる余地のないものといわなければならない。また，およそ停年制は，一般に，老年労働者にあっては当該業種又は職種に要求される労働の適格性が逓減するにかかわらず，給与が却って逓増するところから，人事の刷新・経営の改善等，企業の組織および運営の適正化のために行なわれるものであって，一般的にいって，不合理な制度ということはできず，本件就業規則についても，新たに設けられた55歳という停年は，わが国産業界の実情に照らし，かつ，被上告会社の一般職種の労働者の停年が50歳と定められているのとの比較権衡からいっても，低きに失するものとはいえない。」

基本判例　アール・エフ・ラジオ日本事件・東京地判平 6.9.29 労判 658 号 13 頁

「およそ定年退職制は，一般に，老年労働者にあっては当該業種又は職種に要求される労働の適格性が逓減するにもかかわらず，給与が却って逓増するところから，人事の刷新・経営の改善等，企業の組織及び運営の適正化のために行われるものであって，一般的にいって，不合理な制度ということはできない（最高裁判所昭和 43・12・25 大法廷判決・民集 22 巻 13 号 3459 頁）。

しかしながら，雇用契約における定年制度の合理性は，定年年齢と社会における労働力人口との関連において，企業における限られた雇用可能人員の中で，人件費負担増の防止，労働能力が減退した労働者の交替，若年労働者の雇用の必要性，人事の停滞回避，企業活力の維持等のために企業経営上必要とされる限度においては社会的に許容されるものであるから，それは，当該定年年齢，社会における労働力人口，企業経営をとりまく諸事情を総合考慮して判断すべきものと考えられる。しかも，定年制度の改革は，賃金制度，人事管理制度，能力維持開発訓練制度と密接に関連するものであり，これらは労使の合意の上に成り立つものであり，その自主的努力の集積によって普遍化するものであるから，本件55歳定年制を原告に適用することが公序良俗違反，権利濫用，信義則違反に該当し無効であるといえるためには，本件55歳定年制についての被告会社におけるこれら

の対応等が社会的相当性を欠くものであることを要するものといわなければならない。」

(3) **高年齢者雇用安定法における 60 歳定年と 65 歳までの雇用確保措置の義務づけをめぐる問題**　　高年齢者雇用安定法が 1994 年に改正され，それまで事業主の努力義務であった 60 歳定年制が義務化され，1998 年から施行されることになった（ちなみに，違反して 60 歳を下回る定年年齢を就業規則に定めた場合には，労働基準法 13 条のような無効となった部分を法律の基準でおき換えるという直律的効力を規定する条文が高年齢者雇用安定法にはないので定年の定めが無効となって定年の定めがなくなるとする説と無効となった定年の定めが 60 歳で補充され 60 歳定年となるとする説に分かれていたが，裁判例（牛根漁業協同組合事件・福岡高判平 17.11.30 労判 953 号 71 頁）は前者の立場を示している）。その後，高齢社会の進展や 65 歳への公的年金支給年齢引き上げとのリンクの必要性を踏まえて，2004 年に高年齢者雇用安定法が改正され（施行は 2006 年 4 月 1 日），60 歳定年の義務づけ（8 条）はそのままに，それまで努力義務にすぎなかった継続雇用を含む 65 歳までの高年齢労働者雇用確保措置を講ずることを事業主に義務づけることになった（9 条 1 項）。この措置義務化により，事業主は，①定年の引上げ，②継続雇用制度（60 歳定年ののち希望する者全員につき再雇用や勤務延長を行う制度）の導入，③定年の定めの廃止のいずれかの措置を講じなければならない義務を負うものとされた（ただし，雇用確保措置の年齢に関しては経過規定があり，2006 年 4 月 1 日から 2007 年 3 月 31 日までは 62 歳，2007 年 4 月 1 日から 2010 年 3 月 31 日までは 63 歳，2010 年 4 月 1 日から 2013 年 3 月 31 日までは 64 歳，2013 年 4 月 1 日以降 65 歳とされている）。なお，事業主が継続雇用制度の導入を選択した場合，9 条 1 項 2 号が定める希望者全員継続雇用の原則にもかかわらず，過半数代表との労使協定により基準を設け継続雇用制度の対象労働者を選別することができる（9 条 2 項）こととされた（なお，過半数代表が選出されていなかったとして基準の効力が否定され，基準に基づいて再雇用を拒否された労働者の地位確認が認められた例として，京濱交通事件・横浜地川崎支判平 22.2.25 労判 1002 号 5 頁がある）。したがって，現在においては，希望する労働者全員に対して必ずしも 65 歳までの雇用が確保されているとは

いえない状態にある。

　なお，事業主が雇用確保措置を講じなかった場合（つまり，就業規則上は60歳定年退職制のままで，何ら措置をとらない場合），労働者はいかなる救済が可能となるのかについては争いがある。具体的には，①高年齢者雇用安定法9条1項は国が事業主に公法上の義務を課すという公法上の規定にすぎないので，私法上，労働者は雇用確保（雇用継続）を求めることはできないとする説（この説のなかにも労働者が事業主に損害賠償請求を求めることができるとする説と必ずしも損害賠償請求することができるとはかぎらないとする説に分かれている），②公法上の義務であることは認めつつも，(i)義務違反の場合には，60歳定年を定める就業規則は合理性を欠き，60歳での定年退職扱いは解雇である（したがって，解雇権濫用法理に服する）とする説や(ii)就業規則の合理的補充解釈により，60歳定年のままであることを踏まえて，希望する者はこれまでと同じ労働条件で65歳まで勤務延長を求めることができるとする（つまり，事業主は高年齢者雇用安定法9条1項に定める3つの措置のうちいずれかをとらなければならないが，60歳定年を維持した以上は希望者全員を対象とする継続雇用制度を導入するしか余地は残されておらず，したがってその旨を就業規則に読み込んで黙示的にこれまでの労働条件を維持したままでの継続雇用制度が導入されたと解釈する）説（ちなみに，この説は私見である），③高年齢者雇用安定法9条1項に私法的効力を認める説（この説も，65歳定年になるという説と定年の定めがなくなるとする説に分かれている）などの理論的対立がみられる。ちなみに，裁判例（西日本電信電話事件・大阪地判平21.3.25判タ1318号151頁）には，「同条は，私人たる労働者に，事業主に対して，公法上の措置義務や行政機関に対する関与を要求する以上に，事業主に対する継続雇用請求権を付与するのと同様の効果をもたらす規定（直截的に私法的効力を認めた規定）とまで解することはできない」，そして「事業主の高年雇用安定法9条違反という事実が直ちに事業主に対して私法上の債務不履行責任ないし不法行為責任を基礎付けるものではない」として①説に立つものがみられる状況にある（同事件の控訴審判決（大阪高判平22.12.21労経速2095号15頁）も同旨を述べている）。ちなみに，高年齢者雇用安定法9条をめぐっては，他にも，いかなる措置をとれば継続雇用制度を導入したことになるか，制度として導入され就業規則に規定されている継続雇用を拒否された労働者の救済はどうなるのかなど数多くの

紛争が生じている。たとえば，後者に関する興味深い例として，9条1項2号の継続雇用制度に関し，再雇用就業規則所定の要件をみたすにもかかわらず何ら客観的・合理的理由もなくなされた再雇用拒否は解雇権濫用法理の趣旨に照らして無効であり，労働者は再雇用就業規則所定の取扱および条件に従い再雇用契約を締結することができる権利を有するというべきであるから，労働者の再雇用契約の申込みに基づき労働者と使用者間で再雇用契約が成立したものとして取り扱われるとした東京大学出版会事件・東京地判平22.8.26労判1013号15頁（併せて，津田電気計測事件・大阪高判平23.3.25労判1026号49頁も参照）や，再雇用拒否に関してそれが権利の濫用に該当し不法行為にも該当するとして労働者の損害賠償請求を認めた例として日本ニューホランド事件・札幌高判平22.9.30労判1013号160頁がある。

　以上のように，高年齢者雇用安定法9条をめぐってはさまざまな問題点が存しており，早急な法改正が望まれるところである（ちなみに，2011年6月20日に公表された厚生労働省『今後の高年齢者雇用に関する研究会報告書』は，希望者全員の65歳までの雇用確保のための方策として，法改正により，①法定定年年齢を65歳まで引き上げる方法，あるいは②希望者全員についての65歳までの継続雇用を確保する方法を考えるべきこと，そして併せて生涯現役社会実現のための環境整備を提言している。これを受け，同年12月14日，厚生労働省は労使協定により継続雇用制度の基準を設けることができるとの規定を廃止する案を労働政策審議会職業安定分科会雇用対策基本問題部会に提案し，同月26日，同部会はその方向で報告をまとめた。厚生労働省は2012年の通常国会での法改正を目指し，2013年度から実施するとの考えであると伝えられている。）。

コラム 2-7-5　**定年制と再雇用慣行**

　高年齢者雇用安定法9条が問題となる以前において，定年退職となった労働者が，再雇用慣行があるとして地位確認を求め，それが認容された例が存している。たとえば，大栄交通事件・最二小判昭51.3.8労判245号24頁においては，従業員が55歳で定年退職した場合，特段の欠格事由のない限り，その従業員を直ちに嘱託として再雇用するとの労働慣行が確立しているとして，労働者が定年退職後に再雇用の意思表示をすることにより使用者との間に再雇用契約が成立することが認められた。また，日本大学事件・東京地判平18.1.13判タ1219号259頁においては，「被告大学学部においては，教員の定年制度の運用において，65歳に達し

た後にも通常は定年が延長されて当初2年，その後さらに2年，最後に1年という形で70歳まで勤務できる事実たる慣習が存在し，それが大学と教員間の労働条件として契約の内容になっていたものと解するのが相当である」ため，65歳で「定年退職とする発令は，無効というべきであり，依然として原告は被告大学学部の教員としての地位を有する」との判示がなされている。

第4節　辞職・労働契約の合意解約

(1) **辞職・労働契約の合意解約の規制法理**　　辞職とは労働者側からする一方的な労働契約の解約のことであり，単独行為であって，期間の定めのない契約の場合，2週間前の予告をおけば労働者はこれを自由になしうる（民法627条1項：ちなみに，期間の定めのある契約の場合には労働者は原則として――つまり，やむをえない事由がないかぎり――期間途中で辞職することはできない点に注意する必要がある（民法628条））。労働契約の合意解約とは，労使が合意によって労働契約を解消することである。これらは解雇（＝使用者の労働契約の一方的解約）ではないので労働基準法19条，20条や労働契約法16条の適用はなく，紛争が生じた場合には，もっぱら民法の意思表示に関する規定により処理される。これらに関する労働者の意思は，当然，真意であることを要するといえ，それが使用者側の圧力等による場合（たとえば，使用者が，懲戒解雇事由がないにもかかわらず，労働者にこのままでは懲戒解雇になって大きな不利益が生じるからと告げて，あるいは労働者を脅して，もしくは懲戒解雇事由があると誤信せしめて，退職に至らせたような場合）には，民法の意思表示の瑕疵に関する，詐欺・強迫（民法96条），錯誤（民法95条）の規定に基づき取消・無効で対処することになる（錯誤による無効が認められた例として，昭和電線電纜事件・横浜地川崎支判平16.5.28労判878号40頁，富士ゼロックス事件・東京地判平23.3.30労判1028号5頁，強迫による意思表示の取消が認められた例として，ニシムラ事件・大阪地決昭61.10.17労判486号83頁）。また，合意解約の場合には，使用者の不当な関与を理由として合意自体が公序良俗違反（民法90条）で無効となる可能性もある。なお，使用者が労働者に退職の意思がないことを知りつつ退職願を受け取りこれに承諾を与えたような場合には，

心裡留保に関する民法93条但書により合意解約は無効となる（昭和女子大学事件・東京地判平4.12.21労判623号36頁）。また，使用者が執拗に不当な退職勧奨（俗にいう「肩たたき」）を行い，その結果，労働者が退職したような場合には，不法行為が成立しうる（下関商業高校事件・最一小判昭55.7.10労判345号20頁）。

なお，早期退職やリストラ策の一環として行われる希望退職は，法的には合意解約か辞職であり，退職金の割増支給がなされるという場合には，そのような条件に労使双方が合意して労働契約を解約すると考えるべきことになる。なお，60歳定年制のもとそれ以前に申込みをした者に割増退職金を支給する選択定年制が実施されている場合に早期退職を申し出た労働者に対し使用者が承認の拒否をし，その合理性が争われたケースにつき，「本件選択定年制による退職に伴う割増退職金は，従業員の申出と上告人の承認とを前提に，早期の退職の代償として特別の利益を付与するものであるところ，本件選択定年制による退職の申出に対し承認がされなかったとしても，その申出をした従業員は，上記の特別の利益を付与されることこそないものの，本件選択定年制によらない退職を申し出るなどすることは何ら妨げられていないのであり，その退職の自由を制限されるものではない。」と判示された例がある（神奈川信用農業協同組合事件・最一小判平19.1.18労判931号5頁）。

(2) **準解雇の法理**　解雇権濫用法理によって解雇権の行使が厳しく制約されているため，使用者が，（追い出し意図をもって）ハラスメントやいじめ・嫌がらせを行ったり，不当な圧力をかけたりして，労働者の方から退職の意思表示（辞職の意思表示ないしは合意解約の申込み）を行わせるように誘導し，その結果，労働者が退職に至った場合，労働者はいかなる救済を受けることができるのであろうか。このような場合，労働者は使用者の職場環境配慮義務違反を理由に債務不履行ないし（人格権侵害を理由とする）不法行為を理由として使用者に慰謝料と逸失利益を含めた損害賠償請求を行うことは可能であると考えられる（京都セクシュアル・ハラスメント（呉服販売会社）事件・京都地判平9.4.17労判716号49頁，エフピコ事件・水戸地下妻支判平11.6.15労判763号7頁（なお，同事件の高裁判決（東京高判平12.5.24労判785号22頁）は，労働者は各人の意思により退職したものとして原判決を取り消したが，地裁が示した法理自体は否定してはいない））。しかし，このような労働者の退職は使用者の追い出し意図による点において実

質的には解雇と同様であると評価することが可能であるが，法的には解雇（使用者による労働契約の一方的解約）ではないため労働契約法 16 条を適用することはできない（解雇権濫用法理は使えない）。そこで，このような場合につき，①強迫概念を拡大して民法 96 条により労働者は退職の意思表示を取り消すことができるとする説（強迫概念拡大説）とか，②たしかに労働者は辞めるという効果意思を表示はしているが，その意思形成過程において使用者による不当な影響を受け，労働者が不本意ながら意思決定を行った（いじめ等がなかったならば辞めなかったし，辞めたくなかったのに，耐えきれず辞める決心をしてしまった）ということを使用者は知りまたは知ることができたとして，心裡留保に関する民法 93 条但書を類推適用して退職の意思表示は無効であるとする説（心裡留保類推適用説：ちなみに，この説は私見である）が唱えられ，意思表示の瑕疵に関する民法の規定を活用することによって解雇と同様に（解雇に準じて）労働者の労働契約上の地位確認を認めようとする試みが学説によりなされている。これが準解雇ないしみなし解雇と呼ばれる問題である。

(3) **辞職**　すでに述べたように，辞職とは労働者からする一方的な労働契約の解約であり，期間の定めのない契約の場合には，2 週間前の予告をおけば労働者はこれを自由になしうる（2 週間後に効力が生じる）。この旨を定めた民法 627 条 1 項は，労働者にとっては人身の自由（退職の自由）を保障するという意味において強行規定であるということができる（使用者の解雇の自由は労働契約法 16 条によって大きく制限されているので，この規定は片面的強行性しか有しないということができる）。有期契約のケースにおける辞職については，民法 628 条がやむをえない事情がある場合においてのみただちに解約できる（ただし，その事由が労働者の過失によって生じたものであるときは，使用者に対して損害賠償の責任を負うことになる）旨を定めている（無期契約の場合も民法 628 条によりやむをえない事情がある場合には同様に労働者はただちに解約できると解されている）。つまり，有期労働契約の場合は，労働者は期間中は辞職できないことが原則となるのである。なお，辞職は単独行為であるから，一度なされた辞職の意思表示は撤回できないことになる。問題は，労働基準法 20 条が使用者の解雇予告義務を 30 日まで延長していることとの均衡で，就業規則において労働者の辞職の予告期間を 30 日まで延長することができるかである。肯定する学説

もあるが、労働者の退職の自由（人身の自由）の重要性と使用者は30日分の解雇予告手当を支払えば即時解雇が可能であることとの均衡を考えれば否定説が妥当であろう。ちなみに、民法627条2項は、期間によって報酬を定めた場合には解約申入れは次期以降について行うことができるが申入れは当期の前半（なお、3項により6か月以上の期間によって報酬を定めた場合には3か月前とされる）にしなければならないとしている（したがって、完全月給制の場合には来月退職しようとすると今月前半に、年俸制の場合であれば3か月前に解約申入れをしなければならないことになる）が、多くの企業では就業規則が労働者に単に2週間前の予告を求めているにすぎないので、あるいはそのような就業規則の規定がなくとも通常の契約当事者（労使当事者）の意思を踏まえて合理的に解釈するならば（当事者の合理的意思によるならば）、この民法の規定にかかわらず2週間前の予告のみで労働者は辞職できるとの（明示または黙示の）特約が労使の間に一般的に存すると解すべきである。また、年俸制労働者についても労働基準法24条2項の賃金に関する毎月1回以上定期払の原則の適用があるため3か月前の解約申入れを求める3項の適用がないとする説や、労働基準法20条との関係で、そもそも、民法627条2項・3項は意味を失い現在においてはもはや適用されない（つまり、2週間前の予告でよい）という考え方もある。

(4) **労働契約の合意解約**　　これもすでに述べたように、労使が合意によって労働契約を解消することであり、民法627条1項や労働基準法20条の適用はないので、いつ効力を生じさせるかは当事者が自由に決めることができる（なお、通常の場合は、労使の意思の合致により、その時点で労働契約が終了することになるといえよう）。なお、軽率な（あるいは早まった）意思表示をした労働者を保護する観点から、労働者による合意解約の申し出（申込み）は使用者の承諾がない間は合意が成立していないため撤回可能であると解されている（昭和自動車事件・福岡高判昭53.8.9判タ377号133頁、大隈鉄工所事件・最三小判昭62.9.18労判504号6頁）。したがって、合意解約の方が労働者にとって有利なため、労働者の退職の意思表示は、労働者の退職の意思がかたく明確であるような場合などを除いて、原則として合意解約の申込みと解釈すべきといえよう。なお、使用者の承諾があったといいうるためには、承諾権限を有する者が承諾を行ったことが必要であるが、誰がそれにあたるかはケースバイケースで実質

的に判断されることになる（前掲・大隈鉄工所事件・最判は，人事部長に承諾権限があるとしたが，岡山電気軌道事件・岡山地判平 3.11.19 労判 613 号 70 頁は，いまだ常務取締役には承諾権限なしと判断している）。

> **コラム 2-7-6** 「辞めてやる！」の法的意味
>
> 労働者が，きちんと辞表をしたため，明確に退職の意思を表明したときには，辞職の意思表示や合意解約の申込みと考えてよい。ところが，上司等とけんかして，一時的にカッとなって，思わず「辞めてやる！」と捨てぜりふを残して労働者が職場をあとにした場合，この「辞めてやる！」という捨てぜりふは法的にはどのようなものと考えられるのであろうか（このような場合，あとになって「しまった！」と思う労働者が多くいることも事実である）。そのような表示は，結局は，ケースに応じて諸般の事情を総合的に考慮して，辞職の意思表示，合意解約の申込みないしは承諾，合意解約の誘引，まったく法的意味を持たない単なる捨てぜりふのいずれかと判断せざるをえないであろう。したがって，これをめぐって裁判等で争いが生じた場合には，それがいかなる法的性質かの認定につき大きな困難が生じることになる。ただ，労働者の退職の意思表示は労働者にとって非常に重要・重大な意味を持つものであるから一定の熟慮を踏まえてのものでなければならず（意思の一定の熟度の必要性），したがって労働者の表示から退職の効果をもたらすという結果を導き出す判断をなすについては慎重でなければならないといえよう（たとえば，配転がいやであれば退職するしかないとの部長（上司）の勧告・提案に対し，外国人従業員が「それはグッド・アイデアだ。」と答えたことにつき，退職の合意があったとは認められないとした例として，朋栄事件・東京地判平 9.2.4 労判 713 号 62 頁がある）。ちなみに，労働者がこのような捨てぜりふを残したような場合には，その「真意」（ないしは意思の熟度）を確かめる信義則上の義務が使用者にあると考えることもできよう。

第 5 節　労働関係終了後の保護

(1) **退職時の証明書の交付・ブラックリストの禁止**　労働基準法 22 条 1 項は，「労働者が，退職の場合において，使用期間，業務の種類，その事業における地位，賃金又は退職の事由（退職の事由が解雇の場合にあつては，その理由を含む。）について証明書を請求した場合においては，使用者は，遅滞なくこれを

交付しなければならない。」と規定している。これは労働者が前歴（つまり、これまでのキャリア）を証明して再就職をはかることを援助し容易にすること、そして、解雇の場合には、労働者が裁判で解雇無効を主張することを準備できるようにするとともに使用者が訴訟においてこれとは異なる解雇事由を持ち出すことはできない（あるいは困難とする）ようにすることを目的とするものである。ちなみに、2003年の労働基準法改正で同条に2項が追加され、労働者が解雇予告期間中に請求した場合においても使用者は解雇理由証明書を交付しなければならない旨が併せて規定されることになった。なお、これらの証明書には労働者の請求しない事項を記入してはならない（同条3項）。

　また、同条4項は、「使用者は、あらかじめ第三者と謀り、労働者の就業を妨げることを目的として、労働者の国籍、信条、社会的身分若しくは労働組合運動に関する通信をし、又は第1項及び第2項の証明書に秘密の記号を記入してはならない。」と規定し、ブラックリストの禁止を使用者に命じている。特定の労働者を労働市場から排除することを防止するためである。

(2)　**金品の返還**　　使用者は、労働者の死亡または退職の場合に、権利者の請求があれば、7日以内に賃金を支払い、積立金、保証金、貯蓄金その他の労働者の権利に属する金品を返還しなければならない（労基法23条1項）。それらに関して争いがある場合には、使用者は、異議のない部分を7日以内に支払い、または返還しなければならない（同条2項）。なお、退職金を除く退職労働者の賃金に関する遅延利息は年14.6パーセントと高率となっている（賃金支払確保法6条、同法施行令1条）。

第6節　転職に関連してのトラブルの処理

(1)　**競業避止義務**　　労働者が退職後、同業の別会社に再就職するならば、顧客やノウハウ等がその別会社に持っていかれてしまい、これまで労働者を雇っていた会社は営業上不利益を被るおそれがある（労働者が同業の会社を営むことも同様であるといえよう）。そこで、使用者は、退職後も労働者に競業避止義務を負わせようとすることがある。そして、このような使用者側の競業避止

による利益擁護にも一理あると考えられる。とはいっても，たしかに，労働者は，労働契約存続中においては信義則に基づき付随義務として競業避止義務を負うものの，退職後は労働関係も消滅するため，退職後の競業避止義務については契約上の特別の根拠（特約）が必要であると解すべきである（ちなみに，特約がない場合，社会通念上自由競争の範囲であれば競業行為は違法でなく不法行為にあたらないとした例として，三佳テック事件・最一小判平22.3.25労判1005号5頁）。しかし，労働者には職業選択の自由があり（憲法22条1項），そのような特約は職業選択の自由の制限といえるので，合理的な範囲のものでなければならない。合理性の存否は，制限の必要性の有無・程度，制限の期間，制限の場所的範囲，対象職種の範囲，代償措置の有無などを総合的に考慮して判断されることになる（合理性が認められた例として，フォセコ・ジャパン・リミテッド事件・奈良地判昭45.10.23判時624号78頁，ヤマダ電機事件・東京地判平19.4.24労判942号39頁，合理性が否定された例として，東京貨物社事件・東京地判平12.12.18労判807号32頁，ソフトウエア開発・ソリトン技研事件・東京地判平13.2.23労経速1768号16頁）。ちなみに，労働者が競業避止義務に違反した場合には，使用者は損害賠償請求を行うことができ，また競業行為により使用者が営業上の利益を現に侵害され，または侵害される具体的なおそれがある場合には差止請求も可能である（東京リーガルマインド事件・東京地決平7.10.16労判690号75頁，トータルサービス事件・東京地判平20.11.18労判980号56頁）。なお，退職後の競業避止義務については競業行為を行った場合の就業規則等の退職金不支給・減額条項の有効性をめぐる問題がある（代表的な事例として，三晃社事件・最二小判昭52.8.9労経速958号25頁）が，これについては，論述の都合上，『基本労働法Ⅱ』で賃金の法的保護のところで退職金を取り上げる際に併せて検討を行うこととする。

基本判例　東京リーガルマインド事件・東京地決平7.10.16労判690号75頁

「退職した役員又は労働者が特約に基づき競業避止義務を負う場合には，使用者は，退職した役員又は労働者に対し，当該特約に違反してされた競業行為によって被った損害の賠償を請求することができるほか，当該特約に基づき，現に行われている競業行為を排除し，又は将来当該特約に違反する競業行為が行われることを予防するため，競業行為の差止めを請求することができるものと解するのが

相当である。しかし，競業行為の差止請求は，職業選択の自由を直接制限するものであり，退職した役員又は労働者に与える不利益が大きいことに加え，損害賠償請求のように現実の損害の発生，義務違反と損害との間の因果関係を要しないため濫用の虞があることにかんがみると，差止請求をするに当たっては，実体上の要件として当該競業行為により使用者が営業上の利益を現に侵害され，又は侵害される具体的なおそれがあることを要し，右の要件を備えているときに限り，競業行為の差止めを請求することができるものと解するのが相当である。不正競争防止法3条1項は，不正競争によって営業上の利益を侵害され，又は侵害されるおそれがある者は，その営業上の利益を侵害する者又は侵害するおそれがある者に対し，その侵害の停止又は予防を請求することができる旨定めており，侵害するおそれがある者という要件を定めたのは，不正競争により利益を侵害されるおそれがないときにまで差止請求権を認めることは不当であるとの判断に基づくものであると解される。不正競争防止法3条1項は，契約上の義務の履行請求としての特約に基づく差止請求権の要件を定めているものではないが，同項の右趣旨は特約に基づく差止請求権の要件を考える上でも参考になるのであり，この点からいっても前記のように解するのが相当である。

したがって，競業行為の差止請求の可否を判断するに当たっては，競業行為によって使用者のいかなる利益が侵害されることになるのかが特に問題になり，単なる事実上の不利益が生ずるにとどまる場合には，競業行為の差止めを請求することはできないものというべきである（本件の競業行為の差止請求がその要件を備えるか否かはひとまずおく。）。」

(2) 企業秘密の保持　　退職後も企業秘密を保持する旨の特約があり，それが合理的なものであれば，労働者は拘束されることになる（合理性の判断は競業避止義務と同様の観点からの総合判断となると考えられるが，労働者の職業選択の自由を制約する度合いは競業避止義務の場合よりも弱いので，合理性判断も若干ゆるいものとなろう）。問題は，特約がない場合である。①退職後であり労働関係は消滅しているので労働者は秘密保持義務を負わないとする説と②信義則により労働者は秘密保持義務を負うとする説に分かれているが，前者が妥当であろう。しかし，不正競争防止法による規制があり，労働者は退職後もこの規制を受けるため，同法の規制が及ぶ「営業秘密」に関しては，実質上，信義則説と変わらない結果となっている。具体的には，営業秘密を保有する事業者（使用者）から営業秘密（「秘密として管理されている生産方法，販売方法その他の事業活動に

有用な技術上又は営業上の情報であって、公然と知られていないもの」（2条6項））を示された場合において、労働者が不正の利益を得る目的で、またはその保有者に損害を加える目的で、使用し、開示する行為は、不正競争（2条1項7号）として使用者による差止請求および損害請求の対象となる（3条1項、4条）。不正競争によって営業上の利益を侵害され、または侵害されるおそれがある使用者は、差止請求に際し、侵害行為を組成した物の廃棄、侵害の行為に供した設備の除却、その他の侵害の停止・予防に必要な行為を請求することができる（3条2項）。そして、労働者が故意・過失により不正競争を行って使用者の営業上の信用を害した場合には、裁判所は、使用者の請求により、損害の賠償に代え、または損害の賠償とともに、営業上の信用回復に必要な措置を労働者に命ずることができる（14条）。

(3) **引抜きの規制**　労働者が退職する場合、再就職先に同僚や部下を引き抜いて一緒に連れて行こうとする場合がある。引抜き行為はそれ自体では違法ではないが、方法や態様が極めて悪質な場合（社会的相当性を欠く場合）には、信義則違反により債務不履行責任ないし不法行為責任が発生し、使用者は損害賠償請求を行うことが認められる（なお、ラクソン事件・東京地判平3.2.25労判588号74頁、コンピューターサービス事件・東京地判平8.12.27判時1619号85頁などは、これを労働者の誠実義務違反という観点から論じている）。

基本判例　ラクソン事件・東京地判平3.2.25労判588号74頁

「企業間における従業員の引抜行為の是非の問題は、個人の転職の自由の保障と企業の利益の保護という2つの要請をいかに調整するかという問題でもあるが、個人の転職の自由は最大限に保障されなければならないから、従業員の引抜行為のうち単なる転職の勧誘に留まるものは違法とはいえず、したがって、右転職の勧誘が引き抜かれる側の会社の幹部従業員によって行われたとしても、右行為を直ちに雇用契約上の誠実義務に違反した行為と評価することはできないというべきである。しかしながら、その場合でも、退職時期を考慮し、あるいは事前の予告を行う等、会社の正当な利益を侵害しないよう配慮すべきであり（従業員は、一般的に2週間前に退職の予告をすべきである。民法627条1項参照）、これをしないばかりか会社に内密に移籍の計画を立て一斉、かつ、大量に従業員を引き抜く等、その引抜きが単なる転職の勧誘の域を越え、社会的相当性を逸脱し極めて背信的方法で行われた場合には、それを実行した会社の幹部従業員は雇用契約上の

誠実義務に違反したものとして，債務不履行あるいは不法行為責任を負うというべきである。そして，社会的相当性を逸脱した引抜行為であるか否かは，転職する従業員のその会社に占める地位，会社内部における待遇及び人数，従業員の転職が会社に及ぼす影響，転職の勧誘に用いた方法（退職時期の予告の有無，秘密性，計画性等）等諸般の事情を総合考慮して判断すべきである。」

事 項 索 引

あ
アウト・ソーシング………77
青田買い………………93
アルバイト…………8, 80
安全衛生委員会…………69
安全配慮義務
………43, 146, 150, 190, 206

い
イギリス労働者階級の状況
………………………16
育児介護休業法…………182
意思自治………………15
意思自治の原則…………16
意思の熟度………………280
意思表示の瑕疵…………276
いじめ…………………277
移籍出向………………192
一時帰休…………221, 251
一事不再理（二重処分禁止）
の原則………………168
一人組合………………65
一般労働者派遣事業……202
委任……………………43
嫌がらせ………………277

う
請負……………………43
打切補償………………245

え
営業秘密……………133, 283

お
親子会社……………54, 57

か
会員代表訴訟……………153
解雇……………124, 230, 231

解雇回避措置……………235
解雇回避努力……251, 264, 266
解雇回避努力義務………252
解雇期間中の賃金………242
戒告……………………161
外国人労働者…………9, 80
解雇権…………………232
解雇権濫用法理
14, 124, 169, 233, 234, 236,
239, 277
解雇権濫用法理の類推適用
……………247, 262, 263, 266
解雇事由…………235, 239
解雇自由の原則…………231
解雇制限法理……………232
解雇の金銭解決…………242
解雇の自由……14, 15, 124, 231
解雇の承認………………255
解雇の手続的規制………245
解雇無効確認の効果……241
解雇予告………224, 239, 246
解雇予告手当……97, 246, 248
解雇理由証明書……239, 281
会社分割………212, 216, 218
外部への業務委託………77
外部労働市場…………74, 124
解約権留保付……………104
解約権留保付労働契約…102
格差社会………6, 7, 8, 19
学卒一括採用……………75
学卒定期採用…………98, 100
拡大された自由権………30
家事使用人………………39
過失責任の原則…………16
家族の介護…………181, 182
肩たたき………………184
片道出向……184, 185, 187, 192
合併……………………212, 213
過半数組合………………67
過半数代表……………63, 67

過半数代表者……………67
株主代表訴訟……………153
過労死………………19, 146
過労自殺………………19, 146
間接雇用…………195, 196
間接雇用禁止の原則……195
間接差別の禁止…………88
完全月給制………………279
観念の通知…………260, 268
管理職組合………………66
管理職ユニオン…………63

き
企画業務型裁量労働制……69
基幹的臨時工……………262
期間の定めのある労働契約
………………………79
期間の定めのない労働契約へ
の転化………………262
危機回避型…………249, 250
企業外非行…………165, 166
企業グループ………53, 184
企業グループ化…………185
企業再編………………212
企業秩序
134, 137, 154, 155, 157, 168
企業秩序違反……………154
企業秩序遵守義務………134
企業秩序定立・維持権…159
企業秩序論………………158
企業内いじめ……………19
企業内教育訓練…………75
企業内訓練………………124
企業のグループ化………187
企業の経済活動の自由
………………………86, 227
企業の経済的自由………90
企業の再構築……………255
企業の社会的権力性…20, 50
企業の名誉・信用を毀損せず

事項索引　　287

保持する義務………… 133
企業買収・統合………… 212
企業秘密………… 133
企業秘密の保持………… 283
企業別組合………… 12, 63
企業法………… 4
規制が支える自己決定…… 18
規制緩和………… 197
帰責主体としての使用者… 61
偽装請負… 19, 55, 56, 77, 201
偽装解散………… 54
起訴休職………… 221, 225
技能実習………… 9
技能実習生………… 9
希望者全員継続雇用の原則
　………… 273
希望退職………… 277
希望退職者の募集……… 251
基本的指揮命令権………… 41
基本的労務指揮権………… 41
規約不備組合………… 67
キャリア権………… 25, 152
キャリア展開………… 4, 19
休業手当………… 243
吸収合併………… 213
吸収合併消滅会社……… 213
吸収合併存続会社……… 213
吸収分割………… 216
休職………… 220
求職・求人のマッチング… 73
求職者………… 73
休職制度………… 220
休職措置………… 220
求職中の適切な生活保障シス
　テム………… 73
休職命令権………… 220
求人・求職情報………… 74
求人票………… 88
競業………… 165
競業避止義務……… 133, 281
共同作業秩序
　134, 137, 154, 155, 157, 168
共同作業秩序・企業秩序
　………… 110
共同作業秩序（企業秩序）遵

守義務………… 157
共同作業秩序遵守義務
　………… 134, 155, 158
強迫………… 276, 278
業務処理請負………… 200
業務命令………… 125, 131
業務命令違反………… 165
業務命令権………… 132
緊急避難型……… 249, 250
均衡処遇………… 78
均衡の理念………… 120
禁反言の法理………… 256
金品の返還………… 281
勤務地………… 172, 177

く

クーリング期間………… 207
苦痛な労働………… 130
国………… 70
組合活動権………… 28
組合規律………… 31
組合専従休職………… 222
組合の結成・加入（選択）・脱
　退の自由………… 30
組合保障………… 222
組合民主主義………… 67
グループ企業……… 185, 187
グループ雇用………… 53

け

経営権………… 156
経済的従属性………… 41
経済的理由による解雇… 250
経済のグローバル化…… 9, 20
経済発展による事業拡大
　………… 178
継続雇用制度
　………… 267, 273, 274, 275
継続雇用制度の基準……… 275
経費削減………… 251
契約自由の原則…… 16, 86, 112
契約締結上の過失………… 100
契約締結の自由の原則
　………… 86, 112
経歴詐称……… 165, 167

結果債務………… 147
嫌煙権………… 147
減給………… 161
兼業………… 134, 136, 165
健康配慮義務………… 146
兼職………… 134, 165
譴責………… 161
現代の貧困………… 19
憲法………… 22
憲法組合………… 64, 66
権利濫用………… 175
権利濫用の禁止……… 14, 123
権利濫用法理
　125, 172, 173, 178, 226, 229

こ

合意解約の申込み
　………… 277, 279, 280
合意解約の誘引………… 280
合意原則…… 118, 119, 120, 187
行為主体としての使用者… 61
合意の虚偽性………… 119
公益通報……… 140, 141, 142
公益通報者保護法……… 142
降格………… 162, 228
公共職業安定所…… 74, 86, 87
降職………… 162, 229
公序良俗違反………… 276
公正処遇………… 110
公正評価義務……… 144, 227
構造改革………… 197
合同労組………… 63
高度経済成長期………… 17
高年齢者雇用安定法
　………… 271, 273
高年齢労働者雇用確保措置
　………… 273
幸福追求権………… 22
合理的限定解釈
　115, 120, 135, 164, 166, 167,
　169, 174
合理的補充解釈………… 115
効力始期附………… 98
国際私法………… 9
5条協議………… 217

個人としての労働者 …… 19, 21
個人の尊重 …………………… 22
個人の尊重の理念 …………… 22
子供の保育 ………………… 182
子の養育 …………………… 182
個別合意 …………………… 116
個別的労働関係 ………… 5, 108
個別的労働関係法
　　　　　　　…… 10, 26, 113
個別的労働関係法上の労働者
　概念 ……………………… 34
個別的労働条件 …………… 113
個別的労働条件の変更 …… 256
雇用 ………………………… 43
雇用確保措置 ……………… 271
雇用関係法 ………………… 10
雇用継続型契約変更制度
　　　　　　　…………… 259
雇用継続の期待
　　　　　　… 263, 264, 267
雇用契約 …………………… 15
雇用社会 …………………… 3, 7
雇用社会への参入 ………… 10
雇用・就職情報 …………… 73
雇用政策 …………………… 74
雇用政策法 ………………… 10, 25
雇用対策法 ………………… 74
雇用調整 ……… 185, 187, 255
雇用調整としての休職 …… 221
雇用と使用の分離 ………… 200
雇用の安定 ………………… 10
雇用の維持 ………………… 10
雇用納付金 ………………… 88
雇用保険法 ………………… 74
雇用保障 …………………… 270
雇用保障法 ……… 10, 24, 25, 74
混合契約 …………………… 50
今後の高年齢者雇用に関する
　研究会報告書 ………… 275
今後の労働契約法制の在り方
　に関する研究会報告書
　　　……… 135, 136, 242, 259
コンプライアンス …………… 4

さ

罪刑法定主義の原則 ……… 168
債権者の受領義務 ………… 152
再雇用慣行 ………………… 275
再就職支援措置 …………… 252
在籍出向 …………………… 183
最低賃金 ……………… 80, 206
最低賃金法 ……………… 74, 80
債務の本旨に従った労働義務
　の履行 ………………… 129
採用活動・就職活動の早期化
　　　　　　　…………… 100
採用内定 …………………… 93
採用内定期間中の法律関係
　　　　　　　……………… 98
採用内定取消 ………… 96, 124
採用内定の法的性質 ……… 93
採用内定法理 …………… 125
採用内々定 ……………… 92, 93
採用内々定の法的性質 …… 99
採用の自由 ……………… 86, 88
在留資格 …………………… 9
詐欺 ………………………… 276
錯誤 ………………………… 276
サテライト・オフィス ……… 7
差別的解雇の禁止 ………… 245
産業別組合 ………………… 63

し

資格審査 …………… 64, 66, 67
指揮監督 ……………… 35, 108
始期付解約権留保付労働契約
　　　　　　　………… 94, 100
指揮命令 ……………… 35, 108
指揮命令関係 ………… 56, 147
指揮命令権 …………… 128, 132
指揮命令権の権利濫用 …… 131
指揮命令権の譲渡 ………… 186
事業 …………………… 35, 36
事業者 ……………………… 52
事業場 ………………… 36, 68
事業譲渡 ……………… 212, 214
事業譲渡契約 ……………… 215
事業譲渡契約書 …………… 214

事業組織への組入れ ……… 48
事業主 ……………………… 52
事故欠勤休職 ………… 221, 224
自己決定 …………………… 18
自己決定権 ………………… 22
自己決定生活権 …………… 23
自己決定の理念 ………… 18, 22
自己都合休職 ……………… 221
仕事と家庭生活の調和 …… 182
仕事と生活の調和促進のた
　めの行動指針 ………… 122
仕事と生活の調和（ワーク・
　ライフ・バランス）憲章
　　　　　　　…………… 122
市場システム ……………… 19
市場取引 …………………… 18
辞職 ……………… 230, 276, 278
辞職の意思表示 ……… 277, 280
私生活自由の原則 ………… 135
私生活の自由 ……………… 135
思想・信条を理由とする採用
　拒否 ……………………… 90
思想・信条を理由とする採用
　差別 ……………………… 89
失業 ………………………… 73
失業時の生活保障 ……… 10, 74
失業の防止 ……………… 10, 74
失業保険法 ………………… 8
失業率 ……………………… 19
私的自治 …………………… 15
私的自治の原則 …………… 16
始末書 …………………… 161
市民法 …………………… 15, 16
市民法から社会法へ ……… 16
社外（企業外）人事異動
　　　　　　　…………… 171
社外出張 ………………… 184
社外人事異動 …………… 195
社会的権力 … 5, 20, 32, 63, 111
社会法 …………………… 16
社会保険被保険者資格取得届
　出義務 ………………… 145
社会保障法 ……………… 5
社外労働者 ……………… 55, 147
社内（企業内）人事異動

事項索引

……………………… 171
就活（シューカツ）……… 100
従業員代表制……………… 70
従業員の地位確認……… 241
就業規則
　……… 11, 111, 113, 119, 125
就業規則の絶対的必要記載事項……………… 145, 239, 270
就業規則の相対的必要記載事項………………… 156, 160
就業規則の懲戒条項……… 156
就業規則の不利益変更
　………………………… 126, 256
就業規則の法的性質……… 156
就職………………………… 73
就職協定………………… 93, 101
就職市場…………………… 74
終身雇用慣行……………… 270
終身雇用制
　……… 12, 75, 101, 124, 231, 236
自由設立主義……………… 63
従属性……………………… 17
従属労働………………… 5, 17
従属労働関係……………… 108
従属労働者………………… 37
集団的・統一的労働者像… 21
集団的労働関係…………… 5
集団的労働関係法… 10, 21, 38
集団的労働関係法上の労働者概念…………………… 44
集団的労働条件…………… 256
就労始期付………………… 98
就労請求権………………… 151
就労についての特別な合理的利益…………………… 151
就労妨害排除の仮処分… 151
手段債務………………… 147
出勤停止…………………… 162
出向
　125, 171, 183, 184, 194, 201, 251
出向期間…………………… 191
出向休職…………………… 221
出向協定………………… 185, 189
出向契約………………… 185, 189

出向の法的構成…………… 189
出向の類型………………… 183
出向復帰…………………… 191
出向命令権………………… 187
出向命令権の法的根拠…… 185
出向命令権濫用法理……… 188
出向労働契約……………… 189
出向労働者受入契約
　………………………… 185, 189
準解雇………………… 277, 278
準拠法……………………… 9
試用………………………… 101
生涯現役社会実現………… 275
障害者の雇用率…………… 88
紹介予定派遣……… 75, 106, 201
昇格………………… 161, 225, 227
昇格差別…………………… 227
昇格請求権………………… 228
使用関係…………………… 200
試用期間…………………… 102
試用期間の延長…………… 105
昇給………………………… 161
昇級………………………… 225
消極的団結権……………… 32
承継されない不利益……… 217
承継される事業に主として従事する労働者……… 216
承継事業に従として従事してきた労働者……… 217
使用者……………………… 50
使用者裁量権容認機能
　…………………………… 13, 125
使用者選択の自由
　…………………… 24, 86, 112
使用者団体………………… 62
使用者の義務……………… 143
使用者の主たる義務……… 143
使用者の付随義務………… 145
使用従属関係……………… 147
使用従属性…… 35, 37, 41, 43, 45
昇進………………… 225, 227
昇進差別…………………… 227
昇進請求権………………… 227
試用の法的性質…… 102, 104
傷病休職………………… 221, 222

傷病補償年金……………… 245
情報提供義務…… 85, 116, 119
試用法理…………………… 125
常用代替防止……………… 196
除外認定……………… 245, 247
職業安定法
　………………… 8, 74, 86, 195, 197
職業訓練…………………… 73
職業紹介………… 73, 74, 87
職業紹介国家独占の原則
　……………………… 87, 197
職業生活と家庭生活の調和
　………………………… 121
職業選択の自由
　………………… 134, 204, 282
職業能力…………………… 74
職業能力開発促進法……… 74
職種………………………… 172
職種・職務内容の変更…… 183
職種の限定………………… 176
職種変更命令権…… 176, 259
職能資格制度……………… 225
職能資格の引下げ措置としての降格…………………… 229
職場いじめ…………… 146, 149
職場環境…………………… 149
職場環境配慮義務
　………………… 149, 152, 277
職場規律違反……………… 165
職場における平等………… 110
職場における暴力行為…… 165
職場復帰…………………… 241
職務懈怠…………………… 165
職務上の非違行為………… 165
職務専念義務……………… 128
職務専念義務論…………… 129
職務著作…………………… 138
職務等級制度……………… 225
職務内容…………………… 172
職務発明…………………… 137
女工哀史…………………… 16
女性ユニオン……………… 63
ジョブサーチ派遣
　………………… 75, 106, 201
所有権絶対の原則………… 16

人員合理化……………… 255
人員削減の必要性……… 250
人格の自由……………… 158
新規採用の停止………… 251
信義則
　……110, 115, 122, 133, 145
人権……………………… 32
人材ビジネス…74, 75, 87, 197
人事異動…………… 125, 171
人権……………………… 229
人事考課・査定…… 161, 225
人事考課・査定権……… 226
新時代の「日本的経営」…76
真実告知義務…………… 91
人事ローテーション…… 124
人身の自由………… 278, 279
新設合併………………… 213
新設合併消滅会社……… 213
新設合併設立会社……… 213
新設分割………………… 216
人選の合理性・客観性…266
人的従属性…………41, 109
心裡留保…………… 277, 278

せ

成果主義人事…………… 19
成果主義賃金…………… 227
成果主義賃金処遇……… 106
成果主義・能力主義賃金システム……………… 143, 144
生活保護………………… 81
制裁……………………… 160
誠実義務…………… 133, 284
誠実交渉義務……85, 116, 119
誠実労働義務…………… 128
正社員………………… 8, 75
生存権……………16, 17, 23
生存権的自己決定……… 23
生存権理念………… 6, 15, 23
性的嫌がらせ…………… 149
整理解雇…………… 124, 249
整理解雇回避努力……… 251
整理解雇の4要件… 250, 266
整理解雇の人選………… 263
整理解雇法理…… 124, 249, 263

整理解雇法理の類推適用
　………………………… 264
整理基準の客観的合理性
　………………………… 252
セクシュアル・ハラスメント
　………………………… 149
セクハラ…………19, 130, 149
セクハラ防止の措置義務
　………………………… 205
積極的団結権…………… 32
説明義務…………85, 116, 119
善管注意義務…………… 153
選択債権………………… 249
選択定年制……………… 277
専門26業務………… 202, 207
戦略型…………………… 250

そ

争議権…………………… 28
争議行為………………… 10
早期退職………………… 277
争議団…………………28, 64
相当性原則……………… 169
相当の対価……………… 137
双務契約………………… 109
即時解雇……… 163, 246, 247, 248
組織的従属性…………… 41

た

第1次オイルショック
　………………… 171, 250
退職……………………… 231
退職勧奨………………… 277
退職金の上積み………… 252
退職金の不支給………… 164
退職金不支給・減額条項
　………………………… 282
退職後の競業避止義務… 282
退職時の証明書の交付… 280
退職の意思表示
　………………… 277, 279, 280
退職の自由
　………14, 123, 231, 278, 279
諾成契約………………… 109
多国籍企業………………… 9

他人決定労働…………5, 17
短期契約の自動更新…… 268
団結権…………………… 28
団結自治の原則………… 30
団結秩序………………… 31
団交拒否の不当労働行為
　………………………… 206
短時間労働者…………… 83
男女雇用機会均等法…… 150
単身赴任
　…… 171, 172, 179, 180, 181
団体交渉…………… 10, 45, 47
団体交渉権……………… 28
団体行動権……………… 28
団体性の要件…………64, 65

ち

地域別最低賃金………… 80
地方自治体……………… 70
治癒……………………… 222
中核的労働者…………… 45
中核的労働者概念……… 50
中間搾取の禁止………… 87
中間収入の控除………… 243
忠実義務………………… 133
忠実義務違反…………… 153
中途採用…………… 106, 124
中途入社………………… 236
懲戒解雇
　…… 162, 163, 179, 235, 247
懲戒休職………………… 162
懲戒権……………… 159, 167
懲戒権濫用法理…… 168, 169
懲戒事由…………… 161, 165
懲戒事由の追加・差替え
　………………………… 168
懲戒条項………………… 168
懲戒処分…… 134, 136, 154, 155
懲戒処分としての休職… 221
懲戒処分としての降格… 229
懲戒処分の種類………… 160
懲戒処分の法的性格…… 156
懲戒処分の有効要件…… 167
懲戒手続………………… 169
長期雇用システム……… 124

長期にわたる試用期間……105
著作権法……………………138
賃金………………………35, 145
賃金・給与の引下げ………251
賃金支払意思………………56
賃金支払義務……127, 143, 191
賃金支払義務の履行………144
賃金全額払の原則…………243
賃金のバックペイ…………242

つ
通常の労働者…………………78
通常の労働者と同視すべき短時間労働者………………78
通年採用制…………………98

て
停職…………………………162
定年解雇制…………………270
定年制………………………270
定年退職……………………230
定年退職制…………………270
定年の定めの廃止…………273
定年の引上げ………………273
適職選択権…………………24
適職付与義務………………152
適正手続の原則……………169
適性・能力判断の実験観察期間……………………105
手続的正義の原則…………169
テレワーク…………………7
転勤……………………172, 178
転職…………………………73
転職市場……………………74
転籍……………171, 184, 192, 194
転籍復帰……………………193
転籍労働者受入契約………193

と
同居の親族…………………39
東芝型法理………263, 266, 267
統制権………………………31
統制処分…………………28, 31
特定最低賃金………………80
特定承継……………………214

特定労働者派遣事業………202
独立労働……………………43
年越し派遣村………………199
特許法………………………137

な
内定辞退……………………97
内定通知……………………96
内定取消…………………93, 94
内定取消事由………………96
内部告発……………140, 141, 142
内部告発者…………………140
内部労働市場……………75, 124
7条措置……………………217

に
ニート……………………7, 8, 75
二重就職……………………165
二重派遣……………………201
日本的雇用慣行
　………12, 98, 106, 124, 126, 236
入社…………………………108
任意的労働契約法理……95, 104
任期制の大学教員…………269
人間の尊厳の理念………17, 22
妊娠中・出産後の健康管理義務………………………205

ね
ネガティブリスト方式
　……………………197, 202
ネットカフェ難民…………198
年功型処遇の賃金体系……231
年功処遇制………………12, 124
年功制………………………236
年功賃金……………………270
年功的処遇………………75, 270
年俸制……………………19, 143, 144
年俸制労働者………………279
年齢差別……………………271
年齢差別禁止法……………271

の
能力開発……………………73
ノーマライゼーション……7

ノーワーク・ノーペイの原則
　……………………………144

は
パート…………………8, 80, 83
パートタイマー………………83, 121
パートタイム労働者…………83
パートユニオン………………63
パート労働者……77, 83, 85, 121
パート労働法……………78, 121
配置転換……………………172
配転……………171, 172, 184, 251
配転命令……………………179
配転命令権…………………172, 173
配転命令権の限界………175, 178
配転命令権の濫用………182, 183
配慮義務……………………145
派遣可能期間……………206, 208
派遣期間……………………206
派遣業………………………195
派遣切り
　7, 8, 19, 23, 78, 80, 198, 199, 202
派遣先管理台帳……………205
派遣先責任者………………205
派遣先による派遣労働者の雇用……………………208
派遣対象業務………………202
派遣店員……………………184
派遣元管理台帳……………204
派遣元責任者………………204
派遣労働者………………77, 78
派遣労働者の解雇…………241
派遣労働者を雇い入れる努力義務……………………208
派遣労働の定義……………199
罰金…………………………161
ハラスメント………………277
ハローワーク……………74, 86
パワハラ…………………19, 149
犯罪…………………………166
判例法理……………………11

ひ
被解雇者の人選の妥当性

························252
引抜き························284
ビジネスロー····················4
非常勤講師の雇止め（更新拒絶）·················269
非正規雇用······················75
非正規社員······················82
非正規労働者···76,80,81,195
日立メディコ型法理
　　　　　　　····264,266,267
人たるに値する生存····17,22
秘密保持義務··········133,283
日雇派遣·······················198
病気休暇·······················224
病気休職··········221,222,224
病気の家族····················181
平等取扱原則·················168
比例原則·······················169
非労働者化······················40

ふ

付加金··························248
不況による雇用調整········178
複合業務·······················207
復職·····························241
服務規律·······················157
附合契約·······················110
不更新条項····················268
不更新通告····················269
不正競争·······················284
不正競争防止法··············283
不遡及の原則·················168
普通解雇················163,235
不当労働行為の禁止·········58
部分的使用者概念············60
部分的包括承継··············216
部分的労働者··················50
不法就労外国人·················9
不法就労助長罪·················9
プライバシー
　　　　　····19,91,135,146
プライバシー保護············90
ブラックリストの禁止
　　　　　　　··········280,281
フリーター················7,8,75

不利益緩和措置··············252
ブルーカラー····················8
プロ野球労働組合···········49
分割会社·······················216
分割計画·······················216
分割契約·······················216
分割されることの不利益
　　　　　　　···················217

へ

併存的債務引受··············191
便宜供与·······················222
変更解約告知
　　　　　········256,257,259,269

ほ

包括承継·······················213
包括的合意····················172
法人格の形骸化················54
法人格の濫用··················54
法人格否認の法理
　　　　　　　··········51,54,215
法適合組合······················67
法の下の平等··················33
報復的解雇の禁止············245
法律による解雇規制·······244
ポジティブリスト方式
　　　　　　　··········196,202
募集····························86
募集・採用における年齢差別の禁止·····················100
補助的臨時工·················263
ボランティア··················35
ホワイトカラー·················8
本採用拒否
　　　····102,103,104,105,124

ま

毎月1回以上定期払の原則
　　　　　　　···················279
マルチジョブホルダー
　　　　　　　···················136

み

みなし解雇····················278

民法·····························15

む

無意味労働····················130
ムーンライター··············136
無効行為の転換··············163

め

メンタルヘルス··············146

も

黙示の保証····················191
黙示の労働契約成立の法理
　　　　　　　···············51,55
黙示の労働契約の更新····261
目標管理制度·················143
専ら派遣·······················203
物の製造業務·················202

や

役員報酬のカット··········251
役職・職位の降格··········229
約款法理·······················125
雇止め···················125,260

ゆ

有期切り···················8,80
有期契約の期間満了·······230
有期契約の原則··············266
有期雇用·······················79
有期労働契約の期間途中での解雇·························240
有期労働契約の更新拒絶
　　　　　····125,259,260,266
有期労働契約の雇用保障機能と労働者拘束機能·······232
有期労働契約の終了（期間満了）·························246
有期労働契約の締結，更新及び雇止めに関する基準
　　　　　　　·······79,247,260
有期労働者の雇止め·······260
有償契約·······················109
有料職業紹介事業··········197
諭旨解雇·······················162

ユ・シ解雇‥‥‥‥‥‥235
ユニオン・ショップ協定
‥‥‥‥28, 31, 32, 82, 235

よ

予防型‥‥‥‥‥‥‥‥250
4要件から4要素へ‥‥‥254

り

リーマンショック
‥6, 19, 23, 80, 198, 199, 202
リストラ
‥19, 185, 187, 249, 255, 277
リストラクチャリング‥‥255
リストラ合理化‥‥‥‥‥171
留保付承諾‥‥‥258, 259, 269
両罰規定‥‥‥‥‥‥‥‥52
倫理憲章‥‥‥‥‥‥‥‥93

れ

連合団体‥‥‥‥‥‥‥‥65

ろ

労災保険法‥‥‥‥‥‥‥‥8
労災民訴‥‥‥‥‥‥‥‥147
労使委員会‥‥‥‥‥‥69, 70
労使関係研究会報告書‥‥‥48
労使関係法‥‥‥‥‥‥‥‥10
労使協定‥‥‥‥‥‥‥67, 68
労使自治の原則‥‥‥‥‥‥30
労使の実質的平等‥‥‥33, 120
労使の利益衡量‥‥‥‥‥115
労働関係‥‥‥‥‥‥‥5, 108
労働関係調整法‥‥‥‥‥8, 30
労働関係の組織的・集団的性
格‥‥‥‥‥‥‥‥‥‥155
労働基準法‥‥‥‥8, 26, 74, 117
労働基準法上の使用者概念
‥‥‥‥‥‥‥‥‥‥‥‥51
労働基準法上の労働者概念
‥‥‥‥‥‥‥‥‥‥‥‥34
労働基準法の強行性‥‥‥248
労働基本権‥‥‥‥18, 28, 29, 49
労働義務‥‥‥‥‥‥127, 132
労働義務の限界‥‥‥‥‥130

労働協約‥‥‥‥‥11, 111, 218
労働協約の解雇同意条項・解
雇協議条項‥‥‥‥‥‥240
労働組合‥‥‥‥10, 21, 28, 63
労働組合の自主性‥‥‥‥‥66
労働組合の統制‥‥‥‥‥‥31
労働組合法‥‥‥‥‥8, 30, 63
労働組合法上の使用者概念
‥‥‥‥‥‥‥‥‥‥58, 212
労働組合法上の労働組合
‥‥‥‥‥‥‥‥‥‥64, 65
労働組合法上の労働者概念45
労働契約‥‥‥‥‥42, 43, 109
労働契約概念‥‥‥‥‥‥‥35
労働契約関係にともなう基本
的特徴‥‥‥‥‥‥‥‥110
労働契約承継法‥‥‥212, 216
労働契約上の義務‥‥‥‥127
労働契約上の地位確認‥‥241
労働契約締結過程‥‥‥‥‥92
労働契約締結上の過失‥‥‥92
労働契約内容理解促進義務
‥‥‥‥‥‥‥‥‥‥‥‥110
労働契約の解釈‥‥‥114, 175
労働契約の基本原則‥‥‥119
労働契約の合意解約
‥‥‥‥‥‥‥230, 276, 279
労働契約の重要性‥‥‥‥111
労働契約の終了事由‥‥‥230
労働契約の成立‥‥‥83, 215
労働契約の成立過程‥‥‥‥86
労働契約の締結‥‥‥‥‥‥84
労働契約の内容の理解の促進
‥‥‥‥‥‥‥‥‥‥‥‥114
労働契約の法的性質‥‥‥109
労働契約の労働者義務外延確
定・限定機能‥‥‥‥‥112
労働契約法‥‥‥13, 27, 117, 126
労働契約法上の使用者概念
‥‥‥‥‥‥‥‥‥‥‥‥53
労働契約法上の労働者概念
‥‥‥‥‥‥‥‥‥‥‥‥42
労働契約法の基本的性格
‥‥‥‥‥‥‥‥‥‥‥‥117
労働契約法の目的‥‥‥‥118

労働契約法理
‥‥‥‥13, 76, 118, 123, 126
労働契約申込義務‥‥‥‥208
労働権‥‥‥‥‥‥24, 49, 152
労働権保障‥‥‥‥‥239, 271
労働時間等設定改善委員会
‥‥‥‥‥‥‥‥‥‥‥‥69
労働市場‥‥‥5, 10, 18, 25, 73, 74
労働市場法‥‥‥‥‥10, 25, 74
労働者‥‥‥‥‥‥‥‥34, 113
労働者概念の相対性‥‥44, 49
労働者供給事業‥87, 195, 200
労働者雇用安定化機能
‥‥‥‥‥‥‥‥‥‥13, 125
労働者像‥‥‥‥‥‥‥‥‥8
労働者に対する損害賠償請求
‥‥‥‥‥‥‥‥‥‥‥‥139
労働者の義務‥‥‥‥‥‥127
労働者の権利行使保護の観点
からの解雇禁止‥‥‥‥245
労働者の自己決定‥‥‥‥‥19
労働者の思想・信条‥‥‥‥90
労働者の自由‥‥‥‥‥‥158
労働者の主たる義務‥‥‥127
労働者の自立‥‥‥‥‥‥‥19
労働者の人格‥‥‥130, 149, 152
労働者の責に帰すべき事由に
基づく解雇‥‥‥‥‥‥247
労働者の二極化‥‥‥‥‥‥19
労働者の付随義務‥‥‥‥133
労働者のプライバシー‥‥‥91
労働者派遣‥‥‥‥57, 78, 195
労働者派遣契約‥‥‥199, 203
労働者派遣契約解除の禁止
‥‥‥‥‥‥‥‥‥‥‥‥205
労働者派遣契約の解除
‥‥‥‥‥‥‥‥‥204, 205
労働者派遣事業‥‥‥195, 202
労働者派遣の原則自由化
‥‥‥‥‥‥‥‥‥‥‥‥197
労働者派遣法‥‥‥‥75, 196
労働者派遣法改正法案‥‥209
労働者保護法‥‥‥10, 74, 113
労働受領義務‥‥‥‥‥‥151
労働条件の決定・変更‥‥125

労働条件の個別化……………19
労働条件の集合的・統一的処理……………………………110
労働条件の変更のための解雇……………………………257
労働条件の明示……………114
労働条件の枠………………112
労働条件法定の原則…………26
労働条件明示義務…………109
労働条件労使対等決定の原則
　　111,115,120,159,174,187
労働条件労使対等決定の理念
　　………………………………33
労働団体法…………………10
労働の自由…………………112
労働の従属性………………5,35
労働付与義務………………152
労働法……………………3,5
労働法的装置………………24
労働法の新たな理念…………21
労働法の基本骨格……………8
労働法の国際化………………9
労働法の集団主義的傾向……21
（労働法の）パラダイム転換
　　………………………………19
労働法のパラダイム転換……21
労働力の外部化………………77
労働力の外部化現象………197
労働力の流動化………………75
労務給付請求権……………128
労務指揮権…………128,132
60歳定年の義務づけ………273

わ

ワーキングプア
　　…………6,7,8,19,23,81
ワーキングライフ……………3
ワーキングライフの展開…10
ワーク・ライフ・バランス
　　………13,121,127,172,182

C

CSR…………………………4

E

EU……………………………9

I

ILO（国際労働機関）………9

O

OJT…………………………75

判例索引

福岡地小倉支判昭 29.6.19 労民集 5 巻 3 号 243 頁（八幡製鉄事件）……………… 255, 256
最三小決昭 29.9.28 最高裁判所裁判集刑事 98 号 847 頁（日本通信社事件）……… 247
大阪地判昭 32.11.13 判時 138 号 30 頁（永大産業事件）……………………………… 135
東京高決判昭 33.8.2 労民集 9 巻 5 号 831 頁（読売新聞社事件）…………………… 151
最二小判昭 35.3.11 民集 14 巻 3 号 403 頁（細谷服装事件）………………………… 248
最一小判昭 36.5.25 民集 15 巻 5 号 1322 頁（山崎証券事件）………………………… 38
最二小判昭 37.7.20 民集 16 巻 8 号 1656 頁（米軍山田部隊事件）…………………… 243
京都地判昭 37.11.30 労民集 13 巻 6 号 1140 頁（京都全但タクシー事件）………… 31
大阪高判昭 38.3.26 労民集 14 巻 2 号 439 頁（播磨鉄鋼事件）……………………… 214
神戸地姫路支判昭 38.11.21 労民集 14 巻 6 号 1434 頁（日伸運輸事件）…………… 214
札幌地判昭 39.2.25 労民集 15 巻 1 号 90 頁（北海道放送事件）…………………… 173
大阪高判昭 40.2.12 判時 404 号 53 頁（日伸運輸事件）……………………………… 214
横浜地決昭 40.12.8 労民集 16 巻 6 号 1057 頁（二国機械工事事件）………………… 91
浦和地判昭 40.12.16 判時 438 号 56 頁（平仙レース事件）…………………………… 135
東京地判昭 41.3.31 労民集 17 巻 2 号 368 頁（日立電子事件）………………… 185, 187
大阪高判昭 41.4.22 労民集 17 巻 2 号 613 頁（播磨造船事件）……………… 255, 256
東京地判昭 42.11.15 労民集 18 巻 6 号 1136 頁（エスエス製薬事件）……………… 161
東京地判昭 43.10.25 労民集 19 巻 5 号 1335 頁（東京 12 チャンネル事件）……… 38
最大判昭 43.12.4 刑集 22 巻 13 号 1425 頁（三井美唄労組事件）………………… 28, 29
最三小判昭 43.12.24 民集 22 巻 13 号 3050 頁（全電通千代田丸事件）…………… 130
最大判昭 43.12.25 民集 22 巻 13 号 3459 頁（秋北バス事件）……… 125, 157, 271, 272
最一小判昭 44.2.27 民集 23 巻 2 号 511 頁（山世志商会事件）……………………… 54
大阪地判昭 44.7.10 労民集 20 巻 4 号 735 頁（日本生命事件）……………………… 173
仙台高秋田支判昭 45.2.16 労民集 21 巻 1 号 176 頁（秋田相互銀行事件）……… 173
仙台地判昭 45.3.26 労民集 21 巻 2 号 330 頁（川岸工業事件）……………………… 54
東京地判昭 45.6.23 労民集 21 巻 3 号 980 頁（日本経済新聞社事件）……………… 163
大阪地判昭 45.7.10 労民集 21 巻 4 号 1149 頁（大阪読売新聞社事件）…………… 105
最三小判昭 45.7.28 民集 24 巻 7 号 1220 頁（横浜ゴム事件）……………………… 167
名古屋地判昭 45.9.7 労判 110 号 42 頁（レストラン・スイス事件）……………… 152
奈良地判昭 45.10.23 判時 624 号 78 頁（フォセコ・ジャパン・リミテッド事件）……… 282
東京高判昭 47.3.31 労民集 23 巻 2 号 149 頁（森尾電機事件）……………………… 94
津地上野支決昭 47.11.10 判時 698 号 107 頁（高北農機事件）……………………… 151
東京地判昭 48.2.6 労判 179 号 74 頁（大塚印刷事件）……………………………… 37
最二小判昭 48.10.19 労判 189 号 53 頁（日東タイヤ事件）………………………… 187
最大判昭 48.12.12 民集 27 巻 11 号 1536 頁（三菱樹脂事件）…… 32, 86, 89, 103, 104, 106, 124
最二小判昭 49.3.15 民集 28 巻 2 号 265 頁（日本鋼管事件）………………… 166, 167
東京高判昭 49.4.26 判時 741 号 111 頁（国鉄事件）………………………………… 256

最一小判昭 49.7.22 民集 28 巻 5 号 927 頁（東芝柳町工場事件）…80,125,239,262,263,268
最三小判昭 50.2.25 民集 29 巻 2 号 143 頁（陸上自衛隊事件）……………………146,148
最二小判昭 50.4.25 民集 29 巻 4 号 456 頁（日本食塩製造事件）…………14,28,29,124,233
長崎地決昭 50.7.11 判時 795 号 106 頁（西日本アルミニウム工業事件）……………166
東京高判昭 50.12.22 判時 815 号 87 頁（慶応義塾大学病院事件）………………………90
長崎地大村支判昭 50.12.24 判時 813 号 98 頁（大村野上事件）……………………124,250
最二小判昭 51.3.8 労判 245 号 24 頁（大栄交通事件）……………………………………275
最一小判昭 51.5.6 民集 30 巻 4 号 409 頁（油研工業事件）………………………………58
最一小判昭 51.5.6 民集 30 巻 4 号 437 頁（CBC 管弦楽団事件）……………46,47,48
最一小判昭 51.7.8 民集 30 巻 7 号 689 頁（茨城石炭商事事件）……………………139,140
東京高判昭 51.7.19 労民集 27 巻 3＝4 号 397 頁（東亜石油事件）……………………175
大阪地決昭 51.7.20 労判 261 号 49 頁（平野金属事件）…………………………………253
東京地決昭 51.7.23 判時 820 号 54 頁（日本テレビ放送網事件）………………………176
宮崎地判昭 51.8.30 労タ 338 号 130 頁（宮崎放送事件）………………………………176
最二小判昭 52.1.31 労判 268 号 17 頁（高知放送事件）……………………124,163,233
福岡地小倉支判昭 52.6.23 労民集 28 巻 3 号 196 頁（東海カーボン事件）……………243
最二小判昭 52.8.9 労経速 958 号 25 頁（三晃社事件）…………………………………282
札幌高判昭 52.10.27 労民集 28 巻 5＝6 号 476 頁（第一小型ハイヤー事件）…………227
最三小判昭 52.12.13 民集 31 巻 7 号 1037 頁（富士重工業事件）……112,128,158,159
最三小判昭 52.12.13 民集 31 巻 7 号 974 頁（目黒電報電話局事件）……………129,156
福岡高判昭 53.8.9 判タ 377 号 133 頁（昭和自動車事件）……………………………279
福岡地小倉支判昭 53.9.28 労判 313 号 57 頁（門司信用金庫事件）…………………226
大阪高判昭 53.10.27 労判 314 号 65 頁（福知山信用金庫事件）………………………161
横浜地判昭 53.12.15 労判 313 号 48 頁（日本電気事件）………………………………166
札幌地判昭 53.12.26 労民集 29 巻 5＝6 号 957 頁（旭川大学事件）……………………261
東京地判昭 54.3.30 労判 324 号 56 頁（女子学院事件）………………………………243
最二小判昭 54.7.20 民集 33 巻 5 号 582 頁（大日本印刷事件）………94,95,96,98,124
神戸地判昭 54.9.21 労判 328 号 47 頁（中本商事事件）……………………………54,55
東京高判昭 54.10.29 労判 330 号 71 頁（東洋酸素事件）…………………………124,250
最三小判昭 54.10.30 民集 33 巻 6 号 647 頁（国鉄札幌運転区事件）‥136,157,158,159,160
水戸地竜ヶ崎支判昭 55.1.18 労民集 31 巻 1 号 14 頁（東洋特殊土木事件）……………246
東京地判昭 55.2.15 労判 335 号 23 頁（スーパーバッグ事件）…………………165,166
名古屋地判昭 55.3.26 労民集 31 巻 2 号 372 頁（興和事件）…………………………187
大阪高判昭 55.3.28 判時 967 号 121 頁（日本製麻事件）………………………………191
最二小判昭 55.5.30 判時 968 号 114 頁（電電公社近畿電通局事件）………94,96,98,124
東京地決昭 55.6.27 労判 346 号速報カード 15 頁（法政大学事件）……………………269
最一小判昭 55.7.10 労判 345 号 20 頁（下関商業高校事件）…………………………277
東京地判昭 55.12.15 判時 991 号 107 頁（イースタン・エアポートモータース事件）
………………………………………………………………………………………115,158
最一小判昭 55.12.18 民集 34 巻 7 号 888 頁（大石塗装・鹿島建設事件）……………147
最二小判昭 56.2.16 民集 35 巻 1 号 56 頁（航空自衛隊事件）…………………………147
横浜地判昭 56.2.24 労民集 32 巻 1 号 91 頁（全労済事件）……………………………214

最三小判昭 56.3.24 判時 998 号 3 頁（日産自動車事件）･････････････････････････ 33
最二小判昭 56.5.11 労経速 1083 号 12 頁（前田製菓事件）･････････････････････ 38
千葉地判昭 56.5.25 判時 372 号 49 頁（日立精機事件）････････････････････････ 193
札幌高判昭 56.7.16 労民集 32 巻 3 ＝ 4 号 502 頁（旭川大学事件）･････････････ 261
東京高判昭 56.11.25 労民集 32 巻 6 号 828 頁（日本鋼管鶴見造船所事件）････ 166
東京地判昭 57.2.25 判判 382 号 25 頁（フォード自動車（日本）事件）････････ 236
東京地判昭 57.5.31 労判 388 号 42 頁（欧州共同体委員会事件）･･････････････ 105
東京地決昭 57.11.19 労判 397 号 30 頁（小川建設事件）･･････････････････････ 135
福岡高判昭 58.6.7 労判 410 号 29 頁（サガテレビ事件）･･････････････････････ 56
最一小判昭 58.9.8 労判 415 号 29 頁（関西電力事件）･･･････････････････ 159,160
最二小判昭 58.9.16 判時 1093 巻 135 号（ダイハツ工業事件）･･････････････ 169,170
最一小判昭 58.10.27 労判 427 号 63 頁（あさひ保育園事件）･･･････････ 250,251,252
最三小判昭 58.11.1 判判 417 号 21 頁（明治乳業事件）･･････････････････････ 156
東京高判昭 58.12.19 判時 1102 号 24 頁（八洲測量事件）･････････････････････ 97
東京地判昭 59.1.27 判判 423 号 23 頁（エールフランス事件）････････････ 222,223
名古屋地判昭 59.3.23 労判 439 号 64 頁（ブラザー工業事件）･････････････････ 105
東京高判昭 59.3.30 労民集 35 巻 2 号 140 頁（フォード自動車（日本）事件）････ 236
大阪高判昭 59.3.30 判判 438 号 53 頁（長尾商事事件）･･･････････････････ 54,55
最三小判昭 59.4.10 民集 38 巻 6 号 557 頁（川義事件）･････････････････ 146,148
大阪地判昭 59.6.29 労判 434 号 30 頁（大阪トヨタフォークリフト事件）･･････ 37
大阪高判昭 59.11.29 労民集 35 巻 6 号 641 頁（日本高圧瓦斯工業事件）････････ 164
広島高判昭 60.1.25 労判 448 号 46 頁（第一学習社事件）･････････････････････ 151
最一小判昭 60.3.7 労判 449 号 49 頁（水道機工事件）･･･････････････････････ 129
東京地判昭 60.3.14 労判 451 号 27 頁（安田信託銀行事件）･･････････････････ 226
最二小判昭 60.4.5 民集 39 巻 3 号 675 頁（古河電機工業・原子燃料工業事件）･･･ 192
最三小判昭 60.7.19 民集 39 巻 5 号 1266 頁（済生会中央病院事件）･･････････ 51,59
最一小判昭 61.3.13 労判 470 号 6 頁（電電公社帯広局事件）････････ 112,125,132,157
東京高判昭 61.5.28 労判 483 号 21 頁（硬化クローム工業事件）･････････････ 91
最二小判昭 61.7.14 判時 1198 号 149 頁（東亜ペイント事件）････ 122,125,175,178,179,180
最三小判昭 61.7.15 労判 484 号 21 頁（日本鋼管鶴見造船所事件）･･･････････ 62
東京地判昭 61.9.29 労民集 37 巻 4 ＝ 5 号 363 頁（日本冶金工業事件）････････ 225
東京高判昭 61.10.14 金融・商事判例 767 号 21 頁（かなざわ総本舗事件）･････ 92
大阪地決昭 61.10.17 労判 486 号 83 頁（ニシムラ事件）･･････････････････････ 276
新潟地判昭 61.10.31 労判 485 号 43 頁（日本ステンレス・日ス梱包事件）･･･････ 187
最一小判昭 61.12.4 労判 486 号 6 頁（日立メディコ事件）･･･････ 80,125,252,263,264,268
東京地判昭 62.1.30 労判 495 号 65 頁（千代田火災海上事件）･･････････････ 161
最一小判昭 62.2.26 労判 492 号 6 頁（阪神観光事件）･･･････････････････････ 59
最一小判昭 62.4.2 判時 1244 号 126 頁（あけぼのタクシー事件）･････････････ 243
最三小判昭 62.9.18 労判 504 号 6 頁（大隈鉄工所事件）････････････････ 279,280
金沢地判昭 62.11.27 労判 520 号 75 頁（北浜土木砕石事件）･･････････････････ 37
大阪地決昭 62.11.30 労判 507 号 22 頁（JR 東海事件）････････････････････ 187
最三小判昭 63.3.15 労判 523 号 16 頁（宝運輸事件）･･･････････････････････ 144

鹿児島地判昭 63.6.27 労判 527 号 38 頁（国鉄鹿児島自動車営業所事件）……………… 131
東京地決昭 63.8.4 労判 522 号 11 頁（エヴェレット汽船事件）…………………………… 253
長野地松本支決平元.2.3 労判 528 号 69 頁（新日本ハイパック事件）…………………… 187
最一小判平元.12.7 労判 554 号 6 頁（日産自動車村山工場事件）………………………… 177
最一小判平元.12.14 民集 43 巻 12 号 2051 頁（三井倉庫港運事件）……………………… 31
東京地判平 2.3.27 労判 563 号 90 頁（日鉄鉱業松尾採石所事件）………………………… 147
東京高判平 2.3.28 労民集 41 巻 2 号 392 頁（亜細亜大学事件）…………………………… 269
東京地決平 2.4.27 労判 565 号 79 頁（エクイタブル生命保険事件）……………………… 229
最三小判平 2.6.5 民集 44 巻 4 号 668 頁（神戸弘陵学園事件）…………………………… 106
東京地判平 2.7.4 労判 565 号 7 頁（社会保険診療報酬支払基金事件）…………………… 228
大阪高判平 2.7.26 労判 572 号 114 頁（ゴールド・マリタイム事件）…………………… 187,188
大阪高判平 3.1.16 労判 581 号 36 頁（龍神タクシー事件）………………………………… 267
東京高判平 3.2.20 労判 592 号 77 頁（炭研精工事件）……………………………………… 91,166
東京地判平 3.2.25 労判 588 号 74 頁（ラクソン事件）……………………………………… 133,284
神戸地判平 3.3.14 労判 584 号 61 頁（星電社事件）………………………………………… 229
最一小判平 3.4.11 判時 1391 号 3 頁（三菱重工神戸造船所事件）………………………… 147
最三小判平 3.6.18 労判 590 号 6 頁（進学ゼミナール事件）……………………………… 269
最一小判平 3.9.19 労判 615 号 16 頁（炭研精工事件）……………………………………… 166
大阪地判平 3.10.22 労判 595 号 9 頁（三洋電機事件）……………………………………… 264,265
岡山地判平 3.11.19 労判 613 号 70 頁（岡山電気軌道事件）……………………………… 280
最一小判平 3.11.28 民集 45 巻 8 号 1270 頁（日立製作所武蔵工場事件）……… 122,125,157
東京地決平 4.1.31 判時 1416 号 130 頁（三和機材事件）…………………………………… 193
東京地判平 4.12.21 労判 623 号 36 頁（昭和女子大学事件）……………………………… 277
東京地判平 4.12.25 労判 650 号 87 頁（勧業不動産販売・勧業不動産事件）…………… 190
仙台高秋田支判平 4.12.25 労判 690 号 13 頁（JR 東日本（本荘保線区）事件）……… 130
大阪地決平 5.3.22 労判 628 号 12 頁（茨木消費者クラブ事件）…………………………… 215
最二小判平 5.6.11 労判 632 号 10 頁（国鉄鹿児島自動車営業所事件）………………… 125,131
千葉地判平 5.9.24 労判 638 号 32 頁（ノースウエスト航空事件）………………………… 243
東京地判平 5.9.29 労判 636 号 19 頁（帝国臓器事件）……………………………………… 180
東京高判平 5.11.12 判時 1484 号 135 頁（松蔭学園事件）………………………………… 130
千葉地判平 6.1.26 労判 647 号 11 頁（エール・フランス事件）…………………………… 130
東京地判平 6.2.25 労判 656 号 84 頁（丸善住研事件）……………………………………… 249
東京高判平 6.3.16 労判 656 号 63 頁（生協イーコープ・下馬生協事件）………………… 194
最二小判平 6.4.22 民集 48 巻 3 号 944 頁（東京エグゼクティブ・サーチ事件）………… 87
旭川地決平 6.5.10 労判 675 号 72 頁（損害保険リサーチ事件）…………………………… 181
東京地判平 6.6.28 労判 655 号 17 頁（トヨタ工業事件）…………………………………… 164
大阪地決平 6.8.5 労判 668 号 48 頁（新関西通信システムズ事件）…………………… 54,55,215
東京地判平 6.9.14 労判 656 号 17 頁（チェース・マンハッタン銀行事件）………… 113,256
東京地判平 6.9.29 労判 658 号 13 頁（アール・エフ・ラジオ日本事件）…………… 271,272
奈良地葛城支決平 6.10.18 判タ 881 号 151 頁（マルコ事件）……………………………… 215
最一小判平 7.2.9 労判 681 号 19 頁（興栄社事件）………………………………………… 38
最三小判平 7.2.28 労判 668 号 11 頁（朝日放送事件）…………………………………… 59,206

名古屋地判平 7.3.6 労経速 1559 号 27 頁（シーアールシー総合研究所事件）............ 187
最一小判平 7.3.9 労判 679 号 30 頁（商大八戸ノ里ドライビングスクール事件）........ 115
東京地決平 7.3.31 労判 680 号 75 頁（マリンクロットメディカル事件）............ 181
東京地決平 7.4.13 労判 675 号 13 頁（スカンジナビア航空事件）................ 257
東京高判平 7.8.30 労判 684 号 39 頁（富国生命事件）........................ 220
東京地決平 7.10.16 労判 690 号 75 頁（東京リーガルマインド事件）............. 282
東京地判平 7.11.27 労判 683 号 17 頁（医療法人思誠会事件）................. 140
東京地判平 7.12.4 労判 685 号 17 頁（バンク・オブ・アメリカ・イリノイ事件）
.... 179, 181, 229
最二小判平 8.2.23 労判 690 号 12 頁（JR 東日本（本荘保線区）事件）............ 130
長野地上田支判平 8.3.15 労判 690 号 32 頁（丸子警報器事件）............... 78, 121
福岡地小倉支判平 8.3.26 労判 703 号 80 頁（新日本製鐵（日鐵運輸）事件）...... 186
東京高判平 8.5.29 労判 694 号 29 頁（帝国臓器事件）........................ 180
福岡高判平 8.7.30 労判 757 号 21 頁（九州朝日放送事件）..................... 176
東京高判平 8.8.26 労判 701 号 12 頁（アール・エフ・ラジオ日本事件）......... 271
最一小判平 8.9.26 判時 1582 号 131 頁（山口観光事件）....................... 168
東京地判平 8.11.27 労判 704 号 21 頁（芝信用金庫事件）..................... 228
最一小判平 8.11.28 労判 714 号 14 頁（横浜南労基署長（旭紙業）事件）...... 37, 39
東京地判平 8.12.27 判時 1619 号 85 頁（コンピューターサービス事件）......... 284
東京地決平 9.1.24 判時 1592 号 137 頁（デイエフアイ西友事件）............... 229
東京地判平 9.2.4 労判 713 号 62 頁（朋栄事件）............................ 280
最二小判平 9.2.28 労判 710 号 12 頁（第四銀行事件）........................ 125
佐賀地武雄支決平 9.3.28 労判 719 号 38 頁（センエイ事件）................... 56
京都地判平 9.4.17 労判 716 号 49 頁（京都セクシュアル・ハラスメント（呉服販売会社）
事件）.. 149, 277
札幌地決平 9.7.23 労判 723 号 62 頁（北海道コカ・コーラボトリング事件）..... 182
東京地決平 9.10.31 労判 726 号 37 頁（インフォミックス事件）.............. 97, 98
津地判平 9.11.5 労判 729 号 54 頁（三重セクシュアル・ハラスメント（厚生農協連合会）
事件）.. 149
東京地判平 9.11.18 労判 728 号 36 頁（医療法人財団東京厚生会事件）......... 229
大阪高判平 9.11.25 労判 729 号 39 頁（光洋精工事件）....................... 226
東京地判平 9.11.26 判時 1646 号 106 頁（ホクトエンジニアリング事件）........ 204
福岡地小倉支決平 9.12.25 労判 732 号 53 頁（東山谷家事件）................. 158
東京地判平 10.2.26 労判 737 号 51 頁（JR 東海新幹線減速事件）.............. 129
最一小判平 10.4.9 労判 736 号 15 頁（片山組事件）.............. 126, 129, 130, 222
大阪地判平 10.8.31 労判 751 号 38 頁（大阪労働衛生センター第一病院事件）.... 257
最三小判平 10.9.8 労判 745 号 7 頁（安田病院事件）.......................... 56
最一小判平 10.9.10 労判 757 号 20 頁（九州朝日放送事件）................... 176
大阪地判平 10.10.30 労判 750 号 29 頁（丸一商店事件）...................... 88
東京地判平 11.2.15 労判 760 号 46 頁（全日本空輸事件）..................... 225
東京地判平 11.3.12 労判 760 号 23 頁（東京セクシュアル・ハラスメント（M 商事）事件）
.... 242

東京地判平 11.3.16 労判 766 号 53 頁（ニシデン事件）……………………………… 191
水戸地下妻支判平 11.6.15 労判 763 号 7 頁（エフピコ事件）………………… 149,150,277
札幌高判平 11.7.9 労判 764 号 17 頁（北海道龍谷学園事件）………………………… 223
東京高判平 11.7.28 労判 770 号 58 頁（システムコンサルタント事件）……… 146,148
最二小判平 11.9.17 労判 768 号 16 頁（帝国臓器事件）……………………………… 180
東京地決平 11.10.15 労判 770 号 34 頁（セガ・エンタープライゼス事件）………… 235
福岡高判平 11.11.2 労判 790 号 76 頁（古賀タクシー事件）………………………… 176
東京地決平 11.11.29 労判 780 号 67 頁（角川文化振興財団事件）………… 126,236,238
大阪地判平 11.12.8 労判 777 号 25 頁（タジマヤ事件）……………………………… 215
東京地決平 12.1.21 労判 782 号 23 頁（ナショナル・ウエストミンスター銀行（第 3 次仮処分）事件）………………………………………… 126,237,238,239,251,252,254
最三小判平 12.1.28 労判 774 号 7 頁（ケンウッド事件）……………………… 122,182
東京地判平 12.1.31 労判 785 号 45 頁（アーク証券（本訴）事件）………………… 229
最二小判平 12.3.24 労判 779 号 13 頁（電通事件）…………………………… 146,149
東京高判平 12.4.19 労判 787 号 35 頁（日新火災海上保険事件）……………………… 92
東京高判平 12.5.24 労判 785 号 22 頁（エフピコ事件）……………………………… 277
千葉地判平 12.6.12 労判 785 号 10 頁（HIV 千葉解雇事件）…………………………… 91
大阪地判平 12.6.23 労判 786 号 16 頁（シンガポール・デベロップメント銀行事件）…… 252
大阪地判平 12.8.28 労判 793 号 13 頁（フジシール事件）…………………………… 181
宮崎地判平 12.9.25 労判 833 号 55 頁（宮崎信用金庫事件）………………………… 141
大阪地判平 12.12.1 労判 808 号 77 頁（ワキタ事件）………………………………… 254
東京地判平 12.12.18 労判 807 号 32 頁（東京貨物社事件）………………………… 282
東京高判平 12.12.22 労判 796 号 5 頁（芝信用金庫事件）…………………………… 228
札幌高判平 13.1.31 労判 801 号 13 頁（旭川大学事件）……………………………… 269
盛岡地判平 13.2.2 労判 803 号 26 頁（龍澤学館事件）……………………………… 106
東京地判平 13.2.23 労経速 1768 号 16 頁（ソフトウエア開発・ソリトン技研事件）…… 282
大阪高判平 13.3.6 労判 818 号 73 頁（わいわいランド事件）………………………… 92
仙台地判平 13.3.26 労判 808 号 13 頁（仙台セクシュアル・ハラスメント（自動車販売会社）事件）……………………………………………………………… 150
大阪地決平 13.4.12 労判 813 号 56 頁（塚本庄太郎商店事件）……………………… 254
広島高判平 13.5.23 労判 811 号 21 頁（マナック事件）……………………… 227,228,229
最二小判平 13.6.22 労判 808 号 11 頁（トーコロ事件）………………………………… 68
大阪地判平 13.6.27 労判 809 号 5 頁（住友生命事件）……………………………… 227
東京高判平 13.6.27 労判 810 号 21 頁（カンタス航空事件）………………………… 268
東京地判平 13.7.25 労判 813 号 15 頁（黒川建設事件）……………………………… 54
東京地決平 13.8.10 労判 820 号 74 頁（エース損害保険事件）………………… 236,237
東京地判平 13.12.19 労判 817 号 5 頁（ヴァリグ日本支社事件）…………………… 253
東京地判平 13.12.25 労経速 1789 号 22 頁（ブレーンベース事件）………………… 236
東京地判平 14.1.31 労判 825 号 88 頁（上野労基署長（出雲商会）事件）………… 247
東京高判平 14.2.27 労判 824 号 17 頁（青山会事件）………………………………… 215
東京地判平 14.3.11 労判 825 号 13 頁（日本ヒルトン事件）………………………… 258
東京高判平 14.4.17 労判 831 号 65 頁（群英学園事件）……………………………… 140

東京地判平 14.4.24 労判 828 号 22 頁（岡田運送事件）……………………………………235
大阪高判平 14.6.19 労判 839 号 47 頁（カントラ事件）……………………………………223
横浜地川崎支判平 14.6.27 労判 833 号 61 頁（川崎市水道局事件）………………146
福岡高宮崎支判平 14.7.2 労判 833 号 48 頁（宮崎信用金庫事件）……………………141
東京高判平 14.7.11 労判 832 号 13 頁（新宿労基署長（映画撮影技師労災）事件）………38
大阪地判平 14.8.30 労判 837 号 29 頁（大阪市シルバー人材センター事件）……………43
東京高判平 14.9.24 労判 844 号 87 頁（日本経済新聞社事件）………………………133
東京地判平 14.10.22 労判 838 号 15 頁（ヒロセ電機事件）…………………………236
大阪高判平 14.10.30 労判 847 号 69 頁（京都信用金庫事件）…………………………193
岡山地判平 14.11.6 労判 845 号 73 頁（岡山セクシュアル・ハラスメント（リサイクルショップ）事件）………………………………………………………………………………150
東京高判平 14.11.26 労判 843 号 20 頁（日本ヒルトン事件）…………………258, 259
福岡高判平 14.12.13 労判 848 号 68 頁（明治学園事件）………………………………225
東京地判平 14.12.17 労判 846 号 49 頁（労働大学（本訴）事件）……………253, 254
東京地決平 14.12.27 労判 861 号 69 頁（明治図書出版事件）…………………………182
京都地判平 15.1.21 労判 852 号 38 頁（京都簡易保険事務センター事件）……………147
大阪高判平 15.1.30 労判 845 号 5 頁（大阪空港事業（関西港業）事件）………………55
東京高判平 15.3.25 労判 849 号 87 頁（川崎市水道局事件）…………………………146
最二小判平 15.4.11 労判 849 号 23 頁（エー・シー・シープロダクション事件）………138
最二小判平 15.4.18 労判 847 号 14 頁（新日本製鐵（日鐵運輸第 2）事件）…125, 187, 188
最三小判平 15.4.22 労判 846 号 5 頁（オリンパス光学事件）…………………………137
大阪地判平 15.4.25 労判 850 号 27 頁（愛徳姉妹会（本採用拒否）事件）……………103
松山地判平 15.5.22 労判 856 号 45 頁（伊予銀行・いよぎんスタッフサービス事件）……198
東京地判平 15.5.23 労判 854 号 30 頁（山九事件）……………………………………225
東京地判平 15.5.28 労判 852 号 11 頁（東京都（警察学校・警察病院 HIV 検査）事件）…………………………………………………………………………………………91
大阪地堺支判平 15.6.18 労判 855 号 22 頁（大阪いずみ市民生協事件）…………140, 142
東京地判平 15.6.20 労判 854 号 5 頁（B 金融公庫事件）……………………91, 99, 100
東京地判平 15.8.27 労判 865 号 47 頁（ゼネラル・セミコンダクター・ジャパン事件）………………………………………………………………………………253
東京高判平 15.8.27 労判 868 号 75 頁（NHK 西東京営業センター（受信料集金等委託者）事件）…………………………………………………………………………………38
東京高判平 15.9.24 労判 864 号 34 頁（東京サレジオ学園事件）………………………176
最二小判平 15.10.10 労判 861 号 5 頁（フジ興産事件）……………………136, 157
神戸地姫路支決平 15.11.14 判時 1851 号 151 頁（ネスレジャパン（配転）事件）………182
東京高判平 15.12.11 労判 867 号 5 頁（小田急電鉄（退職金請求）事件）………………164
最一小判平 15.12.22 民集 57 巻 11 号 2335 頁（JR 北海道・日本貨物鉄道（国労北海道）事件）………………………………………………………………………………74
東京高判平 16.1.22 労経速 1876 号 24 頁（新日本製鐵事件）…………………………99
東京高判平 16.1.29 労判 869 号 15 頁（日立製作所事件）……………………………137
東京地判平 16.1.30 労判 870 号 10 頁（日亜化学工業事件）…………………………137
和歌山地判平 16.2.9 労判 874 号 64 頁（和歌の海運送事件）…………………43, 147

東京地判平 16.3.26 労判 876 号 56 頁（独立行政法人 N 事件）··················222
鳥取地判平 16.3.30 労判 877 号 74 頁（鳥取県・米子市（中学教諭）事件）··········182
東京地判平 16.3.31 労判 873 号 33 頁（エーシーニールセン・コーポレーション事件）
···215
熊本地判平 16.4.15 労判 878 号 74 頁（九州日誠電気事件）·························254
名古屋地判平 16.4.27 労判 873 号 18 頁（名古屋セクシュアル・ハラスメント（K 設計・本訴）事件）··130
東京高判平 16.4.27 労判 876 号 24 頁（日立金属事件）····························137
東京地判平 16.5.17 労判 876 号 5 頁（中労委（大阪証券取引所）事件）··············60
横浜地川崎支判平 16.5.28 労判 878 号 40 頁（昭和電線電纜事件）·················276
東京地判平 16.6.23 労判 877 号 13 頁（オプトエレクトロニクス事件）··············98
東京地判平 16.6.30 労判 879 号 37 頁（ハネウェル・ターボチャージング・システムズ・ジャパン事件）··229
東京地判平 16.7.12 労判 878 号 5 頁（江戸川区事件）·····························147
神戸地判平 16.8.31 労判 880 号 52 頁（プロクター・アンド・ギャンブル・ファー・イースト・インク事件）···150, 181, 183
東京高決平 16.9.8 労判 879 号 90 頁（日本プロフェッショナル野球組織事件）······49
さいたま地判平 16.9.24 労判 883 号 38 頁（誠昇会北本共済病院事件）··············147
仙台高判平 16.9.29 労判 881 号 15 頁（NHK 盛岡放送局（受信料集金等委託者）事件）
··38
札幌高判平 16.9.29 労判 885 号 32 頁（渡島信用金庫（会員代表訴訟）事件）······153
東京地判平 16.10.14 労判 885 号 26 頁（海外漁業協力財団事件）·················140
東京高判平 16.11.16 労判 909 号 77 頁（エーシーニールセン・コーポレーション事件）
···214
東京高和解勧告案平 17.1.11 判時 1879 号 141 頁（日亜化学工業事件）············137
大阪地判平 17.1.13 労判 893 号 150 頁（近畿コカ・コーラボトリング事件）······268
東京地判平 17.1.28 労判 890 号 5 頁（宣伝会議事件）······························99
大阪高判平 17.2.9 労判 890 号 86 頁（生駒市衛生社事件）·······················140
富山地判平 17.2.23 労判 891 号 12 頁（トナミ運輸事件）·························141
名古屋高判平 17.2.23 労判 909 号 67 頁（O 法律事務所事件）·····················242
大阪地判平 17.3.30 労判 892 号 5 頁（ネスレコンフェクショナリー事件）··········241
東京高判平 17.5.31 労判 898 号 16 頁（勝英自動車学校事件）····················215
最二小判平 17.6.3 労判 893 号 14 頁（関西医科大学研修医事件）···················37
東京高判平 17.7.13 労判 899 号 19 頁（東京日新学園事件）······················215
大阪地判平 17.9.9 労判 906 号 60 頁（ユタカ精工事件）···························92
福岡高判平 17.11.30 労判 953 号 71 頁（牛根漁業協同組合事件）·················273
大阪地判平 18.1.6 労判 913 号 49 頁（三都企画建設事件）·······················207
東京地判平 18.1.13 労タ 1219 号 259 頁（日本大学事件）·························275
東京地決平 18.1.13 判時 1935 号 168 頁（コマキ事件）···························253
大阪地判平 18.1.26 労判 912 号 51 頁（大真実業事件）···························145
最三小判平 18.3.28 労判 933 号 12 頁（いずみ福祉会事件）·······················243
大阪高判平 18.4.14 労判 915 号 60 頁（ネスレ日本事件）·························182

高松高判平 18.5.18 労判 921 号 33 頁（伊予銀行・いよぎんスタッフサービス事件）……57
京都地判平 18.5.29 労判 920 号 57 頁（ドワンゴ事件）…………………………………68
東京高判平 18.6.29 労判 921 号 5 頁（マイスタッフ（一橋出版）事件）……………58
東京地判平 18.7.14 労判 922 号 34 頁（精電舎電子工業事件）………………175,181
奈良地判平 18.9.5 労判 925 号 53 頁（豊國工業事件）…………………………………145
最二小判平 18.10.6 労判 925 号 11 頁（ネスレ日本（懲戒解雇）事件）………159,169,170
大阪地判平 18.10.12 労判 928 号 24 頁（アサヒ急配事件）……………………………37
東京地判平 18.11.29 労判 935 号 35 頁（東京自転車健康保険組合事件）…………253
最二小判平 18.12.8 判時 1959 号 163 頁（JR 東海（新幹線東京運転所）事件）……61
東京高判平 18.12.21 労判 936 号 39 頁（国（在日米軍司令部）事件）………………235
東京高判平 18.12.26 労判 931 号 30 頁（CSFB セキュリティーズ・ジャパンリミテッド事件）………………………………………………………………………………………254
最一小判平 19.1.18 労判 931 号 5 頁（神奈川信用農業協同組合事件）……………277
最二小判平 19.2.2 判時 1988 号 145 頁（東芝労働組合小向支部・東芝事件）………30
福岡地判平 19.2.28 労判 938 号 27 頁（社会福祉法人仁風会事件）…………………254
東京地判平 19.3.26 労判 941 号 33 頁（東京海上日動火災保険事件）………176,259
東京地判平 19.3.26 労判 943 号 41 頁（中山書店事件）………………………………144
東京地判平 19.4.24 労判 942 号 39 頁（ヤマダ電機事件）……………………………282
大阪地判平 19.4.26 労判 941 号 5 頁（松下プラズマディスプレイ（パスコ）事件）……208
東京高判平 19.5.16 労判 944 号 52 頁（新国立劇場運営財団事件）…………………38
大阪高判平 19.5.17 労判 943 号 5 頁（関西金属事件）…………………………………257
横浜地判平 19.5.17 労判 945 号 59 頁（横浜商銀信用組合事件）……………………254
最一小判平 19.6.28 労判 940 号 11 頁（藤沢労基署長事件）……………………………37
最二小判平 19.7.13 判時 1982 号 152 頁（学校法人亨栄学園（鈴鹿国際大学）事件）……131
大阪高判平 19.10.26 労判 975 号 50 頁（第一交通産業ほか（佐野第一交通）事件）……55
東京高判平 19.10.30 労判 964 号 72 頁（中部カラー事件）…………………………114
東京高判平 19.11.29 労判 951 号 31 頁（朝日新聞社事件）……………………………38
東京地判平 20.2.27 労判 967 号 48 頁（国・中労委（モリタほか）事件）……………62
東京地判平 20.2.28 労判 962 号 24 頁（国・千葉労基署長（県民共済生協普及員）事件）…………………………………………………………………………………………38
東京高判平 20.3.25 労判 959 号 61 頁（東武スポーツ（宮の森カントリークラブ）事件）………………………………………………………………………………116,269
東京高判平 20.3.27 労判 959 号 18 頁（ノースウエスト航空（FA 配転）事件）……176
東京高判平 20.4.9 労判 959 号 6 頁（日本システム研究所事件）……………………144
大阪高判平 20.4.25 労判 960 号 5 頁（松下プラズマディスプレイ（パスコ）事件）………………………………………………………………………………………56,208
東京地判平 20.6.10 労判 972 号 51 頁（第一化成事件）………………………………163
東京高判平 20.6.26 労判 978 号 93 頁（インフォーマテック事件）…………………242
仙台高判平 20.7.25 労判 968 号 29 頁（A ラーメン事件）……………………………215
大阪地判平 20.8.28 労判 975 号 21 頁（旭運輸事件）…………………………………247
神戸地尼崎支判平 20.10.14 労判 974 号 25 頁（報徳学園事件）………………………269
東京地判平 20.11.18 労判 980 号 56 頁（トータルサービス事件）…………………282

東京地判平 20.12.8 労判 981 号 76 頁（JFE スチール（JFE システムズ）事件）……… 191
東京高判平 20.12.25 労判 975 号 5 頁（ショウ・コポーレーション（魚沼中央自動車学校）事件）………………………………………………………………………………… 215
東京地判平 20.12.25 労判 981 号 63 頁（立教女学院事件）…………………………… 269
大阪高判平 21.1.15 労判 977 号 5 頁（NTT 西日本（大阪・名古屋配転）事件）……… 182
大阪地判平 21.3.25 判タ 1318 号 151 頁（西日本電信電話事件）…………………… 274
東京高判平 21.3.25 労判 981 号 13 頁（国・中労委（新国立劇場運営財団）事件）……46
札幌高判平 21.3.26 労判 982 号 44 頁（NTT 東日本（北海道・配転）事件）……… 182
最二小決平 21.3.27 労判 991 号 14 頁（伊予銀行・いよぎんスタッフサービス事件）……58
宇都宮地栃木支決平 21.4.28 労判 982 号 5 頁（プレミアライン（仮処分）事件）…80,241
福岡高判平 21.5.19 労判 989 号 39 頁（河合塾（非常勤講師・出講契約）事件）…38,259
福岡地小倉支判平 21.6.11 労判 989 号 20 頁（ワイケーサービス（九州定温運送）事件）
……………………………………………………………………………………………55
大阪地判平 21.6.19 労経速 2057 号 27 頁（北九州空調事件）……………………………57
東京高判平 21.9.16 労判 989 号 12 頁（国・中労委（INAX メンテナンス）事件）………46
東京地判平 21.9.28 労判 1011 号 27 頁（藍澤證券事件）………………………………88
大阪地判平 21.10.8 労判 999 号 69 頁（日本レストランシステム事件）……………… 226
東京地判平 21.11.4 労判 996 号 13 頁（東京都自動車整備振興会事件）……………… 229
広島地判平 21.11.20 労判 998 号 35 頁（社団法人キャリアセンター中国事件）……… 241
東京地判平 21.12.10 労判 1000 号 35 頁（日本言語研究所ほか事件）………… 54,55,215
最二小判平 21.12.18 労判 993 号 5 頁（パナソニックプラズマディスプレイ（パスコ）事件）
……………………………………………………………………………………56,201
東京高決平 21.12.21 労判 1000 号 24 頁（アンフィニ事件）………………………… 267
大阪高判平 21.12.22 労判 994 号 81 頁（兵庫県・兵庫県労委（住友ゴム工業）事件）…62
静岡地判平 22.1.15 労判 999 号 5 頁（EMI ミュージック・ジャパン事件）…………… 217
東京地判平 22.2.8 労経速 2067 号 21 頁（X 社事件）………………………………… 183
横浜地川崎支判平 22.2.25 労判 1002 号 5 頁（京濱交通事件）……………………… 273
東京地判平 22.3.9 判例 1010 号 65 頁（第三相互事件）………………………………38
大阪高判平 22.3.18.労判 1015 号 83 頁（協愛事件）………………………………… 116
最一小判平 22.3.25 労判 1005 号 5 頁（三佳テック事件）…………………………… 282
神戸地判平 22.3.26 労判 1006 号 49 頁（郵便事業事件）……………………… 115,158
東京地判平 22.3.29 労判 1008 号 22 頁（妙應寺事件）………………………………38
札幌地判平 22.3.30 労判 1007 号 26 頁（日本ニューホランド事件）…………………84
東京地判平 22.3.30 労判 1010 号 51 頁（ドコモ・サービス（雇止め）事件）……… 259
最三小判平 22.4.27 労判 1009 号 5 頁（河合塾（非常勤講師・出講契約）事件）…… 259
東京地判平 22.4.28 労判 1010 号 25 頁（ソクハイ事件）……………………………38
京都地判平 22.5.18 労経速 2079 号 3 頁（京都新聞 COM 事件）…………………… 268
最三小判平 22.5.25 労判 1018 号 5 頁（小野リース事件）…………………………… 235
東京高判平 22.5.27 労判 1011 号 20 頁（藍澤證券事件）………………………………88
札幌地判平 22.6.3 労判 1012 号 43 頁（ウップスほか事件）……………………………57
最二小判平 22.7.12 労判 1010 号 5 頁（日本アイ・ビー・エム事件）………… 217,218
東京高判平 22.8.26 労判 1012 号 86 頁（国・中労委（ビクターサービスエンジニアリング

判例索引　*305*

事件）···46
東京地判平 22.8.26 労判 1013 号 15 頁（東京大学出版会事件）······························275
札幌高判平 22.9.30 労判 1013 号 160 頁（日本ニューホランド事件）··················84, 275
秋田地決平 22.10.7 労判 1021 号 57 頁（ノースアジア大学事件）·····························269
大阪高判平 22.10.27 労判 1020 号 87 頁（郵便事業事件）································115, 158
津地判平 22.11.5 労判 1016 号 5 頁（アウトソーシング事件）·································241
東京地判平 22.11.10 労判 1019 号 13 頁（メッセ事件）································91, 165, 166
京都地判平 22.11.26 労判 1022 号 35 頁（エフプロダクト（本訴）事件）··················267
大阪高判平 22.12.21 労経速 2095 号 15 頁（西日本電信電話事件）·····························274
大阪地判平 23.1.26 労判 1025 号 24 頁（積水ハウスほか（派遣労働）事件）·············58
福岡高判平 23.2.16 労経速 2101 号 32 頁（コーセーアールイー（第 1）事件）···92, 99, 100
東京高判平 23.2.23 労判 1022 号 5 頁（東芝事件）··245
福岡高判平 23.3.10 労判 1020 号 82 頁（コーセーアールイー（第 2）事件）······92, 99, 100
東京地判平 23.3.17 労経速 2105 号 13 頁（クボタ事件）···62
大阪高判平 23.3.25 労判 1026 号 49 頁（津田電気計測事件）·····································275
東京地判平 23.3.30 労判 1028 号 5 頁（富士ゼロックス事件）·····································276
最三小判平 23.4.12 労判 1026 号 27 頁（国・中労委（INAX メンテナンス）事件）······46
最三小判平 23.4.12 労判 1026 号 6 頁（国・中労委（新国立劇場運営財団）事件）·········46
東京地判平 23.5.17 労判 1033 号 42 頁（技術翻訳事件）·····································85, 116
東京地判平 23.5.19 労判 1034 号 62 頁（国・船橋労基署長（マルカキカイ）事件）······39
中労委命令昭 27.10.15 命令集 7 集 181 頁（万座硫黄事件）··62
中労委命令昭 35.8.17 中労時 357 号 36 頁（東京ヘップサンダル工事件）·····················46
中労委命令平 22.7.15 別冊中労時 1395 号 11 頁（ソクハイ事件）································47

[著者略歴]

三井正信（みつい　まさのぶ）
1958年　大阪府生まれ
1982年　京都大学法学部卒業
　　以後，住友金属工業（株）勤務，京都大学大学院，
　　京都大学助手，広島大学助教授を経て，
現　職：広島大学副理事・大学院社会科学研究科教授，
　　弁護士（広島弁護士会所属）

主要著書
『現代雇用社会と労働契約法』（2010年，成文堂〔単著〕）
『高齢社会を生きる』（2008年，成文堂〔共著〕）
『新現代労働法入門〔第4版〕』（2009年，法律文化社〔共著〕）
『現代民事法改革の動向Ⅲ』（2009年，成文堂〔共編著〕）
『ロースクール演習　労働法〔第2版〕』（2010年，法学書院〔共著〕）

基本労働法Ⅰ

2012年4月20日　初　版第1刷発行

著　者　三　井　正　信
発行者　阿　部　耕　一

〒162-0041　東京都新宿区早稲田鶴巻町514番地
発行所　株式会社　成文堂
電話 03（3203）9201（代）　FAX 03（3203）9206
http://www.seibundoh.co.jp

製版・印刷　三報社印刷　　　　製本　佐拔製本
☆乱丁・落丁本はお取替えいたします☆
Ⓒ 2012 M. Mitsui　　Printed in Japan
ISBN978-4-7923-3297-6　C3032　検印省略

定価（本体2500円＋税）